U0020302

大地之歌

All Creatures Great and Small

James Herriot

The Warm and Joyful Memoirs of the World's Most Beloved Animal Doctor

全世界最受歡迎的獸醫
充滿歡笑與淚水的行醫故事

吉米・哈利 James Herriot 著
王翎 譯

獻給艾迪．史翠頓
懷抱感激與眞摯情誼

以及

獻給唐諾與布萊恩．辛克萊
永遠的好友

諸般明亮與美麗，
諸般偉大與微小，
諸般睿智與奇妙，
盡皆上帝所創造。

塞西爾・弗朗西絲・亞歷山大
（一八一八年至一八九五年）

目次

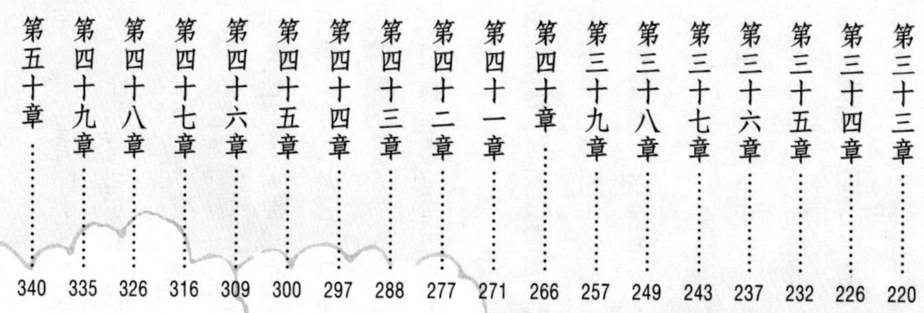

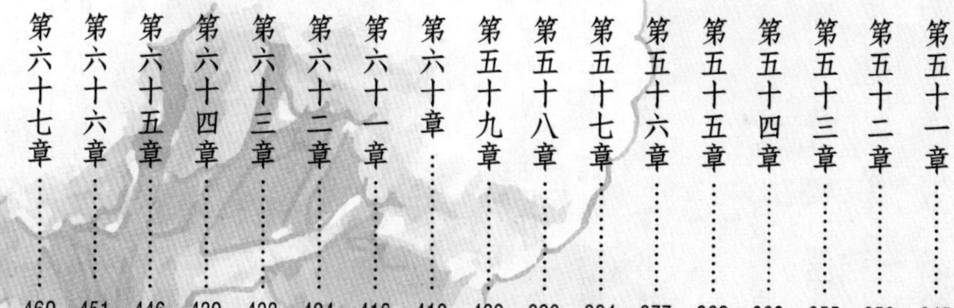

第一章

課本裡完全沒寫這種情況，我心裡暗想。此時雪花從大開的門口吹入，落在我光裸的背上。我臉朝下趴在卵石地面上一灘無以名狀的汙泥裡，一隻手臂深入母牛拚命用力的體內，兩腳在卵石間隙胡亂踩踏想找到立足點，赤裸的上身盡是混了塵土跟乾涸血漬的雪水。農場主人在旁舉著一盞直冒煙氣的油燈，我的能見範圍僅限於油燈投出的一圈閃爍光暈之內。

沒有，課本裡隻字未提要怎麼摸黑尋找繩索和器具，沒說只有半桶溫水要怎麼保持乾淨，也沒說會有突起的卵石戳頂你的胸膛。課本裡也沒說手臂會逐漸陷入麻木，還有手指頭努力對抗母牛強勁的排出力道時，肌肉傳來的那股令人毛骨悚然的麻痺感。

課本裡從頭到尾都沒有提到，氣力會一點一滴耗竭，感覺徒勞無功，心底深處隱約傳來恐慌的聲音。

我的思緒飄回產科教科書裡的那張照片。發亮的地板正中央立著一頭母牛，一位時髦有型的外科獸醫師穿著一塵不染的產科手術服，將手臂伸入母牛體內時保持禮貌不會太過深入。他滿面笑容、一派輕鬆，農場主人和幫手群滿面笑容，就連母牛也滿面笑容。完全看不到一點塵土、一絲血漬，或一滴汗珠。

照片裡的男人剛剛享用完一頓美味的午餐，移步到隔壁鄰居家隨手幫忙接生小牛，單純是樂趣使然，像是飯後來份甜點。他可沒有凌晨兩點鐘渾身發抖爬出被窩，在積雪結凍的道路上顛簸了十二英里，撐著惺忪睡眼盯著前方，直到車頭燈照亮的範圍裡終於出現那座孤伶伶的農舍。他也沒有沿著白皚皚的山坡爬半英里山路，終於抵達病畜所在的那座連門都沒有的穀倉。

我奮力扭動，想朝母牛體內再多深入一吋。胎牛的頭在後面，我用五指指尖無比艱難地將打了活結的細繩推向牠的下顎。我的手臂一直被母牛的骨盆和胎牛夾擠，每次母牛一用力，手臂承受的壓擠力道大得讓人幾乎無法忍受，等她放鬆下來，我就再將繩套推進一吋。我在想自己還能撐多久，如果不趕快套住胎牛下顎，我就再也沒辦法拉牠出來了。我悶哼出聲，咬緊牙關，再次向前推進。又吹來微微的一陣雪，我幾乎可以聽見雪花落在我滿是汗水的背上嘶嘶作響。我的額頭也滿是汗水，在我用力推時流進眼睛裡。

碰到小牛難產時，你總是會開始懷疑自己眞能打贏這場仗嗎。我已經進入這個階段。腦中一時之間雜念紛飛。「也許宰了母牛比較好，她的骨盆太窄小，我覺得胎牛根本出不來。」或是「這麼肥美，是適合當肉牛的類型，你不覺得叫屠夫來會更划算嗎？」或是「這個胎位很不正。如果母牛的骨盆夠大，很容易就能讓胎牛的頭轉過來，但就這個案例來說幾乎不可能。」

當然，我也可以用碎胎術將胎牛取出——用金屬線套住牠的脖子然後鋸掉頭。碰到這樣的情況，多半是以滿地支離破碎的頭部、四肢和成堆內臟收場，有一些厚重的教科書專門教你各式各樣切碎胎牛的方法。

但這回沒有一種方法適用，因爲胎牛還活著。我將手指伸到極限時，已經能碰到牠的上下唇連合部，小傢伙的舌頭抽動讓我吃了一驚。情況出乎我的意料，因爲這種胎位的仔牛通常是死胎，母畜宮縮的強勁壓擠會讓牠的頸部遭到急性拉扯，造成窒息。但這頭胎牛身上還有一絲生機，要出來就得讓牠整頭完好地出生。

我回到水桶旁，桶裡的水已經變成冰冷的血水，我默默用肥皀清潔雙臂。接著我再次趴下，感覺戳入胸膛的卵石比先前更硬了。我在卵石間隙踩穩，甩掉流到眼裡的汗水，第一百次將彷彿變成義大利麵的手臂伸進母牛體內。我將手伸到小牛乾巴細小的腿旁，感覺牠的腿像砂紙一樣磨撕我的皮肉，接著伸向牠的頸彎處，碰到耳朵，然後萬分辛苦地沿著牠的臉側伸向我當前的人生目標：牠的下顎。眞是不可思議，我已經花了將近兩小時做同樣的事：即使力氣逐漸耗盡，還是拚命想用繩套圈住那個下顎。其他能試的方法我都已經試過了，包括推牠的其中一條腿，還有用鈍鉤扣在眼眶內側凹處輕輕牽引，但我後來還是回頭嘗試繩套。

這場接生從頭到尾淒慘無比。農場主人丁斯岱先生個子瘦高、憂愁寡言，似乎一直在等待最糟的情況發生。他的兒子也在，跟他一樣個子瘦高、憂愁寡言，父子倆看著我奮力接生，陷入更深的愁雲慘霧。

最糟的，其實是老伯。最初進入山坡上的穀倉時，我就被這個舒服安坐於稻草捆上的小老頭嚇了一跳，他戴著一頂豬肉派帽，兩眼炯炯有神。那時他正朝菸斗裡塡入菸草，明擺著準備來看好戲。

「我說啊，年輕人，」他用帶著濃重鼻音的西來丁腔大喊。「我跟丁斯岱先生是兄弟，我的農場在利斯頓谷地那邊。」

我放下手中器具，向他點頭致意。「您好，敝姓哈利。」

老頭上上下下打量我，眼光銳利。「我家的獸醫是布魯菲德先生。想來你一定聽說過——沒有人不認識他吧，我想。厲害得很啊，布魯菲德先生，尤其擅長接生小牛。你知道嗎，我從沒看過他吃癟。」

我勉強擠出一絲微笑。任何其他時候我都樂於聽說同行有多麼高明，但不知怎麼，我當下不想聽到，就是不想。事實上，他說的話敲響了我心中那座小小的喪鐘。

「恕我不認識布魯菲德先生。」我說，並脫下外套，然後不怎麼情願地將上衣也脫掉。「不過我是不久前才來到這一帶。」

老伯大驚失色。「不認識！看來天底下也只有你不認識他。我可以告訴你，在利斯頓谷地，大家都很尊敬他。」他在震驚之下陷入沉默，劃了一根火柴點燃菸斗。接著他很快瞥了一眼我起滿雞皮疙瘩的身軀。「布魯菲德脫下衣服的身材簡直像個拳擊手，從沒看過哪個男人像他一樣渾身肌肉。」

一波疲軟無力的感覺緩緩席捲全身，我忽然覺得雙腳像灌了鉛一般沉重不聽使喚。我開始將繩索和器具擺開在一條乾淨的毛巾上時，老頭又開口了。

「容我問一句，你哪時拿到執照的？」

「喔，大約七個月前。」

「七個月啊！」老伯露出和藹的笑容，他壓平煙草，呼出一團難聞的藍色煙霧。「我老是說啊，啥都比不上經驗。布魯菲德先生當我家的獸醫當到現在十年囉，內行得很。抱著課本死讀書哪裡行啊，碰到問題，就看經驗夠不夠。」

我在水桶裡滴了幾滴消毒劑，仔細地搓出泡抹清潔手臂。接著我在母牛後方跪下來。

「布魯菲德先生每次都會先在手臂上抹一些特殊的潤滑油。」老伯說，心滿意足地抽著菸斗。「他說只用肥皂和水的話，會讓子宮發炎。」

我展開第一次探索。這是所有獸醫第一次伸手幫母牛內診時都會經歷的沉重時刻。幾秒鐘內就會揭曉，究竟我可以在十五分鐘內穿回外套，還是接下來會有好幾個小時的苦工等著我。

這一次我的運氣不太好；胎位很不理想。仔牛頭部在後，而且完全沒有空間；母畜比較像是沒生產過的女牛，不像生第二胎的母牛。而且她非常乾——羊水肯定是好幾個小時前就流乾了。母牛之前在高地上晃蕩弄得筋疲力竭，比預產期早了一週開始分娩，所以他們才會把她帶到這座半荒廢的穀倉。無論如何，下次再見到我的床鋪會是很久以後的事。

「怎麼樣呀，小伙子，有什麼發現？」老伯尖銳的話聲劃破寂靜。「頭在後面，是吧？那就沒什麼大問題了嘛。我看過布魯菲德先生怎麼搞定的——他直接把小牛轉過來，先把後腿拉出來就成了。」

以前我就聽過這種廢話。執業不久後我就學到一課，所有飼主碰上別人養的家畜都會變成專家。自己家養的動物有狀況時，他們通常會立刻衝去打電話叫獸醫，但碰到鄰居家的動物有狀況，他們就顯得自信滿滿、見多識廣，提出各種高見。我觀察到的另一種現象，是當事人通常將左鄰右舍的建議看得比獸醫的建議還寶貴。例如眼前這個例子：老伯顯然是大家公認的賢者，丁斯岱父子畢恭畢敬聆聽他的每字每句。

「對付這種情況還有一個辦法，」老伯接著說，「就是叫幾個強壯的小伙子拿繩子把牠拉出來，別管頭在後面還是前面。」

我正在努力摸索，聽了之後倒抽一口氣。「裡頭空間這麼小，我想不可能讓小牛完全轉過來。而且不把牠的頭轉正就拉出來，可能會讓母牛的骨盆整個裂開。」

丁斯岱父子瞇起眼。他們顯然覺得，老伯傳遞了高深知識，我卻顧左右而言他。

如今，兩小時過去，眼看就要慘敗收場，我也瀕臨崩潰。在陰鬱沉默的丁斯岱父子注視之下，還有老伯沒完沒了的指點聲中，我在髒汙的卵石地面上以卑屈的姿勢翻來滾去。老伯紅潤的臉龐神采奕奕，一雙小眼睛閃閃發光，好多年沒碰上這麼歡樂的夜晚，大老遠爬上山坡來一趟真是值回票價。他的精力十足，每分每秒都樂在其中。

我趴在那裡，閉著雙眼，臉上泥汙乾硬，嘴巴半開。老伯手拿菸斗，坐在稻草捆上向前傾身。「年輕人，你快沒力了。」他說話時滿意極了。「我啊，從來沒看過布魯菲德先生沒力，他的經驗豐富得不得了。還有啊，他強壯得很，真的，什麼都累不倒他。」

怒氣流貫全身，讓我精神爲之一振。這時該做的當然是站起身，將整桶血水倒在老伯頭上，衝下山丘開車走人；遠離約克郡，遠離老伯，遠離丁斯岱父子，還有遠離這頭母牛。

但我只是咬緊牙根，雙腿用力撐住，使盡渾身解數前推；連我自己都不敢置信，我竟然感覺到手中繩套滑過尖銳的小顆門齒，套住了胎牛的嘴部。我嘴裡喃喃祈禱，小心翼翼地用左手拉扯細繩，感覺活結收緊。成功套住胎牛的下顎了。

總算可以開始做正事。「丁斯岱先生，現在抓住繩子，稍微保持拉住就好。我現在要開始推小牛，你如果同時穩穩地拉，頭應該就會轉過來。」

「繩子要是鬆掉怎麼辦？」老伯滿心期盼地發問。

我沒答腔。我將手伸進去抵著胎牛肩頭，開始邊抗衡母牛宮縮的力道邊推動胎牛。我感覺到牠的小身體朝我遠離。「丁斯岱先生，現在穩穩地拉，不要急著用力。」然後心中暗道：「老天，千萬不要讓繩套滑掉啊。」

胎牛的頭正在轉過來。我可以感覺到牠的脖頸逐漸貼直我的手臂，然後是牠的耳朵碰到我的手肘。我放開牠的肩頭，抓住小小的口鼻部。我用手遮擋住牠的牙齒以免刮傷產道壁，引導牠的頭來到應該在的位置，也就是擱在前腿上。

我很快將繩套拉開向後套到雙耳後面，「現在趁母牛用力時拉出小牛的頭。」

「不對呀，你現在應該拉牠的兩條腿。」老伯大喊。

「聽我說，拉牠頭上那條該死的繩子！」我用最大音量吼出聲來，看到老伯悻悻然退回他的稻草捆上，心裡立刻舒坦多了。

小牛的頭在牽引之下被帶出來，身體也跟著順利地滑出來。小傢伙躺在礫石地上一動也不動，兩眼空洞無神，舌頭發青且嚴重腫脹。

「快死了，肯定沒命。」老伯嘟噥著，再次發動攻勢。

我清除小牛嘴裡的黏液，對著牠的喉頭用力吹氣，開始幫牠做人工呼吸，又在牠的肋骨上大力按壓幾下。小牛呼了一口粗氣，眼皮開始顫動。接著牠開始吸氣，一條腿大力抽動一下。

老伯摘下帽子，不敢置信地搔了搔頭。「老天爺啊，牠還活著。看你搞了那麼久，我還想著牠鐵定死翹翹了。」他先前的高昂興致已經失去大半，嘴裡叼著的菸斗燃盡空懸。

「我知道小傢伙要的是什麼。」我說。我抓住小牛的前腿，將牠拖拉到母親的頭旁邊。母牛伸長身體側臥著，頭部疲軟無力貼在凹凸不平的地板上。她的肋骨部位隆起，雙眼幾乎閉上，一副什麼都不想再管的模樣。但她感覺到小牛身軀靠近自己的頭臉時，卻變得大不相同：圓睜雙眼，口鼻開始嗅聞探索新事物。每聞一下，她的興致就愈發濃厚，她掙扎著立起上身，在小牛全身嗅聞探測，胸腔深處發出低沉轟鳴。然後她開始有條不紊地舔舐牛犢。母牛舌頭上粗糙的乳突拖曳過小生命的毛皮時，是大自然爲這種時刻所提供最完美的刺激訊號，小牛弓起了背部。一分鐘內，小牛已經搖頭晃腦，試著坐直起來。

我咧嘴笑了。這就是工作中我喜歡的部分，小小的奇蹟，即使以後成了常見景象，但每次看到還是會覺得新鮮驚奇。我盡可能清理掉身上乾涸的血跡和髒汙，但大部分已經在皮膚上結塊，用指甲摳也摳不掉，得等回到家才能沖熱水洗掉。我將上衣套回身上，全身上下感覺好像被人用粗棍棒痛毆許久，每束肌肉都在痛。我口乾舌燥，嘴唇幾乎黏在一起。

愁苦的瘦長人影飄近。「能喝點什麼嗎？」丁斯岱先生問。

我可以感覺到自己滿是髒汙的臉在半信半疑中綻出微笑，腦海中浮現兌了威士忌的熱茶的景象。

「你人眞好，丁斯岱先生，我很想喝點東西。整整辛苦了兩個小時。」

「不是，」丁斯岱先生沉著地望著我，「我是指母牛。」

我開始胡言亂語。「哦對，當然，那是一定的，絕對要讓她喝點什麼。她一定口很渴，對她有好處的。一定，一定要給她喝點東西。」

我收拾好用具，跌跌撞撞走出穀倉。荒野上依舊一片黑暗，雪地上颳起的刺骨寒風吹得我兩眼發疼。我拖著沉重步伐走下山坡，老伯盛氣凌人的聲音最後一次傳入耳裡。

「布魯菲德先生不會讓剛生產過的母牛喝東西，說會凍著腸胃。」

第二章

搖晃顛簸的巴士裡酷熱不已，七月驕陽直曬車窗，坐這一側眞是選錯邊。我在座位上不舒服地挪動一下身體，身上是最好的一套西裝，我伸出手指鬆了鬆勒住脖子的白色領口。在這種天氣穿這套服裝實在愚蠢，但我未來的僱主就在數英里外等我登門拜訪，我得留下好印象。

這次應徵會有什麼結果很難預料；在一九三七年新拿到外科獸醫師執照，就跟抽號碼牌等領失業救濟金沒有兩樣。由於政府十年來不聞不問，農業一蹶不振，農民主要依賴的輓馬消失得很快。當年輕人寒窗苦讀五年終於畢業，面對的卻是一個對他們的熱誠和滿腹知識冷漠無感的世界，這時候當個烏鴉嘴眞是再容易不過。《獸醫誌》期刊通常每週會刊登兩到三則徵人啓事，每個職缺平均有八十人前去應徵。

收到從約克郡谷地的達洛比寄來的通知信時，感覺好不眞實。皇家獸醫學院成員齊格菲．法農先生希望於本週五下午與我會面；對方希望我於午茶時間抵達，晤談後如雙方皆認爲適合，我即可獲聘成爲助理。我在不可置信中緊抓這一線生機；有許多跟我一樣取得執照的友人，不是待業中，就是去當店員或船廠工人，我原本對未來已經不抱任何希望。

巴士駛入另一段陡峭彎道，司機再次換檔不順，變速箱發出嘰嘎怪聲。目前車子已經穩定爬坡十五英里左右，逐漸接近遠方藍霧氤氳的本寧山脈。我以前從沒來過約克郡，但是一聽到這地名，總會聯想到與約克夏布丁類似，一吃就飽、毫不浪漫的場景；我已經作好心理準備，未來要面對一個樸實單調、缺乏魅力的地方。但在巴士爬坡時發出的嘰嘎怪聲中，我開始浮想聯翩。原本形狀模糊的高地逐漸成形，高聳翠綠的山丘和寬闊的河谷陸續現身。在河谷谷底，田地、樹林和灰色岩石砌建的農舍錯落分

布，河川蜿蜒流過其間，水流環繞的田地彷彿自成島嶼，綠油油的凸角朝著如暗潮自峰嶺往下蔓延的石南荒原突伸。

我看到圍柵和樹籬已經被乾砌石牆取代，無論與道路相鄰、環繞田地或周圍山丘上無盡綿延的皆是石牆。石牆無所不在，不斷延伸，在翠綠高地上縱橫刻畫。

隨著巴士愈來愈接近目的地，恐怖故事也在我腦中盤旋不去；故事是由學長們傳回學院，執業數個月讓他們心如鐵石，滿腔怨憤。助理不過是沙粒草芥，在惡毒無良的獸醫老闆奴役之下挨餓賣命。戴夫·史蒂文斯顫抖著手點燃一根菸：「沒有一個晚上能休息，也沒放過半天假。他吩咐我洗車、除草、到院子挖土、採買他全家要用的東西。但後來他叫我去掃煙囪，我就離職了。」或是威利·約翰史東說：「我接下的第一個任務，就是幫一匹馬插胃管。該插進食道，卻插進了氣管。快速打氣幾下，那匹馬就轟然倒地——死透了。我就是那時候開始冒白頭髮。」或是弗雷·普林格碰到的慘事，傳得沸沸揚揚。弗雷幫一隻鼓脹症的母牛插入套針管，飼主對於從牛腹嘶嘶排出的氣體很感興趣，而弗雷跟著得意忘形，拿著打火機靠近套管。烈焰霎時席捲而來，火舌吞噬旁邊的乾草捆，把牛棚燒得精光。弗雷隨後立刻接受某個在殖民地的工作——那地方叫什麼來著，背風群島❶？

老天，不可能是眞的吧。我詛咒自己過度豐沛的想像力，努力不去想火場煉獄熊熊烈焰的劈啪聲，和牛群被帶往安全處所時的驚恐悲鳴。不，不可能那麼悲慘；我將冒汗的掌心在膝頭上抹了抹，試圖專

全書皆為譯者註：

❶背風群島（Leeward Islands）為西印度群島中的一個島群，位在加勒比海與大西洋相接處，自一六七一年至一九五八年為英國殖民地。

心想著我即將見到的這位先生。

齊格菲·法農真不像是約克郡谷地獸醫的名字。很可能是德國人，在德國受完訓之後決定來這裡開業。名字原本可能不是法農；很可能是法赫南之類的。沒錯，「齊格菲·法赫南」。他的形象開始在腦海中成形：身材圓滾矮胖，明亮的雙眼閃著笑意，隨時會大笑出聲。麻煩的是，同時我又不由自主想到另一個形象：高大魁梧、眼神冰冷、怒髮衝冠的條頓人，比較符合大家心目中的獸醫老闆形象。

我意識到巴士鏗哩哐鎯沿著一條狹窄街道行駛，從街道開進一處廣場後停車。在一家簡樸低調的雜貨店窗戶上方，我看到招牌寫著「達洛比合作社」。我們到了。

我下了巴士，將久經風霜的行李箱放在腳邊，打量四周。有什麼不太尋常，我一時之間無從確指。接著我明白是什麼了——是寂靜。其他乘客四散離開，司機將引擎熄火，周遭鴉雀無聲，沒有一絲動靜。舉目所及唯一有人在活動的跡象，是坐在廣場中央鐘塔下方的一群老人，但要說他們全是石像也不無可能。

達洛比在旅遊書中佔的篇幅不多，但旅遊書提到時，也只介紹是位在達洛河畔的一座灰暗村鎮，鎮上有卵石鋪面的市集廣場，除了兩座古老橋梁之外別無可看之處。不過眼前的這座依傍著礫石河岸和河流的小鎮十分優美，鎮上房屋疏密有致，沿著赫恩丘較低矮的丘坡錯落分布。身在達洛比的每一個角落，無論在街道上或是從屋內向窗外望去，都可以看到超過兩千英尺的翠綠山巒龐然靜定地聳立，山腳下的房屋屋簷鱗次櫛比。

空氣澄淨清新，令人豁然開朗、一下子輕盈起來，那種解脫的感覺，像是將平地帶來的什麼東西拋諸二十英里之外——我似乎逐漸擺脫了城市的拘束悶窒和煙塵汙垢。

我從廣場沿著特倫蓋街出發，在這條很安靜的街上第一次看到斯凱谷宅邸。在走近到能看出微微歪斜掛在鐵欄杆上的老派黃銅名牌鐫刻的「皇家獸醫學院成員齊格菲．法農」字樣之前，我就知道一定是這裡沒錯。我是看到顏色柔和的磚牆上，蔓延攀爬至最高幾扇窗戶的凌亂常春藤才確知。是信上說的——唯一一棟爬滿常春藤的房子；這裡可能會是我第一次當外科獸醫師的工作場所。

如今我來到這裡，就站在門前的台階上，上氣不接下氣，好像剛跑完步。如果我錄取，就有機會在這裡了解自己的能耐。有許多事情等待我去證明。

不過我很喜歡這棟老房子的樣子。是喬治王朝風格的建築物，精緻的前門漆成白色。窗框也是白色的，一樓和二樓都有優雅的大窗，但突懸屋瓦之下最高的樓層只開了方形的小窗口。

外牆油漆已經龜裂，還出現塊狀浮凸，磚塊間的灰漿呈現顆粒狀，但整棟屋宅散發一股恆久不變的優雅氣質。房子沒有前院，只有欄杆隔開前方相距數英尺的街道。

我按響門鈴，下午的寧靜立刻被遠處傳來彷彿狼群放聲號叫的咆哮聲打破。透過前門上半部的玻璃窺探，只見狗群從一條長走道的角落不停竄出，爭先恐後衝向門邊狂吠。要不是我習慣跟這些動物相處，很可能會轉身拔腿逃命。但此刻我只是小心地退後一步看著狗群現身，有時一次冒出兩隻，躥上跳下，雙眼發亮，口水直流。觀察了一、兩分鐘，我已經能分出哪隻是哪隻，才發現一開始數了約有十四隻實在太過誇大。其實只有五隻；一隻大隻的灰褐色靈猩，因爲不像其他隻愛跳來跳去的所以最常現身，一隻可卡犬，一隻蘇格蘭㹴犬，一隻惠比特犬，還有一隻嬌小腿短的德國獵㹴。我看不太到這隻德國獵㹴，因爲玻璃對他來說太高了，不過他有幾次奮力向上跳起在玻璃前露臉，甚至來得及在落地前發出狂亂的吠叫聲。

還在思索要不要再次按響門鈴時，我看到一位高大的女子出現在走道上。她厲聲喝斥，吵鬧聲立刻停息，好像施了什麼法術。她打開門時，爭先恐後的狗群巴結討好似地貼到她腳旁，露出眼白並搖動夾起的尾巴。從沒看過這麼會逢迎諂媚的一幫傢伙。

「您好。」我說，露出最美好的笑容。「敝姓哈利。」門打開後，女子看起來益發高大。女子看起來約莫六十歲，但是從額頭向後梳並緊緊紮起的頭髮烏黑，幾乎看不見一縷灰白。她點點頭，肅穆但不失慈藹地凝望著我，但似乎在等我透露更多資訊。我報上的姓氏顯然並未激起任何反應。

「我和法農先生有約，他寫信通知我今天前來。」

「哈利先生？」她若有所思地說。「手術時間是六點到七點。如果您想帶狗來看診，那個時間最為理想。」

「不，不是的。」我說，仍保持笑容滿面。「我是來應徵助理一職。法農先生信上說要我午茶時間過來。」

「助理？嗯，這樣啊，那很好。」她臉龐的線條稍微柔和了一些。「我是霍爾太太，法農先生的管家。你也知道，他還孤家寡人。他沒跟我提過你的事，但不要緊，請先進來喝杯茶。他應該很快就回來了。」

我跟著她走進夾在刷白牆面之間的走道，鞋子踩在磁磚地板上喀嗒作響。到了走道盡頭，我們右轉走入另一條走道，我還在想屋子內部究竟有多深時，就被帶進一間充滿陽光的房間。

房間打造得宏偉大氣，天花板挑高，室內十分寬敞，巨大的壁爐兩側設有拱形壁龕。房間一端開了一扇落地窗，窗外是一座周圍以高牆圍起的長形庭園。我可以看見不甚整齊的草坪、假山造景和許多果樹。一排芍藥在炙熱陽光下盛開，較遠的那一頭有幾棵高大的榆樹，樹梢上傳來禿鼻鴉的嘎嘎叫聲。放眼望去更高更遠處，只見蓊鬱山丘和依坡而築的房屋。

在老舊不堪的地毯周圍，擺放著平凡無奇的家具。牆上掛著狩獵場景圖，書籍散落四處，有些擺在設於壁龕的書架上，有些就在地板角落疊成書堆。在壁爐架的一端，一只白鑞品脫壺擺在顯眼的位置。很有意思的一只壺。壺裡塞滿支票和鈔票，滿到不僅壺口堆得高高的，還掉到下方的爐床上。正當我訝異地審視這只壺，霍爾太太用托盤端著茶進來。

「法農先生是出門看診了吧。」我說。

「不，他去布羅頓探望母親了。我實在不確定他哪時候回來。」她放下茶，留我一個人待著。

狗群在室內各自找好位子安坐，除了蘇格蘭㹴犬和可卡犬對於誰能坐進一張深椅座的椅子裡爭執了一會兒之外，很快就一切平靜，絲毫看不出先前曾發生任何暴力行爲。他們百無聊賴但友善地對待我，同時和瞌睡蟲奮戰但節節敗退。很快，最後一顆頻頻點著的狗頭也歪倒，粗重呼吸聲在室內此起彼落。

但我卻沒辦法和他們一樣放鬆。失望之情席捲而來；我卯足了勁準備這次面談，但現在只能忐忑等待。一切都怪異極了。怎麼會有人寫信給來應徵助理的人安排了面談，卻在面談時間跑去探望母親？還有一件事——若我獲得聘任，日後就會住進這棟房子，但管家並未接到任何爲我打點備妥房間的指示。事實上，她之前甚至從未聽說我的名字。

我的沉思被門鈴響聲和狗群打斷，他們好像觸到通電的電線一般，躍起身來朝空咆哮，然後擠成一團衝出門。但願他們沒有如此盡忠職守。左等右等都不見霍爾太太出現，於是我走出房間到了前門，看見狗群奮不顧身又跳又叫。

「安靜！」我大吼，一群狗立刻靜止不動。五隻狗全都卑屈諂媚地圍在我的腳踝旁，幾乎是趴跪在地膝行。大隻的靈㹴咧嘴露齒，好似露出滿懷歉意的微笑，效果最佳。

我打開門，映入眼簾的是一張殷切的圓臉。圓臉的主人身材圓胖，穿著防水靴，自信滿滿地向前靠在欄杆上。

「哈囉，嘿囉，法農先生在吧？」

「目前不在。您找他有什麼事嗎？」

「對，等他回來，幫傳個話。就告訴啊，貝羅丘的伯特．夏普有頭母牛要通一通。」

「通一通？」

「對啦，她現在只剩三汽缸。」

「三汽缸？」

「就是囉，要是我們不想想該咋辦，她那出奶的就壞了，對吧？」

「很有可能。」

「我們可不想要發炎吧？」

「當然不想。」

「好，那你記得跟他講。拜拜啦。」

我回到起居室，陷入長考。我已經聽完第一個個案的病史，卻一個字也沒聽懂。

我在椅子上還沒坐穩，門鈴就再度響起。這次我先張口喝斥一聲以表威嚇，已經躍到半空中的狗群當場僵住；他們接收到我的訊息，羞愧地回到各自的椅子上。

這次是一位表情肅穆的紳士，拉到耳朵的扁平軟帽扶得很正，圍巾的結不偏不倚打在喉結前方，嘴裡正中央叼著一根陶土菸斗。他取下菸斗開口說話，富裕人家的口音令人意外。

「在下是穆利根，希望法農先生能移駕為我家愛犬配製一些藥劑。」

「您的愛犬有什麼問題嗎，穆利根先生？」

他挑高一邊眉毛表示疑問，抬起一手圈住耳朵。這次我奮力大喊。「有什麼問題？」

他疑惑地望了我一會兒。「他噁吐，先生。噁吐得很嚴重。」

我立刻覺得定下心來，腦海中冒出無數診療處置方法。「他在進食多久之後開始嘔吐？」

一隻手再度圈住耳朵。「說了啥？」

我湊近他的耳旁，深吸一大口氣之後大喊：「他都什麼時候噁吐──我是說嘔吐？」

穆利根先生臉上慢慢展露心領神會的表情。他露出溫和的微笑。「喔對，他在噁吐。噁吐得很嚴重，先生。」

我想自己沒力氣再來一次了，所以我告訴他我會處理，請他稍晚再來。他肯定能讀唇語，因爲他似乎很滿意地轉身走開。

回到起居室，我癱坐在椅子上，倒了一杯茶。我才啜了一小口，門鈴又響了。這次我只要怒瞪一眼，就足以讓狗群畏縮地回到椅子上；他們一點就通，我眞是鬆了一口氣。

前門外站著一個可愛的紅髮女孩。她微微一笑，露出一口潔白的牙齒。

「您好。」她大聲說，口音聽起來出身良好。「我是黛安娜．布隆頓。法農先生與我相約一起喝茶。」

我乾嚥了一下，緊抓門把。「他邀您來喝茶？」

笑容立刻僵住。「是的，正是如此。」她謹慎地一字一句說道。「他邀我來喝茶。」

「不好意思，法農先生現在不在家。我不知道他什麼時候會回來。」

笑容隱去。「哦。」她說，一個字包含千言萬語。「無論如何，也許能讓我先進屋裡。」

「喔當然，您請進。抱歉。」我含糊說道，忽然意識到自己嘴巴半開盯著她。

我拉住門讓她進來，她不發一語從我身邊走過。她熟門熟路，因爲我才走到第一個轉彎處，她的身影已經消失在起居室門口。我躡手躡腳從門口走過，然後拔腿狂奔約三十碼的曲折走道，來到地上鋪著石板的偌大廚房。霍爾太太好整以暇在忙一些瑣事，我向她衝去。

「來了一位年輕女士，一位布隆頓小姐。她也是來喝茶的。」我得強自壓抑那股想拉著她衣袖的衝動。

霍爾太太面無表情。我以爲她可能會開始狂揮手臂，但她甚至沒有露出一絲驚訝的神色。

「你過去跟她聊天，我會再端一點蛋糕。」她說。

「但是我到底能跟她聊什麼?法農先生還要多久才會回來？」

「嗯，就跟她閒話家常一下。我想他應該很快就會回來。」她冷靜地說。

我緩緩地找路回到起居室，一打開門，女孩很快轉頭，準備露出燦爛的笑容。當她看到來人只有我，她毫不掩飾心中的厭惡之情。

「霍爾太太認爲法農先生應該很快就會回來。等候時，您也許可以跟我一起喝杯茶。」

她很快瞥了我一眼，視線從我的蓬亂頭髮掃向磨損的老舊皮鞋。忽然間，我意識到自己長途跋涉而來，肯定風塵僕僕、滿頭大汗。然後她聳了聳肩，別過頭去。狗群對她漠不關心。沉重的靜默籠罩全室。

我倒了一杯茶遞給她。她視而不見，自顧自點燃一根菸。非常艱難，但我只能盡力嘗試。

我清了清喉嚨，輕描淡寫地說：「我也才剛到，希望能應徵上助理一職。」

這次她連左顧右盼的力氣都省下了。她只說了一聲「哦」，這個單音節再次給我一記重擊。

「眞是很美的一個地方，這裡。」我說，再次展開攻勢。

「嗯。」

「我以前從沒來過約克郡，但是目前為止看到的一切我都很喜歡。」

「哦。」

「妳跟法農先生認識很久了嗎？」

「嗯。」

「我想他應該滿年輕的——約莫三十歲？」

「嗯。」

「天氣真好呢。」

「嗯。」

我不屈不撓、愈挫愈勇，堅持了大約五分鐘，絞盡腦汁想擠出幾句別出心裁或風趣機智的話。但最後，布隆頓小姐不應不答，只是取下叼在嘴裡的菸，轉向我，面無表情地盯著我許久。我知道那表示到此為止，於是把話全吞回去。

之後，她坐著凝望落地窗外，一邊吞雲吐霧，在煙從雙唇間徐徐逸出時瞇起眼睛。對她來說，我壓根不存在。

我可以隨心所欲地觀察她，很有意思的一個人。我從沒遇過這樣活生生從時尚社交雜誌走出來的人物。涼爽的亞麻洋裝，看起來要價不菲的開襟羊毛衫，優雅的雙腿，還有披垂在雙肩上的耀目紅髮。但一想到她坐在那裡翹首以待，卻是為了一位矮胖德國獸醫，這個念頭著實令人驚奇。這位法農先生絕不是等閒之輩。

布隆頓小姐忽然一躍而起，終於打破靜止的畫面。她粗魯地將香菸扔進壁爐，大踏步離開房間。

我從椅子上起身，疲憊不已。窸窸窣窣從落地窗走進庭園時，我的頭開始發疼。我拖著沉重步伐穿過膝蓋高的草地，將背靠在一棵高聳的相思樹上。法農到底見鬼的去哪了？他是真的約了我來，還是什麼人對我開了一個殘酷的玩笑？我忽然渾身冰冷。爲了來到這裡，我把身上最後幾英鎊也花掉了，要是出什麼差錯，我麻煩就大了。

但是，環顧四周，讓我覺得好過一些。老舊高牆反射燦爛的陽光，姹紫嫣紅的花叢中傳來蜜蜂的嗡嗡聲。一棵華美的紫藤幾乎完全覆蓋屋子後側，凋萎的花朵在微風吹起時輕輕晃動。這裡一切平靜。

我仰頭靠著樹皮，閉上雙眼。腦海中出現「法赫南先生」，他看起來就跟我想像的一樣，居高臨下看著我。他一臉震驚。

「你幹的什麼好事？」他氣急敗壞，兩頰的肥肉在盛怒之下抖動著。「你欺詐瞞騙進到我家，侮辱布隆頓小姐，你喝我的茶，吃我的食物。你還做了什麼，啊？也許你從我家偷了湯匙。你說來應徵助理，但是我根本不想要助理。我最好打電話叫警察。」

「法赫南先生」伸出圓胖的手握住電話筒。就算在夢裡，我也揣想著這個人怎麼講話這麼老人腔。我聽見他以濃濁的聲音說著：「喂，哈囉。」

然後我睜開眼。有人在說「哈囉」，但不是法赫南先生。一名瘦高男人靠在牆上，兩手插在口袋裡。似乎有什麼讓他覺得饒富興味。我手忙腳亂站起來，他一挺身離開牆面，朝我伸出手來。「抱歉讓你久等，我是齊格菲．法農。」

他差不多是我看過長相最像英國人的人了。一張長臉風趣幽默，下巴線條剛硬分明。唇上蓄著一撮修剪整齊的小鬍子，砂灰色頭髮有些凌亂。他穿著一件老舊粗花呢外套，不怎麼有型的法蘭絨長褲。格紋襯衫的領子已經磨損，領帶結打得很草率。他看起來似乎不是會在鏡子前停留很久的人。

我打量著對方，雖然脖子因為剛剛靠在樹上還在發疼，但心裡覺得好過些了。我甩了甩頭，完全睜開雙眼，頭髮上沾到的幾叢青草落了下來。「有一位布隆頓小姐來過。」我衝口而出。「她來喝午茶，我解釋說你接到通知出門看診。」

法農看起來若有所思，但是並不氣惱。他緩緩搓了搓下巴。「嗯，對——呃，不要緊。但是我要向你道歉，剛好在你過來的時間外出。我的記憶力實在令人驚嚇，我完全忘記你要來的事。」

他說話也是純正的英國人口音。

法農上上下下打量我好一會兒，然後咧嘴一笑。「我們進屋去吧，我想帶你認識一下環境。」

第三章

屋子後方岔出的長長一排，是從前主人家興旺時期的傭人房。這裡現在一片黑漆、狹窄擁擠，好似刻意與前面的主屋形成鮮明對比。

整排看去有好幾扇門，法農帶我走到第一扇門前，門後的走道裡仍飄散著乙醚和石碳酸的氣味。

「這裡，」他說，眼裡閃起一抹神祕的光芒，好像正要打開阿拉丁的藏寶洞窟，「是配藥室。」

在有盤尼西林和磺胺類藥物可用之前的年代，配藥室是一個很重要的地方。白色牆面從上到下擺滿一排又一排的茶色溫徹斯特瓶。我品味著所有熟悉的名稱：亞硝酸乙酯、樟腦酊、哥羅丁、福馬林、鹵砂、六亞甲四胺、鉛糖、白擦劑、氯化汞、紅碘化汞藥膏。長串的藥品標籤令人安心。

我就像是重回老朋友懷抱的新手。我曾經辛苦學習與它們有關的知識，費時數年探索它們的奧祕。它們的來源、作用和用途，以及複雜到令人發瘋的使用劑量，我都知道。主考官的聲音在我耳畔響起：「馬該用多少劑量？——那牛呢？——綿羊呢？——那豬呢？——那狗呢？——那貓呢？」

架上的藥品就是獸醫對抗疾病的整座武器庫，在窗下的一張工作台上，還能看見調配藥品的工具：刻度容器和燒杯，研杵和研缽。工作台下面一座開放式櫥櫃裡，有藥瓶、數堆不同尺寸的軟木塞、藥錠盒和藥包紙。

走在配藥室裡，法農的興致愈來愈高昂。他兩眼放光，話說得飛快。三不五時，他會抬手撫摸架子上某個藥瓶；或是從盒子裡取出給馬匹的大丸藥或舐劑，友善地輕拍一下，再輕柔地放回盒子裡。

「看看這東西，哈利。」他冷不防大喊一聲。「艾樂凡！這是治療馬匹腸子裡紅色寄生蟲的驅蟲藥，效果絕佳。不過啊，可不便宜——一包要十先令。還有這些紫藥水陰道栓劑。幫母牛清洗子宮後塞一個這個進去，排出的惡露就會變成漂亮的顏色。看起來煞有其事，很有效的樣子。你看過這招嗎？」

他將幾顆再昇華碘的結晶放在玻璃皿上，加入一滴松節油。剛開始的一秒鐘毫無反應，但接著冒出一股濃密的紫色煙霧直竄天花板。看到我一臉驚愕，他放聲大笑。

「很像巫術吧？我會用在馬腳上的傷口。化學反應能讓碘進到組織更深層。」

「真的？」

「唔，我不知道，但理論上是如此，無論如何你得承認，看起來棒極了。連最難纏的客戶都心服口服。」

架子上有些瓶子，並不符合我在學校學到的醫學倫理標準。比如其中一瓶標著「腹絞痛灌藥」，標籤上的華麗圖案呈現出在地上痛苦打滾的馬匹。馬的臉朝外，極度痛苦的表情十分擬人。另一瓶以花體字註明「牛隻萬用藥」——「治療咳嗽、發冷、腹瀉、肺炎、乳熱病、出乳不順和所有消化不良症狀的權威萬用藥物。」標籤最後一行以醒目的黑色大寫字體向使用者保證：「一用見效。」

法農對於大部分藥品都如數家珍。在他執業五年的經驗中，每種藥都佔有一席之地，它們各有各的魅力和獨特奧妙。很多藥瓶形狀優美，有著重實的玻璃瓶塞，瓶身上鐫刻拉丁文名稱；這些都是數百年來的內科醫師耳熟能詳的名稱，在光陰流轉中累積無數軼事傳聞。

我們佇足凝望一排又一排閃亮的玻璃藥瓶，完全不知道它們已經幾無用武之地，舊藥物的時代已經接近尾聲。面臨突飛猛進的新藥發明，它們很快就會遭人遺忘，永遠湮沒。

「我們的器材都收在這裡。」法農帶我看另一間小房間。小動物用的獸醫器材放在鋪了厚呢布的架子上，井然有序，潔淨程度令人印象深刻。皮下注射器、產鉗、刮牙器、探針、剪蹄釘鉗，還有一台檢眼鏡擺在很顯眼的位置。

法農從黑色盒子裡拿出檢眼鏡，滿懷愛憐。「最新購入的。」他喃喃道，輕撫光滑的握柄。「美極了。來，檢查看看我的視網膜。」

我扭亮檢眼鏡的小燈，滿懷興趣地檢查他眼睛深處那片閃閃發亮、色彩繽紛的織毯。「健全良好。我可以開立健康證明書給你。」

他大笑，用力拍了一下我的肩膀。「很好，很高興聽你這麼說。我一直覺得我這一眼有點白內障。」

他開始介紹用鉤子吊掛在牆上的大動物用器材。斷尾鉗和熱灼器、無血去勢器、去勢器、套索和保定用足枷、產犢繩和助產鉤。一把銀亮嶄新的碎胎器掛在貴賓席位，但其他很多器具都跟藥品一樣是博物館藏品級的老骨董。尤其是放血針和放血棒，雖然是中世紀的遺物，還是有人用來將豐沛的鮮血放流到桶子裡。

「碰上蹄葉炎，還是用這個效果最好。」法農嚴肅地聲明。

行程最後來到手術室，四面白牆上空無一物，有一張高高的手術台、施放氧氣和麻醉用乙醚的全套裝備，和一台小型殺菌器。

「這個區域的小動物生意不多。」法農的手掌滑過桌面。「不過我試著鼓勵大家多帶小動物來看診。平常都趴在牛舍裡，變換一下總是令人愉快。重點是，我們得把事情做對。以前奉行的蓖麻油和普魯士酸那一套已經沒用了。你大概也知道，很多老手不願意幫貓狗看病，不過我們這一行不能再這麼死腦筋。」

他走到角落一座櫥櫃前面，打開櫃門。可以看到玻璃架上收著幾把手術刀、止血鉗、手術縫合針和幾瓶泡在酒精裡的縫合用羊腸線。他取出手帕撢了撢耳鏡，然後小心翼翼關上門。

「那麼，整體來說，你覺得如何？」他離開手術室回到走廊時問道。

「很好。」我回答。「我需要的你這裡差不多都有了。真的令我印象深刻。」

他得意洋洋，自我膨脹起來。他削瘦的雙頰泛紅，輕聲對自己哼歌，接著忽然用顫抖的男中音放聲唱起歌來，邊跟著我們的走路步伐打起拍子。

回到起居室，我告訴他伯特．夏普的事。「他講到一頭母牛什麼剩三汽缸筒，需要通一通，還講到出奶的和發炎——我不太懂他的意思。」

法農大笑。「我想我可以翻譯。有一個乳房堵塞了，他想要我們幫忙動赫德遜氏手術。『出奶的』是指乳房，『發炎』就是乳腺炎，當地人都這樣講。」

「哦，謝了。還有一位耳背的愛爾蘭人，穆利根先生……」

「等等。」法農抬起一隻手。「我想想——噁吐？」

「是的，噁吐得很嚴重，先生。」

「對了，我會再開給他一品脫的碳酸鉍。這隻狗，我是偏好長期治療。他看起來像一頭萬能㹴，但是長得跟驢子一樣大，很容易發脾氣。他好幾次把喬．穆利根撲倒在地——有事沒事就撲倒老喬害他擔心。但是老喬很愛他。」

「那噁吐是怎麼回事？」

「沒事的。這是自然反應，誰叫他找到什麼垃圾都吃進肚子裡。唔，我們最好去夏普家一趟。還有一、兩個地方要去——何不跟我一道前往，我順便帶你認識一下環境。」

到了屋外，法農朝著一台久經風霜的希爾曼打手勢示意，我繞到副駕駛座那一側，在驚愕中掃了一眼磨到沒有胎紋的輪胎、生鏽的車身，還有布滿網狀細小裂紋幾乎不透明的擋風玻璃。我沒注意到的是，副駕駛座並沒有固定在車底板上，只是擱在像雪橇的滑軌上。我一坐下去，座椅立刻向後翻倒，我的頭撞在後座上，兩腳朝天。法農幫忙拉我起來，優雅迷人地向我致歉，然後我們就出發了。

離開市集廣場之後，道路陡降，沐浴在夕陽下的整座谷地在眼前開展，一覽無遺。在柔和的向晚餘暉下，群山輪廓不再稜角分明，谷底的達洛河蜿蜒如一道斷續的銀痕。

法農不是中規中矩的汽車駕駛。他顯然著迷於眼前景緻，緩緩駛下山坡的同時，他將手肘擱在方向盤上，兩手捧著下巴。到了山腳，他才從迷醉中回神，猛然加速到時速七十英里。老車行駛在狹窄道路上，沿途瘋狂顛簸，我的可移動式座椅左歪右倒，我只能兩腳死命踩住車底板。

接著法農大力踩下煞車，示意要我看幾頭純種短角牛，車子忽然一震又開走了。他的視線從不落在前方的道路上，注意力全放在周圍和後方的鄉間。我擔心的是他關注後方這一點，因爲有很多時間，他都是邊開快車邊回頭看後面。

終於，我們駛離道路，沿一條上坡小路開到柵門前。實習那幾年裡，我學到上下車要手腳伶俐，因爲實習生在前輩眼中的主要功能就是開柵門機器。然而法農每次都鄭重向我道謝，我一開始大吃一驚，後來才覺得確實令我耳目一新。

我們在一座農場裡停車。「有匹馬跛了腳。」法農說。農人正將一匹健壯的克來茲代爾馬牽出來，我們專注地觀察馬在農人指揮下快步來回的樣子。

「你覺得是哪隻腳？」我的同事發問。「左前腳？對，跟我想的一樣。想檢查看看嗎？」

我將一手放在馬腳上，感覺熱度比另一腳高多少。接著我要了一把鎚子，用來輕敲蹄壁。馬兒瑟縮了一下，抬起那一腳懸空顫抖了數秒鐘，然後才小心地踏回地上。「我看是腳長膿了。」

「我敢說你說中了。」法農說。「對了，在這兒他們叫做長『小石子』。你覺得我們該怎麼做？」

「打開蹄底，把膿清乾淨。」

「正是。」他遞出一把修蹄刀。「我看看你技術如何。」

意識到這是給我的考驗，我有點不自在地接過刀子，抬起馬腳用雙腿夾住。我知道自己該做什麼——在蹄底找出顏色深暗的點，那裡是開始感染的起始點，然後挖深到有膿液的地方。我刮掉厚厚一層泥沙，發現不只一點，而是好幾點。再輕敲幾次確認疼痛區域之後，我選了一個可能的點開始刮削。馬蹄的角質似乎堅硬有如大理石，每次下刀只能刮下極薄的一塊。馬匹對於能將痛腳抬起懸空似乎很滿意，滿心感激地將全身重量都壓在我背上。他已經一整天都沒這麼舒服過了。我發出呻吟聲，用手肘頂了頂他的側腹，雖然讓他挪動了一下，不過他很快又靠回我背上。

深色處的顏色愈來愈淡，下刀最後一挖之後，深色處就完全不見了。我低聲咒罵，開始刮挖另一個深色處。我的背快被壓斷，汗水還流到眼睛裡，我知道要是這一處也挖一挖就消失，我就得放開馬腳，先休息一下。但是法農還盯著我看，我不想這麼做。

我忍著痛使勁緩緩刮挖，愈挖愈深的同時，我的膝蓋也無法控制地抖個不停。馬兒休息得很開心，十五英擔重的身軀都在這位體貼人類的懷抱裡。我正揣想著自己終於趴倒在地會是什麼光景，忽然看到刀刃下細細的一股膿液先是噴湧，然後不停流淌。

「就是這裡。」農人咕噥著。「他很快就會沒事了。」

我將發膿處挖大之後，放下馬的腳。好不容易直起腰來，我後退一步時，襯衫已經被汗水浸透貼在背上。

「幹得好，哈利。」法農接過我手裡的刀子，放回口袋。「碰到角質這麼硬的時候，實在不好玩。」

他幫馬匹注射了一劑破傷風抗毒素，然後轉向農人。「我在想你能不能幫忙把馬腳抬高一下子，我來消毒一下膿腔。」壯實的小個子抓起馬腳用兩腿夾住，饒有興味地低頭看著法農在傷口處填入碘結晶並滴了一點松節油。接著農人就消失在翻湧的紫色煙幕之中。

濃煙升起，飄散開來，我看得目不轉睛，完全著迷。我只能從濃煙中央處的急促話聲依稀辨認農人的所在位置。

濃煙開始散去，冒出一雙驚詫圓瞪的眼睛。「老天吶，法農先生，我剛剛一直在想到底是怎麼回事。」農人嗆咳著說。他再次低頭看馬蹄上發黑的傷口，滿懷敬意地說：「現在的科學眞是厲害，太神奇了。」

我們又去另外兩家看診，先去一家幫腿部割傷的小牛縫合、上藥和包紮，然後前往有母牛乳房堵塞那一家。

夏普先生在等我們，仍舊滿臉殷切。他領我們進入牛舍，法農朝著母牛比著手勢示意。「你來看看是什麼情況。」

我蹲下來進行乳房觸診，向上到一半時就摸到增厚的組織塊。必須用赫德遜氏螺旋鑽加以疏通，於是我開始將細長的螺旋鑽向上鑽入乳房。一秒鐘後，我坐在集糞槽道裡喘著粗氣，襯衫正面多了一個清晰的偶蹄印，就印在腹腔神經叢上面。

眞是困窘，但我也無可奈何，只能坐在那裡掙扎喘息，嘴巴一開一闔，活像一尾離水擱淺的魚。

夏普先生抬手掩嘴，他出於本能想保持禮貌，眼前獸醫落難的場景又令他發噱，陷入了天人交戰。「很抱歉，年輕人，我該早點告訴你的。這頭母牛很友善，她老愛跟人握手。」如此機智的回話，他自己都爲之折服，將前額靠在母牛背上，陷入好長一陣無聲狂笑。

我不慌不忙調勻呼吸，保持著尊嚴從糞槽裡起身。接著由夏普先生穩住牛鼻，法農抬高牛尾，我好不容易將螺旋鑽鑽穿組織塊，用力向下拉抽幾回之後清除了堵塞處；不過，即使防範措施讓母牛無法任意施爲，她還是成功在我的雙臂和雙腿上留下幾記重擊。

手術結束之後，農人抓住這顆乳房，長長的一道白色乳汁噴出，落在地板上形成一灘泡沫。「太棒了！現在又是四汽缸火力全開！」

第四章

「我們走另一條路回去。」法農靠在方向盤上，用袖子揩抹滿是裂紋的擋風玻璃。「越過布倫石東山口，下到席爾弗谷地。路程差不多，我想帶你去看看。」

我們駛上一條陡峻曲折的道路，愈爬愈高，山腰處的山壁急陡，下方就是遍布礫石的幽暗深谷，湍急溪流沖向更下方地勢緩和的鄉村。來到最高處，我們下了車。夏日餘暉下，放眼望去盡是荒野風光，山丘嶺峰連綿起伏不斷延伸，最後隱沒在西邊天際赤紅如金色緞帶般的萬道霞光之中。東邊有一座黑山居高臨下，光裸的龐大山形令人心生懼意。較低矮的山坡上散落著切成方正的巨大石塊。

我輕吹著口哨，邊環顧四周。搭車前來時，快抵達洛比的途中看到丘坡林立的鄉間親切宜人，和這裡截然不同。

法農轉向我。「沒錯，全英格蘭最偏僻的荒野，冬天就成了可怕的地方。我記得這個山口曾經連續封閉好幾週。」

我深吸一口清淨的空氣到肺裡。廣大荒野中一點動靜也沒有，只有一隻杓鷸的微弱叫聲，下方一千英尺處急流的嘩嘩水聲聽起來十分遙遠。

我們上車並駛上長長的下坡路進入席爾弗谷地時，天色已暗。谷地呈現無形無狀的模糊一片，只有幾點孤燈寡火指示著依山坡而建的農家。

來到一處寂靜的村莊，法農猛踩煞車。我就像坐著平底雪橇滑雪，在活動的座椅上毫不費力地滑過車底板，最後一頭撞上擋風玻璃。頭撞上玻璃時發出清脆撞擊聲，但是法農似乎壓根沒注意到。「這裡有間很棒的小酒吧，我們進去喝杯啤酒。」

酒吧對我來說倒是很新奇。基本上是一間大廚房，方方正正的，用石板砌成。有一座巨大的壁爐，酒吧另一頭是老舊的黑色爐灶。爐火上放了一只水壺，僅有一根粗大原木燒得嘶嘶劈啪作響，室內瀰漫樹脂的香氣。

有一排靠牆放置的高背長椅，坐了大約十幾個男人。他們前面的橡木桌上擺著成排的品脫啤酒杯，經過歲月洗禮的桌子已經略微歪扭，裂縫斑駁。

我們走進去時，酒吧裡忽然一陣安靜。接著有人開口：「是你啊，法農先生。」不怎麼殷勤，但不失禮數，其他人也跟著友善地咕噥一聲或點頭示意。他們大多是來酒吧休憩的農人或農場工人，很平淡單純。大多數的人皮膚都被曬得通紅，有幾個年紀輕的沒繫領帶，敞開的襯衫領口露出肌肉發達的脖子和胸膛。角落裡傳來低語和彈舌聲，幾個人平靜地玩著多米諾骨牌。

法農帶我找了位子坐下，點了兩杯啤酒，然後轉向我。「唔，你願意的話，就來工作吧。一週四英鎊，食宿全包。行嗎？」

事出突然，我一下子說不出話來。我錄取了。而且一週有四英鎊！我想起《獸醫誌》裡悲慘的啟事。「外科獸醫師，資歷完整，只求糊口。」英國獸醫協會不得不施壓期刊編輯，要他停止刊登這些肺腑之言。看到同行願意無償提供服務，眞的覺得前景慘淡，一週四英鎊簡直是優渥了。

「謝謝你。」我說，努力不露出志得意滿的樣子。「我願意。」

「很好。」法農匆匆灌了一大口啤酒。「跟你講一下這間診所怎麼來的。是我一年前從一位八旬老人手上買下的。聽清楚啦，他那時候還在執業，眞的是老當益壯。不過他已經沒辦法三更半夜起床出診了，算是意料之中的事。當然，至於其他很多方面，他都任憑事情每下愈況——一味死守從前那一套。手術室裡那些古老器械，其中一些就是他留下的。基於種種緣故，幾乎沒留下什麼客戶，我目前正努力重新擴展診所生意。目前幾乎沒什麼利潤可言，但要是能撐個幾年，我有自信我們會生意興隆。看到有年輕人來接手，農人會很高興，他們也很歡迎新式療法和手術。不過老頭子以前只收三先令六便士的諮詢費，我得好好教育客戶，要調高費用必須非常努力。這些谷地人都是好人，你會喜歡他們的，不過他們可是很捨不得掏出口袋裡的錢，除非你能證明他們花的錢非常值得。」

他興高采烈大談對未來的計畫，啤酒一杯接一杯上桌，酒吧裡也慢慢熱鬧起來。村莊裡的老顧客絡繹不絕，酒吧裡頭很快就擠滿了人，也愈漸嘈雜暖熱。將近打烊時刻，我和法農已經被人潮分開，我置身一群高聲談笑的酒客之中，彷彿他們跟我是認識多年的老朋友。

但在我的視線範圍內，不斷冒出一名古怪人物。一個上了年紀的小個子男人，頭戴髒汙的白色巴拿馬帽，帽子下方那張棕褐色的光滑臉龐宛如久經風霜的老舊皮靴。他在人群邊緣躲躲閃閃，不停向我眨眼示意。

我看得出來他有話想說，於是我擺脫周圍人群，讓他領我到角落的座位坐下。老人坐在我對面，將雙手和下巴擱在拐杖頭上，從耷拉的眼皮下審視我。

「聽著啊，年輕人，咱有些話要告訴你。咱一輩子都在動物群裡打滾，咱就要跟你說說這個。」

我的腳趾頭捲曲緊縮，我以前就被人這樣逮住過。還開始念獸醫學院那幾年，我就發現農牧世界所有年紀大一點的居民似乎都認爲，自己有無比珍貴的知識要傳授，他們通常一開講就沒完沒了。我警覺地環顧四周，但發現自己被困住了。老人將他的椅子朝我挪近，神祕兮兮地悄聲講起話來。我們的臉相距六英寸遠，滿滿啤酒味的氣息撲面而來。

老人的故事了無新意——不過是常聽到的一些他自行調配的神奇藥方和百試百靈的獨門療法，還有岔題講到很多人如何不擇手段想要套出他的祕方卻徒勞無功的事。他只有偶爾停頓，很專業地舉高啤酒杯暢飲一番；別看他個子小，身軀裡卻似乎能容納驚人的啤酒量。

但看他講得口沫橫飛，我也就任他絮叨個沒完。事實上，我更對他的豐功偉業表達驚奇欽羨，鼓勵他說下去。

小老頭從沒碰過這樣的觀眾。他是退休小農，已經好幾年沒有人對他表示欣賞佩服，這份欣賞他絕對當得起。他歪嘴直笑，昏花雙眼因爲友誼而閃閃發光。但他忽然神色一凜，坐直身體。

「聽著，在你走之前，年輕人，咱要告訴你一件事，除了我以外沒別人知道。咱本來可以靠這賺大錢的。好幾年來多的是人求咱跟他們說，但咱就是不說。」

他灌了一大口，讓杯裡的啤酒高度下降好幾英寸，然後將雙眼瞇成小縫。「是治療馬跗癬和馬膝癬的藥方。」

我幾乎從椅子上跳起來，彷彿屋頂快塌了。「怎麼可能。」我驚呼。「不可能治得了馬跗癬和馬膝癬。」

老人一臉得意洋洋。「啊，但咱說的一點不假。你只需要幫馬抹一點咱這藥膏，他走路立刻恢復正常。靠這個就能恢復健康！」話聲拔高成了細聲尖喊，他粗暴地一揮手臂，差點把快見底的啤酒杯砸在地上。

我不敢置信地低低吹了聲口哨，幫他再點了一品脫啤酒。「那你眞的要告訴我這是什麼藥膏？」我低聲說。

「正是，年輕人，只有一個條件。你絕不能告訴別人。你必須保密，全天下沒別人知道，只有咱跟你知道。」他一仰頭，毫不費力將新送來那一杯的半杯全灌進喉嚨裡。「只有咱跟你，小子。」

「好吧，我答應你，我絕不會告訴任何人。說吧，這麼神奇的東西到底是什麼？」

老人偷偷張望周遭擁擠的人群。接著他深吸一口氣，一手按住我的肩膀，嘴巴湊近我耳邊。他很嚴肅地打了一個咳，然後用沙啞的嗓音低語。「藥蜀葵軟膏。」

我抓住他的手，不發一語，只是緊握住搖了搖。老人深爲感動，要喝的剩下半品脫啤酒幾乎都順著下巴流下來。

但是法農在門口處比著手勢。該走了。我們跟著一群新朋友湧出門口，喧鬧聲和燈光在安靜的村莊街道上自成一座小島。一個髮色淡金的小伙子只穿襯衫沒加外套，很自然地幫我打開車門表示禮貌，我和大家揮手道最後一次晚安後，重重坐在座椅裡。座椅這次比先前更快翻倒，我整個人猛地向後一翻，頭落在防水靴堆裡，膝蓋頂著自己的下巴。

一排臉孔從後座窗戶窺看，全都面露驚訝，但很快就有一雙手拉我起來，將整人座椅擺回滑軌上扶正。我在想副駕駛座椅這樣已經多久了，不知道我的僱主有沒有想過要修理。

車子呼嘯駛入夜色之中，我回頭看著揮手的人群。我看見那小個子，他的巴拿馬帽在門口燈光下閃閃發光宛如簇新。他伸出一根手指抵著嘴唇。

第五章

過去五年的努力都是爲了那一刻，但那一刻一直沒有到來。我來到達洛比已經二十四小時了，還不曾獨自出診。

跟著法農東跑西跑，就這樣又過了一天。也眞奇妙，法農看似健忘粗心、不拘小節，但是對於讓新助理上工卻格外謹愼，令我大感挫折。今天我們去了利德谷，我又多認識幾位客戶——幾位親切有禮的農民，他們很和氣地接待我們，祝我們生意興隆。但在法農的監督之下工作，就好像回到無時無刻不被教授盯著的大學時代。我深深覺得，如果我吉米·哈利不能在沒人援助和觀看之下獨自出門幫生病動物看診，本人的事業永遠不會有開始的一天。

然而，那一天可能很快就到來。法農再次前往布羅頓探望母親。孝順的兒子，我揣想著。他說他會晚歸，所以老太太的起居作息一定很不尋常。但無所謂——重要的是由我當家作主了。

我坐在一張椅墊已經鬆垮磨損的扶手椅上，望向落地窗，夕陽在蓬亂草坪上投下道道陰影。我有預感，這樣的場景以後會很常見。

我胡思亂想，不知道自己第一次看診會是什麼情況。等了那麼多年，最後很可能急轉直下。可能是小牛咳嗽，或是一頭豬鬧便祕，或許不是壞事——先從我能輕鬆搞定的開始。我好整以暇地浮想聯翩時，走道上的電話猛然響起。響聲鍥而不捨，在空蕩的屋子裡聽起來異常大聲。我拿起話筒。

「法農先生嗎？」對方的嗓音低沉，帶著一點凌厲。聽口音不是當地人，可能有一點西南部的腔調。

「不是，抱歉，他出門了。我是他的助理。」

「我是索姆斯先生，郝頓爵爺的農場經理。我這裡有一匹獵馬腹部絞痛。你知道腹部絞痛是怎麼一回事嗎？」

對方頓了許久，然後再次咆哮。「很好，我想你不知道也不行。無論如何，我知道該幫馬打什麼針。帶一點檳榔鹼過來，法農先生會用這個。還有老天吶，別拖拖拉拉等天黑才到。你多久能到？」

我感到怒氣上湧。「我是外科獸醫師，我想我應該知道是怎麼一回事。」

「我不知道你能幫我什麼忙。」對方換上一副霸道口氣。

「恐怕要到很晚。有什麼我能幫忙的嗎？」

「他哪時回來？」

「我現在就出發。」

「很好。」

我聽到對方砰一聲用力掛回話筒。掛了電話走開時，我感覺雙頰發燙。所以我的第一個案例不是要按表操課。腹部絞痛很難纏，除此之外，還有一個氣焰高張、自認無所不知的索姆斯要應付。

前往相距八英里的患者所在地途中，我在記憶中重讀寇頓．黎克斯的偉大經典《常見的馬腹痛病症》。念書的最後一年我勤讀這本書，可以像背詩一樣背誦其中的長篇段落。開車時，經常翻動以致邊角翹起的書頁幻影歷歷在目。

很可能是輕微的積食型腹痛，或是有一點痙攣。可能因為換飼料，或吃了太多營養的草料。對，應該沒錯，大多數腹部絞痛的案例都是這樣。只要很快打一針檳榔鹼，或許再注射一點哥羅丁，就能舒緩不適，一切就會平安無事。我回想起實習時碰過的案例。馬匹安靜地站著，只有偶爾動一動後腿，或是回頭看看自己的側腹。真的沒什麼好擔心的。

開車抵達時，我正為腦海中的怡然場景添加細節。我駛進一處礫石地面一塵不染的院子，周圍被三座相當大的單間馬廄環繞。一個虎背熊腰的男人站在那裡，穿戴著格紋鴨舌帽和外套、剪裁合宜的及膝褲以及光亮的綁腿，儀容很整潔。

車子在距離男人三十碼處停住，我下車時，男人刻意緩緩轉身背對我。我從容不迫走過院子，等著對方轉身，但他只是站著一動也不動，兩手插在口袋裡，看著相反方向。

我在離他幾英尺處停下腳步，對方還是沒有轉身。過了許久，我實在看膩他的背影了，於是開口。

「索姆斯先生？」

男人一開始並未移動，接著他很緩慢地轉過身來。他的脖子又紅又粗，臉色紅潤，很小的雙眼眼神暴烈如火。他沒有答腔，但是小心翼翼地從頭到腳打量著我，將我身穿老舊雨衣、一副年輕生澀、經驗不足的模樣都看在眼裡。檢視完畢，他再次別過頭去。

「沒錯，我是索姆斯先生。」他刻意加重「先生」，似乎這兩字對他來說意義重大。「我跟法農先生是非常好的朋友。」

「敝姓哈利。」

索姆斯置若罔聞。「沒錯，法農先生非常聰明。我跟他是非常好的朋友。」

「您說您有一匹馬腹部絞痛。」眞希望我的聲音聽起來能低沉穩定一點。

索姆斯依舊將目光投向天空中的某處。他先輕聲對自己用口哨吹了一段小調才回答。「那裡。」他說，朝著其中一座單間馬廄的方向歪頭示意。「是爵爺其中一匹最優秀的獵馬，我想他需要專家協助。」他加重語氣強調「專家」二字。

我打開廄門，走了進去。然後我像撞上一堵牆般猛然止步。這座單間馬廄很大，地面鋪著厚厚的泥炭蘚。一匹棗色馬繞著馬廄不斷蹣跚踏步，已經在泥炭蘚裡踩出深深的一圈。他從鼻吻到尾巴浸滿汗沫，鼻翼大張，直視前方的眼神空茫。他每踏一步都搖頭擺腦，緊咬的牙關中冒出的團團涎沫滴淌在地。他周身臭氣蒸騰，好像先前曾馬不停蹄疾馳。

「我霎時口乾舌燥。張口說話變得如此艱難，等我眞的開口，聲音近乎細語。「他這樣已經多久了？」

「喔，他今天早上一開始有點肚子痛。從早上到剛剛我都給他吃黑瀉藥，至少那傢伙給他吃了。那傢伙做什麼都搞砸，要是他再搞砸，我也一點都不覺得意外。」

我看到有人站在角落陰影處；一個肥胖的大個子，手上拿著馬籠頭。大個子看起來很害怕。

「哦對，我餵他喝了瀉藥，沒錯，索姆斯先生，但是沒啥幫助。」

「你還自稱養馬人呢，」索姆斯說，「我眞應該自己來做這該死的工作。依我看來，他現在應該好多了才對。」

「只用黑瀉藥是幫不了他的。」我說。「這不是普通的腹部絞痛。」

「那見鬼的到底是什麼病？」

「呃，我必須幫他檢查以後才能診斷，但是像這樣持續性的劇烈疼痛可能是腸扭轉。」

「去你的腸扭轉！他只是有一點肚子痛，就這麼回事。他一整天什麼都沒吃，吃一點東西就會好。檳榔鹼你帶來了嗎？」

「如果是腸扭轉，你最不該用的就是檳榔鹼。他現在已經很痛苦，檳榔鹼會讓他發狂，因爲它的作用就是讓腸道肌肉收縮。」

「該死，」索姆斯大聲咆哮，「該死的別對我說教。你到底要不要開始幫他做點事？」

我轉向角落裡的大個子。「套上馬籠頭，我幫他檢查一下。」

套上籠頭後，馬停下腳步。他站在那裡，渾身顫抖，發出低沉的呻吟聲，我將手伸到他的肋骨和肘部之間，試著感覺他的脈搏。脈象差到不能再差——急速且微弱。我用手指翻開他的眼皮；黏膜呈現深暗的磚紅色。體溫計顯示攝氏三十九點四度❷。

我看向馬廄另一頭的索姆斯。「可以請您幫我準備一桶熱水、肥皂和毛巾嗎？」

「你要這些幹嘛？什麼活兒都還沒幹，你就要洗澡了？」

「我想做個直腸檢查。您可以拿熱水過來嗎？」

「老天垂憐啊，從沒看過這種事。」索姆斯疲憊地抬起一手蓋住雙眼，接著猛然轉身面向大個子。「唔，動起來啊，別呆站在那兒。去拿桶熱水給他，或許我們還能成點事。」

熱水送來之後，我用肥皂將手臂洗淨，輕柔地伸入馬匹的直腸。我可以清楚感覺到左側的小腸移位，還有不應該出現在那裡的緊繃脹氣腫塊。我觸摸到腫塊時，馬兒一陣抖顫，再次發出呻吟聲。

我清洗擦乾手臂時，心臟也怦怦狂跳。我該怎麼做？我能怎麼說？

痛苦到幾乎發狂的馬兒不停扭動掙扎，同時索姆斯重重踱著步子來回進出馬廄，口裡喃喃自語。「該死的穩住他。」他對抓著馬籠頭的養馬人大吼。「你到底該死的在搞什麼東西？」

大個子不發一語。不是他的錯，但他只是木然回望索姆斯。

我深吸一口氣。「所有跡象都指向同一種解釋。我確信這匹馬患了腸扭轉。」

「那好吧，就照你的辦法去做。他得的病是腸扭轉。看在老天的份上，你能不能做些什麼？我們難

---

❷馬的正常體溫在攝氏三十七點五度到三十八點五度之間。

道要整晚站在這裡？」

「任何人來都無能爲力，腸扭轉無藥可醫。現在最重要的，是盡快讓他解脫不再受苦。」

索姆斯臉色一變。「無藥可醫？讓他解脫不再受苦？你在說什麼混帳話？你到底想說什麼？」

我讓自己冷靜下來。「我建議你立刻讓他安息。」

「你說什麼？」索姆斯目瞪口呆。

「我的意思是我應該現在立刻將他射殺。我車上就有一把無痛槍。」

索姆斯看起來好像要爆炸。「射殺他！你是徹底發瘋了嗎？你知不知道這匹馬值多少錢？」

「不管他值多少錢都一樣，索姆斯先生。他已經受了一整天的折磨，剩下的時間不多了。您很早之前就應該打電話叫我來的。或許可以讓他多活幾個小時，但結果還是不會變。而且他現在正承受無止盡的極端痛苦。」

索姆斯低著頭，雙手掩面。「老天，我爲什麼非得遇到這種事呢？爵爺去度假了，不然我會請他來，看能不能讓你清醒一點。我告訴你，如果在場的是你老闆，他會幫那匹馬打一針，半小時內馬就會好端端的了。聽我說，我們能不能等到法農先生今晚回來，請他過來看看？」

我心中有一部分迫不及待想採納這個主意，幫馬打一劑嗎啡，我就能置身事外了。責任留給其他人來扛，那樣容易多了。我將目光再次投向馬匹。他又開始繞著馬廄盲目打轉，在絕望中跌跌撞撞不停轉圈子，企圖甩開無盡的痛苦。我看著他時，他抬起有氣無力垂著的頭，輕輕嘶叫一聲。嘶叫聲狂亂迷茫、無比淒涼，對我來說，有這一聲就夠了。

我很快大步走出去，從車上拿了無痛槍。「穩住他的頭。」我對大個子說，將槍口抵在馬的呆滯雙眼之間。只聽到尖銳的碎裂聲，馬的四腿一曲。他砰地一聲倒在泥炭蘚上，一動也不動。

我轉向索姆斯，他不可置信地盯著馬身。「法農先生早上會過來相驗，希望郝頓爵爺也能確認一下我的診斷無誤。」

我穿上外套，走出去開車。我發動引擎時，索姆斯打開車門探頭進來。他低聲說話，語氣中帶著怒火。「我要告訴爵爺今天晚上發生的事，也會告訴法農先生。我要讓他知道，他幫自己找了什麼樣的助理。你給我聽清楚了，明天一相驗就能證明你是錯的，我一定要去法院告你。」他大力摔上車門後走開。

回到診所，我決定熬夜等老闆回來，於是坐在那裡，拚命想擺脫自己連事業都還沒有就搞砸一切的感覺。然而，回顧整件事，我知道自己別無其他選擇。無論回想幾次，我得到的結論都一樣。

法農回來時，已經超過凌晨一點。母子共度的晚間時光，讓他精神爲之一振。他瘦削的雙頰泛紅，身上有好聞的琴酒味道。令我吃驚的是，他身穿晚禮服，雖然外套剪裁有點老氣，穿在清瘦的他身上顯得鬆垮多褶，但他看起來仍然宛如一位大使。

我告訴他馬的事，他安靜聆聽。他正要開口評論時，電話響了。「深夜打來的電話。」他悄聲說，然後：「喔，是您，索姆斯先生。」他朝我點點頭，在他的椅子上坐下來。有很長一段時間，他只是不斷說「是的」「不是」和「我了解」，然後他下定決心般坐直身體，開始說話。

「感謝致電，索姆斯先生，在我看來，哈利先生在當時的情況下做了唯一能做的事。不，我無法贊同您的看法。不予處理就太殘忍了，我們的職責之一就是不讓動物受苦。唔，您這樣覺得，我也十分遺憾，但我認爲哈利先生是能力極佳的外科獸醫師。在那裡的若是我，毫無疑問我也會做同樣的事。晚安，索姆斯先生，早上見。」

我覺得放鬆多了，幾乎要大大地感恩戴德一番，但最後說出口的只是「謝謝」。

法農伸手到壁爐架上方的玻璃門櫥櫃裡，拿出一瓶威士忌。他隨意倒了半杯，將杯子推過來給我。他也幫自己倒了差不多的份量，然後回到扶手椅上坐下。

他呑了一大口，盯著杯中琥珀色的液體瞧了幾秒鐘，然後抬起頭，露出一抹微笑。「唔，今晚還眞的是讓你措手不及接了個燙手山芋，孩子。你的第一個案例！還非碰上索姆斯不可。」

「您跟他很熟嗎？」

「哦，我很了解他。討人厭的傢伙，到處扯別人後腿。相信我，我跟他不是朋友。事實上，有傳聞說他在幹些見不得人的勾當。人家說他長期以來假公濟私，把爵爺的錢放到自己的口袋裡。可以預期，他總有一天會捅出婁子。」

美妙的威士忌讓我從喉嚨一直到胃全都火辣辣的，但我覺得我很需要。「像今晚這次出診的狀況，我可不想碰到太多回，但我想當獸醫這一行不會隨時都像這樣吧。」

「唔，是不至於，」法農回答，「但你永遠不知道未來有什麼在等著你。這一行很有意思，你知道的。會有許多空前絕後的機會，讓你覺得自己根本是大傻瓜。」

「但我以爲很大一部分取決於個人的能力。」

「某種程度來說是的。專業能力強當然很有幫助，但即使你眞的天賦異稟，還是一不小心就會顏面掃地淪爲笑柄。有一次我請一位醫馬的知名專家過來進行隱睪症手術，刀才開到一半，馬就當場斷氣。那位專家在他的動物病患肚子上跳來跳去抓狂的景象，讓我學到一則偉大眞理——在我當獸醫的職涯中，大概每隔一段時間就會跟他一樣變成大傻瓜。」

我大笑。「那我或許從一開始就該學會逆來順受。」

「這麼想就對了。動物是很難預期的，所以我們的獸醫生涯也很難預期。這一則很長的故事裡，會有小小的成功和很大的災難，你得真心喜歡，才能堅持下去。今天晚上是索姆斯，哪天晚上還會有別人。有一點倒是眞的，你永遠不會覺得無聊。來，再喝點威士忌。」

我喝下威士忌，然後又喝了一點，我們聊起天來。似乎才沒過多久，落地窗外的灰濛天光中開始顯現相思樹的深色樹影，一隻烏鶇試探性地啼叫幾聲，法農帶著悔意搖晃酒瓶，將最後幾滴倒進他自己的杯子。

他打了個呵欠，扭鬆黑色領帶結，看了看手錶：「唔，五點了。誰想得到呢？但我很高興能和你一起小酌一番——正好當作慶祝你的第一個案例。正合適的一個案例，對吧？」

第六章

兩個半小時的睡眠時間相當不足，但我特別要求自己要在七點半起床，在八點以前梳洗整裝完畢下樓。

只不過，我還是一個人吃早餐。霍爾太太面無表情送上炒蛋，邊告知我的僱主已經出門好一陣子，要去郝頓爵爺家相驗。我在想法農是不是根本懶得上床就寢。

正當我忙著吃下最後一口吐司，法農衝了進來。我已經習慣他的神出鬼沒，在他大力轉動門把，整個人幾乎是直接跳到地毯中央時，沒怎麼被他嚇到。他臉色紅潤，神采奕奕。

「壺裡還有咖啡嗎？我陪你一起喝一杯。」他在一張椅子重重坐下，椅子抗議般吱呀作響。「唔，你不用擔心。相驗結果顯示是典型的腸扭轉，腸子打結成好幾圈——都脹氣發黑了。你能當機立斷送那可憐的傢伙一程，我很高興。」

「你見到好伙伴索姆斯了嗎？」

「喔，他在，當然了。他想要插嘴諷刺你幾句，不過我讓他閉嘴了。我只是指出來，他拖了太久才通知我們過去，郝頓爵爺要是聽說他的馬因此飽受折磨，想來不會太開心。就讓他自己好好省思。」

這個消息讓我覺得，自己的前途似乎又重現光明。我走到辦公桌旁拿起約診簿。「今天早上接到這幾通電話。您希望我怎麼做？」

法農挑出幾個待出診的個案，在紙上草草寫下名單遞給我。「給你，」他說，「這幾個案例都很適合，不會有大問題，也讓你跟客戶熟悉一下。」

我轉身正要離去時，法農開口叫住我。「還有一件事想請你幫忙。我弟弟今天搭人家的便車從愛丁

堡回來，他在那裡念獸醫學院，學期今天結束。快抵達時，他大概就會打電話過來。能不能請你中途抽空去接他一下？」

「當然。樂意之至。」

「對了，他叫崔斯坦。」

「崔斯坦？」

「對。哦，我應該早點跟你說的。你一定想說我的名字怎麼那麼古怪。是家父的關係，他是華格納的死忠樂迷，華格納的作品幾乎是他生命的一切。他隨時都在播音樂——基本上只聽華格納。」

「我也有自己的偏好。」

「啊是的，沒錯，但你不像我們早中晚照三餐聽華格納，我還得一輩子用齊格菲這個名字。無論如何，總比其他名字好一點，例如沃坦。」

「或是波格納。」

法農一臉驚愕。「老天爺，你說得對極了。我都忘記老波格納了，我想眞的是該謝天謝地。」

下午接近傍晚，我們在等的那通電話才響起。奇異的是，話筒另一端的聲音無比耳熟。

「我是崔斯坦．法農。」

「老天，你的聲音跟你哥哥一模一樣。」

對方報以爽朗笑聲。「大家都這麼說——喔對，謝謝你好心幫忙。你願意來載我，實在太好了。我在大北路上的冬青樹咖啡館。」

聽過崔斯坦的聲音之後，我原以為他會是僱主法農的年輕版，見到的卻是一個坐在背包上的矮小娃娃臉年輕人，和法農可說是一點都不像。他站起來，將蓋住前額的深色頭髮向後撥，朝我伸出手，露出迷人的笑容。

「走很久才到這裡嗎？」我問。

「哦，是走了一點路，不過我需要運動一下。我們昨晚剛辦完期末派對，玩得太兇了。」他打開車門，將背包扔到後座上。我發動引擎時，他像坐上豪華扶手椅一樣坐上副駕駛座，掏出一包忍冬牌香菸，溫柔專注地點燃一根菸，無比幸福地深吸一大口。他從側口袋取出一份《每日鏡報》抖了開來，邊滿足地嘆了口氣。他老早之前吸進去的那一口煙，開始從他的鼻口裡縷縷飄出。

我向西駛上寬廣的公路，車水馬龍聲很快在我們後方隱沒。我轉頭瞥了崔斯坦一眼。「你應該才剛考完？」我說。

「對，病理學和寄生蟲學。」

我幾乎打破自己嚴守的規則之一，開口問他考過了沒，但及時住口。聊這個很冒險，但無論如何，總有別的話題可聊。崔斯坦對大部分新聞都能評論幾句，不時會念出一段新聞跟我討論。我慢慢相信，眼前這一位腦筋轉得比我快，也比我機靈活潑。似乎沒過多久，我們就已經駛抵斯凱谷宅邸外頭停住。

我們抵達時，法農先生已經出門了，他一直到天黑之後才回來。他從落地窗回到屋裡，親切地跟我打招呼，在一張扶手椅上一屁股坐下。他聊起其中一個出診案例時，崔斯坦走了進來。

室內的氣氛忽然為之一變，彷彿有人按下了開關。齊格菲．法農的笑容帶著譏諷，望向他弟弟打量許久。他咕噥了一聲「哈囉」，然後站起身來，伸出一根手指撫過放在壁龕裡的書籍。有好幾分鐘，他似乎沉浸其中，我感覺得出來氣氛愈來愈緊繃。崔斯坦霎時神色一變，他面無表情，但眼神充滿警戒。

齊格菲終於找到他要找的書，將書從架上取下之後不慌不忙翻閱起來。接著他頭也不抬，靜靜地說：「唔，考試考得如何？」

崔斯坦艱難地嚥了口口水，深吸一口氣。「寄生蟲學考得還可以。」他以平板的語氣回答。

齊格菲置若罔聞。他在書中找到有興趣的段落，坐回椅子上閱讀。他慢條斯理地讀完，然後將書放回架上他再次逐一點過架上書籍；同時依舊背對他弟弟，並用同樣平淡的語氣再次問話。

「病理學呢？」

崔斯坦這下往前只坐到椅子邊緣，好像準備起身逃跑。他飛快掃了他哥哥一眼，再掃了書架一眼，目光又回到他哥哥身上。「沒過。」語調毫無高低起伏。

齊格菲沒有反應。他仍然耐心地尋找他要的書，偶爾抽出一本，瞥了一眼之後又小心翼翼放回原位。接著他放棄尋找，坐回椅子上向後靠著，空懸的兩隻手臂幾乎垂到地板，他望向崔斯坦。「所以你病理學沒過。」口氣像在閒聊。

聽見自己近乎歇斯底里般胡言亂語起來，我自己也嚇一大跳。「聽起來還不錯啊，你也知道的。這樣一來他就念最後一年，可以在聖誕節前考病理學。如此一來，完全不會浪費時間，畢竟病理學這一科很難考。」

齊格菲冷眼以對。「所以你覺得很不錯，是嗎？」在停頓和漫長的靜默之後，齊格菲怒罵弟弟的聲音打破寂靜。「我不覺得！我覺得差勁透頂！根本該死，丟臉至極。你到底整學期都在搞什麼鬼？喝酒吧我想，跟女人鬼混，花我的錢，該做的正事全沒做。現在你還眞有臉走進來告訴我你病理學沒過。你就是懶惰，那就是你的問題，不是嗎？你這個沒出息的窩囊廢！」

我幾乎認不出他來。他滿臉脹成紫紅，圓瞪雙眼，對著他弟弟狂罵。「但我這次受夠了，我受夠你了。我不要再每天辛苦工作，只爲了供你在愛丁堡遊手好閒。到此爲止。我不會再給錢了，聽到了嗎？從今以後，我不會再給你錢。給我滾出去——我再也不想看到你回來。快走啊，滾出去！」

崔斯坦從頭到尾都表現出自尊心受傷的樣子，默默地走開。

我困窘得挪動一下身體，望向齊格菲。從他的樣子，看得出這次談話對他來說有多費力。他臉色一陣青一陣白，邊喃喃自語，邊用手指敲擊椅子扶手。

不得不見證這場兄弟決裂，令我驚駭不已，所以當齊格菲派我出診時，我對於能夠離開滿心感激。回來時已幾乎天黑，我繞到後巷，將車駛進庭園盡頭的院子。遮蔭房子上方的高大榆樹枝枒棲息著禿鼻鴉，牠們被車庫門打開的吱嘎聲所驚擾。高空黑暗處遠遠傳來一陣躁動，悶悶的嘎嘎鳴叫聲響起，復又回歸寂靜。正佇立聆聽時，我發現一片昏暗中，有個人影立在院子門旁向下俯瞰庭園。那人將臉轉向我，我才看出是崔斯坦。

我再次困窘不已。在這個可憐人過來獨自省思時，我卻不巧擾人清靜。「很抱歉，沒想到事情會變這樣。」我笨拙地表示。

崔斯坦吸了長長一口，香菸頭燒得紅亮。「不會，不會，沒關係。你知道的，情況也可能更糟糕。」

「更糟糕？呃，已經很糟了，不是嗎？你有什麼打算？」

「打算？什麼意思？」

「呃，你被踢出家門了，不是嗎？你今天晚上要去哪裡過夜？」

「我看得出來你沒搞懂。」崔斯坦說。他取下嘴裡叼著的菸，我看見他微笑時露出的潔白牙齒微微閃爍。「不用擔心，我就在這裡過夜，早上會下來吃早餐。」

「你哥哥那邊呢？」

「齊格菲？喔，到時候他就全忘光了。」

「你確定？」

「非常確定。他老是嚷嚷著不再養我，但他老是忘記。無論如何，最後一切都會沒事。剛剛在屋裡唯一需要用點技巧的，就是要讓他對我的寄生蟲學考試結果深信不疑。」

我盯著身邊的陰暗人影。高高的樹梢上再次一陣騷動，是禿鼻鴉群，然後周遭又安靜下來。

「寄生蟲學？」

「對。回想一下，我只有說考得還可以，沒有提到任何細節。」

「所以你的意思是……？」

崔斯坦輕笑幾聲，大力拍了拍我的肩膀。

「沒錯，我寄生蟲學也沒過，兩科我都沒考過。但是別擔心，聖誕節那次考試我會通過的。」

第七章

尖銳的「叮鈴鈴鈴——叮鈴鈴鈴——」電話聲在老屋子裡迴盪，我朝毛毯被窩裡縮進去一些。

自從崔斯坦回來之後已經過了三週，斯凱谷宅邸的生活變得相當規律。每天的開始都差不多，大約早上七、八點之間，在農人當天第一次看過他們的牲畜之後，電話就會開始響。屋子裡只有一部電話機，放在樓下鋪磚走道裡一處壁架上。齊格菲曾特別要求我，不要起床接這些太早打來的電話。他將這份工作分派給崔斯坦；讓崔斯坦負點責任也是爲他好，齊格菲特別強調這一點。

我聽著電話響了又響——似乎愈來愈大聲。崔斯坦一點聲響或動靜都沒有，我等待著日常戲碼的下一個場景上演。如往常一般，接著是一扇門砰一聲打開，齊格菲衝到樓梯平台，三步併作兩步躍下樓梯。

接著是漫長的寂靜，我腦海中浮現他渾身發抖站在吹著穿堂風的走道上，聽著農人悠閒描述牲畜症狀，踩在鋪磚地面上的赤腳幾乎凍僵。接著話筒叮一聲掛了回去，樓梯上響起砰砰砰的腳步聲，齊格菲衝進他弟弟房間。

接著是房門咿呀一下子打開，怒吼聲響起。我聽出一絲勝利意味，這表示崔斯坦賴床被抓個正著。齊格菲勝券在握，不過他獲勝的次數並不多，通常崔斯坦會善用他的快速著裝技能，然後衣裝整齊跟哥哥叫陣。他邊打領帶，而齊格菲只穿著睡衣，氣勢就先弱了一截。

但這天早上崔斯坦對自己太有把握卻踢到鐵板，他還想在被抓到賴床之前多睡幾秒鐘。我聽著樓上傳來的怒罵聲。「我跟你說過幾遍了，你爲什麼不去接那該死的電話？別告訴我你的耳朵跟人一樣不中用！快點，給我起床，你起來，起來！」

但是我知道崔斯坦很快又會還以顏色。他被抓到還在賴床的日子，爲了扳回一城，通常會趕在他哥

哥進來之前假裝吃早餐吃到一半。

稍晚，齊格菲走進餐廳，當時崔斯坦正一邊快樂地大嚼吐司，一邊讀靠在咖啡壺上的《每日鏡報》。我觀察齊格菲的表情，他好像忽然鬧起牙疼。

於是吃飯氣氛變得十分緊繃，等到終於能溜去收拾東西準備早上出診時，我眞是鬆了一口氣。聞著瀰漫在狹窄走道中既熟悉又令人興奮的乙醚和石碳酸氣味，沿著走道出去，到了周圍是高牆的庭園，再走到停車的院子。

每天早上都一樣，但對我來說，永遠都有驚奇感。每當踏入陽光底下，聞到花朵的芳香，就好像又回到第一次出診的時候，呼吸的純淨空氣中，更帶有一絲鄰近泥炭沼地的氣息。之前在城市裡悶了五年，需要一點時間適應鄉間的環境。

這個時候我從不趕時間。可能有緊急情況待處理，但我還是照著自己的步調。走在覆滿常春藤的牆壁和爬滿紫藤的長排附屬建築物之間的狹窄通道，紫藤的卷鬚和凋萎花朵已經蔓延到建築物室內。接著經過庭園假山，庭園在此豁然開闊連接草坪，久未打理的草坪看來蓬亂荒廢，但是頗有滄桑感的磚塊自有一股淡定柔和的韻味。在草坪四周邊緣，生長得不怎麼齊整的花卉爭妍鬥豔，與茂密的雜草叢搶占地盤。

然後就走到玫瑰園，接著是一片蘆筍園圃，裡頭手指般的肉質嫩莖已經長成高挺葉狀。再往前走會看到草莓和覆盆莓。到處都是果樹，枝條低低垂在小徑上方。靠著南側牆壁的桃樹、梨樹、櫻桃樹和李樹都經過修剪整枝，它們在牆上和野生的蔓性玫瑰爭奪地盤。

蜜蜂穿梭在花朵間勤奮工作，烏鶇和其他鶇鳥的悅耳鳴囀，與高據榆樹上禿鼻鴉的嘎嘎叫聲此起彼落。

人生已然充足完滿。有太多事物等待我去發現，還有許多事待我向自己證明。日子過得飛快，挑戰接踵而來，所有新穎事物都催促著我向前。但在庭園裡，一切戛然而止。在這裡，所有事物似乎許久以前就已靜止。走過通往院子的門之前，我回頭一看，眼前彷彿跳出某本古書裡的圖片：空無一人的花園一片荒蕪，後方的屋宅高聳靜謐。我一直覺得很不可思議，眼前的場景確實存在，而我也身在其中。

走進院子之後，這種感覺更加強烈。方正院子的地面鋪了卵石，一簇簇濃密青草從卵石間的縫隙冒出頭來。院子兩側建築物林立：兩座車庫、一座馬車房、一座馬廄和馬鞍室、一座單間馬廄和一座豬圈。掛在一面空白牆壁上的鐵製泵浦已經生鏽，下方有一道石砌水槽。

馬廄上方是貯放乾草的廄樓，其中一間車庫上方是鴿舍。還有老波德曼。他似乎也是從前那段繁榮時期遺留下來的，拖著一隻瘸了的腿蹣跚而行，沒什麼特別的事好做。

從他的小窩巢裡傳來他咕噥道早安的聲音，他在那裡存放一些工具和園藝器具。在他頭上掛著一排布魯斯・班斯法瑟❸所繪漫畫的印刷彩圖，時時提醒他莫忘大戰。他是在一九一八年返回家鄉後掛起圖片，它們至今仍在原位，布滿灰塵、邊角捲翹，但依然講述著德皇威廉二世「比爾皇帝」、彈坑和滿是泥濘的壕溝。

波德曼有時會洗洗車，或稍微打理一下庭園，但他只要賺到一、兩英鎊就會心滿意足回到院子裡。他花很多時間坐在馬鞍室，就只是坐著。有時他會環顧從前吊掛馬具但如今空懸的掛鈎，然後一手握拳摩搓著另一手掌心。

他常跟我聊起從前繁榮的時代。「我現在呀，彷彿還看到老醫生站在最上面一階等馬車過來。他是個大塊頭，一臉聰明相。總是戴著一頂大禮帽，穿著雙排釦長禮服，我記得自己還是小伙子的時候，就站在那裡幫他戴上手套，在他等馬車時幫他調整一下帽子角度。」

這時的波德曼神情似乎變得柔和，雙眼閃閃發亮，比較像在自言自語，而非跟我說話。「那時候老房子完全不同。屋裡有一個管家和六個僕人，一切打理得井井有條。還有一名全職園丁。從前啊，沒有一片草葉子長在不該長的地方，花朵全都開得整整齊齊，樹木也修剪得清清爽爽。還有這院子——是老醫生最愛的地方。他會過來，隔著門看我坐在這裡擦亮馬具，一天就過去了，安安靜靜的。他是真正的紳士，但是不能惹他生氣。這裡只要有一點點灰塵，他就會大發脾氣。

「但是戰爭爆發後，什麼都完了。現在所有人都急急忙忙的，沒一件事能認真做的。他們沒時間，一點時間都沒有。」

他會不可置信地環顧周圍雜草叢生的鋪石地面，看著鉸鏈半鬆脫的車庫門搖搖晃晃，門上油漆斑駁剝落，再看向空蕩蕩的馬廄和再也打不出水的泵浦。

他看到我時總是心不在焉但抱持友善，但看到齊格菲時就似乎變回從前的樣子，努力打起精神連聲說「沒問題，先生」，同時不停偷比中指。他彷彿從齊格菲身上看到了些什麼，或許是再次感受到老醫生的權威和力量，而他渴望能企及從前的日子。

「早安，波德曼先生。」我說，邊打開車庫門。「你今天好嗎？」

「哦，還過得去，小伙子，還過得去。」他跛著腳走過，看著我轉動起動搖把，開始進行每天例行工作的下一個部分。我分配到的車子是一輛很小的奧斯汀，型號老到幾乎沒人記得，沒辦法啓動時，波德曼會自告奮勇幫忙拖車。出人意料的是，這天早上我轉動搖把轉了六圈，車子引擎喀喀喀幾聲後轟隆

---

❸布魯斯．班斯法瑟（Bruce Bairnsfather）為知名英國漫畫家，在第一次世界大戰期間從軍，以英軍士兵的壕溝生活為題材繪製幽默漫畫並以此成名，二戰期間則在派往歐洲的美軍部隊中擔任隨軍漫畫家。

發動。

我從後巷轉角繞出來，跟先前每天早上有著一樣的感覺，就是一天到了這時候才眞正開始。工作上的難題和壓力還在前方等著我，當下這一刻，我似乎充實滿足。

我覺得自己來到谷地的時機並不好。農人在經過一世代的乏人聞問之後，終於等到了先知，傑出的新獸醫法農先生來臨。他就像一顆彗星，所到之處夾帶他的全新想法。他能力很強、精力充沛而且魅力十足，農人歡迎他就像少女喜迎情人。如今正是感情最好的蜜月期，我卻不得不強行介入他們之間，根本沒人需要我。

我開始習慣這些問題：「法農先生呢？」——「他病了還是怎麼了嗎？」——「我以爲來的會是法農先生。」看他們一見到農場的是我就面露失望，讓我有點氣餒。他們通常會滿懷希望將視線投向我身後，有些人甚至會走到車子旁邊朝裡頭窺探，看看他們眞正想找的人是不是躲在裡頭。

當飼主在身後心生不耐，滿心期待來的是另一位獸醫，幫動物看診的工作又更艱苦了。

但我必須承認，他們對待我算是公平。他們不會殷勤歡迎我，我講述對動物病況的想法時，他們也是邊聽邊露出懷疑表情，但我發現當我脫掉外套眞的動手診治，他們的態度就開始軟化。接著他們就變得熱情好客。雖然對於是我出診感到失望，他們還是會邀請我到屋裡坐坐。「進屋裡來吃一點吧。」我幾乎每天都聽到這句話。有時候我會欣然接受，也有好幾次印象深刻的共餐經驗。

在我離去時，他們也常常悄悄在車上放個半打雞蛋或一磅奶油。這是谷地農家熱情好客的傳統，我知道他們很可能對所有訪客一視同仁，但這個舉動幫助很大，讓我知道即使他們臉上往往沒什麼笑容，但其實相當友善親切。

我開始了解這些農人，而且對他們的全新認識感到開心。他們身上有一種韌性和人生哲學，是我從來沒看過的。有時發生一些不幸的事，城市人可能會因此想要撞牆，但農人只是聳聳肩表示：「好吧，難免會發生這種事。」

看來這天又是大熱天，我盡可能搖下車窗。當時我正要去進行牛隻結核菌素試驗；谷地才剛開始跟上政府推廣檢驗牛結核病的腳步，有更多思想比較進步的農人要求獸醫前去檢驗。

這次可不是普通牛群。考菲德先生這群加羅威牛的特立獨行遠近馳名。齊格菲跟我介紹過。「幹獸醫這一行看過最強悍的一群牛。總共八十五頭，沒有一頭被綁起來過。事實上，眞的親手碰過牠們的人也非常少。牠們生活在山丘上，生養小牛都在野外。平常沒什麼人會接近牠們，牠們基本上算是野生動物。」

「要是碰到牠們有狀況，你都怎麼做？」我曾經問過。

「唔，那就得靠法蘭克和喬治了，考菲德先生的兩個兒子。他們從小就跟牛群一起長大——才學會走路就開始顧小牛，然後慢慢學著顧成年牛隻。他們的強悍程度跟加羅威牛有得拚。」

考菲德家位在比較荒涼的區域。放眼望去，遍布顏色深暗石南叢的荒瘠山丘地上，疏落散布著幾片牧草地，很容易就能了解他們家爲什麼選擇飼養生命力比當地短角牛更強韌的品種。但這天早上，山丘有稜有角的嚴峻輪廓在陽光照耀下顯得柔和一些，無盡的綠色和褐色予人一股屬於荒野的平靜。

法蘭克和喬治跟我原先想像的完全不同。在我的日常工作中提供協助的男人長期操勞，通常膚色黝深、身材精瘦又渾身肌肉，但是考菲德家兩兄弟一頭金髮、皮膚光滑。他們都是容貌俊秀的年輕人，年紀和我差不多，粗壯脖頸和寬闊肩膀讓他們的頭看起來好小。兩兄弟個子都不高，但是樣子十分威猛，襯衫袖子捲得高高的，露出摔角選手般的強壯手臂，粗腿上裹著布綁腿。兩個人都穿著木底鞋。

牛群已經被趕進牛欄裡，幾乎擠滿所有可用的室內空間。有二十五頭待在牛欄一側的長走道裡，可以看到參差冒出的牛頭，牛身散發出蒸騰熱氣。還有二十頭占滿了一座老舊馬廄，另外兩群各二十頭在大型單間馬廄裡漫無目的打轉。

我看著野性未馴的黑色牛群，牛群也回望我，蓬鬆瀏海縫隙中透出閃爍在泛紅牛眼中的光芒。牠們不停發脾氣甩著尾巴，頗有威嚇意味。

要幫每一頭都進行皮內注射，絕非易事。我轉向法蘭克。

「你抓得住這些傢伙嗎？」我問。

「咱倆努力試試。」他冷靜回答，邊將拴牛的籠頭往自己肩上一拋。兄弟倆點燃香菸，然後爬進擠滿最大頭牛群的走道。我跟在他們後面，很快就發現之前聽過關於加羅威牛的傳聞並無誇大。如果我從牛群前方靠近，毛髮蓬亂的碩大牛頭會對著我衝來，如果我繞到牛群後方，那絕對會挨牠們飛踢。

但是考菲德家兄弟令我大開眼界。其中一人會將籠頭套住牛頭，用手指扣住牛鼻，在牛像火箭噴射一樣橫衝直撞時被推著跑。他們像布娃娃一般任憑牛將他們拖來甩去，但絕不放手，在黑背牛群中冒出的金髮頭顱顯得格格不入；最令我著迷的是，在一片騷動之中，他們嘴裡叼著的菸卻不受影響，兀自微微擺盪。

室內逐漸積聚熱氣，到後來簡直如同烤箱，吃草的牛群腸子裡都是稀便，綠褐色的糞水噴湧，宛如永無休止的間歇泉。

考菲德兄弟以玩遊戲的精神進行捕牛行動，彼此吆喝打氣：「你抓到牠了，法蘭克。」「套住牠，喬治。」吃癟的時候，兩兄弟不帶火氣地輕聲咒罵：「別踩老子的腳，你這老潑婦。」一頭母牛將溼透的尾巴狠甩我的臉時，他們同時停下動作，帶著讚賞之情大笑起來；另一次小轉折也讓他們樂不可支：我抬起雙臂裝填注射針筒時，一頭閹牛爲了閃躲籠頭，在警戒中不停後退，稜角分明的臀部就這麼重重

撞上我的橫膈膜。我被撞得狠狠打了一個大嗝，閹牛決定在狹窄通道裡轉身衝向我，彷彿要壓爛圍欄上的蒼蠅。牠匆忙轉身時，我只是圓瞪雙眼，腦中想著，發出斷裂聲的是我的肋骨還是我身後的木頭。

最後一批輪到年紀最輕的小牛，算是最難應付的一群。這群毛髮蓬亂的年幼動物或狂踢亂踹，或低頭俯衝，或飛躍至半空，甚至在我們的雙腿間尋隙溜開，或直接衝去撞牆。兩兄弟往往得跳到牠們身上，將牠們壓制在地，讓我進行注射；小牛感覺到針頭刺入時，會伸出舌頭，發出震耳欲聾的哀鳴，而外頭焦慮的牛媽媽們也會咆哮回應。

等我步履蹣跚走出欄廄時，已經是中午。裡頭熱氣窒人，喧鬧聲持續不斷，還有牛的稀便齊射，簡直像待了一個月那麼久。

法蘭克和喬治準備了一桶水和洗滌用的刷子，在我離開前幫我大致刷洗乾淨。駛離農場一英里後，我開離沒有圍欄的道路停車，下車後在涼爽的山坡上躺平。我將雙臂打開，將兩邊肩膀和被汗浸溼的襯衫在粗糙草地上摩擦，任憑甜美的微風恣意吹拂全身。陽光照在臉上，我半閉著眼，覷看薄霧飄渺的藍天。

除了肋骨疼痛，我還感覺得到兩腿被踢了十幾下的瘀青，我知道自己身上的味道也不怎麼好聞。我閉上雙眼，想到自己剛剛竟然在這麼偏僻的地方檢驗牛結核病，荒謬的程度令我不由得咧嘴一笑。用這種方式進行科學檢驗真是古怪；真要說起來，用這種方式謀生也很古怪。

但我也有可能關在一間辦公室裡，緊閉的窗外車水馬龍，滿是燃燒汽油冒出的黑煙，辦公桌上的桌燈照亮一排排數字，牆上掛著我的圓頂硬氈帽。

我懶洋洋地睜開眼睛，看著一朵雲飄過，在山谷對面的翠綠山丘上投下陰影。不，不……我剛剛絕不是在抱怨。

第八章

每天例行出診時駕車格嘎駛過泥炭沼地的道路，我幾乎沒注意到，來到谷地已經好幾週；但我開始對整個地區有了概念，我也開始認識地方上的每個人，他們不再只是模糊籠統的一群人。大多數日子裡，每天至少會扎破一次輪胎。四顆輪胎都磨到露出紡織層，輪胎磨成這樣，車子竟然還開得出去，我也蠻驚訝的。

車子上沒幾樣精巧裝置，其中一樣是生鏽的「車頂天窗」。天窗向後推開時會發出悲慘的軋軋聲，但我通常將天窗和所有車窗都打開，在車裡就不穿外套，讓新鮮空氣在全身周圍流通。下雨天時，即使關上天窗也沒什麼用，因爲雨水會從接縫處滴落，在我大腿上和副駕駛座積成一灘灘水漬。我開車蛇行繞過水窪的技術已經爐火純青。直接輾過地面水窪是大忌，因爲泥巴水會從車底板縫隙噴湧到車子裡。

不過夏季天氣晴朗，而長時間在戶外工作之下，我曬出一身不輸農人的膚色。在沒有籬柵的山路上，有盤旋的杓鷸爲伴，輕風吹送山上花朵和樹木的香氣，即使途中要修補扎破的輪胎都不怎麼辛苦了。我也能找到其他藉口，不時下車坐在如茵草地上眺望構成約克郡屋脊的連綿山丘，彷彿偷得浮生半日閒，給自己一點沉澱省思的時間，評估自己的進展程度。一切變得大爲不同，讓我有些困惑。在擁擠城市街道上生活數年以後搬到鄉間，在埋頭念書考試許久之後終於解脫，以及這份每天都有新挑戰的工作。還有我的老闆。

齊格菲．法農每天拚命工作，從天亮忙到天黑，我常常在想是什麼讓他如此勤奮不懈。不是爲了錢，因爲他不怎麼看重錢財。行醫收到的現金用來支付帳單，他將剩餘的直接投入壁爐架上的品脫啤酒壺，要用時就隨手抓一把。我從沒看過他拿出皮夾，他的衣服口袋總是被銀幣和揉成團的紙鈔塞得鼓脹。每次他從口袋抽出溫度計，如雲朵般的成團紙鈔就飄落在他四周。

在如火如荼忙碌一到兩週之後，他會不見人影；也許是出門一個晚上，也許徹夜未歸，多半不會交代他去哪裡。霍爾太太會準備兩人份的正餐，但是看到只有我獨自用餐，她就會把齊格菲那一份默默端走。

每天早上，齊格菲會飛快瀏覽要出診的名單，然後分配由我負責的病家，但我常常在匆忙前往之後才發現他的交代有誤，不是跑錯地方，就是搞錯情況。事後我告訴他自己大感困窘時，他會放聲大笑。有一次是他親自出馬。那次我剛接到一通布隆賽的希頓先生打來的電話，對方講到需要替一頭死掉的綿羊相驗。

「希望你跟我一起過去，吉米。」齊格菲說。「今天早上事情不多，我相信你在學院裡學過整套挺不賴的相驗程序。我想看你實地執行。」

我們駛進布隆賽村，齊格菲將車子向左一拐，開進一條有柵門的巷子。

「你要去哪？」我問。「希頓家在村子另一頭。」

「但是你說是席頓家。」

「不是，我跟你保證……」

「聽著，吉米，你接電話時，我就在你旁邊。我聽得很清楚，你說的是席頓。」

我張口想要進一步辯駁，但是車子已經加速駛進巷內，齊格菲的下巴抬得高高的。我決定讓他自己發現眞相。

車子開到一間農舍外頭，在尖銳煞車聲中停住。齊格菲搶先下車，不等車子引擎停止抖動，就開始在後車廂裡東翻西找。「可惡！」他大喊。「沒帶解剖刀。沒關係，我去農家裡借借看能用的刀子。」他砰一聲關上後車廂蓋，精神抖擻走到農舍門口。

前來應門的是農人的妻子，齊格菲一見到她就滿臉笑容。「席頓太太，早安啊，您有切肉餐刀嗎？」

善良的農家太太挑高了眉毛。「您說什麼？」

「切肉用的餐刀，席頓太太，切肉餐刀，要銳利好用的，麻煩您。」

「您想要一把切肉餐刀？」

「對，沒錯，切肉餐刀！」齊格菲大喊，所剩不多的耐心逐漸耗盡。「我在想您是不是能快一點拿來，我趕時間。」

婦人一臉困惑，回到自家廚房，我聽見她喃喃低語。齊格菲在門口台階上不耐煩地跺腳，三不五時有幾個小孩朝外探頭瞄他一眼。耽擱一會兒之後，農人的其中一個女兒膽怯地走上前，遞出一把看起來很危險的長刀子。

齊格菲一下從她手上奪走刀子，用拇指來回撫摸刀刃。「一點用都沒有！」他氣呼呼地大喊。「你們難道不懂嗎，我需要真的很銳利的刀子？拿磨刀棒來。」

女孩逃回廚房，屋裡的人竊竊私語。數分鐘過後，另一個年輕女孩被推到門口處。她一步步走近齊格菲，隔著一隻手臂的距離將磨刀棒交給他後立刻退開以策安全。

齊格菲對於自己的磨刀技巧相當自豪。他熱愛磨刀。他將刀刃在磨刀棒上削切，陶醉於自己的工作，最後大聲唱起歌來。廚房裡沒有傳出半點聲響，不成曲調的歌聲中穿插著鋼鐵相碰的鏗鏘聲；只有在他小心測試刀刃銳利度時會出現短暫的安靜，之後又復歸喧鬧。

齊格菲終於磨刀磨到滿意之後，朝門內瞥了一眼。「您的丈夫人呢？」他大聲問。無人應答，於是他大踏步走進廚房，手裡揮舞著亮閃閃的刀子。我跟在他身後，看到席頓太太和女兒們瑟縮在遠處的角落，驚恐地瞪大眼睛看著齊格菲。

他朝她們作勢揮了一下刀子。「唔，來吧，我可以開始了！」

「開始做什麼？」母親低聲問，將身邊的女兒們朝自己拉得更近。

「我要幫這頭綿羊相驗。府上有一頭死掉的綿羊，沒錯吧？」

接著是連聲解釋和道歉。

稍晚，齊格菲向我嚴正抗議，說我害他跑錯農場。

「你以後要再細心一點，吉米。」他嚴肅地說。「這種事啊，會讓客戶留下很不好的印象。」

＊＊＊

新生活中還有一件事讓我覺得很有意思，就是固定進出斯凱谷宅邸的婦女。她們全都出身上層階級，大多容貌姣好，而且有一個共通點——熱切積極。她們來喝飲料、喝下午茶、吃晚餐，但真正的目的是像沙漠中快渴死的旅人看到綠洲一般，盯著齊格菲看。

她們的視線略過我，對我視若無睹，一點都不感興趣，然後目不轉睛飢渴地盯著我的同事，讓我的自尊有點受到打擊。我並不羨慕，但很困惑。曾有一段時間，我偷偷觀察齊格菲，想要知道他究竟有什麼神祕的吸引力。看著掛在他單薄身軀上的老舊外套，以及磨損的襯衫領口和平凡無奇的領帶，我不得不作出吸引力與服飾無關的結論。

他的長臉稜角分明，一雙藍眼風趣靈動，頗有魅力，但他大多數時間一臉憔悴、雙頰凹陷，我常常在想他是不是生病了。

在那一眾女士之中，我常瞄見黛安娜·布隆頓，而我此時免不了得努力壓抑自己躲進沙發底下的衝動。很難認出她就是那天下午的冰山美人，因爲她會一臉陶醉地望著齊格菲，專心聆聽他的每句話，像女學生一樣咯咯發笑。

一想到齊格菲有可能從這群女人裡挑出結婚對象，我就渾身冰冷。我非常擔心，因爲我知道到時候即使我已經喜歡上達洛比的一切，我還是得打包走人。

但是齊格菲並沒有要跟任何一位結婚的意思，而懷抱希望登門的女性訪客仍川流不息。最後我終於習以爲常，不再擔心。

我也習慣了僱主陰晴不定的脾氣。有一天早上，齊格菲下樓吃早餐，疲憊地揉著通紅的眼睛。

「得在凌晨四點出門一趟。」他喃喃抱怨，無精打采地在吐司上抹奶油。「我真的很不想這麼說，吉米，但全都是你的錯。」

「我的錯？」我說，驚愕不已。

「對，小伙子，你的錯。是一頭母牛，她的瘤胃有輕微的積食型腹痛。農場主人自己拖拖拉拉好幾天，一天餵她一品脫亞麻籽油，隔天又改餵薑跟小蘇打，到了今天凌晨四點卻決定要找獸醫。我向他表明其實可以再等幾小時，他說哈利先生告訴他隨時歡迎打電話來，無論白天黑夜都能立刻出診。」

他輕敲蛋的尖端，似乎連這個動作都讓他覺得無比費力。「唔，認眞敬業是好事，但是可以等好幾天才處理的事絕對可以等到早上再處理。你把這些傢伙寵壞了，吉米，而我正在承受後果。老是在凌晨因爲雞毛蒜皮的小事被挖起床，我好累，我受夠了。」

「我眞的很抱歉，齊格菲，我眞的不願意害你這麼累。也許只是因爲我經驗不足，如果不出診，我會擔心動物撐不撐得了這麼久。要是我等到早上才出診，動物卻死了，我要如何自處？」

「那也好。」齊格菲衝口而出。「動物死了最好，就能讓他們腦袋清醒點。下次他們就會記得要早點打電話找我們。」

我記住這個建議，試圖身體力行。一週後，齊格菲說他想和我談談。

「吉米，我知道你不會介意，我就直說了，老薩姆納今天才在跟我抱怨。他說他前幾天晚上打電話來，但是你拒絕去看他的母牛。他是好客戶，你知道的，人很親切，但這件事讓他蠻火大的。我們可不想失去這麼好的客戶。」

「但只是慢性乳腺炎而已。」我說。「乳汁變得有一點濃稠，如此而已。他自己配某個江湖郎中開的藥方，讓母牛吃了快一週。那頭母牛進食情況算是正常，所以我想等到白天再處理應該沒問題。」

齊格菲一手按住我的肩頭，臉上露出格外有耐心的表情。我硬起心腸。他表現出不耐煩，我也不會介意，我習慣了，可以忍受。但是他的苦口婆心讓我難以招架。

「吉米，」他的語氣溫和，「我們這一行有一條凌駕一切的基本守則，讓我告訴你是什麼。**務必立即出診**。就這樣，要讓這幾個字像烙印在你的靈魂裡一樣。」他煞有其事豎起一根食指。「**務必立即出診**。絕不要忘記這一點，吉米，這是一切的基礎。無論什麼情況，無論晴天或雨天，白天或黑夜，如果有客戶打來要你出診，你就得去；而且要去得心甘情願。你剛剛說這個案例聽起來並不緊急。唔，再怎麼說，你只能依賴飼主的描述來判斷，而飼主並不具備判斷情況是否緊急的知識。那可不成，小伙子，你非去不可。就算他們自己想辦法治療動物，也可能愈弄愈糟。而且別忘了，」他嚴肅地搖著食指，「動物有可能沒命。」

「但我記得你說過動物死了最好，就能讓他們腦袋清醒點。」我發起牢騷。

「你說什麼？」齊格菲大吼，一臉震驚。「不要再讓我聽到這種鬼話。我不想再討論，反正你記住——**務必立即出診。**」

有時候他會教我職場生存之道。例如有一次他發現我大力掛電話之後垂頭喪氣；我瞪著牆壁，口中輕聲咒罵。

齊格菲忽然露出古怪的微笑。「怎麼啦，吉米？」

「我剛剛跟羅斯頓大吵十分鐘。你記得小牛群爆發肺炎的事嗎？我在小牛群身上花了好幾個小時，幫他們注射昂貴的藥品。所有小牛都活下來了。他現在竟然抱怨收費很貴。連一句道謝都沒講。老天，公理何在啊。」

齊格菲走近，伸出手臂搭著我的雙肩。他再次換上苦口婆心的模樣。「親愛的小伙子，」他柔聲勸慰。「看看你自己，滿臉通紅，渾身緊繃。你絕不能讓自己發這麼大的脾氣，得試著放鬆才行。你以為全國各地的專業人士為什麼都壓力大到崩潰，不是心臟病就是胃潰瘍？就是因為他們像你現在一樣，為了一些狗屁倒灶的小事氣得七竅生煙。沒錯，我知道這些事很煩人，但是你得泰然處之。冷靜下來，吉米，冷靜。不值得為這些事大動肝火——我要說的是，再過一百年，世界還是照常運作。」

他說教時臉上掛著沉靜微笑，還不時拍拍我的肩膀表示安慰，像是精神科醫師在安撫暴躁病患。

數天後，我正在裝紅碘化汞藥膏的罐子上標記名稱，齊格菲猛然衝進室內。他一定是一腳把門踢開，因為門板重重撞在門擋後反彈回來，他自己幾乎撞個正著。當時我坐在辦公桌前，他衝了過來，大力拍著桌面。他滿臉脹紅，眼神憤怒狂亂。

「我剛從該死的渾蛋霍特那裡回來！」他大吼。

「您是說奈德．霍特嗎？」

「對，就是他，該死的傢伙！」

我大吃一驚。霍特先生個子矮小，工作是幫郡議會鋪馬路。他養了四頭母牛當成副業，據知找獸醫出診從沒付過錢；但是他個性開朗，齊格菲數年下來提供義診服務也沒有一絲怨言。

「他不是你最喜歡的客戶之一嗎？」我問。

「以前是，老天，現在不是了。」齊格菲咆哮。「我幫他醫好繆莉兒。你也知道，那頭赤色大母牛，牛舍最遠那端數起的第二頭。她的鼓脹症狀反覆發作，每天晚上從放牧草地回來都嚴重脹氣，我什麼方法都試過了，全都沒有用。我忽然想到，有可能是蜂巢胃感染放線桿菌。我在靜脈注射了一些碘化鈉，今天看到她時，變化之大簡直不可思議——她站在那裡，嘴裡嚼著反芻的食物，好得不得了。我正要為自己的高明診斷自吹自擂一下，你知道霍特說什麼嗎？他說他知道母牛今天會好轉，因為昨天晚上他把半磅瀉鹽拌在麩糠混成的粉狀飼料裡讓她吃下。他覺得母牛是因為這樣病好的。」

齊格菲從口袋裡拿出一些空紙盒和空瓶，粗魯地扔進字紙簍裡。他又開始大聲嚷嚷。

「你知道嗎，過去兩星期我都在擔心那頭母牛，為了她想破頭，該死的我連睡覺都快要夢到那頭母牛。現在我找到癥結所在，用了最現代的治療方法，動物的病也好了。然後呢？飼主有對我的醫術表達感謝嗎？他見鬼的——把所有功勞都算在那半磅瀉鹽上。我付出的一切根本就是浪費時間。」

他再次狠狠拍了一下桌子。

「而且我把他嚇壞了，吉米。」他說，瞪著兩眼。「老天，我把他嚇壞了。他為了瀉鹽在那邊自鳴得意的時候，我大罵『該死的傢伙！』然後朝他伸手。我想我可能會掐死他，但是他衝回屋內，沒再出來過。我沒有再見過他。」

齊格菲一屁股坐在椅子上，拚命扯著頭髮。「瀉鹽！」他哀嚎。「老天吶，簡直令人絕望。」我想過要告訴他放輕鬆，提醒他再過一百年，世界還是照常運作，不過看到我的僱主拿在手裡的空血清瓶仍在擺盪，我於是放棄。

接著有一天，齊格菲決定要幫車子搪缸。車子原本的油耗很固定，每天兩品脫，他並不覺得很耗油，但是等到車子每天要用掉半加侖的油，他就覺得該做點什麼。他之所以下定決心，很可能是因為市集日碰到一個農人告訴他說，年輕獸醫要來的話，他老早就會得知，因為隔著好幾英里遠就能看到車子排出的陣陣藍煙。

奧斯汀送修回來之後，齊格菲像老母雞一樣繞著它東摸西瞧。「過來這邊，吉米。」他大喊。「我想跟你聊聊。」

我看到他又擺出苦口婆心的神情，硬著頭皮走過去。

「吉米，」他說，邊繞著破舊的車子踱步，邊輕輕拍掉車子上的斑駁漆屑。

「看到這台車了嗎？」

我點頭。

「唔，車子之前搪缸過，吉米，花了好大一筆錢，我要跟你聊的就是這個。你現在就等同擁有一台新車。」他費了一番力氣，好不容易才打開引擎蓋鎖扣，引擎蓋吱嘎一聲打開，只見一陣塵土鏽屑飛揚。他向下指著烏漆抹黑、滿是油漬的引擎，毫無關聯的電線和橡膠管路像花環一樣懸掛各處。「你有這台精密的機器可用，我希望你能尊重它。我看過你發狂似地拚命催油門，這樣可不行。接下來兩千甚至三千英里的里程，你得好好呵護它，時速三十英里就算是開很快。我想有些人狂操新引擎的作法根本與犯罪無異，應該把他們抓去關，所以記住了，小伙子，別開快車，不然我會很生氣。」

他小心翼翼關上引擎蓋，用外套袖口擦了擦布滿裂痕的擋風玻璃，然後離開。

他的強烈措詞讓我印象極為深刻，之後整天出診我都保持和步行速度差不多的龜速。

就在同一天晚上，我正準備就寢，齊格菲走進房間。他帶著兩個農家小伙子，兩個人都咧嘴傻笑。房間裡一下子充斥濃烈的啤酒味。

齊格菲鄭重其事地發言，只聽得出有一點大舌頭。「吉米，我晚上在黑公牛酒吧遇到這幾位先生。我們玩了好幾局多米諾骨牌，精采極了，但很不幸地，他們錯過最後一班公車。你能不能幫忙把奧斯汀開過來，我來開車送他們回家。」

我將車子開到屋子前門口，兩個小伙子迅速上車，一個坐前座，另一個坐後座。我看著齊格菲搖晃晃地彎腰坐進駕駛座，決定跟著上車。我坐進後座。

兩名年輕人住在北約克郡荒原上的一座農場，距離鎮上三英里，車子駛離主要道路，車頭燈照亮黑暗山坡上一條蜿蜒的車轍軌跡。

齊格菲急著趕路。他踩住油門不放，引擎受虐般發出尖銳哀嚎聲，小車疾衝入黑暗之中。我在驚懼中緊緊抓牢，向前傾身湊到僱主耳朵旁大叫。「別忘了這輛車最近才搪缸。」我的吼聲壓過一片轟隆。

齊格菲回頭，露出和藹的笑容。「對，對，我記得啊，吉米。有什麼好大驚小怪的？」在他說話的同時，車子如飛箭般岔出道路，以時速六十英里在草地上馳騁。我們全都像軟木瓶塞一樣上彈下跳，直到他終於開回道路上。他從容不迫保持同樣時速。兩個小伙子已經笑不出來，坐在車裡的他們渾身僵硬。沒人吭聲。

車子駛到一座靜謐的農舍前面，乘客下車之後，我們踏上回程。由於回程是下坡，齊格菲發現他還能開更快。車子在凹凸不平的坡面上顛簸彈跳，引擎發出悲鳴。我們匆促造訪了周圍的荒原，最後總算開回家。

一個月後，齊格菲又有機會對助理訓話。「吉米，孩子，」他的語調憂傷，「你這小伙子還不賴，但是老天，你開車太不小心了。看看這台奧斯汀。不久前才搪缸過，原本是在最佳狀態，但是看看它現在的樣子——吃油吃好兇。眞不知道你這陣子是怎麼開車的，實在太可怕了。」

第九章

「第一號請進。」我探頭朝候診室內呼喚。有一位將貓放在紙箱裡帶來的老婦人，兩個忙著抓住兔子的小男孩，還有一個人，剛開始我沒認出來是誰。接著我記起來了——是索姆斯。

輪到索姆斯時，他走進診間，但是他好像變了個人，跟我上次看到的完全不同。他滿臉堆笑，一副想巴結討好的樣子，講話時點頭如搗蒜，渾身散發出急於取悅奉承的焦慮。最有意思的是，他的右眼腫到睜不開，眼周有一大片瘀青。

「希望您不介意我來打擾，哈利先生。」他說。「事實上，我現在已經不再替爵爺工作，正在謀求其他職位。我在想如果您和法農先生聽說有哪裡在徵人，或許願意替我美言幾句。」

他的態度變化之大，令我著實吃了一驚，一下子說不出什麼話。我回答說我們會盡力，索姆斯熱情洋溢說了一大堆感謝的話，然後鞠躬告退。

他離去之後，我轉向齊格菲。「嗯，您怎麼看？」

「唔，我一清二楚。」齊格菲看著我，露出一抹諷刺的微笑。「還記得我跟你說他私下兼差的事嗎——偶爾盜賣幾包穀物或一英擔肥料。小偷小摸，積少成多。但是紙包不住火，他變得粗心大意，還沒搞清楚發生什麼事就被開除了。」

「那塊迷人的瘀青是怎麼回事？」

「哦，是湯米送他的。你上次去的時候肯定看過湯米，就是那個馬夫。」

我的思緒回到那個很不愉快的夜晚，回到那個拉住馬頭的安靜漢子。「我記得他——胖大個子。」

「對，胖大個子，我絕不想要眼睛被他揍上一拳。索姆斯讓湯米的日子很難過，湯米一得知索姆斯被開除，立刻跑去找他算帳。」

如今我已經習慣在斯凱谷宅邸的生活，適應得十分良好。起初我揣想崔斯坦會扮演什麼角色。他應該要在診所實習、度假、正式工作還是做什麼？但情況很快就明朗了，他負責配藥發藥、洗車、接電話之類的雜務，甚至在發生緊急情況時出診。

至少齊格菲是把弟弟當成雜工來看待，為了讓弟弟無法怠惰鬆懈，他可說是花招百出。像是離開後又折返或忽然衝進房間裡查勤，希望抓到崔斯坦剛好在幹什麼好事。有一件事顯而易見，學院假期已經結束，而崔斯坦早就應該回到學院，但齊格菲似乎一無所覺。幾個月過後，我作出結論，崔斯坦肯定跟校方高層達成某種彈性安排在校時間的協議，因為就一個學生而言，他待在家的時間似乎長得驚人。

他對自身扮演角色的解讀與他哥哥的解讀很不一樣，而他居住在達洛比期間，將一大部分的聰慧才智都貢獻於想方設法偷閒躲靜。事實上，崔斯坦大部分時間都在坐在椅子上睡覺。我們到各地出診，留他在診所配藥時，他也有一套例行作業。他會在容量十六盎司的瓶子裡裝滿半瓶水，加入數打蘭的哥羅丁和少許吐根，用軟木塞塞住瓶口，然後將瓶子帶到起居室放在他最愛的那張椅子旁邊。這張椅子完全符合他的需求：樣式老派，椅背很高，兩側還有突出的頭靠。

他會拿出他的《每日鏡報》，點燃一根忍冬牌香菸，安坐在椅子上直到睡意襲來。如果齊格菲在此時衝進來查勤，他會抓起椅子旁的瓶子開始瘋狂搖晃，並三不五時檢視內容物。接著他會走到配藥室，將瓶子裝滿然後加上標籤。

這套例行作業可行而且天衣無縫，但隱藏著一個大難題。他不會知道開門進來的是不是他哥，常常發生我開門走進去，看到他半躺在椅子裡，驚詫地半睜朦朧睡眼瞪著天花板，同時搖晃著手裡的瓶子。

到了晚上，往往會看到他坐在牧人胳膊酒吧吧台前的高腳凳上，和女侍談笑風生。其他時候，他會跟當地醫院的年輕護士一起出去玩，醫院在他眼裡儼然是提供女伴的機構。整體來說，他努力過著相當充實的人生。

週六晚上十點半，我正在寫出診紀錄，電話忽然響起。我咒罵一聲，將食指和中指交叉祈求好運，同時接起電話。

「您好，在下哈利。」

「喔，是你啊？」低沉嚴肅的吼聲帶著最濃重的約克郡口音。「那咱要找法農先生。」

「很抱歉，法農先生出門了。有什麼我能幫忙的嗎？」

「嗯，希望你幫得上忙，不過咱寧可找你老闆。我是畢隅狹道的辛斯。」

（喔不，拜託不要，不要逼我週六晚上去畢隅狹道。去那地方得在山丘上爬好幾英里的上坡，路面顛簸的窄巷沿途大概有八道柵門。）

「了解，辛斯先生，您碰到什麼麻煩了嗎？」

「咱跟你說啊，有一些麻煩事。咱們這兒有一匹好馬，專門參加評比的。他高大的咧，整整十七個掌寬。後腿嚴重割傷，就在飛節上方，是他自己弄傷的。咱要有人立刻幫他縫合傷口。」

（老天保祐！飛節上方！要縫合的傷口就在馬腿上這個位置，真是太美妙了。除非這匹馬很不好動，不然這下真的「輕鬆愉快」。）

「傷口有多大，辛斯先生？」

「多大？大得不得了，有一英尺那麼長，血流得到處都是。這匹馬啊，跟條鰻魚一樣活潑亂竄，連蒼蠅眼睛都能踢飛。咱現在怎麼都靠近不了他，他一見到人啊，就高高立起抬起前蹄。老天，咱告訴你，那天我把他送去鐵匠那兒，那傢伙被他嚇得要死。咱這匹可眞是不得了的好馬。」

（去你的辛斯先生，去你的畢隅狹道，去你的不得了的好馬。）

「好的，我馬上過去。請您多派些人手到現場，以備有必要時讓他臥倒。」

「讓他臥倒？臥倒？你絕不可能叫他臥倒，他會先要了你的命。總之，咱這裡沒人手，你得自個兒想辦法。咱知道的，法農先生不會要很多人來幫忙。」

（喔，太棒了，棒極了。這一回寫進日記裡肯定精采。）

「很好，我要出發了，辛斯先生。」

「哦，差點兒忘了。我家馬路昨天被大水沖壞了。最後一英里半的路，你得用走的。所以動作快點，別讓咱等你等整晚啊。」

（這眞的有一點過份。）

「聽著，辛斯先生，我不喜歡您的語氣。我剛剛說我要出發了，會盡快趕到府上。」

「你不喜歡咱的語氣啊？哦，咱也不喜歡沒用的年輕學徒拿咱的好馬來練習，咱也不想聽你頂嘴。反正啊，你啥都不會。」

（到此爲止了。）

「辛斯，你給我聽好了。要不是爲了那匹馬，我一定拒絕出門。你以爲你是誰啊？要是你再這樣跟我講話……」

「好了，好了，吉米，冷靜下來。放輕鬆，老小子。你再這樣下去會爆血管的。」

「到底是誰……？」

「哎，哎，吉米，你現在冷靜點。你那脾氣呀，你自己也知道。你眞的得控制一下。」

「崔斯坦！你到底見鬼的從哪打來的？」

「酒吧外面的電話亭。五品脫下肚，覺得很想胡鬧一下。想說可以打通電話給你。」

「老天，你要是再這樣玩，我總有一天會殺了你。你害我一下子老了好幾歲。偶爾開個玩笑無傷大雅，但已經是這週第三次了。」

「啊，但這次最精采啊，吉米。眞是太棒了。你卯足全力回嘴的時候——眞是笑死我了。喔老天，眞希望你能聽到自己剛剛講話的語氣。」最後只聽見他抑制不住的狂笑聲。

接著我試圖反擊，但是微弱無力，話語抖顫蠕動般傳到某個孤寂的電話亭。

「是年輕的法農先生嗎？」喉音濃重刺耳。「這裡是海伍德的提爾森。我要你現在就過來，有動物情況很嚴重……」

「抱歉打斷你，吉米，你的扁桃腺怎麼啦？嗯，很好。好吧，老小子，剛剛說什麼，你就繼續吧。聽起來很有趣。」

只有那麼一次，接電話的不是我。那天是週二，我上半天班，上午十一點半時有人打電話來。是一頭母牛子宮脫垂。鄉間行醫碰到這種狀況算是很棘手，我和平時一樣，聽到後不禁打了個寒顫。會發生子宮脫垂，是因爲母牛分娩之後持續用力，將整個子宮都推出體外，甚至向下垂落到踝關節的高度。子宮是很龐大的器官，復位的難度非常高，主要是因爲母牛將子宮排出去之後就不想再收回。而在一場直截了當的人獸比賽中，基本上母牛的勝算比較大。

老一輩的獸醫爲了拉高勝算，會將母牛後腿用布巾吊高，比較有創意的獸醫會發明一些稀奇古怪的玩意兒，例如可將子宮壓縮成比較小一團的「子宮袋」。但結果通常一樣——長達數小時的艱辛苦工。開始使用硬脊膜外腔麻醉以後，事情就變得簡單些，只要打麻藥讓子宮失去感覺，就能防止母牛繼續施力排出，但即便如此，聽到話筒那頭傳來「子宮掉出來」這句話，還是保證能讓任何獸醫立刻笑不出來。

我決定帶崔斯坦出門以防萬一，至少需要時能多加幾磅的推力。他跟著我出門，但是對於幫忙出力一事幾乎毫無熱情。等看到牛欄裡那頭生病的肥胖短角牛躺臥在地，一副不關己事的模樣，他的熱情更是所剩無幾。她身後拖著一大團滿是血汙的子宮和胞衣，夾雜著淫爛糞便和稻草，濺得集糞槽道血跡斑斑。

她不怎麼樂意站起身，但在我們大吼大叫推搡肩頭之後，她終於站起來，一臉百無聊賴。很難在數圈脂肪中找到施打麻醉的硬脊膜外腔空間，我不確定是不是所有麻藥都打在正確的位置。我將胞衣剝除，將子宮清理乾淨，放在農人和他弟弟拉起的乾淨床單上。他們都很瘦弱，頂多能幫忙拉平床單。我不能期待他們多出什麼力幫忙。

我向崔斯坦點點頭；我們脫下襯衫，各自在腰部繫上乾淨麻袋，雙手環抱母牛的子宮。子宮嚴重充血腫脹，我們花了一小時才讓它復位。剛開始很長的一段時間都毫無進展，想要將偌大器官推進一個小洞的念頭顯得荒唐可笑，就好像試圖穿針引線，但引的不是線而是香腸。曾有幾分鐘，我們以為自己推得很順，然後才發現只是把子宮推下床單的縫隙裡。（齊格菲跟我說過，他曾經花了半個上午想把子宮推回去，卻沒發現自己是往直腸裡推，還說他真正擔心的是，他差一點就成功了。）最後，在希望變得極為渺茫之際，終於出現了無比幸運的一刻，整個子宮開始向裡頭滑，然後不可思議地消失在母牛體內。

過程中，我們同時停頓休息，站起來喘著粗氣，兩個人的臉幾乎碰在一起。崔斯坦的臉頰被一條噴湧的動脈噴濺得血跡斑斑；我剛好有機會深深望進他的雙眼，看得出來他打從心底厭惡整件事。

之後我就著水桶用肥皂泡沫洗淨上半身，感覺到雙肩和背部痠痛，我望向崔斯坦。他吃力地套上襯衫，似乎這個動作就足以消耗他最後一絲力氣。那頭母牛滿足地嚼著一嘴乾草，復原得十分良好。

離開牛欄回到車上，崔斯坦呻吟著。「我確信這種事不適合我，我覺得自己好像被一台蒸汽壓路機輾過。見鬼了，有時候眞不知道當獸醫都在過什麼樣的日子。」

吃完午餐，我站起來。「我要去布羅頓了，小崔，我想我最好還是提醒你一下，你可能會再見到那頭母牛。子宮脫垂這種糟糕的狀況有時候會反覆發生，那一團有可能會再掉出來。要是眞的發生，就交給你了，因爲齊格菲還要好幾個小時以後才會回來，而我今天上半天班，誰都別想叫我加班。」

終於有這麼一回，崔斯坦發揮不了他的幽默感。他變得憔悴枯槁，似乎一下子老了好幾歲。「老天吶，」他呻吟道，「你別再說了。我累斃了——再來一次眞的會要我的命。更何況要叫我自己去！我告訴你，那我眞的會沒命。」

「這樣啊，」我語帶諷刺，「別那麼擔心，絕不會發生的。」

朝布羅頓開了大約十英里的路，我看見一座電話亭，腦中忽然靈光一閃。我放慢速度，然後下車。

「我在想，」我喃喃自語，「我在想能不能換我玩一次。」

進到電話亭裡，忽然之間創意湧現。我用手帕包住話筒，撥了診所的電話號碼，聽到崔斯坦接電話的聲音時，我放聲大喊。「你是早上幫咱們家母牛把子宮推回去的年輕人嗎？」

「對，我是其中一位。」崔斯坦的聲音一下子變得緊繃。「怎麼了，有什麼問題嗎？」

「對，有一點問題。」我扯開喉嚨大喊。「她又把它排出來了。」

「又出來了？又出來了？整個子宮嗎？」他幾乎尖聲大叫。「對，現在一團糟啊。一直噴血，還腫起來，是早上的兩倍大。你得過來幫幫她。」

話筒另一頭靜默許久，我在想崔斯坦是不是昏倒了。接著我又聽到他的聲音，沙啞但是堅定。「好的，我現在就過去。」

又一陣停頓之後，他再次開口，幾乎像在耳語。「整個都掉出來了嗎？」

這時我演不下去了。問句中帶有的期待讓我罷手：他還抱著一絲希望，想著農人會不會只是誇大其辭，或許只是露出一小塊而已。我笑了起來。很想多捉弄一下我的受害者，可惜沒辦法。我放聲大笑，邊拿下蒙住話筒的手帕，讓崔斯坦聽得到我的聲音。

話筒另一頭傳來狂亂的咒罵聲，我聆聽了數秒鐘，然後輕輕掛上話筒。很可能是絕無僅有的一次，但眞是美妙，美妙極了。

第十章

「要找哈利先生是嗎？沒問題，我去叫他來聽電話。」齊格菲將手圈成杯狀遮住話筒。「來吧，吉米，又一個比較想找你的客戶。」我飛快瞥了齊格菲一眼，他滿臉笑容。他很開心。

我邊接過話筒，邊想著以前聽說過的另一種老闆，那種不甘心鋒頭被搶走的老闆。我也在想農人們的態度與數週之前大爲不同，他們現在不再將目光投向我身後，希望法農先生也跟我同行。他們慢慢接受我，我也願意相信，他們招呼我進屋裡「一起吃一點」不只是出於熱情好客的傳統。

對我來說眞的別有意義，因爲隨著時間過去，我愈來愈欣賞谷地的居民，也了解他們願意與我謹愼發展出的友誼有多麼珍貴。住在愈高處的居民，也愈讓人喜歡。谷底地勢逐漸開闊形成平地，這裡的農人與其他地方的農人無異，但是住在高處的農人特別有意思，我也發現住在靠近山頂的偏僻小村莊和農場的人個性鮮明，他們純樸高尙、堅強獨立，也很慷慨熱情。

這個週日早上要去的是貝樂比家，他們住在哈爾登谷地頂端，哈爾登是從約克郡主要谷地分岔出來的小谷地。最後一英里的泥土路路面崎嶇不平，每隔幾碼就有突起的大石塊，車子一路哐鎯顚簸。

下了車，從我佇立的山頭望去，山巒丘坡中所有奇形怪狀的裂隙一覽無遺，無數溪澗在陡峭的哈爾登谷地坡面刻出溝壑，流至谷底深處，匯入嘩嘩淌過岩床的哈爾登溪。下方谷地有樹林，也有田地，農舍就在我身後，農舍所在的凹口四面八方全是荒山野丘。赫石頓峰、奧斯滕、溪邊山——一座座名稱粗獷的偌大山丘近在眼前。

在山丘高處，象徵文明的裝飾物顯得十分遙遠。農舍建築已有數百年歷史，主要用石塊砌成，最初建造單純是當成動物欄舍。古老石屋在建造時並不考慮任何採光和通風規定，牛欄的牆壁很厚，幾乎沒有開窗，裡頭十分陰暗。地板凹陷破損，牛隻之間以半朽爛的木板分隔開來。

我進入牛欄，摸索著辨認去路，雙眼慢慢適應室內的昏暗光線。裡頭沒有人，只有一頭雜色的糟毛❹母牛，她的尾巴上繫著一個標籤。農人常用這種方法傳遞訊息給獸醫，於是我拉起牛尾巴，標籤上寫著：「發炎，後面。」

我推著母牛讓她臥倒，開始檢查後側的兩顆乳頭。我正抽出黏稠變色的乳汁時，門口有人出聲叫我：「是你啊，哈利先生。你早上來看我們，我好高興，希望你能幫我們一個大忙。」

我抬起頭，看到露絲．貝樂比，三十多歲快四十歲的她容貌姣好。她很聰慧，勇於探索，是她們家的進步派，她也堅信谷地居民能夠追求自我發展。

「貝樂比小姐，幫得上忙的話，我很樂意。您想要我做什麼呢？」

「哈利先生，您知道他們今天下午要在達洛比教堂演唱《彌賽亞》，我們真的好想去，但是幫小型馬上籠頭實在很累人，而且牠走太慢了。要是您願意讓我們搭便車下山就太好了，我們可以自己想辦法搭車回來。您願意的話，真的是幫了我們一個大忙。」

「當然可以載你們下山。」我回答。「我樂意之至。其實我自己也要去，在達洛比聽到好音樂的機會可不多。」

我很高興能有機會幫忙這些好心的居民。對於貝樂比家，我一直很欽佩。他們似乎是從不同年代存活下來的人，他們的世界有一種與世隔絕、不知光陰流逝的特質。他們從來不趕時間，天亮就起床，累了就睡覺，餓了就吃飯，很少看時鐘。

露絲帶路朝她們家走去。「只有我和爸媽要去，巴伯可能沒興趣。」

走進屋裡時，我微微吃了一驚。貝樂比家人剛坐下，準備吃週日大餐，身上還穿著工作服。我偷瞄

了一眼手錶：十一點四十五分，演出是下午兩點開始。好吧，時間應該還蠻充裕的。

「來吧，年輕人。」貝樂比家的兒子說。「坐下來一起吃飯。」

要婉拒這類邀請又不得罪人，總是需要一點技巧，但我巧妙指出我回去時午餐應該已經備妥，我吃飽才回去就會浪費那餐飯，霍爾太太會很難過。

他們很快就接受這番論點，圍著用力擦洗過的廚房餐桌旁坐下。貝樂比先生將巨大的圓形約克郡布丁分給每個人，並且用一個容量約一夸脫的琺瑯尖嘴壺幫大家的餐食淋上肉汁。辛苦忙碌一早上，此時聞著肉汁澆淋在約克郡布丁的金黃麵皮上散發的美味香氣，簡直是甜蜜的折磨。不過我安慰自己，他們看到我坐在旁邊等候就會吃快一點。

他們一家人安靜又從容不迫地享用約克郡布丁，接著二十多歲、體格魁梧、親切和藹的巴伯將空盤向前一推。他一語不發，但他的母親在他的餐盤裡再放了一大塊布丁，並且拿起尖嘴壺慷慨地淋上濃稠肉汁。巴伯的父母和姊姊一臉慈愛地看著他有條不紊地解決厚實的麵團。

接著，份量驚人的烤肉出爐，貝樂比先生又砍又鋸，直到每個人餐盤裡的厚肉片都堆得高高的。然後又有跟山一樣高的馬鈴薯泥送上桌，盛裝的盆子看起來跟洗滌盆一樣大。接下來上桌的還有蕪菁塊，這家人再次開始進食。

沒有任何倉促匆忙的跡象。他們從容安靜地用餐，不曾開口閒聊。巴伯又舀了一份馬鈴薯泥。貝樂比全家輕鬆愉快，但我很難說自己也有相同感受。飢餓感凶猛啃噬著我，而手錶滴滴答答，分

---

❹「糟毛」（roan）為牛的一種主要毛色，意指「非斑，係褐色中雜有灰色或白色之毛混者，常出現於短角牛」（宋永義編著，《新編乳牛學》，頁66）。

秒不斷流逝。

適度暫歇一會兒之後，貝樂比太太起身走到角落的老爐灶前面，打開爐門拉出巨大的扁平烤盤，裡頭是熱騰騰的蘋果派。她接著爲全家人分別切了一英尺見方的大小，再提起另一只巨大的琺瑯尖嘴壺在分切的蘋果派上傾倒，約莫一品脫的卡士達醬如滔天洪水襲來。

貝樂比家就像剛剛正餐開動時各自就定位，全家人再次陷入靜默，忙於進食。巴伯不費吹灰之力清空餐盤，默默將空盤推到桌子中央。他的母親立刻再切好一大塊派，並且淋上份量充足的卡士達醬。

眼看就要趕不上演出了，我心想，但這一餐肯定結束了吧。他們會發現快要來不及，開始換衣服。但是貝樂比太太緩緩走到爐火旁，放上大茶壺準備燒水，而她先生和兒子則將椅子向後推並伸展雙腿，我不禁大驚失色。父子倆的燈芯絨及膝褲褲頭都鬆開了，兩人腳上還穿著巨大釘靴。巴伯在口袋裡摸索了一陣，拿出一包壓扁的香菸，然後昏沉滿足地向後一靠，此時他的母親在他前面放了一杯茶。貝樂比先生掏出一把折疊刀，開始切下小塊板菸塡入菸斗裡。

他們各自在餐桌旁重新擺好姿勢，慢條斯理啜飲熱茶時，我發現自己開始展現各種典型的緊張症狀：脈搏突突跳動，牙關緊咬，頭痛也開始發作。

在喝完第二杯茶之後，終於有一點動靜。貝樂比先生悶哼一聲站起身來，抓了抓襯衫前襟，伸了個大大的懶腰。「唔，年輕人，我們再洗個澡換個衣服就好。巴伯會留在這裡陪你聊聊天——他沒有要跟我們一起去。」

他們前去沐浴淨身，廚房深處的石砌大水槽響起不少水花潑濺聲，接著他們的身影消失在二樓。發現他們沒多久就換好衣服，我大大鬆了一口氣。貝樂比先生很快就下樓來，整個人改頭換換，身上微微泛綠的海軍藍嗶嘰布西裝硬挺有光澤。他的太太和女兒很快跟著下樓，母女都換上有顯眼大花圖案的棉

質衣裳。

「很好，全部的人都到齊了。準備好要出發了嗎？」我的由衷話語裡帶著一絲歇斯底里。「很好，那我們就出發吧。女士們先請。」

但露絲一動也不動。她邊戴上白手套，邊看著呈大字形癱坐椅子上的弟弟。「你知道嗎，巴伯，你眞是讓我們全家人蒙羞！」她破口大罵。「我們準備要出門欣賞美妙的音樂會，你卻像一灘爛泥一樣，漠不關心。你對文化一點都不感興趣，一點都不求上進，簡直跟外頭的閹牛沒有兩樣。」

巴伯突遭抨擊，在椅子上不自在地挪動一下，但還沒結束。

露絲跺了跺腳。「說眞的，光是看著你，我都覺得自己血液沸騰起來。我知道我們前腳才踏出門，你就會開始呼呼大睡。沒錯，整個下午睡得像頭豬一樣猛打鼾。」她猛然轉向貝樂比太太。「媽媽！我下定決心了。我今天絕不讓他在家裡打鼾，他一定要跟我們一起出門！」

我感覺額頭開始冒汗，我聽到自己結結巴巴開口。「但您們不覺得，也許……會有一點來不及……兩點鐘開始……我的午餐……」

但是所有人都對我置若罔聞。露絲意志堅定，不屈不撓。「你給我站起來，巴伯！現在立刻去換衣服！」她緊抿雙唇，高高昂著下巴。

面對姊姊，巴伯毫無招架之力。吃飯時主動積極的他，這時卻似乎沒什麼主見。他心不甘情不願地咕噥著，拖著腳步走到水槽邊。他脫下襯衫，同時其他人全都坐下來，看著他用一大塊白溫莎肥皀搓出泡沫清洗上半身，再壓下水槽旁的泵浦把手，打水沖洗頭臉脖頸。

他的家人欣喜地望著他，很高興他要和他們一起出門，因爲相信這樣對巴伯好而心滿意足。露絲看著他沖洗，雙眼散發慈愛的光芒。她不時轉頭看看我，好像在說：「你看是不是很棒？」

至於我呢，只能勉強克制住自己扯掉大把頭髮的衝動。我恨不得一躍而起拔腿飛奔同時尖聲大喊，我的耐性眼看就快到極限。我閉上雙眼，奮力抑制這股衝動，我一定閉眼閉了很久，因為等我睜開雙眼時，巴伯已經站在我旁邊，身上的西裝和他父親一模一樣。

我幾乎記不得自己是怎麼開到達洛比的。只有一個很模糊的印象，就是車子以時速四十英里沿著滿是石礫的山徑疾駛下坡，還有我自己雙眼鼓突死盯著前方，而貝樂比全家在車裡坐得很擠但歡欣雀躍，整趟車程都很開心。

我在下午一點五十分衝回屋裡，囫圇吞下霍爾太太準備的佳餚後，在兩點衝出門外，連向來從容冷靜的霍爾太太都臉色一沉。

我沒能及時趕上《彌賽亞》演出。當我悄悄潛進教堂，演奏已經開始，成排聽眾對我投以不以為然的目光。我從眼角餘光瞄到，貝樂比一家人直挺挺坐成一排。在我看來，他們也一臉不以為然。

第十一章

我再看了一下記錄出診名單的紙條。「狄恩，湯普森場三號。老狗生病。」

達洛比有很多這種「場」，其實是很窄小的街道，就像狄更斯小說插圖裡畫的。有一些「場」通往市集廣場，大部分的「場」則散布在老城區的要道後方。從外頭只能看到一條拱廊，但走進狹窄通道裡總是令我驚喜不已，眼前忽然冒出或長排或短排的成排小房子，房屋外觀各異，窗戶隔著八英尺寬的礫石道路相望。

有些房子前面挖出長條形園圃，種植的金盞花和金蓮花蔓生覆蓋粗糙石塊；比較遠那一頭的幾棟房子搖搖欲墜，有幾間已經無人居住，窗戶被木板封住。

三號在比較遠的那一頭末端，看起來好像也撐不了多久。

我敲門時，朽壞門板上剝落的油漆片屑輕顫；前門上方的石牆裂開一道長縫，裂縫兩邊的外牆部分鼓突欲破。

一位身材矮小的白髮老人來應門。他的瘦削臉頰上滿是皺紋，只剩下一雙眼睛還散發歡快神采；他身上的開襟羊毛衣已經縫補多次，長褲上有補丁，腳上趿著拖鞋。

「我來幫您的狗看診。」我說，面前的老人露出微笑。

「您能來，我真的很高興，先生。」他說。「我有點擔心我們家這老小子。您請進。」

他領著我走進狹小的客廳。「我現在一個人住，先生。我太太一年多前過世了，她以前最疼那隻老狗。」

磨損的亞麻油地氈，未點燃的火爐，屋裡瀰漫著潮溼霉味——隨處可見生活貧困的證據，令人難受。半垂落的壁紙露出牆面的潮溼斑塊，桌子上擺著老人的一人份正餐：培根碎屑、幾片煎馬鈴薯和一杯茶。這就是老年時靠著退休金度日的生活。

屋子一角，我的病患躺在毛毯上，是一隻混血拉布拉多。他年輕時一定是隻強壯的大狗，但如今歲月的痕跡盡露，口鼻周圍長出灰白毛髮，雙眼深處呈白色不透明。他靜靜趴臥，看向我的神情不帶一絲敵意。

「他有點年紀了吧，狄恩先生？」

「沒錯，上了年紀。快十四歲了，不過他數週前還跟小狗一樣活蹦亂跳的。老巴布真的是一隻好狗，他這輩子從來沒咬過任何人。小孩子怎麼跟他玩，他都不會生氣。我只剩他一個朋友了——希望您能很快治好他。」

「該吃的他都有吃嗎，狄恩先生？」

「是的，吃得一乾二淨，是蠻奇怪的，因爲我的老天爺啊，他以前還眞能吃。以前吃飯的時候，他總是坐在我身邊，把頭擱在我的膝蓋上，但他最近不再這麼做了。」

我看著大狗，心中愈來愈憂慮。狗的腹部嚴重腫脹，疼痛的症狀再明顯不過：喘不過氣，嘴角縮起，眼神焦慮恍惚。

主人開口說話時，狗舉起尾巴在毛毯上拍了兩下，泛白的老眼一度聚焦有神，但很快又變回原先茫然失神的模樣。

我伸出手，小心翼翼撫摸狗的腹部。腹水症狀很明顯，水腫造成腹壓過大。「來吧，老小子，」我說，「看看我們能不能幫你翻個身。」我幫老狗慢慢翻身時，他並未抵抗，但快要翻倒向另一側時，他發出哀鳴，將頭撇到一邊。麻煩的起因這下子顯而易見。

我輕柔緩慢地觸診。隔著側腹薄薄的肌肉，我可以感覺一團有皺褶的硬塊；絕對是脾臟或肝臟長了惡性腫瘤，非常巨大，完全無法開刀割除。我輕輕撫摸老狗的頭，努力集中思緒，應對這樣的情況並不容易。

「他的病要很久才會好嗎？」老人問，狗聽到摯愛人類的聲音，尾巴又啪啪兩下輕拍毛毯。「我在家裡走來走去忙些雜事的時候，沒有巴布跟前跟後，我眞的好難過。」

「我很抱歉，狄恩先生，但我恐怕得告訴您，情況非常嚴重。您看腫得很大的這一塊，是因爲體內長了腫瘤。」

「您是說……癌症？」矮小的老人話聲微弱。

「恐怕是這樣沒錯，而且已經長得太大，現在我們已經無能爲力。我眞的很希望能做點什麼來救他，但已經沒辦法了。」

老人一臉茫然，嘴唇顫抖。「那他要死了嗎？」

我艱難地嚥了下口水。「我們眞的不能讓他就這樣死掉，對嗎？他現在已經很辛苦，但很快就會變得更痛苦。您不覺得讓他長眠對他才是最好的嗎？畢竟他已經活到這麼大的歲數，也算享盡福氣了。」我總是力求簡短、實事求是，但是脫口而出的陳腔濫調聽起來好空洞。

老人陷入沉默，接著說：「等我一下。」然後辛苦地慢慢在老狗身旁跪下。他沒出聲，只是一手不斷撫摸老狗的灰白口鼻和雙耳，同時狗搖動尾巴啪啪地拍擊地板。

老人跪在地上許久，我站在沒有絲毫喜悅氣息的房間裡，將牆上褪色的圖畫、沾滿灰塵的磨損窗簾和彈簧壞掉的扶手椅盡收眼底。

終於，老人掙扎著站了起來，一度哽咽。他沒有看我，沙啞著聲音說：「好，您要現在動手嗎？」

我將藥劑抽入針筒，說了一向要說的話。「您不用擔心，他絕不會覺得痛，只是過量的麻醉劑，眞的可以讓我們的老小子走得舒服些。」

針頭插入時，老狗的身體動也不動，隨著巴比妥酸鹽流入靜脈，他的焦慮神情逐漸消失，肌肉也開始鬆弛。注射完畢時，他的呼吸也停止了。

「就這樣？」老人輕聲問。

「是的，就這樣。」我說。「他現在不會痛了。」

老人站著，一動也不動，反覆緊握雙手又再放開。他轉身面向我時，雙眼十分明亮。「沒錯，我們不能再讓他受苦了，很感謝您來幫忙。那麼，我該怎麼答謝您的服務呢，先生？」

「哦，沒關係的，狄恩先生。」我很快回答。「只是小事，不足掛齒——我剛好經過這裡，一點都不麻煩。」

老人大吃一驚。「但是您不能做白工啊。」

「請您別這麼說，狄恩先生。就如我剛剛說的，我只是剛好經過您家門口。」我向他道別，走出屋子，經過廊道回到街道上。耀眼陽光下，置身熙來攘往的人群中，我眼前還是只有簡陋的小房間、老人和他死去的狗兒。

朝車子走去時，我聽見身後有人呼喊。老人趿著拖鞋，拖著腳步興奮地朝我走來。他滿臉老淚縱橫，但嘴角揚著一抹微笑。他手裡握著一個褐色的小東西。

「您眞的很好心，先生。我有東西想送給您。」他遞出手裡的東西，我看著它。東西很破舊，但還看得出來是從前慶祝用的珍貴紀念品。

「拿著，送給您的。」老人說。「請您抽根雪茄。」

第十二章

齊格菲竟然想到要指派他弟弟負責記帳，可說是相當不幸，畢竟斯凱谷宅邸已有一段時間平靜無事，十分怡人。

將近兩週以來，幾乎沒有人大呼小叫或嚴詞怒罵，只有一次不太愉快的插曲，是因爲齊格菲進屋時發現他弟弟在走道上騎單車。對於哥哥的怒氣和責罵，崔斯坦只覺得莫名其妙——他被分配到用餐前擺放盤皿叉匙的差事，從廚房到餐廳的路途遙遠，把單車搬進屋裡來騎似乎是全世界最自然的事。

由夏入秋，空氣帶著一絲冷冽，晚上大房間裡的爐火熊熊燃燒，投在優雅壁龕甚至延伸到高處雕花天花板上的暗影浮動。結束一天的工作後，我們三個躺倒在老舊扶手椅上，朝爐火伸長雙腿取暖，這樣的時光眞的相當美好。

每天晚上，崔斯坦專心地玩《每日電訊報》的塡字遊戲，齊格菲看書，而我打盹。每次只要被拉去玩塡字遊戲，我都會很困窘；齊格菲通常思索一分鐘就能有所貢獻，但我還在絞盡腦汁思考第一個線索時，崔斯坦就能全部答對。

我們腳邊的地毯上躺滿狗兒，五隻都在，他們疊趴在一起喘著粗氣，更添幾分相親相愛和滿足自適的氣氛。

在我看來，每當齊格菲開口，就好像溫暖舒適的室內颳起一陣寒風。「明天要去市場，而且我們剛把帳單送出去。他們會排隊等著付錢給我們，所以崔斯坦，我想要你明天整天專心收錢。我跟吉米會很忙，所以由你全權負責。你要做的就是跟他們收支票，開收據給他們，然後將他們的姓名記在收據本裡。你覺得你都能做到，不會搞砸嗎？」

我眨了眨眼。睽違以久再次響起的不協和音十分深重。

「我想我還應付得來。」崔斯坦傲然回答。

「很好。那麼各自上床就寢吧。」

翌日，誰都看得出來這份差事很對崔斯坦的胃口。他穩坐辦公桌後方，收進大把大把的錢，而且嘴上聊個沒完。但他並不是漫無目的閒聊，而是為不同對象量身打造不同話題。

如果是正直的衛理公會信徒，他會聊天氣、母牛價格和村辦公處的活動。如果是鴨舌帽歪一邊戴、滿口散發市集艾爾啤酒酒味的放浪不羈之輩，就能聽到崔斯坦分享記在信封背面的小道消息。但來人若是女士，就是崔斯坦登峰造極的時候。她們打從一開始就和崔斯坦站在同一陣線，因為他那張孩子氣的臉孔天真無邪，再加上他卯足了勁施展迷人魅力，輕鬆收服所有女士。

門後傳來的咯咯笑聲令我大為驚奇。看到這小伙子終於表現良好，我也很開心。這次總算一切順利。

崔斯坦吃午餐時洋洋得意，喝茶時意氣風發。他將當天收到的帳目整理呈交，一排排數字井然有序，最底下列出精確加總。齊格菲看了也相當滿意：「謝謝你，崔斯坦，很有效率。」一切甜蜜美好。

天色將暗，我在院子裡將後車廂裡用完的空瓶扔進垃圾箱。當天忙了一整天，累積的空瓶比平常還多。

崔斯坦喘著粗氣從庭園跑來。「吉米，我搞丟收據本了！」

「你老愛亂開玩笑惡作劇。」我說。「何不讓你的幽默感也休息一下？」我大笑起來，再扔掉一個擦劑瓶，瓶子撞在其他瓶子上應聲破裂。

他拉了拉我的袖子。「我不是在開玩笑，吉米，相信我。我真的搞丟那要命的東西了。」難得有一次，他不再像平常一樣沉著鎮定。他臉色蒼白，瞪大雙眼。

「但是它不可能憑空消失，」我說，「一定找得到的。」

「找不到的。」崔斯坦扭絞雙手，在鋪石小徑上來回踱步。「你知道我已經找了大約兩個鐘頭嗎，整棟房子上上下下我都翻遍了。我告訴你，收據本不見了。」

「但也沒關係，不是嗎？你應該把客戶姓名都謄寫到分類帳簿裡了吧。」

「問題就出在這裡。我還沒弄，本來今天晚上要做的。」

「所以這表示所有今天交錢給你的農民下個月會收到一模一樣的帳單？」

「看來是這樣。我只記得其中兩、三個人的姓名。」

我一屁股坐在石槽上。「願上帝保祐我們，尤其是保祐你。這些約克郡人一點都不喜歡掏錢付帳，要是想叫他們掏兩次錢——我的老天！」

我忽然想到另一件事，於是開口，語氣中帶著一絲冷酷：「齊格菲呢，你告訴他了嗎？」

崔斯坦的臉霎時一陣抽搐。「還沒，他剛回來。我現在去告訴他。」他挺起胸膛，大踏步離開院子。

我決定不要跟著他回到屋子裡。我覺得自己還不夠堅強，沒辦法面對接下來註定會發生的場面。於是我走回後巷，從屋子後方繞到市集廣場，只見燈光照亮的牧人胳膊酒吧入口在暮色中召喚著我。

我坐在酒吧裡，前方擺著一品脫啤酒，這時崔斯坦走進來，看起來好像被人抽掉半加侖的血。

「怎麼樣？」我問。

「哦，老樣子，你知道的，或許這次更糟一點。不過我可以告訴你，吉米，我一點都不期待一個月後的日子。」

收據本始終沒有找到，一個月後，一樣的帳單再次發送出去，收款時間一如往常是在市集日早上。那天生意特別清淡，上午時間才過一半，我就已經出完當天的診。我沒有進到屋裡，因爲透過候診間的窗戶，我看到好幾排農人靠牆坐著，全都一臉義憤塡膺。

我躡手躡腳溜到市集廣場。閒暇時，我很喜歡在古老廣場上的攤子間閒逛。可以買到水果、魚、二手書、乳酪和衣服，其實幾乎什麼都買得到，不過我最喜歡的還是賣陶瓷器那一攤。攤主是一位來自里茲的猶太紳士，身材肥胖的他渾身是汗、自信滿滿，販賣技巧媲美催眠術。我常常觀察他，怎麼都看不膩，他令我著迷不已。這一天的他狀況極佳，他站在一小片空地上，四周全是成堆的陶瓷器皿，站在外圍的農婦們如痴如醉聽著他高談闊論。

「在下的樣子不好看，」他說著，「在下的頭腦不聰明，但是蒙主的福，在下的口才很好，在下能夠講得天花亂墜、驢子軟腿。現在看這裡。」他拿起一只便宜的杯子，將它高舉在半空中，動作輕柔無比，他用厚實拇指和食指緊捏杯子把手，小指以優美姿勢微翹。「是不是很美？是不是非常迷人？」接著他滿懷敬意地將杯子放在掌心，向圍觀的群衆展示。「各位女士請聽我說，在布拉福的康納斯買一模一樣的茶具組，要三英鎊十五先令。我可不是在打趣或開玩笑，那裡就是賣這個價格。但是我的賣價是多少呢，各位女士？」這時他撈出一根手把裂開的舊拐杖。「這麼美麗的茶具組我賣多少錢呢？」他握住拐杖末端高舉起來，然後用力一揮敲在空空的茶具箱上。「才不是什麼三英鎊十五先令。」砰！「也不是三英鎊。」砰！「更不用兩英鎊。」砰！「不用管那三十先令。」砰！「來哦，來哦，快來買哦，誰願意出一英鎊？」所有人一動也不動。「好吧，好吧，看得出來在下今天是踢到鐵板了。快來買吧，十七先令再加一枚六便士硬幣，整組茶具讓你帶回家。」摧枯拉朽的最後一擊，女士們開始互使眼色，在手提包裡翻找起來。一個矮小男人從攤位後方冒出來，開始分發茶具組。買賣雙方行禮如儀，皆大歡喜。

我心滿意足等待著大師開始叫賣下一件商品，這時我看到人群邊緣有一個戴著格紋鴨舌帽的壯漢朝我瘋狂揮手。他一手伸進外套裡，我知道他要拿什麼出來。我毫不猶豫，飛快躲到一個堆滿養豬用飼料槽和鐵絲網的攤位後面。我才走了沒幾步，又出現另一名農人揮舞著手裡的信封袋，不屈不撓地呼喚我。

進退兩難之下，我瞄到一條生路。我快速繞過一個展示廉價首飾的攤位，縱身撲向牧人胳膊酒吧門口，避開擠滿農人的吧台，溜進經理的辦公室。我安全了；只有這個地方永遠歡迎我。

坐在辦公桌前的經理抬起頭，臉上沒有一絲笑意。「聽著，」他的語氣嚴厲，「前陣子我帶狗去你們那裡看病，不久之後就收到帳單。」我內心瑟縮了一下。「於是我照著帳單付錢，但是今天早上又收到一張帳單，真的令我非常訝異。這裡有一張收據，簽名的是……」

我受不了了。「真的很抱歉，布魯克先生，出了點差錯。我會解決問題，真的很對不起，請您包涵。」

接下來幾天同樣的情景反覆上演，但是以齊格菲的遭遇最爲不幸。事情發生在他最愛的黑天鵝酒吧。比利．布雷肯里奇找上他，個子矮小的比利友善風趣，是一位值得敬重的達洛比居民。「嘿，還記得我在你的診所付過三英鎊六先令嗎？我又收到一張帳單了。」

齊格菲以優美詞藻表達歉意——他已駕輕就熟——然後請對方喝一杯啤酒。他們友善地互道再見。令人遺憾的是，什麼事幾乎都記不住的齊格菲不記得這回事。一個月後，同樣在黑天鵝酒吧，他再次遇到比利．布雷肯里奇。這次的比利就不怎麼風趣了。「嘿，記得那張你重複寄兩次的帳單嗎？唔，我又收到一張了。」

齊格菲使盡渾身解數施展個人魅力，但是對方不為所動，覺得受到嚴重冒犯。「很好，我看得出來，你根本不相信我付過帳了。我原本有一張你弟弟開的收據，但是我搞丟了。」他對齊格菲的嚴正聲明置若罔聞。「講什麼都沒用，現在只剩下一個方法可以解決這件事。我說我付了三先令六便士，你說我沒付，好啊，我們來猜硬幣。」

齊格菲灰頭土臉表示反對，但是比利心意已決。他拿出一枚一便士硬幣，神態莊嚴地平放在拇指指甲上。「好，你來猜。」

「正面。」齊格菲喃喃道，他猜中了。矮小男人表情不變。他依然神態莊嚴，拿出三先令六便士給齊格菲。「也許事情可以就這麼了結。」他走出酒吧。

人難免會忘東忘西，不過齊格菲的健忘堪稱天賦異稟。他不知怎麼的忘了記錄最近這一次收錢的事，於是到了月底，已經付過兩次錢的比利．布雷肯里奇收到了第四張帳單。齊格菲就差不多在這時候換了一家酒吧，改為光顧十字鑰酒吧。

第十三章

秋去冬來，初雪在山頂留下幾道白鎧，在谷地行醫的種種不便也逐漸凸顯。開車出門數小時冷到雙腳凍僵，冒著刺骨寒風爬坡到山丘高處的穀倉，只見山丘上的剛硬野草全被強風吹得乾枯偃伏。在不斷有風從縫隙吹入的屋舍裡，沒完沒了地脫上衣、用桶子裡的冷水沖洗雙手和胸膛、用肥皀刷洗，常常只能用麻袋充當毛巾。

我也眞正知道雙手皸裂的滋味。工作忙碌時，我的雙手幾乎沒有全乾的時候，從手指向上到接近手肘處爬滿發紅裂口。

醫治小動物的工作在這個時節儼然恩賜，讓人能稍微喘口氣。暫時拋下辛苦繁重的例行工作，出診時是走進溫暖的客廳而非牲畜欄舍，診治的對象也不像馬匹或公牛那麼不好對付。而在各家的舒適客廳之中，以彭富瑞太太家的最爲誘人。

彭富瑞太太是上了年紀的寡婦。她的已故丈夫是啤酒大亨，擁有的釀酒廠和酒吧遍布幅員廣大的約克郡各地，去世後留下鉅額遺產和一幢位在達洛比郊區的美麗宅邸。彭富瑞太太就住在這幢宅邸，家裡有大批僕從、一名園丁、一名司機和吳巧巧。吳巧巧是一隻哈巴狗，是女主人的心肝寶貝。

站在華麗的玄關裡，我悄悄向後抬腳在褲管後側揩抹一下鞋尖，再朝著冰冷的雙手呵幾口熱氣。我幾乎可以看見被拉近到火星迸射的爐火旁的高大扶手椅，旁邊擱著一托盤的綜合口味餅乾，還有一瓶上好的雪莉酒。因爲有雪莉酒，我總是算準時間，在午餐前半小時抵達。

我搖響門鈴，一名女僕前來應門，她臉上堆滿笑容，將我視爲貴客，帶我進入擺滿昂貴家具且四處散落光鮮亮麗雜誌和最新出版小說的客廳。彭富瑞太太坐在爐火旁的高背椅上，她放下手中書本，高興地開口呼喚。「巧巧！巧巧！你的哈利叔叔來囉。」我很早以前就當了狗的叔叔，由於意識到這層關係能夠帶來的好處，我並無異議。

巧巧一如往常從他的靠枕上一躍而起，跳上沙發靠背，將前腳搭著我的肩膀。接著他將我整臉舔了個遍，這才筋疲力竭地退開。他很快就筋疲力竭，是因爲餵給他的食物份量是同樣大小狗兒所需食物的兩倍，而且都是不適合他的食物。

「啊，哈利先生。」彭富瑞太太說，邊憂慮地望著她的寵物。「您能過來，我眞是太高興了。巧巧的屁屁又不通了。」

這個病名在教科書裡查不到，是彭富瑞太太描述巧巧的肛門腺阻塞症狀的說法。肛門腺積滿腺液時，他會走一走忽然坐下來表示身體不舒服，他的女主人就會驚慌地衝去打電話。

「哈利先生！請您來一趟，他又屁屁不通了！」

我將小狗一把抱起放到桌子上，用棉花墊片壓擠肛門將阻塞的腺液排空。

這隻小哈巴狗每次看到我都很開心，我總是大惑不解。

如果說有一隻狗每次見到一個人都會被對方抓起來捏屁股，卻還是喜歡對方，他肯定是一隻慈悲爲懷的狗。巧巧不曾表示任何怨怪之意：事實上這個小傢伙的脾氣溫和極了，而且聰明伶俐，我打從心底愛護他，也很高興能夠擔任他的專屬醫師。掐捏按壓完畢，我將病患從桌子上抱起來，注意到他又變重了，覆蓋肋骨的多餘肥肉晃動著。「您也知道，彭富瑞太太，您又讓他吃太多了。我不是跟您說過，蛋糕全都要戒掉，還有讓他多吃一點蛋白質嗎？」

「哦對，哈利先生。」彭富瑞太太泣訴道。「但是我能怎麼辦呢？他就吃膩雞肉了嘛。」

我聳了聳肩，愛莫能助。我跟著帶路的女僕走到貴氣的浴室，每次診治之後我都會在這裡舉行隆重

的洗手儀式。偌大的浴室裡，梳妝台上應有盡有，綠色陶瓷衛浴設備尺寸巨大，數排玻璃層架上放滿衛浴備品。在一塊昂貴的肥皂旁邊，放著為我準備的賓客專用毛巾。

等我回到客廳，杯子裡已斟滿雪莉酒，我在爐火旁安坐，準備聽彭富瑞太太說話。不能說是對話，因為都是她說我聽，不過我每次都收穫良多。

彭富瑞太太很討人喜愛，她樂善好施，知道有人遇上麻煩時也很熱心幫忙。她聰慧風趣，絮絮叨叨時別有一番魅力；不過人難免有盲點，而她的盲點是吳巧巧。她講述心愛狗兒的事蹟時天馬行空，到了想像故事的程度，我迫不及待想聽連載。

「啊，哈利先生，我有大消息要告訴你。巧巧有筆友了！沒錯，他寫了一封信給《狗狗天地》的編輯，還附上一筆捐款。他在信裡頭告訴對方，雖然他的列祖列宗是中國皇帝，但他決定紆尊降貴與普通狗兒打成一片。他請編輯幫忙，在認識的狗裡面尋找一位能和他互相通信的筆友。巧巧在信裡寫說他會以『譚無稽先生』一名作為筆名。然後怎麼樣你知道嗎，他收到編輯一封好優美的回信。」（我可以想像這位理性人士迫不及待把握這個大好機會）「編輯說他很樂意介紹邦佐．佛勒林漢和巧巧認識，這隻孤單的大麥町犬很樂意和約克郡的新朋友通信。」我啜了口雪莉酒，巧巧在我懷中打呼。彭富瑞太太接著說。「但是新的避暑別墅讓我好失望——你知道我是特別為了巧巧買的，這樣大熱天下午我們就能一起坐在戶外。是一棟很不錯的鄉間小屋，但是巧巧非常不喜歡，他討厭那個地方討厭得要命——怎麼樣都不肯進到屋裡。你應該看看他看著小屋時臉上的可怕表情。你知道他昨天怎麼稱呼那棟小屋嗎？哦，我真的不太敢告訴你。」她環顧四周之後，才傾身悄聲說道：「他說那裡是『見鬼的小屋』！」

女僕過來添柴讓爐火燒得更旺，並幫我斟滿酒杯。強風颳起一陣雨雪打在窗戶上。這就是人生，我想。我繼續洗耳恭聽。

「我跟您說過嗎，哈利先生，巧巧昨天贏了好多錢？您知道嗎，我相信他應該去研究賽馬排位表，他眞的很會讀馬報。他昨天叫我下注下在雷德卡賽馬場三點鐘那場的『精明小子』，跟之前一樣，這匹馬贏了。他每一趟都下注一先令，贏回九先令。」

這些賭金一直是以吳巧巧的名義下注，我想到當地賭客們的反應，心裡滿懷同情。達洛比的「賭注登記人」是一幫飽受折磨的亡命之徒。在某個巷弄盡頭會出現一塊板子，號召大家跟著喬．唐斯下注，保證穩賺不賠，而喬會有好幾個月如履薄冰，奮力與見多識廣的村民鬥智。但結局永遠是相同的，幾匹最受歡迎的賽馬會連贏好幾回，而喬會帶著他的板子連夜離開。有一次我向一位當地居民問起其中一位浪跡天涯的可憐人忽然離去的事。他不帶感情地回答：「哦，我們把他的錢全贏光了。」

每次都輸幾先令給一隻狗，對於這些不幸的人來說想必有如沉重的十字架，讓他們再也無法負荷。

「上週碰到一件事，眞是嚇壞我了。」彭富瑞太太接著說。「當時我很確定應該要打電話叫你過來。可憐的小巧巧——他發狗癲瘋了！」

我暗自將這個病名與「屁屁不通」一樣列入新的犬類疾病，並開口請彭富瑞太太告知更多細節。

「好可怕，我嚇壞了。園丁丟橡皮圈讓巧巧追——你知道他每天都要玩半小時追圈圈。」我已經好幾次親睹這番奇景。霍吉肯老是陰沉著臉，這個彎腰駝背的老約克郡人看似痛恨全世界的狗，尤其痛恨巧巧，而他每天都必須到外頭的草坪上反覆拋擲小橡皮圈。巧巧會蹦蹦跳跳追著橡皮圈跑，咬住圈圈撿回來然後狂吠，直到園丁拋出圈圈再重覆一輪。遊戲持續愈久，老人陰鬱臉上的皺紋也變得愈深。他的嘴唇不停翕動，但沒人聽得出他在碎念什麼。

彭富瑞太太接著說：「哦，他在玩他的遊戲，而且玩得很開心，但他忽然發起狗癲瘋，一點警訊都

沒有。他完全忘了他的橡皮圈圈，開始繞著圈子跑，邊跑邊發出尖銳短促的吠叫聲，樣子奇怪極了。然後他側躺在地，好像死掉一樣。您知道嗎，哈利先生，我眞的以爲他死了，他就躺在那裡一動也不動。最讓我痛心的是，霍吉肯竟然哈哈大笑起來。他在我們家工作了二十四年，我從沒見過他露出笑容，但是當他低頭望向巧巧靜止不動的身軀，他竟然咯咯發笑，笑聲好尖銳、好古怪。太恐怖了。我正要衝去打電話時，巧巧又站起來走開了——看起來完全正常。」

歇斯底里，我心想，不當餵食和過度興奮所造成。我放下杯子，嚴肅地盯著彭富瑞太太。「請您聽我說，這就是我剛剛在講的。如果您堅持要餵巧巧吃那些五花八門的垃圾食物，會害得他身體愈來愈不好。您眞的必須訓練他適應合理的飲食習慣，一天吃一次肉和全麥麵包或一點硬餅乾，最多兩次，份量不能多。其他時間都不能吃東西。」

彭富瑞太太頹然倒在椅座裡，一臉悲慘自責。「哦，拜託您別這樣跟我說話。我眞的試過餵他吃他應該吃的東西，但是眞的很難。他只要哀求我讓他吃一點點好吃的，我都不忍心拒絕。」她用手帕按了按眼角。

但我毫不退讓。「好吧，彭富瑞太太，就看您的意思。但是我要警告您，如果您依然故我，那麼巧巧只會愈來愈常發狗癲瘋。」

我有點不情願地離開舒適的安身處，在鋪了小石子的車道回望，看見彭富瑞太太揮著手，而巧巧一如往常趴在窗口，咧開的嘴明顯像是綻出開心的笑容。

開車回家途中，我思索著當巧巧的狗叔叔附帶的許多好處。每次他去海邊玩，都會帶好幾箱橡木煙燻鯡魚回來送我；他們家溫室的番茄成熟時，他每週都會送來一、兩磅。診所定期會收到幾罐菸草，有時還附上寫了溫馨小語的照片。

但直到收到福南梅森百貨公司的聖誕禮物籃，我才確定自己的處境很有利，應該推波助瀾一下。在此之前，我都只會打電話給彭富瑞太太謝謝她送的禮物，而之前她相當冷淡，表示都是巧巧送的，應該要謝謝巧巧。

收到禮物籃之後，我乍然省悟，幾乎頭暈目眩，原來我在策略上一直犯了很嚴重的錯誤。於是我調整心情，準備撰寫一封給巧巧的信。我避開齊格菲的譏嘲眼光，在信中感謝我的狗姪子送來聖誕禮物以及一直以來的慷慨禮贈。信上說叔叔由衷希望他敏弱的腸胃不會因爲過節期間大吃大喝而受到影響，並且建議他如有任何不適，應服用叔叔每次開給他的黑色藥粉。雖然身爲專業人士的我寫信時隱約感到羞恥，但這股羞恥感很快就被腦海中鮮魚、番茄和禮物籃的畫面掩蓋。我在信封上的收件人姓名地址處寫下巴爾比莊園的巧巧．彭富瑞少爺，將信投入郵筒，心中只有一絲絲的罪惡感。

之後那次拜訪時，彭富瑞太太將我拉到一旁。「哈利先生，」她悄聲說，「巧巧好愛你那封迷人的來信，他會好好收藏，但有一件事讓他很不高興——你竟然稱呼他巧巧少爺，他堅持要稱他爲先生。一開始他覺得大受冒犯，簡直氣瘋了，但他看到是你寄來的信，很快就回復平常的好脾氣。我也想不通他爲什麼有這些小小的偏見。或許是因爲他沒有兄弟姊妹——我想獨生子會比生在大家庭裡的狗多一些偏見。」

踏入斯凱谷宅邸就好像回到一個比較冰冷的世界。我在走廊上巧遇齊格菲。「啊，看看誰來了？天啊，眞的是我們親愛的哈利叔叔。叔叔最近都在忙什麼啊？我想都在巴爾比莊園辛勤工作吧。可憐的傢伙，肯定累壞了。爲了再收一個禮物籃任勞任怨，你眞的覺得值得嗎？」

第十四章

如今回想，我幾乎不敢相信我們以前花了那麼長的時間配藥。我們收到的藥品並不是成藥包裝，在出診之前，必須把各式各樣仔細調配但大多無用的藥劑搬上車。

那天早上齊格菲看到我時，我正將一個十二盎司的瓶子拿到與視線同高並倒入柯西拉那藥水。崔斯坦悶悶不樂地用研缽和研杵混合胃散，在發現哥哥的目光落在他身上時加快了研磨速度。他周圍全是一包包的藥粉，而在工作台另一端是堆疊整齊的陰道栓劑，是他在捲成圓筒狀的玻璃紙中裝入硼酸製作而成。

崔斯坦一副勤奮工作的樣子，手肘使勁搖動著，奮力研磨碳酸銨和馬錢子。齊格菲露出慈藹的笑容。

我也揚起嘴角。他們兄弟意見不合時，我能夠深切感受到緊繃氣氛，但我看得出來這天會有個和樂融融的上午。自從崔斯坦在聖誕假期若無其事地返回學院，而且顯然沒怎麼念書就重考通過，屋裡的氣氛就明顯好轉。我的老闆這天也不太一樣；他整個人似乎散發著滿足的光芒，彷彿確知即將有好事發生。他走了進來，把門關上。

「我有一個好消息。」

我用軟木塞塞住瓶口。「哦，那就別賣關子，說來聽聽。」

齊格菲的目光在我們身上逡巡，他幾乎露出志得意滿的笑容。「你們還記得上次崔斯坦負責記帳時弄得一團糟嗎？」

他弟弟別開視線，搗磨的速度更快了，但齊格菲親切地伸手按住他的肩頭。「不是的，別擔心，我不是要叫你再去記帳。事實上，你再也不用記帳啦，因爲以後會由一位專家負責。」他停頓一下，清了清喉嚨。「我們請來一位祕書了。」

我們目光呆滯，望著齊格菲自顧自地接下去。「沒錯，是我親自選中的，我認爲她是完美人選。」

「呃，是怎樣的人？」我問。

齊格菲噘起嘴唇。「很難形容。但是只要想想——我們這裡需要什麼？我們不想要輕浮的年輕小妞在這裡晃來晃去，也不想要漂亮的金髮小妞坐在辦公桌後面邊撲粉補妝邊朝所有人拋媚眼。」

「我們不想嗎？」崔斯坦開口打岔，顯然大爲困惑。

「不，我們不想！」齊格菲怒回。「她會每天花半天時間想她所有的男朋友，等我們終於訓練到讓她上手，她卻跑去結婚。」

崔斯坦看起來還是半信半疑，他哥哥見狀大爲憤慨。齊格菲脹紅了臉說道：「還有一件事。屋裡有你這樣的人，我們怎麼能僱請年輕漂亮的女孩子？你肯定會一直騷擾人家。」

崔斯坦有些惱怒。「那你自己呢？」

「我在講你，我才不會！」齊格菲咆哮。我閉上雙眼。和平時期並不長久，我決定介入。「好吧，那跟我們介紹一下新祕書。」

齊格菲好不容易才控制住情緒。「唔，她大概五十多歲，最近剛退休，在布拉福的格林暨莫頓公司工作了三十年。她之前在那家公司當祕書，僱主對她讚不絕口。他們說她的工作效率堪爲表率，而我們這一行需要的就是效率。我們太鬆散了。她決定要搬來達洛比，算我們走運。無論如何，你們很快就會見到她本人——她上午十點會到。」

教堂鐘聲敲響時，門鈴也響了起來。齊格菲趕緊去應門，領著他的偉大發現風光凱旋。「男士們，這位是賀巴托小姐。」

她的身材高大豐滿，臉頰圓潤健康，戴著一副金邊眼鏡。從她的帽子下緣露出的大量鬈髮顏色深到有些突兀，看起來有可能是染的，與她身上的簡樸衣著和生革皮鞋並不搭調。

我忽然想到，我們不用擔心她會忽然跑去結婚。不是說她長得不好看，而是她昂起的下巴和自然流露出的那股頤指氣使的態度，會讓任何男人一見就逃。

我和賀巴托小姐握了手，對她有力的一握大感驚訝。我們對望，在數秒鐘之間友善地較量力氣，然後她似乎很開心地抽手轉身。崔斯坦毫無防備，只見他一臉警戒，而一手已經遭到吞沒；直到他雙膝開始發軟，對方終於放開他的手。

她開始巡視辦公室，而齊格菲隨侍在後還不停搓手，活像招呼最愛顧客的巡店人員。她在辦公桌前駐足，桌子上應收和應付帳單、農業部表格和藥廠傳單堆得高高的，到處散落著未歸位的盒裝藥丸和給母牛的乳房用藥膏。

她一臉嫌惡地在大堆雜物裡東翻西揀，用拇指和食指拎起那本翻到頁緣捲起的老舊分類帳簿。「這是什麼？」

齊格菲快步走上前。「唔，是我們的分類帳簿。我們會把約診簿裡的紀錄謄寫到這一本，約診簿就在這裡的某個地方。」他在辦公桌上大肆翻找。「啊，在這裡。有病患來看診時，我們就記在這一本裡。」

她花了數分鐘察看帳簿和約診簿，先是一臉驚奇，慢慢轉爲啼笑皆非。「如果要找我幫忙管帳，你們幾位男士得先練好字才行。這裡有三個不同人的筆跡，但這個人的最糟。可怕極了，是誰寫的？」

她指著其中一項紀錄，是一道斷斷續續、偶有起伏的長線。

「其實是我寫的。」齊格菲說的，兩腳移來移去。「那天一定是太趕了。」

「但是全都一樣，法農先生。你看這裡、這裡，還有這裡。這樣行不通的，你也明白。」

齊格菲兩手背在背後，難爲情地垂下頭。「我希望你們把文具和信封收在這裡。」她拉開辦公桌的一個抽屜。裡頭似乎塞滿了舊的種子袋，好幾袋的袋口已經爆開。幾顆豌豆和四季豆從成堆袋子頂端輕輕滾落。下一個抽屜被產犢繩塞得嚴嚴實實，某人忘記清洗的繩子上還沾滿泥土。繩子散發出不怎麼好聞的氣味，賀巴托小姐急忙後退；但她沒那麼容易打退堂鼓，又滿懷希望地拉開第三個抽屜。抽屜在悅耳的叮噹聲中打開，她低頭一看，只見整排的愛爾淡啤酒空瓶。

她慢慢直起身體，耐心地詢問。「容我請教各位，您們的錢箱放在哪裡？」

「唔，我們就把錢塞在這裡，妳懂的。」齊格菲指著壁爐架角落的品脫壺。「沒有正式的錢箱，放壺裡也沒問題。」

賀巴托小姐看著壺，一臉驚恐。「你們就直接把錢塞進……」皺巴巴的支票和鈔票從壺口探頭出來；有好些它們的同伴已經被擠出來，落入下方的壁爐。「你是要告訴我，你們每天出門，而錢就留在那裡？」

「似乎一直都很安全。」齊格菲回答。

「那麼你們的小額零用金呢？」

齊格菲不自在地乾笑一聲。「都在裡頭，妳懂的。全都的錢都在那裡——不管小額大額。」

賀巴托小姐的紅潤臉頰頓失幾分血色。「說眞的，法農先生，這樣太糟了。我不知道你們這麼久以來是怎麼過的，我眞的不知道，不過我有自信，很快就能將這裡大力整頓。診所的生意顯然不會太複雜，您們的帳目應該很適合採用簡單的索引卡系統。至於其他瑣事」——她不敢置信地回頭瞄了瞄那壺——「我會很快打點妥當。」

「很好，賀巴托小姐，很好。」齊格菲大力搓手，力道前所未見。「那我們就週一早上見了。」

「九點整，法農先生。」

她離開之後，室內一陣靜默。崔斯坦樂見她的來訪，若有所思般淺淺一笑，但我心中有些忐忑。

「你知道嗎，齊格菲，」我說，「也許她辦事效率奇高無比，但會不會有一點過於嚴厲？」

「嚴厲？」齊格菲大笑起來，笑聲頗有些沙啞。「一點都不會。讓我來跟她打交道，我應付得來。」

第十五章

餐廳裡幾乎沒幾件家具，但是偌大的空間加上大器的空間線條，讓長長的餐具櫃以及我和崔斯坦吃早餐時使用的樸素桃花心木餐桌更顯優雅。

餐廳唯一一面大窗上結滿霜花，外頭的街頭上，行人踩過覆滿新雪的地面，腳步聲吱嘎作響。我面前放著水煮蛋，抬頭一看，剛好瞧見一輛車駛來。門廊傳來跺腳聲，外側的門砰一聲關上，齊格菲一陣風似地衝了進來。他一語不發，直接走到壁爐前趴著，兩肘撐在灰色的大理石壁爐架上。他的頭臉被大衣和圍巾裹得嚴實，幾乎遮去雙眼，但你還是看得出他的臉色青紫。

他望向餐桌，雙眼凍得淚水直流。「山上老赫索泰家的母牛得了乳熱，其中一家住得最高的。老天，山上眞的有夠冷，我都快要不能呼吸了。」

他拔下手套，就著爐火甩動凍僵的十指，不時用餘光瞄一下他弟弟。崔斯坦坐的椅子離壁爐最近，他正以一貫享受人生的姿態享用早餐，快樂地在吐司上抹奶油，然後邊吹口哨邊抹橘皮果醬。他的《每日鏡報》穩穩地靠在咖啡壺上。你幾乎可以看見在他周身有著一波又一波舒適自在的氣場。

齊格菲心不甘情不願地拖動身體離開壁爐旁，在椅子上一屁股坐下。「我來杯咖啡就好，吉米。赫索泰人很好——邀我坐下來和他一起吃早餐。他招待我一片美味的自製培根，可能有點肥，但是滋味棒極了！我現在還念念不忘。」

他放下杯子，發出哐啷聲響。「你也知道，沒道理我們還得去雜貨店買培根和蛋。庭園盡頭有一座雞舍，狀況還很良好，院子裡有一座豬圈，附有煮餿水的鍋爐。全家的廚餘足夠養活一頭豬，很可能根本花不了什麼錢。」

他話鋒一轉，直指崔斯坦，後者剛點燃一根忍冬牌香菸，正以他獨有的一股難以形容的快活勁兒抖開報紙。「會是很適合你的工作。你整天坐在那兒，幾乎沒什麼貢獻。養幾頭牲畜，你也能受益良多。」

崔斯坦放下報紙，好像它忽然完全喪失吸引力。「養牲畜？呃，我已經在幫你餵你那匹母馬。」他不喜歡照顧齊格菲那匹新來的狩獵馬，因爲他每次拉她去院子裡喝水，她都會趁他走過身旁時淘氣地踢他一腳。

齊格菲跳了起來。「我知道你在幫忙，但那也花不了你一整天吧，不是嗎？只是照顧幾隻雞跟幾頭豬，不會累死你的。」

「幾頭豬？」崔斯坦一臉震驚。「我以爲你剛剛是說一頭豬。」「沒錯，幾頭豬。我剛剛在想啊，要是買下一窩剛斷奶的豬仔，我們可以自己留一隻，把其他隻賣掉，這樣就不會花到什麼錢。」

「肯定得有免費勞力才行。」

「勞力？勞力？你根本不懂什麼叫勞力！看看你自己癱在那裡抽成老菸槍的德性，你抽太多這些見鬼的菸了！」

「你也是。」

「扯我做什麼，我現在在講你！」齊格菲大吼。我嘆了口氣，離席起身。又要開始新的一天。

齊格菲有什麼主意時，可一點都不含糊。他的座右銘是即知即行。四十八小時內，豬圈裡就進駐了一窩小豬，共十隻；而雞舍的鐵絲網後面也多出十二隻東啄西啄的淺花蘇賽克斯雞，都是還沒生過蛋的新母雞。他對新母雞尤其滿意。「看看她們，吉米，就快要下蛋了，品種也非常優良。一開始她們會先零零星星地下蛋，等她們下蛋的速度愈來愈快，我們就應接不暇了。全天下最美妙的，莫過於一顆剛從窩裡撿來新鮮微溫的雞蛋。」

打從一開始，崔斯坦就擺明了不像他哥哥那麼熱衷養雞。我常常發現他在雞舍外面晃來晃去，一臉百無聊賴，偶爾扔幾片麵包屑到鐵絲網後面。專家建議養雞要定時餵食且飲食均衡，但完全看不出任何崔斯坦照做的證據。他對母雞會下蛋一事興趣缺缺，但卻覺得性格各異的母雞很有意思。或許是某種發出咯咯叫的古怪方式，或許是走路時的獨特步態，他覺得這些饒富興味。

然而一直沒有看到雞蛋，過了好幾週之後，齊格菲愈來愈暴躁。「等我再看到那個賣母雞給我的傢伙，他就知道了。可惡的混帳。去他的快下蛋，去他的優良品種！」

看到他每天早上焦慮地在空空如也的巢箱裡翻找，十分淒涼可悲。

一天下午，我正要去庭園，崔斯坦出聲叫我。「來這邊，吉米。這可眞是前所未見，我敢說你從來沒看過這種景象。」他指著上方，我看到一群色彩格外繽紛的大鳥棲息在榆樹枝椏。有更多隻停在鄰居家的蘋果樹上。

我目瞪口呆。「你說對了，我從來沒看過這種景象。是什麼鳥？」

「哦，別鬧了。」崔斯坦開心地咧嘴笑了。「你肯定會覺得她們有點眼熟吧，再看一眼。」

我又向上瞄了一眼。「看不出來，我從來沒看過這麼大隻、羽毛顏色又這麼有異國風情的鳥。到底是什麼——遷徙來的怪鳥？」

崔斯坦放聲大笑。「是我們家的母雞！」

「她們到底是怎麼跑到樹上的？」

「她們離家出走，自己跳上樹了。」

「但是我只看到七隻。其他幾隻呢？」

「天曉得。我們到圍牆外頭看看。」

磚塊間粉碎剝落的灰泥提供了不少立足處，我們向下探頭看向隔壁庭園。另外五隻母雞在這裡，在包心菜堆裡心滿意足地啄呀啄的。

我們花了好久才把她們全都趕回雞舍，一天之後又得重複好幾次同樣的乏味差事。母雞群顯然已經厭倦受崔斯坦照顧的生活，斷定自行在當地覓食可以過得更好。於是她們浪跡天涯，離家覓食時愈跑愈遠。

一開始鄰居都被逗笑了。他們打電話來說家裡小孩在追捕母雞，問我們要不要去把她們抓回家；但隨著時間過去，他們愈來愈笑不出來。最後齊格菲被約談，過程不怎麼愉快。他被告知說，他養的母雞非常擾民。

在一次特別不愉快的談話之後，齊格菲決定把母雞送走。這件事對他打擊很大，而他一如往常把崔斯坦當成出氣筒。「我一定是瘋了，才會認爲你照顧的母雞能下蛋。但說眞的，是不是眞的有一點困難？我就交代你這麼簡單的一件工作，還以爲就算是你也不太可能搞砸。但是才三週過去，看看變成什麼樣子。我們不但連半顆雞蛋都沒看到，這些該死的母雞還跟鴿子一樣在野外飛來飛去。鄰居現在都不跟我們打交道了。你還眞的是盡心盡力啊，你說是不是？」齊格菲想當蛋農卻大受挫折，只能以厲聲嘶吼來發洩。

崔斯坦一臉含冤莫白，但魯莽的他試圖爲自己辯護。「你知道嗎，我一開始就覺得那批母雞有點奇怪。」他囁嚅道。

齊格菲這下再也控制不住自己。「奇怪！」他瘋狂咆哮。「你才有點奇怪，不是那些見鬼的可憐母雞，你才是這裡最奇怪的傢伙。看在上帝的份上，你給我滾出去——不要再讓我看到你！」

崔斯坦維持著尊嚴，不發一語退開。

之後一陣子，養雞一事仍餘波盪漾，但在兩週之後，我和崔斯坦再次同坐餐桌旁，我確信大家都忘了這件事。因此，當我看見齊格菲大踏步走進來，威嚇般地傾身逼近他弟弟時，有一種命運捉弄的古怪感覺。「你記得那窩母雞吧，我想。」他幾乎是輕聲細語。「你應該記得，我把她們送給戴爾太太了，住在布朗場那位退休的老太太。唔，我剛剛跟她說過話，她對母雞非常滿意。早晚各餵一次熱熱的粉狀飼料，她一天可以撿十顆蛋。」他的聲音高了八度，幾乎尖叫出聲。「十顆蛋，你聽到了嗎，十顆蛋！」

我匆匆吞下最後一口茶之後告退。我快步穿越走廊，出了後門，走到我停在庭園的車子旁。開車出門途中，我經過空蕩蕩的雞舍，看起來一片荒涼。那時離餐廳已經有好一段距離，但我還是聽得到齊格菲的聲音。

第十六章

「吉米！過來這裡，來看看這些小傢伙。」崔斯坦探身越過豬圈矮門，興奮地大笑著。

我穿越院子。「怎麼了？」

「我剛剛餵給牠們還有一點熱燙的剩菜。你看看牠們！」

一群小豬咬住食物之後又吐掉，多疑地繞著食物走。接著牠們會匍匐靠近，用鼻吻碰一下熱燙的馬鈴薯之後又驚跳後退。完全看不到平常用餐時間流著口水搶食的場景，只見一群小豬困惑地齁齁直叫。

從一開始，崔斯坦就覺得豬比母雞還有意思，這是好事，因為在家禽逃家之禍發生後，他得先振作起來。他在院子裡待很久，或餵食剩菜，或清理豬圈，但最常兩肘撐在門上盯著歸他照管的豬隻。

他對豬隻的態度與對待母雞如出一轍，他對產出豬肉或培根不感興趣，比較熱衷研究牠們的個性。在將剩菜倒入飼料長槽之後，他總是看豬隻第一輪搶食看到入迷。在囫圇吞吃的一群小豬中，很快會有幾隻出現不自在的徵兆。小豬們會開始東瞟西瞄，直到終於受不了，非要搞清楚同伴到底吃什麼吃得這麼香；牠們會開始拚命推擠、狂換位置，爬到同伴的背上，然後掉進剩菜堆裡。

老波德曼很樂意幫忙，但主要扮演顧問的角色。他和所有鄉下人一樣，自認對於畜牧和禽畜疾病無所不知，而養豬看來是他的專長。在掛著班斯法瑟漫畫的陰暗房間裡，兩人共商大計，老人興高采烈地描述他從前在同一座豬圈所飼養碩大而美麗的家畜。

崔斯坦懷著敬意聆聽，因為波德曼操作煮餿水用老舊磚造鍋爐時充分展現他的專業。崔斯坦能點燃爐火，但只要一轉身，火就會熄滅；換成波德曼上場，鍋爐卻服服貼貼。我常看到波德曼口中絮絮叨叨，崔斯坦則一臉神往地聆聽鍋爐烹煮時發出的規律咕嘟聲，兩人周圍飄散著煮給豬吃的馬鈴薯香氣。

豬將吃下的食物轉換成身上的肉速度之快，其他動物望塵莫及，原本的粉紅色小動物在數週後，以驚人速度長成十頭份量實在的增肥肉豬。牠們的個性也跟著崩壞，原先的魅力消失無蹤。餵食時間不再有趣，成了崔斯坦這一方逐漸寡不敵眾的戰役。

看得出來，餵豬讓老波德曼的人生變得多采多姿，只要看到崔斯坦從鍋爐裡舀出餿水，無論原本在忙什麼，他都會擱下手邊的事。

他顯然很享受坐在石槽上的座位觀賞人豬大戰的體驗。崔斯坦鼓起勇氣，聽著豬隻聽到桶子響聲發出的尖叫，吆喝幾聲幫自己壯膽，然後使盡全力衝進推推擠擠呼嚕直叫的豬群，只見貪婪的寬大鼻吻爭先恐後想伸入桶內，尖蹄踩踏刮磨他的鞋尖，沉甸甸的豬身朝著他的雙腿橫衝直撞。

想起以前看他餵豬的愉快體驗，我忍不住莞爾。但現在再也沒有人笑得出來。後來崔斯坦要進去豬圈前，得先拿一根沉實木棍朝豬群揮舞。一進到豬圈裡，要想站穩不被推擠到跌倒，唯一的方法就是用木棍打豬屁股趕開牠們清出一小塊空間。

某個市集日當天，豬隻已經幾乎長到適合製作培根的重量，我無意間看到崔斯坦癱坐在他最喜歡的那張椅子上。他看起來不太對勁，沒有打瞌睡，手邊沒有藥瓶，沒有忍冬牌香菸，也沒有《每日鏡報》。他的手臂無力地垂放在椅子兩側，雙眼半閉，額頭上滿布晶瑩汗珠。

「吉米。」他低聲說。「我剛剛度過這輩子最恐怖難熬的下午。」

他的樣子讓我有些驚慌。「發生什麼事？」

「那群豬。」他的聲音嘶啞。「牠們今天逃跑了。」

「逃跑！牠們怎麼可能逃跑？」

崔斯坦扯著自己的頭髮。「那時候我在餵母馬。我餵給她草料後，想說可以趁機餵一下豬。你也知道牠們最近是什麼樣子——嗯，牠們今天發狂了。我一開門，牠們就聚攏成一大群向外猛衝。牠們把我連人帶桶撞飛，然後踩過我身上衝出去。」他打了個寒顫，抬頭瞪圓雙眼盯著我。「我跟你說啊，吉米，我躺在卵石地面上渾身餿水的時候，這群豬踩過我身上，我心想這下完蛋了。但是牠們沒有亂咬我，只是卯足了勁從院子門口衝出去。」

「院子的門當時是開著的？」

「當時眞的開著沒錯。好死不死，我今天剛好沒關門。」

崔斯坦坐起身，扭絞著雙手。「你知道嗎，一開始我以爲不會太嚴重。你看啊，牠們跑進巷子裡之後就慢下來了，在前面街上很安靜地快步走著，而我跟波德曼緊追在後。牠們在街上聚攏成一群，似乎不知道接下來要往哪裡走。當時我確定我們可以趕到牠們前頭，但這時候其中一頭豬看到自己在羅布森的店鋪櫥窗裡的倒影。」

他模仿那頭豬如何盯著自己的倒影看了一會兒，嚇得呼嚕叫的同時向後一跳，模仿得唯妙唯肖。

「這下可慘了，吉米。那頭該死的豬一下子驚慌失措，以大約時速五十英里的速度衝進市集，其他豬也跟著衝了進去。」

我倒抽一口氣。十頭大豬在人山人海、每攤都擺滿貨物的市集裡橫衝直撞，這樣的場景我甚至不敢想像。

「老天吶，你眞該親眼看看。」崔斯坦有氣無力地癱坐回椅子上。「女人跟小孩尖叫。攤販、警察和其他人對我咒罵個沒完。而且大塞車——車子排了好幾英里長，喇叭聲響個不停，站崗指揮交通的警察狠狠教訓了我一頓。」他抹了抹額頭。「你知道賣陶瓷那攤講話很快的攤販吧——我今天竟然看到他呆住說不出話。他把一個杯子平放在掌心，正推銷到激昂處，一頭豬就把前腳搭到攤子上跟他大眼瞪小眼。他一下子頓住，彷彿忽然中槍。如果是其他時候，會很好笑，但當時我只想著，這頭該死的豬會踩爛整個攤子。攤位原本已經開始晃動，但那頭豬改變心意，走開了。」

「現在情況如何？」我問。「你把牠們全都抓回來了嗎？」

「我抓了九隻回來。」崔斯坦回答，他向後靠在椅背上，閉上雙眼。「在地方上幾乎所有男人的幫忙下，我抓了九隻回來。至於第十隻豬，據最後看到牠的人說，牠以相當快的速度朝北跑了。天知道牠現在在哪裡。噢，我還沒告訴你──有一頭跑進郵局，在裡頭待了好一陣子。」他雙手掩面。「他們一定會處罰我，吉米，這次出事以後我一定會被移送法辦，毫無疑問。」

我傾身拍了拍他的腿。「嗯，我倒不擔心。我想應該沒有造成什麼嚴重的損害。」

崔斯坦回以一聲呻吟。「但是我還沒說完。我好不容易把豬全都趕回豬圈裡關上門之後，覺得自己快要崩潰了。我靠著牆大口喘氣，卻發現母馬不見了。沒錯，不見了。我衝出去追豬的時候，忘了把馬廄門關上。我不知道她在哪。波德曼說他會四處找找看──我已經沒力氣了。」

崔斯坦顫抖著手點燃一根菸。「這次真的完了，吉米。齊格菲這次絕對不會放過我。」

他話還未說完，門猛然打開，他哥哥衝進來。「到底搞什麼鬼？」他大吼。「我剛剛跟教區牧師講話，他說我的母馬在吃他家院子的桂竹香。他氣得跳腳，也不能怪他。你這個懶鬼、無賴小子，快去。別躺在這裡，現在就去牧師家把馬牽回來！」

崔斯坦一動也不動。他有氣無力地臥坐，抬頭看向他哥哥。他的雙唇虛弱地掀動。

「不去。」他說。

「你說那什麼話？」齊格菲不敢置信地大喊。「你立刻給我從那張椅子上起來，現在就去把馬帶回

來！」

「不去。」崔斯坦回答。

我渾身一陣惡寒。如此大逆不道可說前所未見。齊格菲的臉脹得通紅，我硬著頭皮準備面對他的暴怒，但崔斯坦這時開口了。

「你如果還想要你的馬，就自己去把她帶回來。」語氣平和，不帶一絲桀驁。他表現出一副置生死於度外的神氣。

就連齊格菲都看出來崔斯坦這次是眞的受夠了。他低頭瞪著弟弟數秒鐘，然後轉頭走出去，自己去將母馬帶回家。

之後沒人再提起這次事件，那群豬被匆匆送進培根工廠，此後不曾再補上新的一群。飼養禽畜的計畫宣告終結。

第十七章

我進屋時，坐在椅子上的賀巴托小姐低頭看著空空如也的錢箱，看起來一臉哀傷。光亮嶄新的黑色錢箱上面印著白色字樣「小額零用金」，裡頭有一本紅皮帳本，裡頭記錄了收支金額，成排數字井然有序。但是箱子裡半毛錢都沒有。

賀巴托小姐結實的雙肩垮下。她無精打采地用拇指和食指拎起紅皮帳本，一枚六便士硬幣孤單地從帳本紙頁間滾出來，噹啷一聲掉入錢箱。「他又來了。」她低聲說。

走道上響起鬼鬼祟祟的腳步聲。「法農先生！」她大聲呼喊，然後轉頭對我說：「這人每次經過門前都想偷溜，簡直荒謬。」

齊格菲拖拖拉拉地走進來。他一手拿著胃管和打氣筒，外套口袋裡的鈣液瓶多到滿出來，另一隻手上拎著的無血去勢器輕輕晃盪。

他臉上掛著歡快笑容，但我看得出來他不太自在，不只是因爲他帶了很多東西，也因爲他處於不利的戰術位置。賀巴托小姐將自己的辦公桌安排在與門口成對角線的位置，而齊格菲必須在地毯上走過一大段才能到她前面。從她的角度來看，這是最完美的戰略位置。從她所在的角落，她能夠看到大房間每個角落，在門打開時也能看到走道，從左手邊的窗戶向外看還能看到屋子前門的街道。什麼都逃不過她的法眼——這個位置是權力中樞。

齊格菲低頭看著辦公桌後方的方正身影。「早安，賀巴托小姐，有什麼我能幫忙的嗎？」

金邊眼鏡後的灰眼閃過一絲精光。「確實有事要請你幫忙，法農先生。你能不能解釋一下，爲什麼你又把錢箱裡的零用金全部拿走。」

「唔，真的很抱歉。昨晚我得趕去布羅頓，發現手頭有點緊，一時之間真的沒有別的地方可以領錢。」

「可是法農先生，我來這裡工作兩個月，同樣的話題我們應該已經討論十幾次了。要是你一直偷拿錢又花光光，我在這裡努力想幫診所算錢記帳又有什麼用呢？」

「唔，我想我還是改不掉以前把錢塞在壺裡的習慣。其實以前的系統也沒什麼不好。」

「以前那樣根本算不上是有系統，只是一團混亂。你不能這樣經營診所。不過這一點我已經告訴你好多次了，每次你都答應說會改。我覺得自己快要無計可施了。」

「唔，不要緊，賀巴托小姐。就去銀行領一點錢出來放到妳的錢箱裡，這樣就沒問題了。」齊格菲收拾起鬆脫落在地板上的胃管管路，轉身準備離去，但賀巴托小姐此時帶著警告意味清了清喉嚨。

「還有一、兩件事。你能不能說到做到，每天在帳本裡寫下出診紀錄，同時也註記收費金額？你已經將近一週什麼都沒寫。這樣我要怎麼在每月一號送出帳單？這是最重要的，但是你這樣阻撓，是要我怎麼做事呢？」

「沒錯，沒錯，很抱歉，但還有好幾家在等我出診。我真的得走了。」他橫越房間只走到一半，盤繞起來的胃管再次鬆脫，他又聽到身後傳來不祥的乾咳聲。

「還有一件事，法農先生。我還是看不懂你寫的字。醫學詞語已經夠難懂了，麻煩你留意一下，不要寫那麼潦草。」

「沒問題，賀巴托小姐。」齊格菲加快腳步走向門口，進到似乎平靜安全的走道。他滿懷感激地踩過地磚，喀嗒喀嗒的腳步聲響起，同時他身後也傳來熟悉的喃喃碎念。賀巴托小姐能夠刻意壓低聲音，讓碎念聲傳到長得驚人的距離之外，而這樣的傳喚不容違抗。我聽見齊格菲疲憊地將胃管和打氣筒擱在地板上，鈣液瓶一定是在他彎腰時卡住他的胸腹，因為我也聽到他把瓶子全都放下。

他再次現身辦公桌前。賀巴托小姐朝他搖了搖手指。「既然你過來了，我想順便講一下我的另一個困擾。看看這本約診簿，你看到夾在頁面裡的這些小紙條嗎？全都是標註要問你的事項，肯定有好幾十項，如果你不為我釋疑，我的工作就會停滯不前。每次問你，你都說沒空。你可以現在跟我一起逐一確認嗎？」

齊格菲慌忙後退。「不行，不行，現在眞的不行。我剛剛說了，好幾家有緊急狀況在等我過去。眞的很抱歉，不過要等下次有空的時候了。只要一有機會，我就會過來找妳。」他摸索到身後的門，朝辦公桌後方對他很不滿的龐大身影投以最後一瞥，便轉身落荒而逃。

第十八章

如今，我可以回顧執業六個月以來的辛勞。一週七天，我都在診治不同的牛、馬、豬、狗和貓，從上午、下午、晚上一直到所有人都熟睡的三更半夜。爲了接生牛犢和豬仔，我的雙臂疼痛脫皮。我被撞倒過，被踩扁過，被各種各樣的糞水亂噴過。我見識過形形色色的動物病症。但在心底深處開始冒出一個微弱的聲音，它說我不懂，說我根本什麼都不懂。

很奇怪，因爲過去六個月的執業是奠基於五年來的理論學習，痛苦又緩慢地將數千萬筆知識吸收內化，也像松鼠小心翼翼囤積堅果般謹慎積累知識片段。從研究植物和最低等的生命形式開始，慢慢進展到進行解剖實驗、研習生理學以及範圍廣博、單調乏味的藥物學。接著是揭開無知之幕的病理學，讓我首次一窺堂奧。然後是寄生蟲學，這個擠滿蠕蟲、跳蚤和動物身上的疥蟲的另一個世界。最後是藥劑和手術，我的學習訓練和應用於治療動物日常病症的集大成。

還有許多其他課程如物理學、化學和衛生學，課程似乎包山包海、鉅細靡遺。那麼我爲什麼會覺得自己一無所知？我爲什麼開始覺得自己就像天文學家，透過望遠鏡觀看一個未知的星系？我覺得自己只是在無垠空間的邊緣摸索，這種感覺令人喪氣。很有趣，因爲其他人似乎對於生病的動物無所不知。無論是抓著母牛尾巴的傢伙、隔壁農場的鄰居、酒吧裡的男人或打零工的園丁，他們全都知識豐富且自信滿滿，隨口就能提出建議。

我試著回想過往人生中的經驗。我有哪時候是對自己的知識抱持著無比信心？然後我想起來了。

當時我還在蘇格蘭，年方十七歲，我走在獸醫學院位於蒙羅斯街的拱門下方。那天是我成爲大學生的第三天，但直到那天下午，我才有一種成就感。上植物學和動物學的課感覺沒什麼，但那天下午我第一次上畜牧學的課，教的是眞功夫。

當天講課主題是馬匹的特徵。葛蘭教授掛起一張實物尺寸的馬匹圖片，從鼻吻到尾巴一一解說，指出馬肩胛骨間隆起的部分、後膝關節、飛節、頭頂及後腦部，以及其他與馬有關的豐富詞語。教授十分睿智，爲了讓講課更生動有趣，他不時舉出一些實務上的小細節，例如：「跟瘤就是長在這個地方」，或「這個部位會長關節軟瘤」。他講到滑膜鞘腫脹，講到馬蹄側軟骨異常骨化，講到骨贅和化膿性蹄炎，雖然是學生在之後四年都不會再學到的東西，卻讓整堂課鮮活生動。

慢慢走在有坡度的街道上，那些字詞仍在我腦海中盤旋。我來求學就是爲了這個。我覺得自己好像經歷了某種入會儀式，成爲一個專門俱樂部的成員。我對馬匹瞭若指掌。在山坡坡腳轉彎拐進繁忙的牛頓路時，我身上穿著全新的騎馬服裝，走動時感覺得到額外附加的綁腿帶和扣環拍擊腿側。

看到那匹馬時，我幾乎不敢相信自己這麼走運。牠站在女王十字教堂下頭的圖書館外面，好像是過往哪個時代所遺留下來。站在運煤車轅杆之間的牠無精打采、萎靡不振，而運煤車就像來往汽車和公車形成的渦流中的一座孤島。行人匆匆走過，漠不關心，但我覺得幸運之神在對我微笑。

一匹馬。不是圖片裡的馬，是一匹眞正的馬。課堂上學到的字詞在我腦海中紛亂湧現：骹部、掌骨、蹄冠，還有斑紋特徵——鼻尖的白色剪斑，從額頭到鼻子的白色條斑，後側球節上的白短襪斑。我站在人行道上，以認眞的眼光檢視該匹馬。

我想每個路過的人應該一眼就能看出來，站在這裡的是眞正的專家。不只是好奇的路人甲，而是知悉理解一切的人。我感覺自己渾身散發清楚可見的馬匹專家光環。

我來來回回走了幾步，兩手插進全新騎馬外套口袋深處，雙眼掃視尋索任何可能的裝蹄鐵失誤、跟瘤或飛節軟腫。爲了徹底檢視，我繞到馬的右側，冒險站在疾駛的車流中。

我左右瞄了瞄匆忙走過的行人。大家似乎漠不關心，就連這匹馬也一樣。他的身材高大，至少十七掌寬，漠然地垂眼盯著街道，百無聊賴地輪流踢一踢後腳。我很不想和他告別，但我已經檢視完畢，差不多該走了。不過在離開之前，我覺得自己應該向他致意；我想向他傳達我能理解他的問題，而我們之間有著兄弟情誼。我輕快地前進幾步，拍了一下馬的脖子。

他如一尾蛇般迅速出擊，猛然低頭用他碩大有力的牙齒銜住我的肩膀。他的耳朵向後平貼，不懷好意地翻了個白眼，然後將我整個人拎了起來，讓我幾乎雙腳騰空。我無助地吊掛在那裡，像個歪倒的木偶。我又扭又踢，但他的牙齒紋風不動，緊緊鉗咬住我的外套布料。

此時，路人無疑個個興致高昂。一個人被馬叼起來半懸著的場面實在太離奇，於是路人猛然停下腳步，人群逐漸聚攏，被前面的人擋住的人探頭探腦，最外圍的爭先恐後想看清楚。

一位老太太嚇壞了，大喊著：「噢，可憐的孩子！誰快來幫幫他！」有些大膽一點的路人試著用力拉我，但在令人心知不妙的嘶叫聲中，馬咬得更緊了。圍觀的人群七嘴八舌，莫衷一是。我看到兩個迷人的女孩咯咯笑到不能自已，只覺得無比羞慚。

由於當下處境實在太過荒謬，我在驚駭中開始瘋狂扭動身體；我的喉頭被襯衫領口愈勒愈緊，馬的口水滴滴答答落在我的外套前襟。我感覺自己快要無法呼吸，陷入絕望之際，一個男人擠過人群上前。

男人的個子矮小。他的臉孔被煤塵染黑，雙眼閃著怒火，一邊胳膊上掛著兩個空麻布袋。

「這是搞啥鬼？」他大吼。周圍十多個人的喃喃回應此起彼落。

「你能不能別去惹這匹該死的馬？」他朝著我的臉大吼。我沒有答話，喉頭被緊勒到兩眼鼓突，完全沒有和他對話的心情。

煤礦工人轉而向自己的馬發洩怒氣。「把他放下來，你這大混蛋！快張嘴，把他放下！」

眼見馬匹毫無反應，他用拇指朝馬腹狠狠一捅。這匹馬立刻心領神會，像聽話的狗吐掉骨頭般把我放開。我雙膝跪地落在水溝裡，省思了好一會兒，才恢復順暢呼吸。耳邊仍響起矮小男子的叫囂聲，不過聽起來就像從很遙遠的地方傳來。

一段時間過後，我站了起來。煤礦工人嘴裡仍罵罵咧咧，圍觀的群眾專心聆聽。「你以爲你在玩啥子把戲——見鬼的別碰我的馬——我告訴你啊，小心我叫警察。」

我低頭看向我的新外套。肩頭部分已經被嚼成溼溼的一大團。我暗想自己必須逃離現場，開始一點一點擠過人群。群衆中有些人面露擔憂，不過大多數人都咧嘴而笑。一擠出人群，我便快步走開，在街角轉彎時，隱約聽見煤礦工人的最後一句叫罵。

「不懂就別來瞎攪和！」

第十九章

我隨意翻看早上收到的信件，一如往常，都是些帳單、傳單跟色彩鮮豔的新藥廣告。剛開始幾個月，什麼都很新鮮，新奇感消退之後，我幾乎連讀都懶得讀。整疊翻到快見底時，我看到了不太一樣的東西：以磅數高的毛邊紙製成的信封，看起來十分昂貴，是寄給我的私人信件。我將信封撕開，抽出一張鑲金邊的卡片，我快速瀏覽。然後就將卡片塞進衣服內側口袋，感覺自己臉紅耳熱。

齊格菲將完成的約診劃掉，抬起頭來。「你怎麼看起來像是做了什麼虧心事，吉米？之前幹了什麼好事，有人找上門來了？到底是什麼，哪家姑娘的老媽勃然大怒寄信來了？」

「就讓你看吧。」我羞赧地說，邊掏出卡片遞給他：「隨你笑，我想你遲早會發現。」

齊格菲面無表情，大聲念出卡片內容。「巧巧誠摯邀請哈利叔叔於二月五日週五蒞臨同樂。現場安排舞會活動，敬備酒水。」他抬起頭，很認眞地開口。「這樣不是很好嗎？你知道，這可能是全英格蘭最慷慨的一隻哈巴狗了。送鮮魚、送番茄、送聖誕禮籃還不夠——他還非得邀你去他家參加派對不可。」

我搶回卡片藏了起來。「好吧，好吧，我也知道。但我該怎麼做呢？」

「怎麼做？你要做的就是立刻坐下來，寫一封信表達由衷感謝，說你二月五日會如時抵達。彭富瑞太太家的派對遠近馳名，堆成山的異國美食，流成河的香檳美酒。不管你要怎麼做，別錯過就對了。」

「會有很多人出席嗎？」我問，不安地挪動兩腳。

齊格菲舉起手掌大力一拍前額。「當然會有很多人，你以爲呢？你以爲只會有你跟巧巧嗎？你以爲你們會一起喝幾杯啤酒，然後你們會跳一支狐步慢舞？地方上所有有頭有臉的人都會盛裝出席，不過我猜全場最重要的貴賓非哈利叔叔莫屬。怎麼說呢？因爲其他人是彭富瑞太太邀請的，只有你是巧巧邀請的。」

「好了，好了。」我呻吟道。「到時候沒人會搭理我，我甚至沒有像樣的晚禮服。我根本就不想去。」

齊格菲站起來，伸手按住我的肩頭。「親愛的小伙子，別胡鬧。坐下來寫封回信說你會去，然後去布羅頓租一套當晚穿的禮服。不會沒人搭理你的——那些第一次踏入社交圈的年輕小姐會前仆後繼只求跟你一起跳一支舞。」他最後拍了一下我的肩頭，然後走向門口。離去前他轉過身，一臉嚴肅。「看在老天的份上，千萬記住，別回信給彭富瑞太太。信一定要回給巧巧，不然你就完了。」

二月五日晚上，我來到彭富瑞家宅邸門口時，心中翻騰，五味雜陳。一名女僕帶我進入大廳，我看見彭富瑞太太站在宴會廳門口處招呼賓客，廳內的優雅男女執盞擎杯而立。上流階層的教養談吐和富家貴氣展露無遺。我將租來的禮服領帶拉直，深吸一口氣等著。

彭富瑞太太臉上帶著甜美笑容，和我前面的那對夫婦握手，她一看到我，頓時容光煥發。「啊，哈利先生，您能來眞是太好了。巧巧收到您的回信眞是高興極了，說眞的，我們現在就得進去看看他。」她領著我穿越宴會廳。

「他在日間起居室。」她低聲說。「你別說出去啊，他覺得這些活動很無聊，但要是我不帶你進去待一會兒，他肯定會大發脾氣。」

巧巧蜷縮在明燦爐火旁的一張扶手椅上。一看到我，他立刻歡快地跳到椅背上，大嘴一咧彷彿笑到臉裂成上下兩半。我正想攔阻他不讓他舔我的臉，就瞥見地毯上放著兩個盛裝食物的大碗。一碗裡裝著大約一磅的雞肉丁，另一碗裝了一大團蛋糕碎塊。

「彭富瑞太太！」我指著兩個碗大喊一聲。可憐的女人伸手掩嘴，向後退縮。

「請您一定要原諒我。」她哀聲說，滿臉罪惡感。「只是因爲他今天晚上孤伶伶的，才讓他吃好一點，而且晚上又這麼冷。」她緊握雙手，可憐兮兮地望著我。

「如果妳拿掉一半雞肉跟全部的蛋糕，」我嚴厲地說，「我就原諒妳。」

她像調皮搗蛋被逮個正著的小女孩一般驚惶失措，聽令照做。

我帶著遺憾與小哈巴狗道別。白天忙於工作，我在寒冷刺骨的戶外待了好幾個小時，到了晚上已昏昏欲睡。而起居室裡爐火溫暖、燈光柔和，比閃耀熱鬧的宴會廳更誘人，我寧願抱著巧巧在這裡坐上一、兩個小時。

彭富瑞太太的語氣變得輕快。「我有幾個朋友，你一定要見見他們。」我們走進宴會廳，上方三座雕花玻璃枝形吊燈散發明燦燈光，在奶油色和金色牆壁上多面鏡子的反射下，令人目眩神迷。我們在圍成一圈圈的人群之間移動，彭富瑞太太向衆人介紹我，而我難爲情地扭動身體，聽著自己被稱爲「巧巧親愛的好叔叔」。但他們要不是自制力高人一等，就是早已熟知女主人的盲點，因爲得知我的身分時，他們全都肅容以對。

在其中一面牆旁有五人交響樂團在調音；身穿白色禮服外套的服務生端著食物和飲料，在賓客間匆忙穿梭。彭富瑞太太攔下一名服務生。「法蘭索瓦，給這位男士一杯香檳。」

「是的，夫人。」服務生遞上手中托盤。

「不，不，不要這種。要那種大杯的。」

法蘭索瓦匆匆走開，回來時帶著像是湯皿加上高腳的容器。杯中斟滿香檳。

「法蘭索瓦。」

「夫人請吩咐。」

「這位是哈利先生。我要你好好照顧他。」

服務生將溫順憂傷的雙眼轉向我，上上下下仔細打量了好一會兒。

「我要你照顧他，確定他的酒杯隨時斟滿，吃的東西絕不能少。」

「沒問題，夫人。」他鞠躬之後走開。

我將臉埋入盛著冰涼香檳的大杯裡，抬起頭時，看到法蘭索瓦遞上一托盤的燻鮭魚三明治。整個晚上都是這樣。法蘭索瓦似乎隨侍在我身側，幫我斟滿巨大酒杯或是送上可口輕食。我覺得十分愉快；多吃了鹹點心有些口渴，就能喝好幾口香檳解渴，再吃一些點心又覺得口渴時，法蘭索瓦又會帶著容量是一般酒瓶兩倍的大酒瓶現身斟酒。

這是我有生以來第一次大口暢飲香檳，這次經驗令我收穫良多，我很快就意識到一股飄飄然的榮耀感，感官變得格外敏銳。我不再對新世界過度敬畏，開始享受置身其中的感覺。我和出現在眼前的每個人跳舞——不分年輕時髦的美人或是上了年紀的富孀，跟彭富瑞太太跳了兩支舞。

我也自顧自地高談闊論，只覺得自己講話風趣機智，屢次驚奇於自己的靈光一閃。我一度瞥見自己的鏡中倒影——事業有成，把酒暢談，身上那套租來的晚禮服沉靜優雅。連我自己都為之屏息。

吃喝談笑，翩翩起舞，晚間時光飛逝。到了要離開的時候，我拿了外套，正和彭富瑞太太在宴會廳裡握手，法蘭索瓦再次現身，手裡端著一碗熱湯。他似乎很擔心我返家途中會頭暈。

待我喝完熱湯，彭富瑞太太說：「現在您一定得來跟巧巧說聲晚安，要是您不來，他絕不會原諒你的。」我們走進巧巧的房間，窩在椅座深處的小狗打了個呵欠，搖了搖尾巴。彭富瑞太太伸手按住我的衣袖。「剛好您在這裡，我在想您能不能順便幫他檢查一下爪子。我一直很擔心，怕他的指甲會長太長。」

我將巧巧的腳掌逐一抬起仔細檢查，同時巧巧懶洋洋地舔舐我的雙手。「您不用擔心，全都沒問題。」

「非常感謝您，我真的很感激。您現在該去洗個手。」

在熟悉的浴室裡，水龍頭流出的水冒著熱氣，我環顧四周，海綠色的洗臉盆、牆上的魚形琺瑯裝飾、化妝台和玻璃層架上的瓶瓶罐罐全都不變。洗臉盆旁依然放著我的專用毛巾，和一塊全新肥皂——一下就能打出許多泡沫、散發昂貴香氣的肥皂。在備受禮遇的當晚，我享受了最後的美妙榮寵。度過奢華光鮮的數小時之後，我帶著美好回憶回到斯凱谷宅邸。

上床後，我關了燈，仰躺著望向一片黑暗。腦海中仍有樂音叮鈴流淌，我開始神遊，彷彿又回到宴會廳，此時電話響了。

「咱是貝克木屋的艾金森。」聲音聽起來很遙遠。「咱這兒有頭母豬要生豬仔，生了一晚上還生不出來。你能來一趟嗎？」

掛電話的同時，我看向時鐘。凌晨兩點，我渾身麻木。享受完香檳、燻鮭魚和載著一小堆黑色魚子醬的小餅乾，緊接在後的卻是接生一窩豬仔。而且是在貝克木屋，這個地區最原始的一座小農場。真不公平。

我帶著睡意換下睡衣褲，套上襯衫。正準備伸手去拿習慣在工作時穿著、已有些磨損的硬挺燈芯絨長褲，我忍著不去看掛在衣櫃一角那套租來的晚禮服。

我摸黑走過長長的庭園，來到車庫。院子裡一片漆黑，我閉上雙眼，華麗的枝形吊燈再次亮起，鏡中光影閃動，音樂悠揚奏響。

前往貝克木屋的路程只要兩英里。木屋位在一處窪地，冬天時遍地泥濘不堪。我下了車，在黑暗中踩過溼泥朝木屋門口前進。敲門無人回應，於是我朝木屋對面的建築物群移動，打開通往牛棚的半截門扇。牛身上的溫暖甜香撲鼻而來，我朝深處微弱燈光照亮處窺看，那裡站著一個人。

我走進牛棚，經過成排的母牛黑影，經過她們身後高起的糞便堆，排排站的母牛之間以破損的木板區隔。艾金森先生不認爲牛棚需要時常清理。

在被地面破洞絆了一跤，又好幾次踩到牛尿濺得滿腳都是之後，我終於走到底，角落裡有一處設了柵門的圍欄。我依稀可以看見母豬側躺在地的身影，昏暗光線下的一團蒼白。鋪在她身下的乾草稀疏零落，她靜定不動，只有側腹不停顫抖。我盯著她看，只見她喘了口氣，停頓數秒鐘，接著又開始出力。

艾金森先生淡漠地跟我打了招呼。他已邁入中年，落腮鬍像是蓄了一週未刮，戴著一頂帽簷附有兩片遮耳、看來很老氣的帽子。他駝著背靠牆佇立，一手插進襤褸的衣服口袋深處，另一手提著電池快要耗盡的腳踏車燈。

「只有這盞燈可用嗎？」我問。

「是啊。」艾金森先生回答，顯然有些訝異。原本低頭看著燈的他抬頭望向我，臉上寫著「他還想要什麼？」

「那只好將就用了。」我讓微弱燈光照在我的病患身上。「她還很年輕，對吧？」

「對啊，還是女豬，是她的第一胎。」

母豬再次使勁，渾身一陣哆嗦，然後靜止不動。

「有什麼東西卡住了，我想。」我說。「你能幫我拿一桶熱水、肥皂跟毛巾過來嗎？麻煩你。」

「咱這兒沒熱水，火滅了。」

「好吧，看你有什麼全都拿過來。」

農人提著燈走向牛棚門口，喀嗒喀嗒的腳步聲由近而遠，一片漆黑之中，管弦樂再度響起。是史特勞斯的圓舞曲，而我正和弗倫維克女士共舞，年輕的她美貌出眾，在我拉著她旋轉時咯咯大笑。我可以看見她的肩頭肌膚白皙，喉間的鑽石閃爍，周圍的鏡子飛旋。

艾金森先生拖著腳步回來，在地板上擱下一桶水。我將一根手指伸進水裡試了試：十分冰冷。水桶看起來使用多年且飽經摧殘——清洗手臂時得小心參差不齊的桶緣。

我很快脫下外套和襯衫，縫隙颼入的刺骨寒風吹到裸背時我倒抽了一口氣。

「麻煩一下，肥皂。」我緊咬牙關勉強吐出幾個字。

「在桶子裡。」

我將一隻手臂沉進水裡，邊發抖邊摸索，終於摸到一個圓圓的東西，大小跟高爾夫球差不多。我撈出肥皂仔細檢視；肥皂光滑堅硬，上面有一些斑點，有點像海邊的鵝卵石，我懷著希望用雙手摩搓肥皂，也在手臂上塗抹，等著泡沫出現。但是這塊肥皂不為所動，沒有產生任何泡沫。

為免被誤解成我又在抱怨，我只好打消開口請對方換一塊肥皂的念頭。我只是借了燈，穿過牛棚回到停車的地方，地上的溼泥吸住我的雨靴不放，我的胸膛不停冒出雞皮疙瘩。我在後車箱翻找，在自己牙關猛打顫的喀喀聲中，終於找到一罐消毒用的潤滑乳霜。

回到圍欄裡，我在一邊手臂抹上乳霜，在母豬身後跪下，將手輕柔地伸入產道。我將手向前伸，隨著手腕和手肘都沒入母豬體內，我不得不側身貼地。石頭地面潮溼冰冷，但我一下就忘了所有的不適：我的手指碰觸到一根細小的尾巴。一隻偏大的豬仔胎位是橫位，像瓶塞塞住瓶口一樣卡住了。

我用一根手指將豬仔的後腿擺弄成向後，直到可以抓著後腿將豬仔拉出來。「就是因爲這隻才生不出來，他恐怕已經沒氣了——在裡頭被壓擠太久。但裡面可能還有幾隻活著，我再進行一次觸診。」我消毒潤滑手臂，再次趴下身。就在子宮口內側，差不多一隻手臂的長度，我摸到另一隻豬仔，正要摸索感覺牠的頭臉，忽然有一副微小但尖銳的牙齒咬住我的手指。

側趴在石頭地面上的我驚呼一聲，抬頭看向農人。「總之這隻還活著，我很快就能把他弄出來。」但這隻豬仔自有主張。他一點都不想離開溫暖的安身處，每次我用手指夾住他滑溜的細小豬腳，他就用力掙脫。這種遊戲玩了一、兩分鐘，我感覺到手臂抽筋了。我放鬆向後躺下，將頭枕在卵石上，手臂仍在母豬體內。一閉上雙眼，我立刻回到豪華的浴室裡，被溫暖空氣和閃耀燈光包圍。我正要遞出我的巨大酒杯，而法蘭索瓦提起大酒瓶斟酒；接著我跳起舞來，這次很靠近管弦樂隊，樂隊指揮一手打拍子，同時轉頭對著我微笑；他微笑，鞠躬，好像我是他經過畢生追尋終於找到的對象。

我報以微笑，但樂隊指揮的臉孔逐漸隱沒，只剩下艾金森先生面無表情地俯視著我，在腳踏車燈由下向上投射的光線下，蓄著鬍鬚的下巴和雜亂粗眉成了一片陰森浮雕。

我晃了晃全身，將貼在地面的臉頰抬高。沒有用。我竟然工作到一半睡著，要不是因爲太累，就是體內還有香檳在發揮效力。我再次將手向前伸，用兩根手指緊夾住細小豬腳，無論豬仔如何掙扎，我這次終於將他拖了出來。在這個世界誕生之後，豬仔似乎接受了現狀，鎮定地朝母親的乳房跌跌撞撞前進。

「她完全沒有在用力。」我說。「生了太久，她的力氣都耗盡了。我要幫她打催產針。」

再次走回車子旁又是一趟泥濘不堪、讓人凍到麻木的路途，我在這頭女豬的大腿部位注射一劑垂體後葉素，數分鐘後，子宮開始強力收縮。現在已經暢通無阻，很快就有一隻不停扭動的粉紅色豬仔落在

乾草堆裡，接著在靜寂中又生出一隻，然後再一隻。

「從生產線一個接一個生出來了，很好。」我說。艾金森先生悶哼一聲。

總共生了八隻豬仔，腳踏車燈的電幾乎耗盡時，女豬從陰戶排出一團顏色深暗的胞衣。

我搓揉凍僵的雙臂。「嗯，我想應該就這一窩了。」我忽然覺得好冷，不知道自己站在那裡看著永遠看不膩的奇蹟看了多久：豬仔掙扎著撐直四腳站起來，在毫無引導之下朝長長的兩排乳頭移動；剛生下第一窩孩子的豬媽媽盡可能躺倒露出乳房，讓一張張飢餓的小嘴吸吮。

最好趕快穿上衣服。我給了大理石般堅硬的肥皂第二次機會，但它像第一次一樣輕輕鬆鬆讓我投降。它到底在這家沿用了多久，我尋思著。右側臉頰和胸腹全都沾滿汙泥和黏液。我盡可能用指甲摳掉一些，然後用桶子裡的冷水沖洗身上。

「你這裡有毛巾嗎？」我喘著氣問。

艾金森先生不發一語，遞來一只麻布袋。殘留陳年糞肥的袋子邊緣已經硬掉，還聞得到長久以來裝盛飼料留下的霉味。我接過麻布袋，開始摩搓清理胸膛，發餿的飼料穀粒粉末灑在我的皮膚上，最後幾分香檳酒氣也離我而去，透過屋瓦縫隙飄散，在上方的黑暗中淒婉破滅。

我抓了襯衫套上，背上還沾了些穀粒粉末，我終於覺得又回到自己的世界。扣上外套釦子，撿起針筒和裝垂體後葉素的瓶子，我爬出圍欄。離去前，我最後一次回望。腳踏車燈投出最後一點微光，我得傾身越過柵門才能看清楚，整排豬仔正忙著吸奶，每隻都全神貫注。女豬小心翼翼地換了一下姿勢，發出呼嚕聲。是打從心底滿足的呼嚕聲。

是的，我回到家了，一切順利。我開車駛過地上泥濘，爬坡爬了一段之後得下車打開柵門，寒風迎面吹襲，夾帶結霜草地冷冽乾淨的氣味。我佇立片刻，望向對面漆黑的田野，想著終於要劃上句點的這一夜。我的思緒飄回求學時代，一位老教授跟全班同學聊到職涯。他是這麼說的：「如果你決定成為外科獸醫師，你永遠不會賺大錢，但你的人生將會樂趣無窮、多采多姿。」

一片漆黑中，我朗聲大笑，上車時仍不住輕笑。那老傢伙真的不是在開玩笑。多采多姿。正是如此——多采多姿。

第二十章

確認出診名單時，我忽然想到，齊格菲這次面對賀巴托小姐時，不再像小學生了。其一，他並沒有直接大踏步走到辦公桌前；之前都以災難收場，而他每次還沒開口就像是未戰先敗。他這次反而在最後幾碼路變換路徑，走向窗邊背向窗戶站著。如此一來，賀巴托小姐就必須側過頭才能和他面對面，此外，燈會在齊格菲身後。

他兩手插在口袋裡，向後靠著窗框。他換上很有耐心的表情，眼神親切和藹，露出幾乎自帶聖光的微笑。賀巴托小姐瞇起眼睛。

「只是想跟您說幾句話，賀巴托小姐，有一、兩件事想和您討論。首先，關於放小額零用金的錢箱。有這個錢箱很不賴，我想您建立的管理制度也很有道理。但錢箱的主要功能就是裡頭要有現金，我想這一點您肯定率先贊同。」他輕笑出聲。「是這樣的，昨晚有幾隻狗來診所看病，那幾位狗主人都想當場付款。我身上沒有零錢可找，就去您的錢箱想拿一些——錢箱卻空空如也。我不得不告訴他們我會寄帳單過去，就作生意來說不是很理想，您說對嗎，賀巴托小姐？會讓客戶留下不好的印象，所以我真的必須請您在錢箱裡留一些現金。」

賀巴托小姐不敢置信地瞪大雙眼。「可是法農先生，是您把錢全部拿光，說是要去參加哪邊的獵人舞會……」

齊格菲抬起一手，臉上露出聖潔的笑容。「請聽我說完。另外有一件小事，也希望您能留意。今天是這個月的第十天，但帳單都還沒有寄出。目前的情況相當不理想，我們有好幾件事需要考慮。」

「可是法農先生……！」

「請稍等我，賀巴托小姐，讓我來向您解釋。大家都知道，如果每個月一號就收到帳單，農人們就會比較樂意付款。還有一個更加重要的因素。」他臉上的優美笑容隱沒，取而代之的是憂傷嚴肅的表情。「您太晚寄送帳單，沒能及時收到應收帳款，您曾經停下來計算過診所因此蒙受的利息損失嗎？」

「法農先生……！」

「我快說完了，賀巴托小姐，相信我，我也很難過，但不得不這麼說。但事實是，我沒辦法再承受這樣子的金錢損失。」他兩手一攤，擺出坦誠相對的迷人姿態。「所以如果您能努力解決這件小事，我想一切都不會有問題。」

「那您能不能告訴我，我要怎麼寄帳單，畢竟是您先拒絕寫下……」

「總而言之，賀巴托小姐，我就這麼說吧。我對您加入敝診所團隊之後的進展非常滿意，我也確信您慢慢就能更加留意我剛剛提到的一些小細節。」他歪了歪頭，笑容裡多了一絲淘氣。賀巴托小姐強勁有力的手指緊緊捏住一把沉重的黑檀尺。

「效率。」他說，擠了擠眼睛。「我們這裡絕對要有的——效率。」

第二十一章

我將手術縫合針放在托盤裡，退後一步檢視縫合的成果。「嗯，雖然有點自吹自擂，看起來眞的挺不錯的。」

崔斯坦探身到失去意識的狗病患上方，檢視整齊的刀口以及一排規則的縫線痕跡。「眞的很漂亮，老天。就算讓我來，也不可能縫得更漂亮。」

黑色大拉布拉多平靜地躺在手術台上，舌頭耷拉著，兩眼呆滯無神。他是因爲肋骨上方長了不好的東西才被送來，我診斷是單純的脂肪瘤，屬於良性，適合開刀割除。於是手術就這麼完成了。過程順利得幾乎不可思議，很容易就將腫瘤割除了，圓形的腫瘤光亮完整，像是剝了殼的水煮蛋。沒有出血，不怕復發。

原先難看的腫脹已經被這條整齊的疤痕取代，而疤痕數週之後就會不見。我很滿意。

「在他醒來之前，我們最好先讓他待在這裡。」我說。「幫我一把，我們把他移到毛毯上。」我們讓大狗在電爐前舒服地躺著，然後我就去進行上午的例行出診。

最初聽到怪聲是吃午餐的時候。怪聲介於呻吟和嚎叫，一開始很微弱，但接著拔高變得尖銳刺耳，之後音量又在抖顫中降到幾不可聞。

齊格菲正在喝湯，他驚詫地抬起頭來。「老天，究竟是什麼聲音？」

「一定是我早上動手術的那隻狗。」我回答。「很少見，打了巴比妥酸鹽麻醉卻還是醒來了。我想他很快就會安靜下來。」

齊格菲半信半疑看著我。「唔，希望如此——我可能很快就會受不了那個叫聲，害我渾身起雞皮疙瘩。」

我們過去探視大狗。脈搏有力，呼吸深沉規律，口腔黏膜顏色正常。他還是伸直四肢躺在那裡，一動也不動，唯一清醒的跡象是似乎很規律每十秒鐘一次的嚎叫。

「沒錯，一點問題都沒有。」齊格菲說。「但這要命的叫聲實在太吵了！我們走吧。」

大家匆匆吃完午餐，除了背景不斷響起的哀鳴聲之外，室內一片寂靜。齊格菲還沒吞下最後一口，就迫不及待站了起來。「唔，我得閃了。下午好多事要忙。崔斯坦，我想你可以帶那隻狗到起居室，讓他待在爐火旁邊，這個主意應該不錯。這樣你就可以守在他旁邊留意他的情況。」

崔斯坦驚愕不已。「你是說要我整個下午都跟吵人的怪聲關在同一個房間？」

「對，我就是這個意思。他現在這樣，我們還不能把他送回家，我也不希望他出事。需要有人留意和照顧他。」

「也許你會想要我握著他的狗爪子，或者載他去市集廣場兜風？」

「別跟我在那裡耍嘴皮。你陪著那隻狗，這是命令！」

我跟崔斯坦用好幾條毯子充當擔架，將很重的大狗經過走廊搬進起居室，然後我就得出門進行下午的例行出診。我停下腳步，回頭望向爐火旁龐大的黑色身軀，還有一臉悲慘縮在椅子上的崔斯坦。嚎叫聲震天動地，我匆匆將門關上。

我回來時已經天黑，在寒冷夜空的映襯下，巍然聳立的古老屋宅一片漆黑闃寂。確實一片闃寂，除了迴盪在走道上甚而幽幽漏洩至無人街道的嚎叫聲。

大力關上車門之際，我瞄了一眼手錶。晚上六點鐘，所以崔斯坦忍受了四個小時。我跑上階梯，穿過走道，打開起居室的門那一刻，嚎叫聲驟然入耳穿腦。崔斯坦背對著我佇立，望向落地窗外漆黑的庭園深處。他兩手深深插進口袋，塞住耳朵的脫脂棉花垂下半露。

「嗯，情況如何？」我問。

他沒有回應，所以我走過去輕拍他的肩膀。效果十分驚人。崔斯坦嚇了一大跳，猛然扭轉身體。他一臉灰白，渾身劇烈顫抖。

「老天保祐，吉米，我剛剛差點被你嚇死。塞住耳朵以後，我啥都聽不到——當然狗叫聲例外。什麼都擋不住那怪叫聲。」

我跪在拉布拉多旁邊幫他檢查。大狗的身體情況良好，但是除了微弱的眼睛反射作用，似乎沒有任何恢復意識的跡象。而他從頭到尾一直規律地發出刺耳嚎叫聲。

「他要花非常久的時間才能醒過來。」我說。「他整個下午都這樣嗎？」

「對，就是這樣，完全沒變。不用在他身上浪費同情心，叫個沒完的可惡傢伙。他躺在爐火旁邊可是陶然忘我——無知就是幸福啊。但是我呢？聽他叫了好幾個小時，我的神經都快斷光了。再聽久一點，你就得幫我也打一針。」他顫抖著抬手理了理頭髮，臉頰開始抽搐。

我握住他的手臂。「嗯，過來吃晚餐吧。吃一點東西會比較好。」崔斯坦順從地跟著我走進餐廳。

齊格菲在席間顯得意氣風發。他似乎興致高昂，一個人高談闊論，但隻字不提另一個房間傳來助奏的淒厲聲部。然而，崔斯坦無疑還是持續受到魔音穿腦。

大家要離開餐廳時，齊格菲伸手按住我的肩頭。「別忘了今天晚上要去布羅頓開會，吉米。老李維要談綿羊的疾病——他一向表現出色。可惜你不能一起去，崔斯坦，恐怕你得陪著那隻狗直到他醒來了。」

崔斯坦好像受到打擊般瑟縮了一下。「噢，別再叫我陪那隻要命的狗！他快把我逼瘋了！」

「恐怕我們別無選擇，我跟吉米本來今晚可以接手的，但是晚上這場會議我們一定要出席，不去的話，場面會很不好看。」

崔斯坦踉踉蹌蹌回到屋內，我穿上外套。走到街上時，我停下腳步側耳傾聽。大狗仍在嚎叫。

會議十分順利。場地選在布羅頓的一家豪華飯店，而最精采的部分一如往常，是會議結束後所有獸醫在酒吧的聚會。聽到其他人的問題和過錯，令人無比寬慰——尤其是過錯。

環顧擁擠的酒吧，揣想著圍成不同小圈的男人在聊什麼，眞是饒富趣味。那邊那個男人彎下腰，一手虛晃作出劈砍手勢——他在幫一匹站著的小公馬去勢。還有那個伸長手臂、手指動個不停像是在拾掇什麼——幾乎可以確定是在幫母馬接生；也很可能是在矯正屈曲的腕骨，而且動作毫不費力。置身溫暖的酒吧，幾杯酒下肚，獸醫外科學變得無比單純稚氣。

我們各自上車，準備回到各自在約克郡的棲地時，已經晚上十一點了；有些人要回到西來丁的工業大城，有些人要回到東岸的濱海鄉鎮，而我和齊格菲心中滿懷感激，匆忙駕車沿著蜿蜒於石牆間的狹窄道路，朝北本寧山脈駛去。

想到自己過去數小時完全忘記崔斯坦還守著大狗，心裡免不了有些罪惡感。話說回來，今晚的情況一定會有所改善。大狗這時肯定已經安靜下來了。然而回到達洛比跳下車，才邁開步伐，就聽到斯凱谷宅邸傳來微弱的哀鳴聲，我在原地僵住不動。簡直不可思議；已經過了午夜，那隻狗還在叫。崔斯坦還好嗎？我不願去想他當下可能的處境。我幾乎是在恐懼中轉開起居室的門把。

在空啤酒瓶形成的汪洋之中，崔斯坦的椅子有如孤立小島。一只條板箱翻倒過來靠牆放置，崔斯坦坐得直挺挺的，一臉肅穆。我繞過滿地酒瓶朝他走去。

「呃，小崔，很難受嗎？你現在覺得如何？」

「還算不錯了，老兄，還算不錯。你們前腳出門，我後腳就溜去牧人路牌酒吧買了一箱『磁鐵啤酒』品脫瓶。然後情勢就大逆轉了。灌了三、四瓶之後，我就一點也不覺得那隻狗吵了——事實上，我已經跟他對吼了好幾個小時。我們共度了有趣的一夜。無論如何，他現在醒過來了，你看看他。」

大狗昂起頭，眼神看起來是認得人了。他已經不再嚎叫。我走過去拍拍他，他想搖搖尾巴，黑色的長尾巴卻只是猛然抽動。

「好一點了，老小子。」我說。「但你現在最好乖乖守規矩。你的崔斯坦叔叔被你害的，今天可是生不如死。」

拉布拉多立刻有所回應，他掙扎著想要站起來。搖搖晃晃走了幾步之後，他又跌在酒瓶堆裡。齊格菲出現在門口，不滿地看著崔斯坦和在酒瓶堆裡摸來扒去的大狗，崔斯坦仍然坐得直挺挺的、擺出莊嚴肅穆的表情。「老天，這裡都亂成什麼樣了！只是請你做一點點事，你就非要搞得一發不可收拾。」

一聽到齊格菲的聲音，拉布拉多顫巍巍地站起來，一下子忽然對自己太有信心，努力想朝他跑去，尾巴不太穩地搖晃著。他沒跑多遠就仆倒在地癱成一團，一個空啤酒瓶被他一推，緩緩滾到齊格菲腳邊。

齊格菲彎下腰，摩挲黑狗光亮的頭部。「真是乖巧友善的動物。我想等他清醒，一定會是很棒的一隻狗。他到早上就會恢復正常，問題是現在要拿他怎麼辦。我們不能讓他在這裡亂走亂轉——可能會弄斷腿。」他瞥了崔斯坦一眼，崔斯坦文風不動。他坐得更筆直了，跟普魯士將軍一樣僵硬靜定。「你知道嗎，我想你今天晚上最好把他帶回房間。他在這裡都快康復了，我們可不想要他又弄傷自己。對，沒錯，他晚上可以跟你一起睡。」

「謝謝你，真的非常謝謝你。」崔斯坦的語調毫無起伏，依然直直望著前方。

齊格菲仔細看了他好一會兒，才轉開視線。「好吧，把這裡清理一下就去睡覺。」

我的房間和崔斯坦的房間中間有一道門。我的房間是主要的房間，空間寬敞、格局方正，天花板很高，像樓下的房間一樣有著優美的壁龕，壁爐兩側還有立柱。躺在房間裡，我老是覺得自己有一點像公爵。

崔斯坦的房間很狹長，以前是更衣室，他睡的小床好像想躲起來一樣擠在房間的一端。房間裡沒有鋪地毯，只有塗了清漆的光滑條狀木板構成的地板，我於是將狗抱到一疊毯子上，崔斯坦面無血色倒在枕頭上，我溫言勸慰。

「他現在靜下來了——睡得跟小嬰兒一樣熟，看來晚上應該會保持這個樣子。你也辛苦一天，現在可以好好休息了。」

我回到自己的房間，很快換下外衣之後上床就寢。我很快就睡著了，不知道隔壁房間的吵鬧聲是哪時候開始，但是當一聲憤怒叫嚷傳進耳裡嗡嗡迴盪，我一下子完全清醒。接著是有什麼在徐徐滑行的斷斷聲，然後砰咚一聲，我又聽到崔斯坦煩躁地大喊一聲。

想到要進去崔斯坦的房間，我不禁打退堂鼓——畢竟我也無計可施——於是我縮回被單裡豎起耳朵。我一下子睡著，一下子又被牆壁另一邊的砰咚聲和喊叫聲嚇得清醒過來。

過了大約兩小時，開始出現不同的吵鬧聲。那隻拉布拉多似乎終於可以控制自己的腳，他在房間裡邁步走來走去，爪子刮過木頭地板，發出踢—躂、踢—躂、踢—躂的規律聲響。聲響無休無止，沒完沒了。每隔一段時間，會傳來崔斯坦的怒吼，嗓音已經變得粗啞。「別動，老天爺！坐下，要命的臭狗！」

後來我一定睡得比較沉，因為再次醒來時，房間在冷冽晨光的照射下一片灰茫。我翻身仰躺，側耳細聽。還是聽得見腳爪的踢－躂聲，但變得不再規則，彷彿那隻拉布拉多不再在房間裡盲目地橫衝直撞，而是悠哉遊哉地閒逛。聽不到崔斯坦的聲音。

我下了床，在室內冰冷的空氣侵襲之下，邊發抖邊穿上襯衫和長褲。我躡腳踩過地板，打開與隔壁相連的門，兩隻巨大腳爪搭上前胸，我差點就被撲倒在地。拉布拉多見到我很開心，似乎像回到家一樣非常自在。他的美麗褐眼閃動聰慧幸福的光芒，呼氣時嘴巴咧得大大的，露出成排光潔牙齒和完美的粉紅色舌頭，身下的尾巴激動直搖。

「喔，你沒事了，伙伴。」我說。「我們來看看傷口啊。」我將搭在胸上的毛茸茸腳掌移開，檢查肋骨上方的縫線。沒有腫脹，不會疼痛，沒有任何反應。

「太棒了！」我大喊。「棒極了。你現在又能活蹦亂跳了。」我玩笑般打了一下大狗的屁股，他這下更是樂不可支，猛然撲到我身上，又抓又舔。

我正奮力推開他，忽然聽到床上傳來悲慘的呻吟聲。昏暗光線下的崔斯坦看起來十分駭人。他仰躺著，雙手緊抓被子，露出狂亂的眼神。「我整晚沒闔眼，吉米。」他悄聲說。「完全沒法睡。我哥啊，他眞是幽默極了，讓我整晚陪著這隻狗。等他聽說我的遭遇，肯定開心得不得了。你等著看好了——我跟你打賭，隨便你要賭什麼，他絕對會一臉幸災樂禍。」

稍後吃早餐時，齊格菲聽說了他弟弟整晚飽受折磨的種種細節，深表同情。他說了好多安慰的話，並且為了大狗造成的麻煩致歉。但崔斯坦說得沒錯，他看起來開心極了。

第二十二章

走進手術室時，我看到齊格菲的病患已經在手術台上。齊格菲若有所思地摩挲著一隻年老邊境㹴的頭，老狗看起來愁眉苦臉。

「吉米，」他說，「我想要你把這隻小狗送去葛里爾那裡。」

「葛里爾？」

「布羅頓的獸醫。在個案的主人搬來我們這裡之前，這個個案是由他治療。我幫個案診查過好幾次了，是膀胱結石，需要立刻開刀，我想最好交給葛里爾。他這人很小心眼，我不想得罪他。」

「哦，我想我聽過這個人。」我說。

「你八成聽過。亞伯丁人，脾氣暴躁，很愛跟人吵架。他在熱鬧的城鎮開業，收了不少學生，跟著他簡直生不如死。消息總會傳開的。」他從手術台上抱起㹴犬交給我。「愈快送去愈好。你可以在旁邊看他開刀，手術完畢再把狗帶回來。不過你自己小心點——不要惹毛葛里爾，免得他搞到你受不了。」

第一眼看到安格斯．葛里爾，我立刻想到威士忌。年約五十歲的葛里爾眼神飄忽游移，多肉的雙頰滿是斑點，顯眼大鼻布滿紫紅血絲，我想他的面相如此，肯定有什麼緣故。他永遠是一臉有誰得罪他的表情。

他完全省下招呼寒暄的工夫，點個頭，嘟囔一聲，就把狗從我懷中抱走。接著他伸出一根手指，戟指一名穿著白袍的俊秀年輕人。「那是克林頓——再念一年就要畢業。你不覺得現在進這一行的都是些弱不禁風的傢伙嗎？」

手術過程中，他沒完沒了地挑剔那名年輕人，爲了岔開話題，我開口問年輕人哪時候要回去上課。

「下週一或二。」他回答。

「沒錯，但是他明天就走人嘍。」葛里爾的聲音急躁刺耳。「明明可以待在這裡吸收豐富經驗，卻浪費自己的時間。」

年輕學生面紅耳赤。「呃，我來實習一個多月了，我想開學前應該回家陪我媽幾天。」

「喔，懂啦，懂啦。你們全都一個樣——恨不得趕快回家吸奶。」

手術過程平靜順利，葛里爾縫最後一針時抬頭看我。「你絕不會想在他痲藥退之前就帶他回去，我剛好要出診——你可以跟來，打發一下時間。」

我們在車上時，並沒有進行一般人所謂的對話。全程都是一人獨白，歷數在邪惡客戶和愛搶生意的同行壓迫下承受的種種不公不義。其中我最喜歡的一段經歷，是一名退伍海軍艦長要葛里爾幫他的馬檢查健康情況。葛里爾說該匹馬的心臟不好，不適合再騎乘，退伍艦長大發雷霆，找了另一名獸醫來幫馬檢查。第二位獸醫說馬的心臟沒問題，認爲馬很健康。

退伍艦長寫了一封信給葛里爾，以相當純熟的艦長慣用語表達他對葛里爾的看法。艦長一吐爲快之後將整件事拋諸腦後，神清氣爽地騎馬出門蹓躂，但座騎在全速疾馳當下猝然倒地斃命，龐大身軀滾倒時還壓住艦長，造成他一腿複雜性骨折及骨盆碎裂。

「老天，」葛里爾誠懇地說，「老天，我開心得要命。」

車子駛入一座特別骯髒的農場裡停下，葛里爾轉向我。「這兒有一頭母牛需要清一下。」

「了解，」我說，「很好。」我穩穩坐在座位上，取出菸斗。正準備下車的葛里爾停頓了一下。「你不過來幫點忙嗎？」

我不懂他的意思。幫母牛「清一下」就只是清除滯留的胎衣，一個人就能勝任。

「呃，我能做的也不多，不是嗎？」我說。「而且我的防水靴和外套都在我的車上，我並不知道是要來農家出診——很可能一分錢都賺不到卻搞得全身髒兮兮。」

話一出口，我立刻知道自己說錯話了。他那癩蛤蟆皮般的雙頰漲紅，狠狠瞪了我一眼之後才轉身走開；但他穿越院子到半途時，停下腳步沉思了一會兒，又回到車上。「我剛剛想到了，我有衣服可以借你穿。你最好還是跟著我進去——如果我需要陰道栓劑，你在旁邊就能幫忙遞一下。」

聽起來有點怪，但我還是下車跟著他來到後車箱旁。葛里爾從後車箱拉出一只大木箱。

「喏，你可以穿這個。是接生小牛時穿的工作服，我前陣子弄到的。我自己不常穿，覺得有一點重，不過可以幫你保持乾淨體面。」

我探看箱內，看到一套用厚厚的閃亮黑色橡膠製成的服裝。我拎起外套：上面的拉鏈和子母扣粗硬突起，整件感覺跟鉛塊一樣沉重。長褲上有更多扣夾和拉鍊，比外套還重。整套服裝壯觀極了，設計者顯然從沒看過接生牛犢的過程，其缺點就在於任何人穿上之後都會動彈不得。

我仔細端詳葛里爾的表情半晌，但那雙水汪汪的眼睛高深莫測。我開始脫外套——我知道很瘋狂，但我不想得罪這個人。

事實上，葛里爾似乎急著要我穿上整套，因爲他熱心地幫忙拎起橡膠工作服。著裝需要兩人合力才能完成。首先套上閃亮的長褲，拉上前後的拉鍊，然後輪到外套，它具有完全貼合腰身的美妙設計，短短的袖子大約六英寸長，強力鬆緊帶緊緊勒住我的二頭肌。

在穿上外套之前，我得先將襯衫袖子捲到肩上，讓葛里爾喘著粗氣使盡全力將外套套到我身上。我聽見好幾處的拉鍊吱一聲拉上，最後一個拉上的拉鍊位在頸背，拉起之後形成的硬邦邦高領將我的頭撐

托成仰天祈求的姿勢，我只能維持下巴朝天。

葛里爾眞的是全心投入，他拿出一頂黑色橡膠無邊帽，作爲最後的畫龍點睛。我看到之後瑟縮一下，在高領容許的範圍內勉力開口表達反對，但葛里爾堅持要我戴上。「站著別動，再一下下就好。這是我們的工作，沒道理不好好做。」

幫我著裝完成之後，他後退一步，讚賞之情溢於言表。我看起來肯定荒誕極了，從頭到腳裹包成閃亮的黑色，只剩兩隻肩膀以下光裸的手臂以接近直角突伸出來。葛里爾看起來非常滿意。「那麼走吧，該開工了。」他轉過身，匆匆走向牛棚；我邁開沉重的步伐跟在他後面，活像一台自動機器。

我們一抵達牛棚，就引起一陣騷動。在場的有農場主人、兩名牧牛工人和一個小女孩。三個男人愉快地開口問候，看到一個極有威脅性的人影緩慢、刻意地邁步走入，話到嘴邊只能張口結舌。小女孩放聲大哭，跑了出去。

對於操作者來說，清除滯留胎盤會搞得全身髒臭，但是對於旁觀者來說卻無聊至極，可能在旁邊呆站二十分鐘卻什麼都看不到。不過這一次，觀衆絕不會覺得無聊。葛里爾邊在母牛體內賣力清除，邊喃喃抱怨天氣，但是觀衆完全沒有在聽，他們目不轉睛盯著僵立不動、宛如整副盔甲靠在牆上的我。他們輪流審視工作服的每個部分，一臉浮想聯翩。我知道他們在想什麼。這麼驚人的不明物體，它如果眞的動起來，會發生什麼事？不管是誰，穿成這樣，肯定是要挑戰什麼艱鉅無比的任務。

由於喉頭受到強力壓迫，我完全無法與人對話，必定讓我又多添幾分神祕氣息。裹著工作服的我開始流汗。

小女孩終於鼓起勇氣，帶著她的兄弟姊妹來圍觀。我看到一排小孩在門口探頭探腦，我辛苦地轉頭，想對他們露出親切的微笑；不過整排小腦袋瓜一下子消失，我只聽見院子傳來喀噠喀噠的奔跑聲。

我不知道自己在那裡站了多久，但葛里爾終於完成他的工作並出聲呼喚：「好啦，我準備好等你接應了。」周遭氣氛彷彿一觸即發。男人全都挺直身體，嘴巴半開瞪著我看。他們等這一刻等了好久。

我將自己撐起推離牆壁，艱難地向右轉，然後朝裝陰道栓劑的罐子前進。但我像機器人一樣接近栓劑罐，脖子朝空中伸得長長的，手臂僵硬地朝兩側伸直，幾碼遠的距離感覺好漫長。終於走到罐子旁邊，我又遇到全新的難關：我沒辦法彎腰。數次左扭右擺之後，終於將手伸進罐子裡，然後還得用單手撕掉栓劑上面的紙片；又是一番苦難。觀眾看得入迷，全場鴉雀無聲。

撕掉紙片以後，我小心翼翼地迴轉，保持平穩踏著步子回到牛棚。走到和母牛並行的位置之後，我僵硬地伸長手臂遞出陰道栓劑，葛里爾接過去塞入子宮裡。

接著我回到老位置靠牆站立，而我的同事仔細地清潔身體。我的眼角餘光順著鼻梁向下瞄向那幾個男人，看見他們一臉不敢置信。這名神祕男子肯定是要執行什麼艱鉅任務吧——他穿成那樣，怎麼可能只是為了遞個陰道栓劑。但當葛里爾開始逐一拔開子母扣和拉下拉鍊等複雜動作時，他們意識到好戲結束了，原本還大失所望，忽然又被逗得樂開懷。

我的雙臂因為被彈性袖管勒住而腫脹，我上下摩搓想讓血液流通，周圍的人笑得合不攏嘴。他們一定等不及要大肆宣揚，我暗想，這件事今天晚上就會傳遍大街小巷。我只能收拾起殘存的自尊，穿上外套回到車上。葛里爾還在車外跟他們講話，但他們心不在焉，注意力全都放在縮在座位裡的我身上。他們不敢相信我是真人。

回到診所，那隻邊境㹴身上的麻醉效力已經退了。他抬起頭，看到我時奮勇地搖著尾巴。我用毯子將他裹住抱起，正準備離開時，從一間小儲藏室半開的門縫瞥見葛里爾。他將大木箱放在桌子上，正拿出橡膠工作服，但他做這件事的樣子有些奇怪，整個人看起來好像繃得僵直——身體劇烈搖晃抽搐，滿是斑點的臉呈現古怪扭曲，雙唇之間發出半憋的嗚咽聲。

我看得目瞪口呆。我原本會說這怎麼可能，但事實明擺在眼前。千眞萬確，毋庸置疑——安格斯．葛里爾在大笑。

第二十三章

乳熱病的情況算是直截了當，但這會兒我在熹微晨光中俯視下方小溪，意識到這次比較古怪。母牛在分娩之後立刻發病，從泥濘不堪的堤岸向下滑入溪水中。我抵達時，她已經昏迷不醒，臀部和後腿全都浸在水裡，頭靠在一塊突出的岩石上。剛生下的牛犢在暴雨中渾身溼透，可憐兮兮地在母親身側顫抖。

我和丹·庫柏下到小溪裡，他露出焦急的眼神。「我怕已經來不及了。她死掉了，對吧？看起來已經沒了呼吸。」

「恐怕她已經嚴重昏迷，」我回答，「不過我想她還活著。要是能在靜脈注射一點鈣液，她還是有可能醒過來。」

「可惡，希望如此。」丹咕噥。「她是我其中一頭最棒的乳牛，每次都是最好的出事。」

「總之，乳熱病就是這麼回事。喏，幫我拿著這些瓶子。」我掏出針筒盒，選了大口徑針筒。清晨那種特殊的刺骨寒氣造成血液循環不良，再加上空腹，我的手指凍僵到幾乎拿不住針筒。溪水比我以為的還深，我才跨第一步，水就漫進防水靴靴筒。我喘著粗氣，彎下腰伸出拇指按壓母牛脖子基部的頸靜脈溝。靜脈浮了起來，我將針頭刺入時，溫暖的深色血液流到我的手上。

我在口袋裡摸索然後掏出輸液氣閥，將一瓶鈣液塞入杯狀的那一端，再將另一端插入針筒。鈣液開始流入靜脈。我就站在冰冷的溪水中，用血跡斑斑的手指抬高鈣液瓶，感覺雨水打進我的領口，試著驅走所有黑暗的想法；我想到自己認識的那些此時還在床上安睡的人，他們只有聽到鬧鐘響才會起床，然後邊吃早餐邊讀報紙，再開車去舒適的銀行或保險公司辦公室上班。也許我當初應該當醫生——至少醫生是在精美溫暖的臥室裡治療病患。

我抽出插入靜脈的針頭，將空瓶子扔到岸上。母牛對這一針毫無反應。我再拿了一瓶，開始朝母牛皮下輸入更多鈣液。就算沒用，作作樣子也好，雖然現在看來終究徒勞無功。我正摩搓加熱皮下注射用的針筒，卻注意到母牛的眼皮輕輕顫動。

鬆了一口氣的同時，心裡也湧起一陣興奮激動。我抬頭看向農人，開心大笑。「她還有救，丹。」我輕彈母牛的耳朵，只見她睜大眼睛。「我們再等幾分鐘，就可以試著推她站起來。」

一刻鐘之內，母牛已經開始輕輕甩頭，我知道該是時候了。我抓住牛角向上拉，同時丹和他高大的兒子在下面推她的肩膀。進展很緩慢，但在幾次齊心合力推拉之下，母牛恢復自主，以前胸趴地。前景一下子大好，母牛側臥時看起來總是離死期不遠。

我相當確定她會康復，但她還趴在溪水裡，我不能就這樣離開。患乳熱病的母牛可能會趴著不動好幾天，不過我有預感，她很快就能站起來。我決定留下來等一會兒。

母牛似乎不怎麼喜歡置身挾帶泥炭的溪水之中，決心要站起身，好不容易半小時過去，她終於顫巍巍地站起來，我的牙關也抑制不住拚命打顫。

「眞有你的！」丹說。「我還想說她不可能再站起來了。你幫她打了啥，肯定是好東西。」

「比老腳踏車打氣筒快一點。」我大笑道。靜脈注射鈣液的效果卓絕，每次都讓我大爲驚奇。在過往好幾個世代，患了乳熱的母牛無藥可醫。乳房充氣治療法挽救了不少母牛的性命，但輸入鈣液才是絕招——只要患病母牛像這頭一樣在一小時內就站起來，我總是覺得自己就像成功的魔術師。

我們引導母牛爬上岸，回到丘頂，我們承受狂風暴雨的全力撲擊。回到庫柏家只剩一百碼的路，我們克服萬難前進，丹和兒子在前面帶路，他們用麻布袋裝小牛，一人一邊抬著小牛走。小牛前後擺動，瞇起眼睛想認眞看清自己誕生的嚴苛世界。焦急的母牛緊跟在後，她走起路來還是有些踉蹌不穩，但仍盡力將口鼻探向麻布袋裡。我跟在後面，奮力踏過溼軟泥地。

我們讓母牛待在溫暖棚舍裡，鋪墊的乾草堆高及她的膝部，她使勁舔舐牛犢。進到屋子的門廊，庫柏父子盡責地脫下防水靴；我也照做，從每隻靴子的靴筒倒出大約一品脫的溪水。庫柏太太向來以性烈如火著稱，以鐵腕風格管理全家，但根據先前和她互動的經驗，感覺丹在家裡的表現並不差。

再次看到庫柏太太，我仍有同樣的感覺，她的身材壯實但容貌姣好，在幫一個看來準備要上學的小女孩編辮子。爐火嗶剝作響，壁爐的閃亮黃銅表面映照出熊熊火光，在農舍的乾淨氣味中，可以聞到一絲剛開始炒熟自家醃製培根的香味。

庫柏太太要丈夫和兒子趕快上樓換掉襪子，然後轉頭將沉靜的目光投向我，而我身上的水正不停滴在她家的亞麻油地氈。她搖了搖頭，好像眼前是個頑皮的孩子。

「好了，襪子脫下來。」她很快大聲號令。「然後脫掉外套，褲管捲起來，到這邊坐下，用這個擦乾頭髮。」一條乾淨毛巾落在我懷裡，庫柏太太彎腰看我。「你沒想過要戴頂帽子嗎？」

「實不相瞞，我不太愛戴帽子。」我咕噥道。她又搖了搖頭。

她將大茶壺裡的熱水倒在一個大盆子裡，從一磅裝的錫罐裡取了一些芥末子加在水裡。「喏，把腳泡在裡頭。」

我很爽快地聽命行事，兩腳碰到冒泡的熱水時，我不禁驚呼出聲。聽到驚呼聲，她朝我嚴厲地瞪了一眼，於是我乖乖把腳泡進熱水裡。我坐在那裡，緊咬牙關，周身都是水蒸氣，這時她把盛了熱茶的一品脫啤酒杯塞到我手裡。

很老派的療法，但很有效。等喝完半杯熱茶，我覺得自己渾身熱燙像是有火在燒。待在小溪裡的刺骨酷寒彷彿一場夢，已經完全消逝，庫柏太太提來大茶壺，在泡腳的大盆裡再倒入一夸脫滾水。

接著她抓住椅子和泡腳盆大力轉動，轉到讓我坐到餐桌旁，而我的雙腳還是泡在熱水裡。丹跟孩子們已經在吃早餐，在我前方有個餐盤，裡頭有兩顆蛋、一塊粗略切下的培根和幾根香腸。我之前曾有多次經驗，知道谷地人習慣安靜用餐；記得我剛來的時候，還想說主人如此好客招待我用餐，我有責任在吃飯時陪他們閒話家常，但看到他們疑惑地彼此互望，從此我就明白用餐時沉默是金。

所以這個早上，不用任何開場寒暄，我就直接進攻食物，但才吃第一口就讓我幾乎打破自己新定下的規則。這是我第一次品嚐自製約克郡香腸，必須拚命忍住不要像在其他社交圈時自然地大聲頌讚。但庫柏太太一直用眼角餘光留意著我，她必定注意到我面露狂喜。她看似隨意地站起身，把平底鍋拿過來，倒了好幾根香腸到我的餐盤裡。

「上週殺了一頭豬。」她說，隨手拉開食品儲藏室的門。我看見盤皿裡堆得高高的，全是肉塊、排骨和豬肝，還有好幾排豬肉派，淺金色派皮上的肉凍光澤閃爍。

吃完早餐後，我穿上向丹借的一雙厚襪子，再套上乾了的鞋子。正要離開時，庫柏太太塞了一個包裹讓我夾在腋下。我知道裡頭是更多來自食品儲藏室的食物，但她的眼神讓我不敢多話。我喃喃道謝，走出屋子去開車。

車子回到斯凱谷宅邸停好時，教堂鐘聲響起，剛好九點一刻。我覺得溫暖美好——肚子裡裝滿美味食物，加上母牛很快康復的回憶，讓人滿足不已。還有放在車子後座的包裹；在農場剛殺完豬之後登門拜訪總是很幸運，好客的農人通常會送我一些東西，但這些香腸的滋味令我沒齒難忘。

我三步併作兩步跳上診所台階，快步邁入走道，到了轉角處卻只好停下腳步。齊格菲站在那裡，渾身僵硬，背靠著牆。

他的肩膀上掛著長長的咽喉食道探針，有彈性的皮革製探針吊在半空輕晃。在我們之間的辦公室門半開，可以清楚看到賀巴托小姐坐在辦公桌前。

我開心地揮手。「嗨，哈囉，要去處理食道梗塞？」

齊格菲的面容痛苦扭曲，舉起一手示警。接著他踮起腳從門口走過，像走在鋼絲上一般小心翼翼地平衡腳球。他才走過門口，緊繃的全身正要放鬆下來，咽喉食道探針的黃銅製末端卻擺盪了一下，敲擊牆面發出清脆響聲，而從賀巴托小姐盤據的角落也彷彿應和般響起熟悉的叨念聲。齊格菲向我投以絕望的一眼，然後垂頭喪氣地緩緩走進室內。

看著他走進去，我尋思著自從祕書到職之後，情勢是如何愈加緊繃。如今已進入明刀明槍交戰的階段，而觀察雙方陣營的戰術，無疑爲生活增添了幾分樂趣。

起初，齊格菲看似可以輕鬆得勝。他是僱主，事情是他說了算，而面對他刻意阻撓的策略，賀巴托小姐將會無計可施。但是賀巴托小姐是一名戰士，而且足智多謀，她施展手邊武器的方式如此巧妙，任何人都會佩服。

事實上，過去一週看來，是賀巴托小姐佔了上風。她就像專業漁夫操弄鮭魚一般操控齊格菲：一再把他叫到辦公桌前，要他回答一些無關緊要的問題。原本清喉嚨的輕咳，已經發展成足以穿透整棟屋子的怒吼。而且她握有一項新武器：她開始將齊格菲處理文書時的一些愚蠢錯誤抄寫在紙條上，舉凡拼錯字、算錢加錯、記錄有誤，她全都如實抄錄。

賀巴托小姐把這些紙條當成彈藥。診所裡生意清淡，而僱主待在診間無事可忙時，她絕不會拿紙條出來。她會留著紙條，等到齊格菲壓力很大時，就拿出一張紙條送到他眼前問說：「這是怎麼回事？」這時候，她總是面無表情，無法判斷當她看到齊格菲像遭到鞭笞的動物一樣畏畏縮縮，心裡究竟有

多麼過癮。結局不外乎齊格菲喃喃解釋加連聲道歉，而賀巴托小姐則散發凜然正氣，著手改正文書紀錄中的錯誤。

齊格菲走進辦公室時，我朝半開的門縫窺看。我知道早上要出診，但病態的好奇心讓我不由自主留下。賀巴托小姐一副公事公辦的俐落模樣，正用筆輕敲帳簿中的一筆紀錄，而齊格菲邊挪移兩腳邊嘟噥答覆。他數度想要溜之大吉卻徒勞無功，時間逐漸拖長，我看得出來他快要崩潰了。他緊咬牙關，雙眼開始鼓突。

此時電話響起，祕書接起電話。她的僱主再次試圖朝門口移動，但她高興地呼喚：「布倫特上校找您。」齊格菲就像夢遊一般轉身。這位上校養了賽馬，老是不停抱怨跟盤問刺探，早就成了我們的眼中釘、肉中刺；接到他打的電話總是容易讓人血壓升高。

我看得出來那天早上就是這樣。時間一分一秒流逝，齊格菲的臉愈脹愈紅。他耐著性子壓低聲音回答，最後終於拉高音量到近乎吼叫。最後他將話筒重重一掛，靠在辦公桌上喘著粗氣。

這時，就在我眼前，令人難以置信的事發生了：賀巴托小姐伸手打開放紙條的抽屜。她掏出一張紙條，乾咳一聲，放到齊格菲面前。

「這是怎麼回事？」她問。

我抗拒想要閉上雙眼的衝動，滿心恐懼瞪著他們。

最初數秒鐘沒有任何動靜，片刻之間氣氛緊繃，齊格菲站著，一動也不動。接著他的臉部表情好像忽然失控，手臂如鐮刀一揮，從祕書手裡一把搶過紙條狂撕。他一語不發，但他邊撕紙條，邊傾身越過辦公桌，同時怒目圓睜湊近賀巴托小姐。祕書將椅子慢慢向後退，一直退到椅背抵著牆面。

眼前的畫面古怪至極。賀巴托小姐全身緊繃向後靠，嘴巴半開，提高警覺，一頭染過的鬈髮上下彈動，而齊格菲横眉豎目朝她的臉湊近，手裡仍然狂暴地撕扯紙條。整個場景最後以齊格菲使盡渾身每一分力氣，如擲標槍般將撕爛的紙條扔進字紙簍裡告終。紙條碎屑如五彩碎紙、如綿綿細雨，灑落在字紙簍內外，而齊格菲依舊一語不發，收拾好掛在肩上的咽喉食道探針，大踏步走了出去。

廚房裡，霍爾太太打開包裹，取出一個豬肉派、一塊豬肝和一大串上等香腸。她望向我，目光中帶著疑惑。「你今天早上看起來心情很好，哈利先生。」

我向後靠在橡木櫃子上。「沒錯，霍爾太太，我剛剛還在想呢。自己開獸醫診所肯定很棒，但妳也知道，當助理的生活也不賴。」

第二十四章

這一天的開始並不美好。崔斯坦凌晨四點就被他老哥拖住，他剛參加完敲鐘人出遊活動回來。活動每年舉辦一次，所有當地教堂的敲鐘人會一起搭巴士去莫克姆遊玩。不過他們並未在海灘上待很久，這群敲鐘人如果不是在往下一家酒吧的路上，就是在狂喝自備的整箱啤酒。

巴士在凌晨時分回到達洛比，車上大多數乘客已經不省人事。崔斯坦是活動的榮譽貴賓，他們讓他在斯凱谷宅邸後面的巷子下車。他對著駛離的巴士有氣無力地揮了揮手，但是車窗旁的乘客無知無覺、毫無反應。他東倒西歪走在庭園小徑上，驚恐地發現齊格菲房間的燈還亮著。這下子已經不可能逃出齊格菲的手掌心，齊格菲要他解釋自己去了哪裡，他努力了好幾次卻連「敲鐘人出遊」都說不清楚。

齊格菲看出再盤問下去也是浪費時間，決定暫時息怒，留待早餐時間再發作。崔斯坦就是在早餐時間告訴我來龍去脈——趕在他哥哥走進餐廳開始訓斥他之前。

但是一如往常，依舊是吹鬍子瞪眼、大呼小叫到嗓子都啞了還得出診的齊格菲比較疲累。他出門十分鐘後，我發現崔斯坦已經快樂地躲進波德曼的小窩巢，而波德曼聽他大談記在信封背面的新鮮話題竊笑不已。

自從崔斯坦回來，老人變得開朗許多，兩個人會花很多時間待在老人的小窩巢裡，牆上高處班斯法瑟所繪的漫畫居高臨下，而從小窗照入的光線照亮成排生鏽工具的輪廓。那個地方的門通常會鎖上，不歡迎訪客；但崔斯坦的到訪永遠受到歡迎。

我經過時往往會朝裡頭窺看，就會看到崔斯坦點了根忍冬牌香菸吞雲吐霧，而波德曼在旁絮絮叨叨。「我們上到前線六星期了，法國人在我們右邊，蘇格蘭佬在我們左邊……」或是「可憐的老弗雷——前一分鐘還站在我旁邊，下一分鐘就沒了。連顆長褲鈕扣都找不回來……」

這天早上，崔斯坦熱絡地招呼我，我再次對他的堅忍不拔感到驚奇，他面對悲慘不幸就像柳樹一般，被強風吹彎又毫髮無傷回彈。他舉高手裡的兩張入場券。

「今天晚上村子裡有舞會，吉米，保證好玩。醫院裡幾個跟我相好的都會去，所以我確定一下你也能一塊兒。還不只呢——看看這個。」他走進馬鞍室，抬起一塊鬆動的板子，變出一瓶雪莉酒。「跳舞中場休息時，我們可以喝上幾口。」

我沒問入場券或雪莉酒是哪來的。我喜歡村裡的舞會。萬頭攢動，一頭是三人樂隊、有鋼琴、鼓組和刺耳的小提琴，另一頭是一群照看著點心的老太太。有玻璃瓶裝牛奶、堆成山的三明治、火腿、自製豬頭肉凍，和上面鮮奶油堆得高高的乳脂鬆糕。

那天晚上，我最後一趟出診時，崔斯坦跟我一起出門，我們在車上聊的全是舞會。那趟的病況單純，只是一隻母牛有一眼感染——但是農場位在谷地區高處的村莊，診治完畢時已是傍晚。我心情愉快，一切似乎都顯明清晰、充滿意義。灰色鋪石街道孤單空蕩，天空中最後幾抹紅霞，暗紫色的群丘合圍包攏。平靜無風，但從寂然荒原上飄來一絲輕柔氣息，新鮮、甜美，充滿希望。家家戶戶燒柴的煙霧裊裊，飄散四處的炊煙氣味令人振奮。

我們回到診所時，齊格菲出門了，不過壁爐架上立著一張給崔斯坦的便條。上面簡單寫著：「崔斯坦：回家睡。齊格菲留。」

以前也發生過，斯凱谷宅邸什麼都缺，尤其是床鋪和毯子。臨時有訪客要過夜時，崔斯坦會打包去布羅頓跟媽媽一起住。通常他會不置一詞去搭火車，但今天晚上不一樣。

「老天。」他說。「晚上一定有人要來過夜，當然囉，我是應該消失的那個人。我得說，見鬼的好個出其不意！你說這封信是不是寫得太迷人了！我會不會已安排了私人行程，一點都不重要。哦不！根本不用問我是否方便離開一晚。就只有『崔斯坦：回家睡。』好有禮貌，好貼心啊，你說是不是？」

很少看見崔斯坦情緒這麼激動。我柔聲勸慰。「聽我說，小崔。也許這次舞會我們就別去了，以後還會有機會。」

崔斯坦握緊拳頭。「我爲什麼要讓他這樣呼來喝去？」他大爲光火。「我也是人，不是嗎？我也有自己的生活要過，我告訴你，我今晚不去布羅頓。我已經計畫好要去跳舞，管他三七二十一，我就是要去跳舞。」

聽起來是氣話，但我暗暗覺得大事不妙。「等一下，那齊格菲呢？要是他回來發現你還在屋子裡，他會怎麼說？」

「去他的！」崔斯坦說。我也只能作罷。

齊格菲回家時，我們正在樓上換衣服。我先下樓，看到他坐在壁爐旁看書。我什麼話都沒說，只是坐下來等著看好戲。

數分鐘後，崔斯坦進來了。他在僅有的幾件衣服裡精挑細選，穿上一套深灰色西裝，整個人散發光采；他的領結乾乾淨淨，臉刷洗得潔淨光亮，頭髮梳理得一絲不苟。

原本在看書的齊格菲抬頭一看，臉倏地脹紅。「眞是見鬼了，你在這裡幹嘛？我說了要你去布羅頓。喬·拉梅奇今晚要過來。」

「沒辦法去。」

「爲什麼沒辦法？」

「沒火車。」

「你在說什麼鬼話，什麼叫沒火車？」

「就是那樣——沒火車。」

兄弟之間唇槍舌戰，讓我又像平常一樣渾身緊繃。對話又落入一貫的模式：齊格菲面紅耳赤、氣急敗壞；他弟弟面無表情，以平板毫無起伏的語調答覆，訓練有素地打起防守戰。

齊格菲向後靠在椅背上，一時之間有些困惑，但仍眯起眼緊盯他弟弟。崔斯坦的帥氣西裝和油頭，加上擦得光亮的鞋子，似乎都讓他更加惱火。

「好吧。」他忽然說。「那你晚上就住家裡，不過我要你幫我做一件事。查理·鄧特家那頭豬的耳朵血腫就交給你來開刀。」

這句話簡直是晴天霹靂。查理·鄧特那頭豬的耳朵是大家避而不談的話題。數週之前，齊格菲獨自前往城鎮外圍某條街道上的小農場，去幫鄧特家一頭耳朵腫起來的豬看診。是耳血腫，唯一的治療方法就是開刀，但出於某種理由，齊格菲並沒有動手術，而是派我隔天過去。

我揣想究竟是爲什麼，不過不用我想太久。我爬進豬圈時，我這輩子看過體型最龐大的母豬從乾草堆裡站起來，牠發出震耳欲聾的吼叫，張開大嘴朝我衝過來。我沒有停下來爭辯。我在豬嘴距離我六英寸時攀上牆，翻牆跳到走道。我站在走道上評估自己的位置，邊看著那對邪惡的紅色小眼睛，和流著口水的大嘴裡長長的黃牙，心中不停盤算。

通常我不會在意豬隻朝著我怒吼或低吼，但這頭豬似乎是來眞的。我正思索著下一步該怎麼辦，豬發出憤怒咆哮聲，用後腿站起來，想要越過牆來撞我。我當機立斷。

「很抱歉，鄧特先生，但我恐怕沒帶到要用的手術器材。改天我再回來幫您這頭豬的耳朵開刀。沒什麼——小事而已。再會。」

於是事情暫時告一段落，沒有人想再提及，直到現在。

崔斯坦大為驚愕。「你是說你要我今晚就過去？週六晚上？改天去應該可以吧？我晚上要去跳舞。」

窩進椅座深處的齊格菲露出苦笑。「一定要現在就去，這是命令。你可以之後再去跳舞。」

崔斯坦欲言又止，他知道自己不能再得寸進尺。「好，」他說，「我現在就去。」

他冷靜自持地離開房間，齊格菲繼續看他的書，我凝望爐火，揣想崔斯坦會怎麼應付那頭豬。這個小伙子一向鬼點子很多，但這次對他來說會是一番考驗。

不到十分鐘，他回來了。齊格菲看著他，一臉懷疑。「在豬耳朵上開好刀了？」

「沒有。」

「為什麼？」

「我找不到那地方，一定是你給錯地址。你說門牌是九十八號。」

「是八十九號，你清楚得很。現在給我過去，做好你要做的事。」

門在崔斯坦身後掩上，我再次靜靜等待。十五分鐘過後，門再次打開，崔斯坦現身，一臉志得意滿。低頭看書的齊格菲抬起頭。

「搞定了？」

「沒有。」

「為什麼？」

「他們全家出門去看電影了。週六晚上嘛，你也知道。」

「我他媽才不管他們全家在哪，你進去豬圈割開那頭豬的耳朵就對了。你現在出門去，這次給我把事情做完。」

崔斯坦再次退下，又進入新一輪的警戒狀態。齊格菲一語不發，但我感覺得出來氣氛逐漸緊繃。

二十分鐘過去，崔斯坦回來了。「耳朵的刀開好了嗎？」

「沒有。」

「爲什麼？」

「裡頭烏漆抹黑的，你要我怎麼工作啊？我只有兩隻手——一手拿刀，另一手拿手電筒。這樣是要怎麼抓住豬耳朵？」

齊格菲一直強自忍耐，但這下終於理智斷線。「別再跟我鬼扯你那些要命的藉口。」他從椅子上跳起來大吼。「我才不管你要怎麼做，但我向上天發誓，你今天晚上如果沒割開那頭豬的耳朵，我就跟你斷絕關係。現在給我滾出去，沒做到就別回來！」

我萬分同情崔斯坦。他拿到一手爛牌卻能以高明的技巧出牌，但他現在一無所有了。他在門口靜靜佇立片刻，然後轉身走開。

接下來一小時極爲漫長。齊格菲似乎看書看得很入迷，就連我也試著想看書，但是我一個字也讀不進去，光是盯著書頁上的字就頭疼不已。要是可以在地毯上來回踱步，或許會有點幫助，但我不太可能當著齊格菲的面這麼做。我決定要告退出去散散步時，聽到大門打開的聲音，接著走道上響起崔斯坦的腳步聲。

片刻過後，天選之人走了進來，而刺鼻的豬味在他進來之前就飄進室內，當他走向壁爐時，渾身上下的豬味更是一波波向外擴散。他的講究西裝、乾淨領結，還有他的臉龐和頭髮，全都濺滿豬糞。他的後褲襠還沾上好大一坨，雖然樣子慘烈，卻仍氣定神閒。

齊格菲急忙將椅子向後一推，但臉上表情不變。

「耳朵的刀開好了嗎？」他低聲問。

「好了。」

齊格菲不予置評，繼續埋頭看書。這件事似乎到此結束，而崔斯坦盯著他哥哥低下的頭，片刻後轉身大踏步離開。即使崔斯坦離開了，豬圈臭味還是如雲層一般籠罩全室。

稍晚在牧人胳膊酒吧，我看著崔斯坦喝乾第三杯啤酒。他已經換了衣服，雖然不像晚上剛打扮好時那麼引人注目，至少乾乾淨淨，聞不太到什麼味道了。我什麼話都沒說，就看到他眼中閃過熟悉的光芒。我到吧台點了第二份半品脫杯，幫崔斯坦點了第四杯品脫杯，把啤酒端上桌時，我想差不多是時候了。

「那麼，發生了什麼事？」

崔斯坦端起啤酒杯仰頭喝了一大口，點燃一根忍冬牌香菸。「怎麼說呢，總而言之，吉米，這次任務相當順利，不過我就從頭道來吧。你可以想像我一個人站在豬圈外，周圍伸手不見五指，我聽著那頭要命的大豬在牆的另一邊哼哧低吼。我可以告訴你，當下的感覺實在不太好。

「我用手電筒照牠的臉，牠跳起來朝我衝過來，發出獅吼般的叫聲，露出滿嘴骯髒的黃牙。當下我幾乎想要打退堂鼓、轉身回家，但我還得考慮要去舞會跟其他的事，就在那一刻縱身翻牆進去。

「兩秒鐘後，我仰躺在地。牠肯定衝來撞過我，但是看不出哪裡能讓牠咬下去。我只聽到一聲吼叫，感覺兩腿被什麼龐然重物壓住，然後我就倒地了。

「說來也蠻有趣的，吉米。你知道我不是什麼暴力份子，但躺在那裡的時候，我沒有一絲恐懼，只感覺對這頭要命的牲畜懷抱一種冷酷的恨意。我覺得自己所有的煩惱全是這頭豬害的，連我自己都還沒反應過來，我已經爬起來繞著豬圈拚命踹牠的屁股。你知道嗎，牠一點鬥志都沒有。那頭豬根本是膽小鬼。」

我還是大惑不解。「但是牠的耳血腫——你是怎麼開完刀的？」

「別擔心，吉米，不用我親自動手。」

「你的意思該不會是……」

「沒錯。」崔斯坦說，他將品脫杯拿高，端詳著漂浮在杯子深處的一小塊不明異物。「沒錯，真的是很走運。黑暗中一番混戰，那頭豬衝去撞牆，自己把耳朵撞破了。撞得好。」

第二十五章

恍然間，我意識到春天來了。當時是三月下旬，我在山坡上的羊欄裡幫幾隻綿羊檢查。下山途中，我在一小片松樹林的背風處靠在樹幹上閉目暫歇，忽然意識到灑落在眼皮上的陽光暖洋洋的，耳中傳來雲雀的啁啾喧鬧聲，還有高處枝枒中如同海浪悶響的陣陣風聲。牆後還有長長數塊積雪，草地也仍像冬季時枯黃沒有生氣，大地卻有改頭換面的感覺。對我來說幾乎是種解放，因爲對入春一無所覺的我，爲了對抗長達數月的凜冽寒冬，出門必定全副武裝。

天氣還未回暖，但很乾燥，強風吹拂下，雪花蓮的白色花朵輕輕顫動，村莊綠地上一簇簇水仙花微微彎身。四月時，路邊的土堤上會開滿報春花，一片嫩黃燦亮。

四月也是羔羊出生的季節。這時會有一波接生潮，是外科獸醫師一年工作中最精采生動的部分，也是年度工作循環的高潮，而且總是碰上我們其他事務最繁忙的時候。

入春之後，漫長冬季對於家畜的影響會開始顯現。牛隻已經在只有幾英尺長的牛欄裡關了數個月之久，迫切需要進食新鮮青草和曬太陽，而小牛對於疾病則幾乎沒什麼抵抗力。當我們還在思索要怎麼對付咳嗽、感冒、肺炎和酮血症，就得面對來勢洶洶的羔羊接生潮。

奇怪的是，一年之中大約十個月的時間，我們的生活歷程中幾乎完全不會出現綿羊的蹤影。他們就只是山丘上一群毛茸茸的東西。但一年中另外兩個月的生活裡除了綿羊還是綿羊，其他事物幾乎全被遮住看不見。

首先是初期會碰到的麻煩情況：妊娠毒血症、陰道脫垂。接著就是密集分娩接生，之後要面對一連串的問題如缺鈣，還有可怕的壞疽性乳腺炎，會造成乳房發黑、泌乳量減少；還有羔羊本身會罹患的疾病：彎凹背病、髓漿腎、痢疾。之後接生潮就逐漸消退，只剩涓涓細流，到五月底就幾近枯竭。綿羊又變回山丘上那群毛茸茸的東西。

但在執業第一年我發現獸醫工作的魅力後，就一直沒有消退。對我來說，接生羔羊似乎具有跟接生牛犢一樣的樂趣和驚喜，但免去辛苦的粗活。接生羔羊的環境通常不太舒適，可能是用乾草捆和柵門臨時搭建、縫隙很多會漏風的羊欄，或者多半就直接在田野中進行。農人似乎完全不會想到，母羊也許比較喜歡在溫暖的地方生兒育女，或者獸醫也許不太喜歡只穿襯衫冒雨跪在地上好幾個小時。

不過實際的接生工作像唱歌一樣容易。在經歷過幫胎位不正的小牛導正之後，導正母胎裡個頭迷你的小羊眞是輕鬆愉快。母羊通常一胎生兩隻或三隻，有時會陷入美好的混亂；頭跟腿全都纏在一起，所有羔羊爭先恐後想要第一個出來，而獸醫的工作就是判斷哪隻腿應該跟著哪顆頭，幫牠們解開分離。我樂在其中。難得有一次比我的病患還高大強壯，轉換一下的感覺很不錯，但我不過度強調這項優勢；我最初的想法一直不變，接生羔羊只有兩件值得記住的事：乾淨和溫和。

還有羔羊。所有動物幼小時都很可愛，但羔羊有一種與生俱來的迷人魅力。過往回憶歷歷在目：某個極度寒冷的晚上，我在強風吹颳的山坡地上接生一對羔羊；羔羊不由自主地晃著小腦袋，過了數分鐘，其中一隻站起來，走起路還膝蓋相碰、搖搖擺擺，但一心一意地要找母羊乳房，另一隻也堅持要跪立起來。

牧羊人將厚重外套的衣領拉高到蓋住耳朵，幾乎掩藏住凍得發紫的滄桑臉龐，慢慢發出一聲輕笑。

「牠們到底怎麼知道的？」

他看過不下數千次羔羊誕生，還是不免大感驚奇。我也一樣。

記得還有一次，是某個溫暖的下午，在穀倉裡接生兩百頭羔羊。我們忙著幫牠們接種髓漿腎疫苗，

不發一語，因爲羔羊群發出尖喊表示抗議，而外頭還有將近一百頭母羊焦慮地不停沉聲咩叫。所有羔羊幾乎長得一模一樣，我不知道母羊們究竟要怎麼辨認自己的骨肉。可能要花好幾個小時。

總共花了約二十五秒鐘。等我們接種完疫苗，打開穀倉大門，羔羊群一擁而出，迎上一擁而上的心急母羊。一開始羊叫聲震耳欲聾，但很快最後一隻迷途羔羊也到齊了，只聽得見偶爾幾聲咩叫。羊群俐落完成親子配對，接著平靜地朝田野移動。

從五月到六月初，我的世界逐漸變得溫暖柔和。寒風逐漸止息，如大海一般清新的空氣，捎來散布在牧地上萬千野花的隱約芬芳。有時候會覺得，我能領薪水似乎很不公平，畢竟我的工作可能是大清早開車出門，望著山頂上幾縷薄霧繚繞，欣賞沿途田野在朦朧晨曦下光影閃爍。

斯凱谷宅邸的紫藤盛綻，紫花如瀑從洞開的窗口湧入，我每天早上刮鬍子時，都能聞到垂落於鏡子旁長串花朵的醉人香氣。人生宛如一首田園詩，恬靜美好。

唯有一點令人難受，就是診治馬匹的時候。在一九三〇年代，還有不少農場養馬，不過曳引機的轟轟聲警告意味濃厚，已經爲牠們敲響喪鐘。在谷地區山腳有不少可耕地，那一帶的農場一排排的馬廄已經半空，但還是有爲數不少的馬匹，足以讓獸醫的五月和六月不怎麼愉快。這兩個月是幫馬去勢的時候。

在此之前是產駒季，小馬快步跟在母馬身側，或是小馬在地上躺平伸展而母馬在旁啃著青草，都是很常見的景象。如今，開車途中如果看到田野裡有拉車的母馬帶著小馬，我會特地停下來多看一眼。

有很多與產駒有關的工作：幫母馬清洗，幫小馬斷尾，治療新生小馬的疾病，如關節病和胎糞滯留。很辛苦，也很有趣，但隨著天氣逐漸變暖，農人開始想到要幫一歲的小公馬去勢。

我不喜歡這個差事，由於每年春天可能要幫多達一百匹馬去勢，從第一年開始到之後許多年的春季，我心裡都留下陰影。採用世代相傳的去勢法，必須先把小公馬像綁全雞一樣縛綁保定。有一點辛苦，但是小馬會完全被束縛住，如此就能專心進行去勢手術；但是等我取得獸醫執照時，已經開始流行站姿去勢。作法是單純在小公馬的上唇套上鼻捻子，在兩顆睪丸再分別打一針麻藥局部麻醉，然後直接動手。這樣速度當然快多了。

但這種方法有一個明顯的缺點，就是主刀者和助手承受的風險增加至採原先作法的十倍，儘管如此，站姿去勢法還是很快就蔚爲風行。當地一位名叫肯尼・布萊特的農人自認思想開明先進，率先將這種新方法引進到地方。他找來馬匹專家法利少校，挑了他家其中一匹小公馬來示範，有一大群農人來觀摩。肯尼爲人高傲自負，他握著鼻捻子一臉得意向觀衆展示，而他的門生準備消毒預備動手術的部位，但是當少校碰觸陰囊要打麻藥時，小公馬人立起來，高舉的前腿狠狠踩在肯尼的頭上。他的頭骨骨折，被人用門板抬走，住院療養了好長一段時間。其他農人傳爲笑談，笑話了好幾週，但他們沒有因爲這個先例而裹足不前。站姿去勢法從此大爲風行。

我說過這種方法速度比較快。前提是一切順利，但也會碰上小公馬抬腳踢蹬、縱身撲向我們，或者就發起狂來。十次裡有九次會很輕鬆，第十次就成了馬術競技。我不知道其他獸醫長期面對這種狀況會不會愈來愈焦慮，但我只要碰到要施行去勢手術的早上，無可否認地都會渾身緊繃。

當然，原因之一就是我不是懂馬的人，以前不是，現在不是，以後也不會是。「懂馬的人」很難定義，但我相信懂馬是一種與生俱來或者小時候就習得的天賦。從我二十五、六歲開始嘗試懂馬，我就知道自己沒辦法。我掌握了與馬匹疾病有關的知識，相信自己具有有效治療病馬的能力，但眞正懂馬的人能夠安撫馬，讓馬安靜下來，甚至透過心智操控馬，那種能力我永遠無法學會。我甚至不再試著騙自己說可以做到。

不幸的是，馬匹無疑知道得一清二楚。母牛就很不一樣，怎樣她們都不在乎；如果一頭母牛想踢你，她就會踢你，才不管你是不是專家。但是馬知道。

所以要進行去勢手術的早上，我開車出門時向來士氣低落，聽著後座上琺瑯托盤裡的手術器具滾動時鏗鏘作響。他會很狂野，還是很安靜？他會有多高大？我聽過同行語氣輕快地表示偏好高大的馬匹——兩歲的公馬容易多了，他們說，睪丸比較好抓。但我始終心意堅定，沒有一絲疑惑。我喜歡體型嬌小的馬；愈小愈好。

進入去勢手術旺季後的一天早上，我覺得自己已經受夠了馬這種生物，齊格菲喊了我一聲，說他要出門。「吉米，白十字的威金森有一匹馬肚子長了腫瘤。你去把腫瘤割掉——可以的話今天過去，不然你就自己安排時間，就交給你負責了。」

對於命運竟然讓我在作不完的去勢手術之外還分配到這個工作，我有一點不滿，但還是將手術刀、腫瘤刮勺和針筒煮沸消毒，跟局部麻醉劑、碘和破傷風抗毒素一起放進托盤。

我開車前往農場，托盤在背後發出不祥的鏗鏘聲響。那種聲音總是讓我有災厄將臨的感覺。我揣想等下會碰到怎樣的一匹馬，也許是一歲的馬駒，牠們身上有時會長出一些晃啊晃的小東西——農人都說那叫「瘤莓子」。六英里的路途中，我努力在腦海中勾勒出面對一頭小公馬的宜人畫面，牠的眼神溫和，腹部鬆垂，毛髮過長，整個冬季過得不怎麼好，很可能全身都是寄生蟲——其實牠虛弱到四腳不停打顫。

來到威金森的農場，一切平靜。院子裡空蕩蕩的，只有一名大約十歲的少年，他不知道老闆人在哪裡。

「好吧，那馬在哪裡？」我問。

少年指著馬廄。「他在裡頭。」

我走進去。馬廄其中一端坐落著上方開放式的挑高單間馬廄，這座單間馬廄四壁是木造，壁面頂端設有金屬格柵，我聽到裡頭傳來喉嚨深處發出的嘶鳴聲和噴響鼻子的哼哧聲，然後是一連串壁面遭撞擊的砰砰巨響。我打了個冷顫。裡頭絕不是什麼小公馬。

我打開上半截廄門，而在那裡居高臨下看著我的，是一隻巨獸；我從來不曾意識到，馬可以長到這麼高大；是一頭栗色公馬，頸部呈現傲人的弧線，四蹄圓大如人孔蓋。他的肩膀和身軀側面各部分的肌肉束緊繃鼓突，富有光澤，他一看到我，就將雙耳向後貼，翻了個白眼，然後滿懷敵意狠踢壁面。巨大的馬蹄重重踢在木板上，只見一塊一英尺長的碎木片飛到半空中。

「我的老天。」我呼吸急促，匆匆關上半截門，將背靠在門上，聽著自己的心臟撲通狂跳。

我轉向少年。「那匹馬幾歲？」

「六歲多，先生。」

我努力冷靜下來思考。你要怎麼對付這種食人魔？我從來沒看過這麼巨大的馬——他的體重肯定超過一噸。想到自己甚至還沒看一下要割除的腫瘤，我悚然一驚。我拿開門閂，將門推開大約兩英寸，然後向內窺看。我可以清楚看見肚子上半懸空的腫瘤；很可能是乳頭狀瘤，大小與板球相當，表面呈分葉狀，看起來有點像一小朵花椰菜。馬走動時，腫瘤就輕輕地左右擺盪。

摘除腫瘤不是問題。與身體連接的部分很窄，這樣很好，只要打幾毫升的局部麻醉劑，我很容易就能用刮勺將它摘下來。

但是難處顯而易見。我得鑽到那個像發亮大酒桶的肚子底下，在很容易被巨蹄掃到的範圍裡，想辦法在只有幾英寸寬的皮膚位置打一針。光是想就覺得不太美好。

但我將思緒拉回來，想著實際層面需要的東西，像是一桶熱水、肥皂和毛巾。我還需要能操控鼻捻子的得力人手。我開始朝農舍走去。

敲門後無人回應。我再敲了一次門；還是沒有回應——沒有人在家。這時就什麼都改天再說，似乎是天底下最自然而然的反應；我完全沒考慮過要繞遍農場所有建築物和牧地直到找到人爲止。

我幾乎是一路狂奔回到車子旁，倒車時輪胎發出尖銳摩擦聲，車子呼嘯駛離院子。

齊格菲十分驚訝。「沒人在家？唔，眞的是太奇怪了，我還蠻確定他們知道你今天要去。不過沒關係，交給你全權負責，吉米。那就打通電話給他們，找時間盡快搞定。」

接下來好幾天甚至好幾週，我樂得完全遺忘這匹公馬，只有在我鬆懈下來不設防時例外。至少曾有一個晚上，他如驚天雷霆一般闖入我的夢境，鼻孔大張、鬃毛飛揚，於是我養成一個令人不安的習慣，就是凌晨五點驚醒，然後雙手立刻動起來準備幫馬開刀。平均來說，每天早上吃早餐前我都復習了二十次腫瘤摘除動作。

我告訴自己，這樣子到時候工作就會順利很多，完成手術就沒事了。那麼我到底還在等什麼？難道我下意識還抱著希望，以爲我可以拖到天荒地老，等到有什麼事發生幫我解套？也許是腫瘤自行脫落、縮小或是消失不見，或者是那匹馬自己倒地斃命。

也許我可以把差事推回去給齊格菲，他對馬很有一套，但我的自信心已經夠低落了。

我的疑懼終於得以解決：一天早上，威金森先生打電話來了。對於手術延宕許久，他沒有絲毫不悅，但他清楚表明自己沒辦法再等下去。「你懂的，小伙子，我想賣了這馬，但我總不能讓他身上帶著這顆去下一家，你說對吧？」

前往威金森家途中，後座再次傳來熟悉的托盤鏗鏘聲，但我並沒有因此打起精神，只是想到上一次自己抵達前還浮想聯翩的情景。這一次我心裡有數。

下車以後，我覺得自己快要靈魂出竅。走起路來飄飄然的，好像離地數英寸。首先歡迎我的是迴盪在單間馬廄裡的喧鬧聲：跟我上次聽到同樣的憤怒嘶鳴和木板碎裂聲。農人朝我走近時，我努力在發僵的臉上擠出一絲微笑。

「我家小伙子在幫他套韁繩，」他說，話音未落，就被馬廄傳來的暴怒嘶吼，和兩下重重撞在壁面木板發出的巨響硬生生打斷。我只覺得口乾舌燥。

喧鬧聲愈來愈近；接著馬廄門猛然打開，巨馬如彈射般衝進院子，將兩名抓著籠頭杜環鏈末端的壯漢一起拖了出來。在壯漢靴子拖地大力磨擦下，卵石地面火花四濺，但他們根本拉不住忽後退、忽前跳的公馬。馬蹄重重踩落地面時，我想像自己也感覺腳下的大地為之震動。

經過好一番拉扯折騰，他們終於讓馬站定，右側靠著穀倉牆壁。其中一人將鼻捻子套在馬的上唇，熟門熟路地拉緊，另一人緊緊拉住籠頭後轉向我。「就等您動手，先生。」

我將針頭刺穿古柯鹼瓶的橡膠瓶蓋，將針筒推桿向後拉，看著清澈液體流入玻璃針筒。七毫升，八毫升，十毫升。如果能打好這一針，接下來就簡單了；但我的雙手不停顫抖。

朝馬走去就像看著電影裡的角色行動。走過去的其實不是我——整件事都感覺好不真實。我舉起左手，而馬的左眼朝我閃動威脅的目光，我撫摸馬的頸部肌肉，然後向下從輕顫的平滑腹脅一直摸到腹部，最後終於握住腫瘤。我現在抓住這東西了，感覺手指下的分葉狀團塊十分硬實。我將它輕輕向下拉，拉長與身體相連處的褐色皮膚。我會在這裡作局部痲醉——只會留下幾道腫痕。應該不會太糟。公馬將耳朵向後貼平，帶著警告意味輕聲嘶鳴。

我小心地深吸一口氣，右手拿起針筒，將針頭抵在皮膚上插進去。

電光火石般的一踢，快得讓我一開始只是驚詫，身軀這麼龐大的動物，移動竟然這麼迅捷。這一腳如閃電般向外飛劈，我根本來不及看清楚，馬蹄已經擊中我右大腿內側，踢得我不由自主原地打轉。我一下子倒在地上不動，只有一種奇異的麻木感。接著我試圖移動，只覺得右腿一陣劇痛。

我睜開眼時，威金森先生正彎腰探視。「你還好嗎，哈利先生？」語氣滿懷擔憂。

「我想不太好。」聽到自己平鋪直述的語氣，我自己也大爲驚愕；但更奇怪的是，這是我好幾週以來，第一次覺得與自己和解。我心平氣和，覺得情況完全在掌握之中。

「我的情況恐怕不妙，威金森先生。您最好先讓馬回他的馬廄——我們得改天再對付他了——我想請您幫忙打電話給法農先生，請他來接我。我想我沒辦法開車了。」

我的腿沒斷，但是被踢中的部位出現一大片血腫，接著整隻腳綻成一片令人難以想像的五顏六色，從淺橘色到最深的墨黑。兩週後，我跟齊格菲帶著一小隊人馬回到威金森家，當時我走路還是像克里米亞戰爭退伍老兵一瘸一拐，我們用繩子把那匹公馬捆得嚴實，打了氯仿，然後摘除腫瘤。

至今，只要看到大腿肌肉上的凹洞，我就會想起那天的事，但那次事件也帶給我一些收穫。我發現恐懼比現實還糟糕，自從那次之後，我再也不像以前一樣爲了醫治馬匹而煩惱了。

第二十六章

第一次看到費尼斯·卡佛特是在診所外面的街道，當時我正在跟朱利安·庫茨－布朗恩准將討論他的獵犬。准將幾乎就是舞台劇裡會出現的英國貴族：身材格外高大，駝背很明顯，似鷹隼的五官，說話時拉長腔調慢條斯理。每當他開口說話，雙唇間就會徐徐逸出細雪茄煙霧。

聽到沉重靴子踩過人行道的腳步聲，我轉頭去看。一個身材壯實的漢子正砰咚砰咚快步朝我們走來，他兩手插在吊褲帶後面，破舊外套敞開，露出貼合上半身的無領恤衫，頭上一頂油膩膩的帽子，帽下瀏海已有幾縷花白。他沒有特別看向誰但臉上堆滿笑容，忙著哼歌給自己聽。

准將瞄了他一眼。「早安，卡佛特。」他冷淡地咕噥一聲。

費尼斯猛然抬起頭，欣喜回應。「是查理啊，你好不好啊？」他大喊。

准將的表情活像剛剛灌下一品脫的醋。他顫抖著手拿下嘴裡的雪茄，瞪著逐漸遠去的背影。「放肆無禮的渾帳。」他喃喃說道。

光看老費的樣子，你絕對想不到他是經營有成的農民。一週後，他致電要我去他的農場出診，我到了之後才發現有一座堅固的農場主屋和其他附屬建築物，還有優良的乳牛群在田間吃草。

我還沒下車，就聽見他在打招呼。

「哈囉，嘿囉，嘿囉！看看是誰來啦？新來的小伙子吶？這會兒我們有得瞧囉！」他還是兩手插在吊褲帶裡，咧嘴笑得比之前更開。

「敝姓哈利。」我說。

「這樣啊？」老費歪頭打量我，然後轉向站在旁邊的三個年輕人。「他笑起來可真好看，是不是

啊，小伙子們？眞的是笑哈哈的哈利！」

他轉過身，準備帶頭橫越院子。「那就跟我來吧，讓我們看看你的能耐。希望你跟小牛還算熟，我這裡有幾隻一直無精打采。」

他走進小牛舍時，我心中暗暗希望自己可以做點什麼讓他刮目相看，或許用一些放在車子裡的新藥品和血清；一定要有點特別的表現，在這裡講話才有份量。

有六隻養得很好的小牛，看體型差不多一到兩歲，有三隻的行爲很古怪：磨牙又口吐白沫，在牛欄裡跌跌撞撞，好像看不到路。我還在觀察時，其中一隻直直走去撞牆，鼻子抵著石牆站定。

老費顯然不怎麼擔心，在角落哼歌給自己聽。我將溫度計從外盒取出時，他忽然開口，聒噪地大發議論。「他現在在幹嘛？啊，我們要上工囉，大家站起來！」

溫度計停留在動物直腸中的半分鐘裡，我腦中通常思緒紛亂。但這一次我不需要花什麼時間，失明症狀很容易診斷。我環顧檢視小牛舍的四壁，裡頭光線昏暗，我必須將臉湊近石牆。

老費再次發表意見。「嘿，是怎麼一回事？你跟牛犢子一樣糟糕吶，在那邊聞啊聞的，一臉快睡著的樣子。你以爲在那裡能找到什麼？」

「找油漆，卡佛特先生。我幾乎可以確定，您的小牛是鉛中毒。」

老費的回應跟所有農人在這個節骨眼會說的話一模一樣。「不可能啦，我在這裡養牛犢子養了三十年，他們從來沒受過什麼傷害啊，反正這裡不會有油漆。」

「那麼這是什麼？」我盯著最幽暗的角落，抽出一塊沒有固定的木板。

「哦，不過就是上週我釘在那裡的一塊木板，我是要把一個洞擋起來。板子是從舊雞舍拆下來的。」

我看著已有二十年歷史的半剝落油漆片屑，對小牛來說是無法抵擋的誘惑。「小牛就是因爲吃這個中毒。」我說。「請您看看，這裡可以看到他們咬過留下的齒痕。」

老費靠近細看木板，有點懷疑地嘟噥著。「好吧，那我們現在怎麼辦？」

「首先，把刷了油漆的木板搬出去，然後餵所有小牛吃瀉鹽。您這裡有嗎？」

老費放聲大笑。「有啊，還有好一大袋呢，但是你只想得出這點辦法？不幫他們打個針嗎？」

這下讓我有一點困窘。當時還未發現專門治療金屬中毒的解毒劑，唯一一種有時候會有點效果的就是硫酸鎂，可以讓不溶於水的硫酸鉛沉澱。當然，瀉鹽就是硫酸鎂的通俗稱法。

「不會。」我說。「沒有什麼針是打了會有用的，我甚至不能保證瀉鹽會有用。不過我希望您一天餵小牛三次瀉鹽，每次的量要滿滿高起的兩湯匙。」

「哦，眞是見鬼，你會害死這群可憐的傢伙！」

「或許吧，但也沒有別的方法了。」我說。

老費朝我走近一步，將那張膚色深黝、皺紋深刻的臉湊到我臉前。那雙忽然精明的斑駁褐眼定定地望著我數秒鐘，然後他很快轉開頭。「好。」他說。「進來喝一杯吧。」

老費率先砰咚砰咚走進主屋廚房，張口咆哮一聲，連窗戶都爲之一震。「孩子的媽！客人想喝杯啤酒。來認識一下笑哈哈的哈利！」

卡佛特太太神速現身，將酒瓶酒杯放在桌上。我瞥了一眼酒標——「史密斯氏堅果棕色愛爾」，然後自己倒滿一杯。那是歷史性的一刻，只是當時我並不知道；不可思議的是，此後我在同一張桌子旁陸續又喝了好幾杯堅果棕色愛爾，而那是第一杯。

卡佛特太太坐了一會兒，她交疊雙手放在腿上，露出殷勤的微笑。「所以您能幫幫小牛嗎？」她問。

我還來不及開口，老費搶先插話。「哦可以，他行的啦。他要餵他們吃瀉鹽。」

「瀉鹽？」

「正是，太太。我之前就說啊，等他來，我們就能用點眞正聰明、眞正科學的方法。現在是年輕新血跟新潮思想的時代囉。」老費一臉嚴肅地啜飲啤酒。

接下來幾天，小牛的情況逐漸改善，兩週過去，他們全都能正常進食。情況最差的一隻還是有一點看不見，但我相信這隻體內的毒素也能很快排乾淨。

不久以後，我再次見到老費。那天才過中午，我和齊格菲在辦公室裡，有人大力拍外面的門，接著走道上傳來靴釘踩地的悶響。我聽見有人在高聲哼歌——嗨－踢滴哩－啦－滴－嘟。老費再次來到我們之中。

「啊哈，啊哈，啊哈！」他對著賀巴托小姐熱情叫嚷。「是花花啊！我的小甜心今天過得好不好啊？」

賀巴托小姐的面容如同花岡岩雕般文風不動。她冷冷地瞪著闖入者，但老費只是轉身朝齊格菲咧嘴一笑，露出一嘴黃牙。「你這老傢伙，混得如何啊？」

「一切都好，卡佛特先生。」齊格菲回答。「有什麼我們能幫忙的嗎？」

老費指著我。「我要找的是他，我要他現在馬上過去我家。」

「發生什麼事了？」我問。「是小牛群又有狀況嗎？」

「老天，不是！是就好了。是我那頭好公牛，他喘起氣來活像風箱——有點像肺炎，但比我以前看過的更嚴重。他現在狀況糟透了，看起來好像快嗝屁。」

有那麼一會兒，老費不再耍寶打趣。

我聽說過這頭公牛：純種短角牛、比賽常勝軍，老費家牛群的始祖。「您先請，卡佛特先生，我立刻出發，我會跟在您後頭。」

「好小子，那我走啦。」老費笨拙地伸手開門，沒打領帶、衣衫襤褸的他模樣粗野，寬大褲管在發福的腰腹部位膨起如氣球。他再次轉向賀巴托小姐，滄桑老臉擠出荒誕壞笑。「拜拜啦，花花！」他大喊一聲之後走人。

片刻間，室內似乎變得寂靜空蕩，只聽見賀巴托小姐的酸言酸語：「噢，這個人！真可怕，可怕極了！」

我沒花多久時間就抵達農場，看到老費和他的兒子在等我。三兄弟看起來一臉憂愁，但老費依舊大膽無畏。「他來了！」他大喊。「又是笑哈哈的哈利，現在我們可以安心了。」我們走向公牛住的牛棚時，他甚至哼起了小調，但當他的目光越過棚門，又變得垂頭喪氣，插在吊褲帶後面的兩手插得更深了。

公牛杵在牛棚正中央彷彿生了根。龐大的胸腔上下起伏，呼吸艱鉅費力的程度是我生平僅見。他的嘴巴大張，唇邊掛著一圈白沫，鼻翼劇烈開合；他的雙眼暴凸到快掉出來，眼神滿是驚恐，死瞪著眼前的牆面。這不是肺炎，這是一場奮力拚搏想吸到空氣的戰役，而且看起來節節敗退。

我插入溫度計時，他動也不動，而我腦子轉得飛快，同時猜想體溫只量半分鐘可能不夠久。我原本就預期會有呼吸加快的症狀，但從沒看過這麼急促的呼吸。

「可憐的老傢伙。」老費喃喃道。「我這裡最棒的牛犢子全都是他的種，而且他靜得很，跟綿羊一樣。我看過咱家小孫子從他肚子下面走過去，他一點反應都沒有。我眞的不願意看他這樣受苦。要是你

幫不上忙，跟我說一聲，我去拿槍來。」

我取出溫度計看讀數，華氏一百一十度（攝氏四十三點三度❺）。太荒謬了，我使勁甩了甩溫度計，再次將溫度計推入直腸。

這次我讓溫度計停留了將近一分鐘，也為自己保留一些思考的餘裕。第二次量測的讀數仍顯示一百一十度，我確信就算溫度計有一英尺那麼長，水銀還是會直衝到頂，想來真是令人不太愉快。

老天爺啊，究竟是什麼病？可能是炭疽病……一定是的……但是……我望向牛棚的半截門上方露出的一排腦袋，他們在等我說些什麼，而他們的靜默更凸顯了公牛的痛苦呻吟和喘息聲。

我的視線越過農人父子的腦袋，朝上投向門框框住呈方形的湛藍天空，和從太陽前飄過的一叢雲絮。雲絮飄走之後，一道耀目的陽光照下，我忙不迭閉上雙眼，腦中忽然靈光微閃。

「他今天出過門嗎？」我問。

「出去過，早上他都拴著繫繩待在外面草地上。外頭天氣真是好，很暖和。」

微閃的靈光綻成勝利的萬丈光芒。「快拿一條水管過來。可以從院子裡那個水龍頭接水。」

「水管？到底在搞什麼……？」

「沒錯，愈快愈好——他中暑了。」

不到一分鐘，他們就接好水管。我將出水量轉到最大，開始用冷水柱沖淋公牛的龐大身軀——先沖他的頭臉脖頸，再沿著肋骨來回噴，也沿著四腿上下噴。沖水其實只持續了大約五分鐘，但我卻覺得好

❺牛的正常體溫是攝氏三十八度到三十九點五度。

漫長，一心期待會出現好轉的跡象。我正尋思著是不是誤判，只聽見公牛咕嘟一聲嚥下一大口口水。這就對了——先前他因爲肺部幾乎吸不到空氣拚命掙扎，也沒辦法吞口水；我眞的看得出來，這頭大傢伙的情況開始有點轉變。他確實看起來比較沒那麼痛苦了，而且原本急促的呼吸是不是變慢了一點？

接著公牛搖動身體，轉頭望向我們。老費其中一個兒子敬畏地低聲說：「老天，有用了！」

之後我就樂在其中了。我站在牛棚裡操控救命水柱，看著公牛享受沖水，獸醫職涯中最大的樂趣莫此爲甚。他最喜歡水柱沖臉的感覺，我沿著冒熱氣的背部到尾巴來回沖水時，他會轉頭將鼻子伸向水柱，然後一臉幸福地搖頭晃腦還不停眨眼。

半小時內，公牛看起來幾乎一切正常。他的胸膛仍有些微上下起伏，但已經沒有任何不適。我再次量測體溫，降到攝氏四十點五度。

「他現在沒事了。」我說。「不過我想你們應該留一個人繼續幫他沖水，再沖二十分鐘左右。我差不多該走了。」

「你還來得及喝一杯。」老費咕噥。

進入主屋廚房，他大喊「孩子的媽」時的音色沒有平時嘹亮。他坐倒在椅子上，盯著眼前那杯堅果棕色愛爾。「哈利，」他說，「我告訴你啊，你這次還眞是把我搞迷糊了。」他嘆了口氣，摩搓著下巴，一臉不敢置信。「我還眞不知道能跟你說什麼好。」

老費無話可說的時候並不常見，等到下一次召開農人小組討論時，他很快又想到能說的話。一名學養豐富、態度誠懇的紳士滔滔不絕大談獸醫學的進展，以及農民如今可以期待牲畜比照人類病患，接受最新的藥物和療法。

老費聽到實在受不了。他跳起來大喊：「我覺得你根本是在鬼扯，我們達洛比有個年輕人，才畢業沒多久，不管你叫他來治什麼病，他一律只用瀉鹽跟冷水。」

第二十七章

梅里克上校的母牛誤食鐵絲，剛好碰上齊格菲瘋狂追求效率的發作時期，而梅里克上校又跟齊格菲有些交情，整件事就因此一發不可收拾。

每次只要齊格菲著魔，大家就有苦頭吃了。他通常是在讀完一份專業報告，或是看了某種新技法的影片之後開始著魔。他會在屋裡橫衝直撞，要求瑟瑟發抖的所有人振作起來勵精圖治。他也會醉心於追求完美，不過只會維持一段時間。

「我們必須到各家農場動一場精采的手術讓大家看看。只是從袋子裡撈幾把老舊器具出來，然後開始對動物下刀，這樣不行。我們必須保持乾淨，盡可能消毒後進行無菌操作，程序上要按部就班。」

所以診斷出上校的母牛患了創傷性蜂巢胃炎（即第二胃裡有異物）時，他顯得興高采烈。「這下眞的能讓老赫伯特刮目相看。我們要讓他見識一下獸醫如何動手術，保證讓他畢生難忘。」

我跟崔斯坦被迫擔任助手，我們抵達農場的陣仗可謂盛況空前。一行人由齊格菲帶頭，他穿了一件他很引以爲傲的全新粗花呢外套，看起來格外稱頭。他愉快從容地和好友握手，盡展優雅風采。

上校十分快活。「聽說你要幫我的母牛動手術，拿出鐵絲是吧？如果你不介意，我很想看看你開刀。」

「完全沒問題，赫伯特，請一定要看看。你會發現其實很有趣。」

進入牛棚後，我和崔斯坦忙著張羅布置。我們在母牛旁邊排好幾張桌子，在桌上放了嶄新金屬托盤，裡頭光亮的手術器械經過消毒，排列得齊整有序。手術刀、導引器、探針、止血鉗、皮下注射器、手術縫合針、整捲脫脂棉、裝在小玻璃瓶裡的羊腸縫線和絲質縫線，以及裝了酒精和其他消毒劑的瓶瓶罐罐。

齊格菲一陣瞎忙，開心得跟小學生一樣。身爲外科醫師的他手很巧，他的手術確實值得一看。我很容易就能猜到他的心思，他在想這次手術一定會很順利。

確認一切都達到要求之後，他脫下外套，穿上一件潔淨得發亮的白袍。他將外套遞給崔斯坦，但幾乎是下一秒就發出一聲怒吼。「嘿，不要直接扔在飼料箱上！這裡，拿給我，我幫它找個安全的地方。」他溫柔地撢掉新外套上面的塵土，掛在牆面上的一根釘子上。

同時，我已經剃去母牛腹脅上手術部位的毛髮並消毒完畢，準備要進行局部麻醉。齊格菲拿起針筒，麻藥很快滲透手術部位。「我們要下刀了，赫伯特。希望你膽子大一點啊。」

上校一臉容光煥發。「噢，流血的場面我又不是沒見過。不用擔心，我不會昏倒的。」

隨著手術刀大膽一劃，齊格菲切開皮膚，接著切開肌肉，最後無比小心地劃開閃著光澤的腹膜。巨大瘤胃（牛的第一胃）的光滑外壁暴露在外。

齊格菲伸手取了一把乾淨手術刀，尋找最適合下刀的位置。但他找好位置準備下刀時，瘤胃外壁忽然從皮膚遭劃開的口子鼓脹凸起。「眞不尋常。」他喃喃道。「瘤胃裡很可能還有一些氣體。」他不慌不忙將鼓凸的部分輕輕推回去，再次準備下刀；但他才將手抽回，瘤胃外壁立刻又鼓凸起來，脹成比足球還大顆的一大團粉紅。齊格菲將它推回去，但立刻又彈出來，還像吹氣球般鼓脹成驚人的尺寸。這次齊格菲兩手一起施力又推又壓，總算讓那一大團再次隱沒。他佇立片刻，兩手留在母牛體內，喘著粗氣。兩顆汗珠沿著他的前額向下流淌。

他小心翼翼地將兩手抽出來，沒有任何動靜。一定是搞定那一大團了。他正要伸手取手術刀，瘤胃卻像有生命一般再次鼓脹彈出。整個器官看起來幾乎像是要逸出皮膚劃開的口子——光亮滑溜的一大團就這樣不停膨脹上升，直到與齊格菲的視線齊平。

齊格菲已經無法故作鎮定，他伸長兩隻手臂圍著那一大團，使盡渾身力氣拚命想將它壓下去。我匆忙上前想幫忙，靠近齊格菲時聽到他壓低音量粗聲問：「這是什麼鬼東西？」顯然他在思索這一大團不停搏動的組織，會不會是某個他從未聽過的牛隻身體構造。

我們一語不發，死命將那一大團向下壓到與皮膚層齊平。上校看得目不轉睛。他沒想到手術現場會這麼有趣，稍稍挑高了眉毛。

「一定是胃裡的氣體在作怪。」齊格菲氣喘吁吁地說。「把刀子遞給我，你站後面一點。」

手術刀刺進瘤胃，銳利刀刃向下一劃。我很慶幸自己及時後退，因爲從刀口噴出一道高壓液柱，是瘤胃裡的半液態內容物——彷彿有隱形泵浦從母牛體內深處不停打出綠褐色的惡臭飛瀑。

噴湧出的第一道直接擊中齊格菲的臉。他還抓著瘤胃不能鬆手，否則瘤胃會往回滑進腹部，導致腹膜遭到汙染。因此他緊緊攀附在刀口的兩側，同時邪惡的急流噴湧，澆淋他的頭髮，沿著他的脖子向下流，沾汙整件潔淨迷人的白袍。

穩定的湧流偶有變化，突然會有一陣凶猛至極的發酵汁液大噴發，周圍近處所有東西無一倖免。不到一分鐘，盛著閃亮手術器械的托盤已經完全遭到覆蓋。無論排列整齊的拭子或一簇簇雪白脫脂棉球，全都淹沒在噴湧的汁液裡，但最殘忍的，莫過於朝著掛於牆上全新外套的那恣意一噴。齊格菲的面容已模糊不清，我無從察知他的表情變化，但新外套遭殃後，我在他的眼神中看到了悲痛欲絕。

上校的眉毛挑得老高，瞠目結舌，不敢置信地瞪著眼前一片混亂。混亂場景的中心是肅穆凝重堅守崗位的齊格菲，惡臭汁液已經在他的防水靴裡積了半個靴筒高，讓他彷彿涉足於臭不可聞的沼澤。他看起來活像斐濟島民，頭髮僵硬鬈曲，棕褐臉上一雙白眼球骨碌打轉。

噴湧的洪水終於減緩成潺潺細流，最後停止流淌。我總算能托住傷口邊緣，讓齊格菲將一隻手臂伸進去摸索蜂巢胃。我看著他在鄰近橫膈膜難以看清的蜂巢胃裡奮力摸索。滿足的哼聲傳來，我知道他找到了刺穿胃的鐵絲，他只花了幾秒鐘就移除鐵絲。

崔斯坦先前一直在瘋狂搶救和清洗縫傷口的材料，齊格菲很快就將瘤胃上的手術傷口縫合。齊格菲英勇堅守的苦心沒有白費：腹膜並未受到汙染。

他不發一語，俐落地以減張縫合法縫合皮膚和肌肉的傷口，並用消毒棉塊擦拭傷口周圍。一切看來都很好。母牛似乎一點都沒受到打擾；在麻藥的作用下，她對體內那一陣驚天動地的大混亂渾然不覺。事實上，她不再感受到鐵絲刺穿胃部帶來的不適，看起來已經好多了。

我們花了好一陣子清理善後，而最艱鉅的工作莫過於讓齊格菲恢復體面。我們盡力往他的頭上澆一桶又一桶的水沖洗，而他只是一直哀傷地用扁平木棒刮刷他的新外套。再怎麼清洗似乎都差不多。

上校真誠熱情，口中不住誇讚。「請進，親愛的老朋友。進來喝一杯吧。」但他的邀請聽起來有些空洞，而且他很小心地和朋友保持至少十英尺的距離。

齊格菲將髒汙溼漉的外套甩上肩頭。「不了，赫伯特，謝謝你的好意，不過我們得走了。」他走出牛棚。「母牛應該這一、兩天就能恢復正常進食，我兩週後會回來拆線。」

車內的空間侷促，我跟崔斯坦無法照自己的心意與齊格菲保持距離。就算將頭伸出窗外，氣味還是相當難聞。

齊格菲默默駕車行駛了一、兩英里，然後轉向我，原本愁眉苦臉的他咧嘴笑了起來。他身上帶著幾分桀驁不馴。「你永遠不知道這場比賽等著你的是什麼，小子們，不過這麼想吧——手術非常成功。」

第二十八章

我們三個人站在陰鬱沉悶的院子裡，除了我以外，還有以撒．克蘭佛和傑夫．馬洛克。唯一看起來從容自在的是馬洛克，理應如此，因爲他可以說是這裡的主人。這間老病家畜屠宰場是他的，他剛剛將母牛屍體剖開，在我們檢視時親切地在一旁觀看。

在達洛比，馬洛克的名字帶給人一種不祥的預感。這裡是牲畜的墳場，埋葬了農人的雄心和外科獸醫師的希望。如果有動物生了重病，一定會有人這麼說：「我想她再不久就要去馬洛克那裡報到了」或「傑夫．馬洛克會幫她做個了結」。而這個場地也完全符合想像：與道路之間有數片田地之隔的單調紅磚建築群，聳立的粗短煙囪不停冒出淒涼的陣陣黑煙。

除非你的腸胃特別強健，否則太靠近馬洛克會有不怎麼良好的體驗，因此鎮民通常會避開這個地方。但要是有人鼓起勇氣走進巷子裡，從金屬滑門的門縫窺探，就會看見噩夢中的世界。遍地盡是動物屍骸。大部分屍骸都遭到支解，鉤子上吊掛著巨大肉塊，不過在某些角落可以看到全身鼓脹的綿羊或渾身腫脹發青的豬，連傑夫都提不起勇氣過去將牠們支解。

幾處頭骨和枯骨堆已經堆高至屋頂，各個角落裡積放著褐色肉堆。屠宰場平時的氣味很不好聞，但是傑夫煮沸屠體時的氣味更是難以言喻。馬洛克家居住的平房位在建築群中央，不認識他們的人如果以爲裡頭住著一群乾瘦地精，也是情有可原。但是四十多歲的傑夫臉龐紅潤、笑容滿面，而他的妻子容貌標緻、身材圓潤，總是笑容可掬。他們家兒女眾多，最大的是漂亮的十九歲女兒，最小的是健壯的五歲兒子。馬洛克家共有八個孩子，從小就在結核病肺臟堆和沙門氏菌、炭疽桿菌等各式各樣的細菌環繞下長大。他們是這一帶最健康的孩子。

根據酒吧裡的閒談，傑夫是全鎮最有錢的人，但是當地人啜飲啤酒的同時，不得不承認傑夫賺的都是辛苦錢。不論清晨或深夜，任何時候他都會開著快散架的破爛卡車直奔鄉間，用絞車將死去家畜吊上卡車，載回屠宰場支解。一名狗食商人每週開小貨車從布羅頓過來兩趟，向他購買新鮮肉塊。傑夫會將賣不掉的部分全都鏟起放進鍋爐，製作成調配豬飼料和家禽飼料時用量很大的肉粉。骨頭是製作肥料的原料，獸皮送去製革匠，其他無以名狀的零碎剩餘則由一名眼神狂亂的「拾廢人」收走。爲了多點變化，傑夫有時候會製作出氣味古怪的長條肥皂，可以用來刷洗店鋪地板，很快就能銷售一空。大家都說，沒錯，傑夫眞的賺了不少，但是老天，他每一分錢都是辛苦掙來的。

我和馬洛克的往來相當頻繁。對於獸醫來說，老病家畜屠宰場具備實用功能。這裡可以將就當成驗屍間，如果有死亡的個案，獸醫可以在此確認自己診斷是否有誤；碰到一些連獸醫也摸不著頭緒的時候，或許可以借助傑夫的屠刀讓眞相大白。

當然，常常會有農人將我先前診治過的動物送來，請傑夫告訴他們「到底出了啥問題」，這時候就可能產生一些齟齬，因爲傑夫會被賦予權威地位，而他很少抗拒行使權威的誘惑。他不識字，但很以自己的專業能力爲傲；他不喜歡被稱爲「屠宰業者」，偏好「毛皮商」這個稱呼。他自認在支解生病動物二十多年之後，他知道的比世間任何獸醫還要多，而由於農人們總是不假思索就贊同他的意見，也讓情況更爲尷尬。

只要有農人打電話到診所，告訴我傑夫．馬洛克再次不同意我的診斷，那一天就註定毀了。「嘿，記得那頭你看過說是缺鎂的母牛嗎？她一直沒有好起來，我就把她送到馬洛克那兒了。噢，你知道她其實是有什麼毛病嗎？尾巴裡有蟲。傑夫說只要切掉尾巴，母牛就能站起來走來走去了。」跟對方爭論或者解釋說沒有什麼尾巴裡有蟲這種事，只是白費工夫。傑夫最懂——就是這樣。

要是傑夫願意把握寶貴機會吸收一些常識，或許情況還不會那麼糟。但他反其道而行，自己發明一套怪異的病理學說，聽了他認識的思想落後農人講一些黑魔法療方，就把它們當作佐證。他的四大家畜疾病包括「肺鬱積」「黑腐病」「胃潰爛」和「高爾夫石」。這首疾病四重奏足以讓方圓數英里的獸醫心驚膽顫。

獸醫還有一副不得不背負的十字架：傑夫具有一種獨特天賦，只消看一眼農場裡死去的動物，就能鐵口直斷動物死因。農人們對他的神奇能力敬畏有加，老是問我為什麼做不到。但我沒辦法討厭傑夫這個人。他的行為並非出於惡意，除非他是聖人，否則根本無法抗拒這種一躍成為重要人士的機會。話說回來，有時情況還是會演變到不太愉快的地步，因此我盡可能親自到場。尤其是事情牽涉到以撒．克蘭佛的時候。

克蘭佛這人很不好相處，他的人生似乎是在刻苦節約的鐵模中鑄成。他精於算計、要強好勝，擅長討價還價，在大眾普遍節儉的地區，他的吝嗇遠近馳名。他的農地是谷地區低地裡最肥沃的幾塊良田，飼養的短角牛是比賽常勝軍，但沒人跟他有什麼交情。在他的農場北邊的鄰居貝特森先生如此總結：「那傢伙能從跳蚤身上刮下一層皮。」他南邊的鄰居狄肯先生的評語異曲同工：「要是有張一英鎊鈔票被他攢在手裡，老天，它就從此不見天日。」

我們三人這天早上之所以齊聚，緣起於前一天下午三點鐘前後，克蘭佛先生打來的一通電話。「我有一頭母牛被雷劈到，倒在田裡沒氣了。」

我大吃一驚。「雷劈？您確定嗎？今天整天都沒有打雷下雨。」

「也許你那裡沒有，但是我們這裡有。」

「嗯……好吧，我現在過去看一下。」

開車前往農場途中，想到即將進行的診查，我實在提不起勁來。這種遭受雷擊的情況，可能會讓人有點頭疼。所有農人都有針對雷擊意外的保險，通常是包含在火險裡。在大雷雨之後，診所的電話就會響個不停，農人們打來是想要獸醫前去檢查死掉的動物，這種狀況很常見。

保險公司的處理方式很理性。如果他們收到獸醫核發的證明文件判定動物是雷擊致死，他們通常會很乾脆地發放賠償金。如有疑慮，他們會要求相驗，或是請另一名執業獸醫提供第二意見。困難之處在於，相驗雷擊致死動物並無可供診斷的特徵；偶爾會看到皮下組織瘀青，除此之外幾乎沒有其他證據。最美好的狀況是動物被發現時，可以看到從耳朵到腿部再延伸到地面有一道焦灼痕跡，如此就不言自明了。如果是這種情況，多半會在一棵樹下發現死去的動物，而這棵樹顯然也被雷劈得焦爛。如此就很容易診斷。

百分之九十九的農人只是想獲得合理補償，如果獸醫發現其他明確死因，他們也能平靜接受診斷結果。但剩下的百分之一可能會很棘手。

我聽齊格菲說過，曾有一個老頭打電話要他出門確認動物是雷擊死亡。動物屍體上有長長的典型焦灼痕跡，齊格菲看著焦痕，幾乎深受感動。「太棒了，查理，太棒了，我從來沒看過這麼典型的焦痕。不過有一件事……」他伸出手臂搭在老頭的肩上。「眞的非常可惜，你把蠟油滴到毛皮上了。」

老頭湊近細看，然後一拳擊在自己掌心裡。「眞可惡，醫生，你說對了！是我搞砸啦。害我辛苦忙活老半天——我可是搞了快一個鐘頭。」他走了開來，口裡喃喃碎念。他一點都不覺得困窘，只是很氣自己技術不佳。

但我望著車窗外一堵堵石牆飛掠而過，心想這次會很不一樣。克蘭佛我行我素慣了，從不管是非對錯，要是他今天沒有得到他想要的，事情就麻煩了。

我開車駛過農場柵門，沿著整齊的柏油碎石路面橫越田地。克蘭佛先生站在院子中央，一動也不動，我已經不知道第幾次思忖著，他的樣子活像一隻飢餓的巨鳥。弓起的窄肩，向前突伸的臉上生著鷹鈎鼻，一副乾瘦身軀鬆垮披掛著深色大衣。要是他忽然張開雙翅撲拍飛上牛棚屋頂，我也一點都不會覺得驚訝。不過他只是不耐煩地朝我點了點頭，邁開迅捷腳步匆匆走向屋子後方的田地。

田地幅員廣大，死去的母牛躺臥在接近正中央處。放眼望去，沒有樹木，沒有圍籬，連一叢矮小灌木都沒有。我期待會看到動物躺在遭雷擊樹木下的希望霎時破滅，只覺得焦慮茫然。

走到母牛身旁後，我們停下腳步，克蘭佛先生首先開口。「一定是被雷劈到，不可能是其他原因。討厭的雷雨，搞得好好的一頭牛倒地斷氣。」

我檢視身形龐大的短角牛周圍的草地。草地有翻攪拉扯過的痕跡，有幾處露出泥土。「但嚴格來說牠不是一倒地就斷氣的，對吧？牠是在抽搐中死去的——草地上可以看到被牠踢過的痕跡。」

「那好吧，牠抽搐了一下，不過那是雷擊造成的。」克蘭佛的一雙小眼睛眼神淩厲，朝我的襯衫領子、大衣皮帶和防水靴掃了幾眼。他幾乎不曾用正眼看任何人。

「我懷疑，克蘭佛先生。遭到雷擊的其中一個跡象，就是動物立刻倒地斃命，完全不會掙扎。有些動物死時甚至嘴裡還嚼著草。」

「噢，我清楚得很。」克蘭佛沒好氣地回答，瘦長臉頰漲紅。「我養家畜養了半世紀，不知道看過多少頭被雷劈死的動物。你也知道，不是全部都看起來一樣。」

「噢，我了解，但是您也清楚，有很多原因都可能造成死亡。」

「哪些原因？」

「嗯，首先是炭疽病，也可能是缺鎂，或心臟病——可以列出好長一串。我眞的認爲應該相驗，我

們才能確認死因。」

「給我聽清楚了，你是說我打算做什麼不該做的事嗎？」

「絕對不是。我只是說在我開立證明之前，我們應該確認死因。我們可以把她送去馬洛克那裡，現場看一下支解的情況。相信我，如果沒有其他明確死因，能消除疑慮對您也有好處。保險公司的人很仔細的。」

克蘭佛先生將稜角分明的五官朝大衣衣領裡埋得更深。他惡狠狠地將兩手插進口袋深處。「以前也有獸醫來開過證明，他們是正式獸醫師，經驗豐富得很。」一雙小眼睛瞟了一下我的左耳。「他們從來不會這樣大驚小怪。搞得那麼麻煩有什麼用？見鬼的你幹嘛非要這麼與眾不同？」

究竟是爲什麼，我暗想。爲什麼要與這個人爲敵？他在地方上有權有勢，在當地農民協會頗有名氣，也是這一帶幾乎所有農業組織團體的成員。他是事業成功的有錢人，就算大家不喜歡他，他們還是尊重他知識淵博，對他言聽計從。他有辦法讓一名年輕獸醫吃盡苦頭。爲什麼不開個證明然後回家呢？茲證明本人已檢驗上述動物，本人意見爲該動物死於雷擊。輕鬆容易，也能安撫克蘭佛。一切就能大事化小，小事化無。跟這種危險人物對立，一點好處都沒有，爲什麼要做這種事？無論如何，也許死因眞的是雷擊。

我轉身面對克蘭佛先生，想要和他的眼神交會卻失敗，他老是在最後一刻別開視線。「抱歉，但我認爲我們應該檢查一下母牛體內。我會打電話給馬洛克，請他來把母牛載走，我們明天早上就能一起查驗。我們早上十點約在馬洛克那裡，這樣行嗎？」

「不然還能怎麼樣。」克蘭佛沒好氣地說。「簡直毫無意義，不過我想我也只能配合了。但是容我提醒你一聲——這是一頭優良母牛，價値整整八十英鎊。我可不能白白損失這麼大筆錢，我要確保我的權益。」

「您的權益絕不會受損，克蘭佛先生。在將她移動之前，我最好作一下血液抹片檢查，排除炭疽病的可能性。」

克蘭佛心頭的壓力愈來愈大。身爲衛理公會重要人士，他能自由運用的語句有所限制，因此只能對著死牛軀體狂踢猛踹，以發洩快要爆發的怒氣。他的腳趾踢中堅硬不屈的脊骨，讓他忍不住單腳跳來跳去好幾秒。之後他一跛一跛走回農舍。

當場只剩下我一個人，我用刀在動也不動的牛耳朵劃出淺淺的切口，將血液在幾片玻片上抹平。這場出診不怎麼愉快，明天那場也不會好到哪裡去。我將血液抹片小心地收進硬紙盒裡，準備回斯凱谷宅邸用顯微鏡檢視。

翌日早上在老病家畜屠宰場，齊聚一堂的三個人心情都不太好。就連傑夫臉上雖然還是我佛慈悲的一號表情，但他其實也覺得大受冒犯。我剛抵達院子時，他告訴我的內容片片斷斷，但我仍然可以拼湊出全貌。他開車抵達克蘭佛家，跳下卡車之後，用銳利的眼神一掃母牛屍體，當場鐵口直斷。「肺鬱積。只要看一眼她們的眼睛跟背上毛髮貼平的樣子，我就知道了。」接著他自信滿滿，等待每次觀眾看到他的拿手絕活之後發出的驚嘆聲和誇讚褒獎。

克蘭佛先生氣得幾乎跳腳。「閉上你的蠢笨大嘴巴，馬洛克，你懂什麼。這頭牛是被雷劈死的，你最好給我記清楚。」

此刻，我低頭察看母牛屠體，找不出任何遭到雷擊的線索。剝皮之後，看不出任何瘀青的跡象。體內的器官乾淨正常。

我站直身體，將十指緩緩伸入髮間。當場氣氛緊繃，而一旁的鍋爐正咕嘟咕嘟冒泡，飄出的濃重氣味瀰漫四周。兩隻狗忙著舔食肉粉堆。

接著，我渾身一陣冷顫。兩隻狗有了競爭者。頂著金色鬈髮的小男孩將食指伸進肉粉堆裡，再抽出來放進嘴裡吸吮，一臉心滿意足。

「你們看！」我的聲音顫抖。

屠宰業者一下子容光煥發，散發驕傲父親的光芒。「是啊。」他的語氣歡快。「不是只有四隻腳的喜歡我做的肉粉。這東西棒極了——非常營養！」

他完全恢復平時的好脾氣，點燃一根火柴，擎著短菸斗滿懷讚賞地吞雲吐霧了起來，菸斗上厚積結塊的殘餘物是他作屠宰這一行的證明。

我將注意力拉回到手邊的工作。「麻煩你剖開心臟，傑夫。」我說。

傑夫靈巧地揮刀從上向下劃開碩大的牛心，我立刻就知道查找死因的任務告一段落。兩心耳和兩心室幾乎完全被從瓣膜長出來的花椰菜狀團塊堵塞住。疣狀心內膜炎，常見於豬隻，但在牛隻身上很少見。

「您的母牛是被這個殺死的，克蘭佛先生。」我說。

克蘭佛先生將鼻尖湊近母牛心臟。「胡說八道！你該不會要告訴我，這麼小的東西就能殺死好大的一頭牛。」

「其實並不小，它們大到可以阻塞血液流動。很抱歉，不過這麼一來毫無疑問——母牛的死因是心臟衰竭。」

「那被雷打到的事呢？」

「我恐怕得說，看不出任何遭雷擊的跡象。您可以親自檢查。」

「那我的八十英鎊怎麼辦？」

「我真的很遺憾，但事實是不會變的。」

「事實！什麼事實？我照你說的今天早上過來，你給我看的卻只有這些，要我怎麼改變想法。」

「呃，那我也沒有別的話好說。這個案例清楚明白。」

佇立不動的克蘭佛先生渾身更形僵硬。他雙手抓著外套前襟，拇指與四指不停相互摩擦，好像在溫柔撫摸離他遠去的心愛鈔票。他的臉朝衣領裡埋得愈來愈深，五官看起來更加銳利突出。

接著他轉向我，想要擠出微笑，卻只露出可怕的表情。他的視線落在我的外套翻領，奮力地緩緩向上挪移。我們的眼神在一瞬間交會，但他很快又警覺地別開視線。

他將我拉到一旁，盯著我的喉頭發言。沙啞低語帶有一絲哄騙意味。

「聽我說，哈利先生，我們都是見過世面的人。你我都很清楚，保險公司比我更負擔得起這筆損失。你為什麼不能說是雷擊致死就好？」

「就算我並不這麼認為？」

「哦，見鬼的那又有什麼關係呢？你可以就這麼說，不是嗎？沒有人會知道。」

我搔了搔頭。「但是克蘭佛先生，這樣我會很困擾，因為我會知道。」

「你會知道？」對方一臉迷惑。

「正是如此。而且說什麼都沒有用——我沒辦法為您開立雷擊致死的證明，這件事到此為止。」

在克蘭佛先生臉上，沮喪、錯愕和挫折的神色輪番閃現。「那好，你給我聽清楚了，我不會善罷干休的，我會去找你老闆告你一狀。」他猛然轉身指著母牛。「她身上根本看不出什麼病，你卻想告訴我

死因是什麼心臟裡的小東西。你一點都不專業——你甚至不知道那些是什麼東西！」

傑夫．馬洛克取下叼在嘴上那根難以名狀的菸斗。「可是我知道啊。我就說了嘛，是肺鬱積，是乳汁從乳靜脈回流到身體裡造成的，最後流到心臟，母牛就死翹翹了。你們剛剛看到的那些啊，就是結塊的乳汁。」

克蘭佛轉向傑夫。「閉嘴，你這個大蠢蛋！你跟這傢伙一樣壞心。我的好母牛是被雷劈死的，是雷擊！」他幾乎尖聲大叫起來。然後他控制住自己的脾氣，平靜下來對我說。「這件事還沒完，無所不知先生，然後我要告訴你一件事：你別想再踏進我的農場一步。」他轉過身，踩著細碎步伐匆匆離去。

我祝傑夫早上愉快，然後疲憊地回到車上。好吧，一切算是順利落幕。要是當獸醫只要治療生病的動物就好了，但並非如此，還有太多其他的事要做。我發動引擎，駕車離開。

第二十九章

不用多久，克蘭佛先生就兌現他的威嚇之語。隔天午餐時間結束後不久，他就跑來診所，當時我和齊格菲正在起居室抽餐後菸，只聽見門鈴叮咚作響。我們沒有起身，因為大多數農人都在搖響門鈴之後直接走進來。

不過狗群行禮如儀。他們早上才去高地荒野跑了好久，剛把他們的飯碗舔得一乾二淨。他們肚子撐得飽飽的，疲倦地在齊格菲腳邊趴成一圈，打呼聲此起彼落。當下他們最渴望的，莫過於十分鐘的安寧，但自許是勇猛守衛的他們盡忠職守，對於保護家園沒有半分遲疑。他們從地毯上一躍而起，邊吠邊衝進走道。

常常有人揣想，齊格菲為什麼養了五隻狗。他不只是把狗養在家裡，還會帶著他們到處跑。在他開車出診時，很難看清楚他本人，因為他總是淹沒在一群毛茸狗頭和搖擺尾巴之中；任何人只要靠近他的車，聽到瘋狂吠叫，再看到車窗裡的白亮犬牙和圓瞪狗眼，都會嚇得退步三舍。

「我再怎麼樣也搞不懂，」齊格菲曾宣稱，邊用拳頭輕搥膝蓋，「為什麼會有人把狗當成寵物。狗應該具備某種實用功能，要嘛在農場工作，要嘛當獵犬，要嘛當導盲犬。怎麼會有人養狗卻只是讓他們在家裡晃來晃去，我真的是想不通。」

他常把這番話掛在嘴上，多半是他坐在車子裡，在抖動的狗耳朵和吐個不停的狗舌頭之中半隱半現時說的。聽到這番話的人會一臉若有所思，看看高大的靈㹴，再看看嬌小的德國獵㹴，再輪流看向可卡犬、惠比特犬和蘇格蘭㹴犬；但是沒有人問過齊格菲他又為什麼要養狗。

我判斷狗群是在走道轉角處迎面撲向克蘭佛先生，很多膽小一點的人會被嚇跑，但我聽見他頑強不屈地向前邁進。他從起居室門口走進來時，已經取下頭上的帽子拿來揮趕衆狗。這個舉動相當不智，狗群的狂吠聲拔高了幾度。他瞪大雙眼，嘴唇翕動著，但什麼話都沒說出口。

齊格菲一如往常地彬彬有禮，站起身來指著一張椅子示意。他的嘴唇也一開一闔，無疑是親切有禮表達歡迎。克蘭佛先生拍了拍身上的黑色大衣，一陣風似地跨過地毯，然後停棲不動。狗群在他身旁圍成一圈，衝著他的臉拚命吠叫。他們在奮力表演之後通常會累得東倒西歪，但是他們不喜歡克蘭佛先生，可能是不喜歡他的樣子或身上的氣味。

齊格菲在扶手椅上向後一靠，十指相對，一臉要主持公道的樣子。他不時點點頭表示理解，或者微瞇雙眼，好像聽到哪一點覺得很有意思。其實根本聽不清楚克蘭佛先生在說什麼，但在狗吠聲中偶爾可以聽見一些字句。

「……我要提出嚴正申訴……」

「……一點都不專業……」

「……負擔不起……不是有錢人……」

「……天殺的這群狗……」

「……不會再找他來……」

「……下去，走開……」

「……根本就是搶劫……」

齊格菲從容不迫，渾然不覺狗群的存在，只是專心致志地聆聽，但隨著時間一分一秒過去，我看得出來克蘭佛先生精神愈來愈緊繃。他兩眼暴凸，瘦弱脖子上青筋突起，拚命想要傳達訊息。最後他實在受不了了；他從椅子上跳起來，在一團團褐色蹦跳簇擁下走到門口。他不甘示弱地發出最後一聲吶喊，再次用帽子大力揮甩，然後離去。

數週之後，我推開配藥室的門，發現老闆正在調配藥膏。他非常審愼小心，在大理石板上反覆抹攪油膩的一坨。

「你在做什麼？」我問。

齊格菲放下藥鏟，挺直腰板。「在調給公豬擦的藥膏。」他的視線越過我，落在剛進來的崔斯坦身上。「眞不知道爲什麼有人到處坐著乘涼，而我在這邊忙。」他指了指藥鏟。「對，崔斯坦，換你來。我是說等你抽完你那根菸。」

看到崔斯坦匆忙捻熄那根忍冬牌香菸，開始抹攪石板上的藥膏，他的表情緩和了一些。「這藥調配出來還眞的很硬，需要攪拌一下。」齊格菲看弟弟低垂著頭，很滿意地說。「害我頭背都開始痠痛了。」

他轉向我。「對了，你應該會有興趣一聽，這是幫你的老朋友克蘭佛調配的，爲了他那頭得獎公豬。背部長了個爛瘡，克蘭佛擔心得要死。那頭公豬出去比賽，幫他贏了好多獎金，身上要是有小瑕疵，麻煩就大了。」

「所以克蘭佛還是我們診所的顧客。」

「是的，說來也很有趣，但我們擺脫不了他。我不喜歡失去顧客，但如果是這傢伙，我很樂意破例。那次雷擊的事之後，他不願意讓你靠近他家農場，他也把話說得很白，說他對我也沒什麼好感。他跟我說，我從來沒有救過他家的動物——說要是沒打電話找我，可能還好多了。每次收到帳單，他就呼天搶地。實在太煩人了，跟他作生意一點都不划算，最重要的是，這個人實在讓我毛骨悚然。但是他不

肯走——他就是不去找別的獸醫。」

「他知道怎麼做對他最有利。」我說。「他得到一流的服務，抱怨只是他想殺價的慣用伎倆。」

「或許你說對了，不過我眞希望能有什麼簡單的方法擺脫他。」他拍了拍崔斯坦的肩膀。「好了，別太費力，這樣就行了。把藥膏塡裝進盒子裡，上面的標籤就寫：『每日三次塗抹於公豬背部，用手指充分搓揉至吸收。』然後把藥膏寄給克蘭佛先生。你去寄的時候，可以順便把這個檢驗副結核病用的糞便樣本寄到里茲的實驗室嗎？」他遞出一個盛滿惡臭糞液的糖蜜罐。

我們常常蒐集類似樣本並寄去進行副結核病、寄生蟲數量等檢驗，而所有樣本都有一個共通點——非常大量。檢驗其實只需要幾小匙的量，但是農人們提供樣本時都非常豪邁大氣。他們得知獸醫想要的只是集糞槽道裡的一點點糞便時，似乎都相當驚喜；他們忘掉務農人家的戒愼小心，開心地鏟起一大坨，裝進他們能找到的最大號容器。他們對任何抗議聽若罔聞，擺出「盡管拿，這邊多得很」的態度。

崔斯坦小心翼翼地接過罐子，目光在架子上逡巡。「我們似乎沒有那種小的玻璃採樣瓶了。」

「沒錯，用完了。」齊格菲說。「我原本要再訂購一些的。不過沒關係——把蓋子蓋上去，然後用力向下壓緊，再用牛皮紙把罐子包好。會順利寄到實驗室的。」

僅僅三天後，克蘭佛先生的名字再次出現。齊格菲正在拆早上送來的信件，他將廣告傳單扔到一邊，將帳單和收據堆成一疊，忽然間全身一頓。他看著一封用藍色信紙寫成的信，讀信時靜坐不動，彷如木雕泥塑。許久之後，他抬起頭來，臉上沒有任何表情。「吉米，這大概是我讀過最尖酸刻薄的一封信。是克蘭佛寄來的。他要永遠和我們斷絕往來，正在考慮對我們採取法律行動。」

「我們這次又做了什麼？」我問。

「他指控我們對他施加重大侮辱，還危及他那頭公豬的健康。他說我們寄了一個裝滿牛大便的糖蜜罐給他，還附上說明要他每天三次把大便抹在公豬背部。」

崔斯坦原本坐在一旁雙眼半閉，忽然完全清醒。他匆匆站起身朝門口走去。他的手才握住門把，他哥哥的吼聲如雷貫耳傳來。

「崔斯坦！回來這裡！坐下——我想我們需要好好聊聊。」

崔斯坦抬起頭，露出等待暴風雨襲來的堅忍表情。但是齊格菲出乎意料地十分平靜，他的語氣很溫和。

「所以你又來了。就連這麼簡單的差事都沒辦法放心交給你，真不知道我什麼時候才能記取教訓？我要求的並不多，不是嗎？寄兩個小包裹——稱不上是什麼艱鉅任務。但你還是有辦法搞砸。你貼錯標籤了，對吧？」

崔斯坦在椅子上挪動了一下。「抱歉，我也想不通怎麼會……」

齊格菲抬起一手。「唔，別擔心。你向來的好運又幫了你一把。要是寄給其他人，這種失誤會造成大災難，但是寄給克蘭佛——簡直是老天保祐。」他停頓片刻，露出如夢似幻的眼神。「如果我沒記錯，標籤上寫說要用手指充分搓揉至吸收。克蘭佛先生在信上說他是吃早餐時在餐桌上打開包裹……沒錯，崔斯坦，我想你想到辦法了。我相信，我們這回絕對可以擺脫他。」

我說：「那個法律行動怎麼辦？」

「唔，我想那個我們就拋諸腦後吧。克蘭佛先生可是自尊心很強的人，只要想想把整件事在法院攤開來會是什麼樣子。」他將信揉成一團，丟進字紙簍。「那麼，來忙我們的正事吧。」

他領頭走出去，在走道中途忽然停步。他轉身面對我們。「當然了，還有另一件事。我在想實驗室拿了藥膏當樣本檢驗副結核病，不知道結果如何？」

第三十章

這次我眞的很擔心巧巧。我將車停好時，剛好看到他的女主人牽著他走在街上，巧巧的樣子令我大爲震驚。他變得無比肥胖，活像四角各長出一腿的鼓脹香腸。他的兩眼充滿血絲，眼周積聚分泌物，舌頭耷拉在嘴邊。

彭富瑞太太急急忙忙想要解釋。「他的精神實在很差，哈利先生，似乎完全失去力氣。我想一定是因爲營養不良，所以我最近都會在正餐之外多餵幾次點心，幫他養足體力。就是餵一點牛腳凍和鱈魚肝油，晚上一碗好立克讓他好睡覺——眞的沒有餵很多。」

「那您有照我說的少餵甜食嗎？」「噢，我試過少餵一點，但他看起來好虛弱。我實在狠不下心，他好愛吃奶油蛋糕跟巧克力之類的，我怎麼忍心拒絕他。」

我再次低頭看著小狗。問題就在這裡。巧巧唯一的過錯就是貪吃。就我所知，他對食物一向來者不拒；無論早晚，任何時候他都能吃完一餐。我也在想彭富瑞太太沒提到的那些食物：抹在薄餅乾上的肝醬、法奇軟糖、滋味豐富的乳脂鬆糕——巧巧全部都愛。

「您有常常讓他運動嗎？」

「噢，如您所見，他會跟我一起出門散步，但是霍吉肯腰痛，所以他最近沒有玩丟圈圈的遊戲。」

我試著讓語氣很嚴肅。「我是認眞的。如果您不立刻少餵一點食物，不讓他多作運動，他眞的會生病。您一定要硬起心腸，嚴格控制他的飲食。」

彭富瑞太太扭絞雙手。「噢，我會的，哈利先生。我相信您說的都對，但眞的好難，眞的太難了。」她低下頭，沿著街道走開，好像決心立刻讓巧巧展開新生活。

我看著他們逐漸遠去，心中愈發擔憂。裹著粗花呢小外套的巧巧腳步蹣跚；他有各式各樣的小外套，冬天穿溫暖的粗花呢或格子呢外套，雨天穿防水外套。他萎靡不振，被牽繩拉著掙扎向前。我想不用很久就會接到彭富瑞太太的電話。

數天之後，那通預期中的電話打來了。彭富瑞太太驚慌失措。巧巧什麼東西都不吃，他連最愛的菜色都拒吃，而且還不停嘔吐。他整天只是躺在地毯上喘著粗氣，他不想出門散步，什麼都不想做。我預先想好對策。如今唯一的方法，就是讓巧巧離家一段時間。我建議讓巧巧住院大約兩週，以便隨時監控他的情況。

可憐的女士幾乎暈厥。她從來沒有跟她的心肝寶貝分開過；她確信巧巧如果不能每天見到自己，一定會因爲思念過度而憔悴死去。

但我非常堅持。巧巧的病情已經很嚴重，只有住院才能救他；事實上，我想最好別再耽擱，立刻將他帶回診所住院。我抱起用毯子裹住的小狗，大步走出屋外去開車，彭富瑞太太哭哭啼啼跟在後面。

全體僕役忙上忙下，女僕們衝進衝出，搬出他的日間睡床、夜間睡床、最愛的靠枕、玩具和橡皮圈，以及吃早餐的碗、吃午餐的碗和吃晚餐的碗。我發現車子根本裝不下他的全部家當，只好發動車子準備開走。車子準備駛離時，彭富瑞太太絕望地哭喊，抱來一堆小外套塞進車窗。沿著車道轉彎之前，我看了看後照鏡；所有人都哭成淚人兒。

開車回診所途中，我瞄了一眼在旁邊座位上喘著粗氣的可憐小狗。我拍拍巧巧的頭，他很努力地想搖一下尾巴。「可憐的老小子，」我說，「你還眞的一點力氣都沒有，但我想我知道該怎麼對症下藥。」

回到診所，家裡的狗群一擁而上，將我團團圍住。巧巧低頭看著吵鬧的一群狗，雙眼呆滯，我將他

放在地毯上，他一動也不動。其他幾隻狗繞著巧巧東嗅西聞了幾秒鐘，判定只是個不好玩的東西，就完全忽視巧巧。

家裡的狗群是睡在開放的單間犬舍，我在旁邊的溫暖單間幫巧巧布置好床鋪。接下來兩天，我密切留意他的狀態，不餵任何食物，只給他充足的飲水。第二天晚上，他開始對周遭環境表現出些微興趣，到了第三天，聽到其他隻狗在院子裡活動的聲音時，他開始嗚嗚哀叫。

我打開門時，巧巧才快步走出去，立刻就被靈猩裘裘和伙伴們圍住。狗群將他推來翻去徹底檢視一番後，就朝著庭園移動。巧巧跟在他們後面，幾乎是撐起肥胖的身軀連滾帶跑，但他顯然滿腹好奇。

當天稍晚到了餵飯時間，我也來到現場。我看著崔斯坦將食物倒進數個狗碗。照例是一陣互相推擠爭先恐後，然後是狼吞虎嚥的唏哩呼嚕聲響；每隻狗都知道，要是落後其他隻，就會有競爭者來跟他搶食最後幾口。

家裡的狗群吃完之後，巧巧繞著被舔得乾淨發亮的狗碗走了幾步，在其中幾個碗裡隨意舔了舔。翌日，我們在旁邊多放了一碗給巧巧，我很高興看到他也加入推擠搶碗的行列。

從那時候開始，他就恢復神速。他沒有接受任何一種治療，整天只是和其他狗一起跑跳，加入他們友善的玩耍扭打。每隔數分鐘，他就會發現被其他狗撞倒、踩扁或壓擠有多麼好玩。巧巧獲得家裡的狗群接納成為他們的一員，毛髮如此光滑柔亮的小傢伙竟然會加入毛髮蓬亂的狗群，在吃飯時間搶食時勇猛似虎，夜裡則在老舊雞舍獵捕大老鼠。他從來不曾有過這樣的生活。

與此同時，彭富瑞太太的焦慮身影仍在我們的生活中徘徊不去，她一天打好幾次電話過來聽取近況簡報。被問到有沒有定時幫巧巧把靠枕翻面，或是看天氣幫他穿上該穿的外套等等，我一律閃避不答；但是我可以告訴彭富瑞太太，小傢伙已經脫離危險，目前正快速康復。

對彭富瑞太太來說，「康復」兩字似乎有奇效。她開始送新鮮雞蛋過來，每次兩打，說可以幫巧巧增強體力。有一段時間我們過得相當愜意，早餐每人可以吃兩顆蛋，但是等到診所開始定期收到數瓶雪莉酒，屋子裡上上下下終於意會到，情況持續發展下去，可能達到極爲驚人的程度。

雪莉酒就是我再熟悉不過的佳釀，女主人說要用來幫巧巧補血。於是午餐成了隆重的儀式，餐前、餐後各飲上兩杯。齊格菲和崔斯坦輪流簡報巧巧的健康狀況，發表演說的標準逐日提高。身爲保證巧巧健康的醫師，我每次都會被點名要出面回應。

白蘭地送抵時，我們幾乎不敢置信。兩瓶藍帶干邑白蘭地，是最後要用來改善巧巧的體質。齊格菲從櫃子深處挖出幾只他母親的矮腳大肚杯。我以前從來沒看過這種杯子，不過這些白蘭地杯在之後數個晚上經常派上用場，供我們傳杯送盞，懷抱虔敬心情飲啜上等烈酒。

我們無比滿足地過了幾天好日子，從早上可以多吃一顆雞蛋開始，中午品飲雪莉酒提振和維持精神，再到晚上圍著爐火豪奢地享用白蘭地。

讓巧巧永遠住下來的念頭委實誘人，但我知道彭富瑞太太深受分離之苦，兩週過後就不得不打電話告訴她，小狗已經康復，就等女主人來接他回家。

不過幾分鐘光景，大約三十英尺那麼長的加長轎車駛至診所旁停下，黑色金屬車廂閃閃發亮。司機打開車門時，我只能依稀看到彭富瑞太太半隱於車內的身影。她雙手緊緊在胸前互握，嘴唇顫抖。

「噢，哈利先生，您絕不能騙我。他眞的好起來了嗎？」

「是的，他很好。您不用下車——我去帶他過來。」

我穿越屋子，走進庭園。一群狗正在草皮上飛跑繞圈，而其中有一抹嬌小的金黃身影，耳朵撲拍、尾巴猛搖，正是巧巧。他在兩週之內脫胎換骨，變得輕盈靈動、肌肉緊實；他完全能跟上其他隻狗的速度，跟他們一起飛身騰躍，胸口幾乎擦過地面。

我抱起巧巧，經過走道回到屋子前門。司機仍然拉著車門，巧巧一看到彭富瑞太太，就從我懷裡縱身一躍，飛撲出去落在女主人懷裡。女主人驚詫地「噢——！」了一聲，接著在巧巧狂吠舔臉的熱情攻勢之下，不得不遮擋自保。

趁著一人一狗興奮團聚，我幫忙司機將睡床、玩具、靠枕、外套和狗碗搬上車，沒有一樣派上用場。車子駛離時，彭富瑞太太從車窗探出頭來。她雙眼淚光閃動，雙唇顫抖。

「噢，哈利先生，」她喊道，「我該怎麼答謝您才好？這次手術眞是太成功了！」

第三十一章

我猝然驚醒，心臟跟著兀自響個不停的電話鈴聲撲通狂跳。從舊系統改成在各人床頭裝設電話機無疑是一大革新，不必再飛奔下樓，赤腳站在走道地磚上冷得直打哆嗦；但三更半夜氣力正虛、抵抗力不足，電話就在距離耳邊數英寸處發出震耳欲聾的鈴響，也同樣令人崩潰。會打來找我的，我相信絕不是什麼好事。

話筒另一端的聲音歡快得令人氣惱。「我有一頭母馬要生小馬了，但生得似乎不怎麼順。我想小馬的胎位肯定不對——你能不能過來幫個忙？」

我的胃緊縮成一團。這樣子實在是有點過份；三更半夜起床出門一次已經很糟，兩次就太不公平了，根本就是酷刑。這一天辛苦極了，終於等到半夜能爬進被窩，我眞是滿心歡喜。結果凌晨一點我就被電話聲硬挖起床，出門接生小牛，難處理得要命，快三點鐘才回到家。現在幾點鐘呢？三點十五分。老天爺，我才闔眼睡不到幾分鐘。這次是接生小馬！難度通常是接生小牛的兩倍。我過的究竟是什麼日子！究竟是什麼要命的鬼日子！

我對著話筒口齒不清應道：「好的，狄克森先生，我立刻過去。」然後拖著腳步走向房間另一頭，打呵欠、伸懶腰的同時，感受到雙肩和雙臂痠痛不已。我低頭看著堆在椅子上的衣褲：我今晚已經脫下、穿上再脫下一次了，我內心有某個部分抗拒著再次著裝的念頭。於是我疲倦地悶哼一聲，拿起掛在門後的防水外套直接套在睡衣上，然後下樓走到配藥室門口，將腳用力塞進放在門外的防水靴裡。晚上很溫暖，何須大費周章換上外衣外褲；如此一來到了農場，我只要再脫掉睡衣就好。

我打開後門，緩緩走進長長的庭園，我筋疲力竭，只能依稀聞到夜色中飄盪的芳香。走到最底的院

子，我打開通往巷子的雙扇門，將車子從車庫裡開出來。城鎮裡萬籟俱寂，車頭燈掃過時，照得一棟棟建築物霎時白亮，露出闔起的店面百葉門窗和拉得緊密的窗簾。所有人都沉沉睡去。所有人，而我吉米．哈利例外，只有我渾身痠痛乏力，還得龜速前進再去作一次苦工。眞是見鬼了，我究竟爲什麼決定來鄉下當獸醫？我一定是瘋了，才會選擇週休零日、連晚上都不休息的工作。有時候我覺得執業擔任獸醫就像是一個惡意的活體，它測試我，考驗我，給我愈來愈大的壓力，要看看我什麼時候會倒地斃命。

原本沉浸於自憐自艾的情緒，但下意識的反應讓我懸崖勒馬，及時找回一些天生的樂觀開朗，正面看待不久之後的未來。首先，狄克森家就位在谷地區山腳的主要道路旁，而且他們的農場建築裡裝設了電燈這種少見的奢華配備。而且我不可能累到完全無力；畢竟我才二十四歲，所有官能完好無損。一點點操勞，我還承受得了。

我對自己微笑，進入這種時候對我來說極其正常的半運轉狀態；除了應對手邊工作必須的感官之外，其他感官都被朦朧睡意籠罩。過去數個月來有好幾次，我都是這樣起床開車到遙遠的鄉間某處，很有效率地完成工作，然後回家上床繼續睡覺，途中幾乎不曾完全清醒。

我對狄克森家的料想無誤。優雅的克來茲代母馬住在光線明亮的單間馬廄裡，我懷著由衷感激將助產繩和用具一字排開。將消毒劑滴入冒著熱氣的水桶時，我觀察母馬拚命用力並划動四腳。但她只是白費力氣，小馬的腳還是沒有從產道冒出來。幾乎可以確定是胎位不正。

我認眞思考的同時脫下防水外套，忽然被農人一陣大笑驚得回過神來。「老天爺救命哦，穿的這是什麼樣，也太胡鬧了吧？」

我低頭看著自己身上，淺藍色的睡衣搭配紅色寬腰帶。「這個呢，狄克森先生，」我莊重地回答，「是我的睡袍。我懶得換衣服了。」

「噢，那我懂了。」農人眼中閃現一抹邪惡的光芒。「很抱歉，我一下子還以爲自己找錯人了。我去年在黑潭看過一個跟你好像的傢伙——身上那件跟你一模一樣，不過他還戴了一頂條紋大禮帽，手裡拿著拐杖。他跳了一小段舞，精采極了。」

「恕我無法奉陪。」我勉強露出微笑。「我現在沒有心情。」

我脫下睡袍，發現數小時前小牛牙齒在手臂上留下的深紅痕跡，覺得很有意思。小牛牙齒尖銳如剃刀，每次我伸長手臂經過那排牙齒旁，就會被刮掉方正的一小塊皮。

我摸索著將手伸進母馬體內，母馬渾身顫抖。摸不到東西，還是摸不到，接著摸到了尾巴還有髖骨，還有身體和後腿，但它們接著又隱沒在我搆不著的深處。臀位生產；如果是母牛，對於專業人士來說並不困難，但碰到母馬就比較棘手，因爲小馬的腿特別長。

我用助產繩和一端裝了鈍鉤的彈性桿子，花了半小時才將小馬的一條腿勾回正確位置，忙得滿身大汗、直喘粗氣。再拉第二條腿就比較容易了，而母馬似乎知道已經排除阻礙了。她大力一推擠，小馬和我一起被擠出來落在乾草堆上，小馬趴在自己環起的前腿上。感覺到小小的身軀劇烈抽動著，我大喜過望。先前接生時，我感覺不到小馬的動靜，判斷牠已胎死腹中。但牠其實活蹦亂跳，不斷搖頭晃腦，從鼻孔裡噴出難產時在胎中吸入的液體。

我用毛巾擦乾淨身體，轉頭看見農人故意一臉正經，像貼身男僕一般替我將彩色睡衣拿高。「讓我爲先生服務。」他語氣嚴肅。

「好吧，好吧。」我大笑。「下次我會穿得正式一點。」我正把用具收進後車箱，農人隨手將一個包裹扔到後座上。

「送你一點奶油。」他喃喃道。我發動引擎時，他彎腰湊到車窗旁。「我有點擔心那頭母馬，而且

一直很希望她能生一頭小馬。謝謝你啊，小伙子，真的很謝謝你。」

他朝我揮手，車子逐漸駛離時，我耳中傳來他的喊聲。「你這個塗黑臉走唱的，表現不錯嘛！」

我向後靠在駕駛座上，撐著沉重的眼皮子覷著在熹微天光下蜿蜒開展的空蕩道路。太陽已經升起——霧氣瀰漫的田野上方低懸著一輪紅彤。我覺得滿足極了，憶起小馬細長得不可思議的四腳不聽使喚，卻仍掙扎著跪立起來的模樣，心裡頭暖洋洋的。最重要的是小傢伙竟然還活著——如果接生下來的是死胎，真的會讓人感到悲慘絕望。

狄克森家的農場位在低地區，谷地區在此豁然開展，向外連接約克的廣大平原。接下來得穿越連接西來丁和東北部工業區的繁忙環狀道路。矗立於道路旁通宵營業的小餐館煙囪冒出一縷炊煙，我放慢車速準備轉彎時，一道微弱但穿透力十足的熱食香氣鑽進車子裡：氣味微弱卻無比豐富，我腦海中立刻浮現一盤煎香腸、豆子、番茄和薯條。

天啊，我餓壞了。我看著手錶；五點十五分，還要等好久才能吃早餐。我轉了個彎，加入寬廣柏油路上的卡車行列。

匆匆走向仍亮著燈的餐館途中，我決定不要貪心，不用點什麼特別的，一份美味的三明治就好。我之前來過幾次，知道他們的三明治很可口；我整晚辛苦工作，補充一下營養也是應該的。

我踏進溫暖的室內，好幾群卡車司機前方的餐盤堆成山高，但我走過時，原本人聲鼎沸的室內一下子鴉雀無聲，氣氛頓時緊繃。一個穿著皮夾克的胖子坐著瞪大雙眼，盛滿食物的叉子送到嘴邊半途停住，而坐在他隔壁的顧客油膩膩的手裡端著一大馬克杯的茶，瞠目結舌盯著我的衣著。

我忽然想到，睡衣搭配大紅色腰帶加上防水外套，在這一帶可能有點罕見，我的外套下襬還在身後飄動，我匆匆扣上鈕扣。即使將鈕扣全部扣上，外套還是短了一截，我的靴子上方還是露出至少一英尺長的睡褲褲管。

但我心意已決，仍舊邁步走向櫃台。一名金髮女郎面無表情與我對望，髒兮兮的白色連身工作服裡勉強裹住她的豐滿身材，胸前口袋上的名牌標著「朵拉」。

「麻煩給我一份火腿三明治，還要一杯保衛爾牛肉汁。」我的嗓音粗啞。金髮女郎在杯子裡加入一匙保衛爾牛肉汁，再提起一壺冒著嘶嘶熱氣的滾水將杯子加滿，我意識到身後一片寂靜，還有許多雙視線直直投向我的雙腿，只覺得渾身不自在。我只看得到在我右手邊那名穿皮夾克的男人。他吃進一大口食物，在咀嚼的同時陷入沉思。

「眞是什麼人都有，你說是吧，恩斯特？」語氣中帶著評判的意味。

「眞的，肯尼斯，眞的是這樣啊。」他的同伴回答。

「恩斯特啊，你說這會不會是約克郡鄉下紳士今年春季流行的打扮？」

「有可能，肯尼斯，有可能哦。」

聽著後方傳來的竊笑聲，我作出結論：這是小餐館裡的一搭一唱二人組。我最好趕快吃完走人。朵拉將夾了厚厚肉片的三明治從櫃台裡側推到我前面，像夢遊者囈語般對我說話。「總共一先令。」

我將手伸進外套內側一摸，卻只摸到沒有口袋的棉織法蘭絨睡褲。老天，我的錢都在達洛比屋子裡那條長褲的口袋裡！駭人的驚恐籠罩心頭，我慌亂地在防水外套上下裡外翻找，但再怎麼找也只是徒然。

我一臉狂亂盯著金髮女郎，看著她將三明治收到櫃台裡。「聽我說，我沒帶錢出門。我之前來過這裡——妳知道我是誰嗎？」

朵拉搖了一下頭，滿臉厭倦。

「好吧，沒關係。」我結結巴巴。「我下次經過會過來還錢。」

朵拉的表情沒有任何變化，但一邊眉毛挑得高高的；她絲毫沒有將藏起的三明治再拿出來的打算。

我現在滿腦子想的只有逃跑。在絕望中，我啜了一口杯子裡的熱燙液體。

肯尼斯將餐盤往前一推，開始用火柴棒剔牙。「恩斯特，」他似乎作出了擲地有聲的結論，「我認爲我們這位男士有些怪異。」

「怪異？」恩斯特邊喝茶邊暗笑。「比較像是發瘋吧。」

「啊，但是還沒那麼瘋，恩斯特。他還沒有瘋到可以白吃白喝。」

「你說到重點了，肯尼斯，絕對是重點。」

「可不是被我說中了嗎。他在店裡好好地享用了一杯牛肉汁，要不是他沒算準時機就露出馬腳，三明治就讓他到手了。朵拉這回動作比較快——再晚個五秒鐘，他就一口咬住火腿啦。」

「眞的，沒錯。」恩斯特喃喃道，似乎對於負責應和的搭檔角色十分滿意。

肯尼斯放下火柴棒，大聲吸了吸牙縫，然後向後一靠。「我們還有一個可能性沒有考慮到，他有可能在逃亡。」

「你是說逃跑的囚犯嗎，肯尼斯？」

「是的，恩斯特，我是這麼想沒錯。」

「但是那些傢伙穿的囚衣上面一定會有箭頭圖案。」

「啊，有些囚衣上面有。但是我聽說有些地方的監獄現在改用條紋了。」

我受夠了。我將最後幾滴滾燙的牛肉汁一口喝光，直直朝著門口走去。正要踏入早晨的陽光下，我耳邊飄來肯尼斯最後一句評語。

「很可能是趁著到戶外工作時逃出來的，看看他那雙防水靴……」

第三十二章

看得出來，韓德修先生根本不相信我說的話。他低頭看向母牛，嘴巴緊抿成一條頑固的直線。

「骨盆破裂？你是要告訴我她再也站不起來了嗎？怎麼會呢，你看她明明還在嚼反芻物嚼得好好的！我告訴你，年輕人——我老爸今天要是還活著，馬上就能讓她站起來。」

我當外科獸醫師已經一年，已經學到幾件事。其中一件事就是你很難說服農人——尤其是約克郡谷地的農人。

至於韓德修先生提起自己的老爸。韓德修先生五十多歲，我想他對已故父親的技術和判斷如此有信心，真的十分感人。但我原本可以好好解決問題，實在不需節外生枝。

這個案例已經夠令我頭大了，再提起其他的事只是徒增麻煩。沒有多少事能激得獸醫惱怒不快，其中之一就是母牛不肯站起來。動物原本的病痛明明已經治好，卻還是臥倒在地站不起來，在外行人看來可能很奇怪，但確實會發生這種事。而飼主會意識到，躺臥在地起不來的乳牛毫無未來可言。

這個案例的緣起是老闆派我去治療乳熱病，我的老闆齊格菲．法農在谷地區的小村鎮達洛比開獸醫診所。高產量乳牛在分娩之後會因為忽然缺鈣而罹患乳熱病，可能會造成虛脫和陷入昏迷。我第一次看到韓德修先生的母牛時，側臥的她伸長了四腳、一動也不動，我必須小心檢查，確認她還活著。

但我信心滿滿地取出裝著鈣液的瓶子，因為我很幸運，在獸醫這一行對乳熱病從原本束手無策到終於占了上風的時期取得資格。醫療技術在多年前就有所突破，利用替乳房充氣來治療，我仍然隨身攜帶小型的打氣裝備（農人用腳踏車打氣筒），但隨著輸送鈣液的療法問世，獸醫如今能在數分鐘內讓動物一下子起死回生，輕鬆贏得妙手回春的光環。技術門檻很低，但視覺效果卓絕。

我已經注射了兩瓶鈣液，一瓶採靜脈注射，一瓶採皮下注射，並在韓德修先生的幫忙下推動母牛讓她坐起來，情況明顯有所改善；她左顧右盼，搖頭晃腦，好像在揣想自己過去幾個小時去了哪裡。我確定要是自己有空再逗留一陣子，就能看到她站起身來。但還有其他工作在等我。

「要是她到了晚餐時間還沒站起來，就打電話給我。」我照例交代一聲，但我很確定自己不會需要再過來看診。

農人中午打來說母牛還是沒有站起來時，我覺得只是小事一樁。有些個案需要多打一瓶——打完就沒事了。我前往農場，再次爲母牛注射鈣液。

翌日我得知母牛還是沒有站起來，依舊不怎麼擔心，但是韓德修先生站在母牛身旁，駝著背低頭看她，兩手深插在口袋裡，對於我的功敗垂成難掩憂傷失望。

「這頭母牛也差不多該站起來了，躺在那裡一點用處都沒有。總有什麼是你能做的吧。今天早上我朝她耳裡倒了一瓶水，就算這樣還是拿她沒辦法。」

「你什麼？」

「朝她耳朵裡倒一些冷水。我老爸以前都這樣讓她們站起來，我老爸啊，養家畜眞的是很有一套。」

「我完全相信令尊的能力。」我一本正經地說。「但我眞的認爲再注射一瓶會比較有幫助。」

我朝母牛皮下再注射一瓶鈣液，農人悶悶不樂地在旁觀看。這種方法在他眼裡已經不再神奇。

我收拾用具，同時盡可能開朗應對。「我不會太擔心。很常看到維持一、兩天還不站起來——您很可能明早就會看到她走來走去了。」

我們吃完早餐不久就接到電話，聽見韓德修先生的聲音時，我的胃驟然緊縮。他的語氣沉重憂傷。

「呃，她還是老樣子，趴在那裡只顧一直吃，根本就不站起來。現在你要怎麼辦？」

究竟怎麼辦才好，我在開車去農場途中思索著。已經過了四十八小時，母牛還是沒有站起來——是我完全不樂見的情況。

農人一見到我就展開攻勢。「我老爸以前總是說，她們不肯站起來就表示尾巴裡有蟲。他說要是把尾巴切掉，就能立刻見效。」

我聽了心裡更是一沉。已經不是第一次因爲這種迷思而碰上麻煩。這種迷思的潛在危害在於，奉行這種野蠻遺俗的人往往能夠聲稱這種方法有效，因爲在尾巴末端被砍斷後，當尾巴殘餘部分碰到地面，任何壞脾氣的母牛都會痛到立刻跳起來。

「沒有所謂尾巴裡有蟲這回事，韓德修先生。」我說。「而且您難道不認爲切斷母牛尾巴是一件很殘忍的事嗎？我聽說英國皇家防止虐待動物協會上週才將一個做這種事的人告上法院。」

農人瞇起眼睛。他顯然認爲我在閃避問題。「好，要是你不想這麼做，那你又有什麼見鬼的打算？我們總得想辦法讓她站起來。」

我深吸一口氣。「嗯，我確定她的乳熱病已經痊癒，因爲她能正常進食，而且看起來心情很好。她可能是因爲後肢癱瘓，才會站不起來。再幫她注射鈣液已經沒有意義，我打一針興奮劑試試看。」我懷著悲壯的心情將針筒塡滿。我一點都不覺得興奮劑會有什麼效果，但我已經無計可施。這是沒辦法中的辦法了。

我轉身準備離去時，韓德修先生在後面叫住我。「嘿，先生，我還記得我老爸以前會做一件事，他會朝她們耳裡大吼。他就是這樣讓好幾頭母牛站起來的。我的聲音不怎麼宏亮——還是你來試試看？」

到了這個關頭，想守護自己的尊嚴已經有點遲了。我走到母牛身旁，抓住她的耳朵。我滿滿吸飽一

口氣，然後彎下腰來，朝毛茸茸的耳洞深處瘋狂吼叫。母牛暫停咀嚼，一臉疑惑地看著我，然後垂下眼皮，又繼續怡然自得地反芻。「我們再給她一天時間吧。」我疲憊地說。「要是她明天還是不站起來，我們試試看能不能把她拉起來。您能找幾位鄰居過來幫忙出力嗎？」

那天開車前往其他幾處出診時，我只覺得大受挫折，內心糾結不已。該死的可惡傢伙！到底是什麼原因讓她站不起來？我還能怎麼辦？現在已經是一九三八年，我能運用的資源卻還是那麼有限。三十年以後，還是會碰到患了乳熱病的乳牛站不起來，但要是注射鈣液無效，獸醫還有很多種武器可以運用。譬如設計優良的貝格蕭吊升裝置，能夠夾住骨盆幫乳牛自然地站起來，或是注射磷，甚至是電擊牛臀用的刺棒，能夠讓舒適坐臥著的母牛發出怒吼同時立刻跳起身來。

如我所預期，到了隔天，情況依舊不變，我到了韓德修先生的院子一下車，就被他的鄰居團團圍住。他們咧著嘴笑，興高采烈，自信滿滿，七嘴八舌提出建議，任何農人講到別家動物時都是如此。

在我們搬來麻袋墊在母牛身下時，又冒出更多笑聲和玩笑話，他們還提出各種古怪建議，我努力充耳不聞。等到我們終於同心協力將母牛吊高起來，結果完全可以預期：四腳懸空掛在半空中的她一臉平靜無事，而她的飼主靠在牆上看著我們，臉色愈來愈愁苦難看。

在大家氣喘吁吁哼哼唧唧放下完全不想動的母牛之後，所有人都等著看我下一步要怎麼做。我絞盡腦汁思索的當下，韓德修先生再次口出驚人之語。

「我老爸以前常說，找一隻不認識的狗，一定能讓母牛站起來。」

農人們低聲咕噥表示贊同，立刻有人自願出借犬隻。我努力想指出一隻狗就夠了，但是我的話已經愈來愈沒有份量，而且無論如何，所有人似乎都急著展現自家狗兒讓牛站起來的潛力。

大夥兒忽然興奮地一鬨而散，就連在村裡開店的史梅里先生都飛奔回去牽他的邊境㹴。不過數分鐘的光景，只見牛棚裡一陣熱鬧熙攘，狗群張牙舞爪、狺狺吠叫，但是母牛對他們視而不見，只有對太靠近的狗搖晃牛角以示警告。

引爆點是韓德修先生的狗，他在田野裡幫忙趕完綿羊後進入牛棚。他身材瘦小但老練頑強，反應極快且脾氣暴烈。他悄悄潛進牛棚，四腿僵硬緊繃、毛髮倒豎，驚愕地看了一眼闖入自己領土的陌生狗群，連吠都沒吠一聲便迅速發動攻勢。

數秒鐘內，我看過最精采的群狗混仗熱戰方酣，我退到後面觀覽全局，覺得自己在場完全多餘。農人的喝罵聲壓過此起彼落的吼吠咆哮。一名勇者跳入混戰的狗群中，脫出重圍時有一隻嬌小的傑克羅素㹴死死咬住他的防水靴靴跟不肯鬆口。苜蓿丘的雷諾斯先生邊用兩根短棍夾住母牛尾巴摩擦，嘴裡邊喊著「放輕鬆！放輕鬆！」就在我在一旁愛莫能助時，一個我完全不認識的人拉了拉我的袖子，悄聲問我：「你試過在一品脫陳年啤酒裡加一茶匙潔仕消毒液，每兩個小時餵一次嗎？」

在我看來，所有黑魔法似乎傾巢而出，而我只憑薄弱的科學資源根本無法力挽狂瀾，眼看著就要滅頂。我不知道我是怎麼在一片喧嘩中聽出細微的吱嘎聲——很可能是因為我傾身靠近雷諾斯先生，想說服他別再摩擦牛尾巴。就在那一刻，母牛微微改變姿勢，這下子我聽得一清二楚。吱嘎聲來自骨盆。我花了好一陣子才拉回大家的注意力——我想所有人都忘記我還在現場——狗終於被分別帶開，由無數條堅韌的粗繩拉住約束，沒有人大吼大叫，有人將雷諾斯先生拉走，我重新成為大家的目光焦點。

我轉向韓德修先生說道。「麻煩您幫我準備一桶熱水、肥皂和一條毛巾。」

他拖著步子走開，嘴裡喃喃埋怨，似乎對於新的對策不抱太大期望。我的信心極度低落。

我脫下外套，用肥皂洗淨雙臂，將一手伸入母牛的直腸，直到碰觸到堅硬的恥骨。我隔著直腸壁握住恥骨，然後抬頭看向觀眾。「請兩個人過來抱住她的髖關節，將她左右輕輕搖晃。」

沒錯，又是那個聲音，絕不可能弄錯。我聽得見，也感覺得到——鬆脫的感覺，微弱的吱嘎聲，幾乎是骨頭在磨軋。

我站起來，洗淨手臂。「我知道為什麼您的母牛站不起來了——她的骨盆破裂，很可能是第一天晚上因為乳熱病掙扎亂動時受傷的，我想神經可能也有受損。恐怕沒希望了。」雖然是在傳達壞消息，但是能夠提出理性解釋，我還是覺得如釋重負。

韓德修先生盯著我。「沒希望？怎麼會？」

「很抱歉，」我說，「但事實就是這樣。您唯一能做的，就是送她去屠夫那裡。她的後腿已經沒力，再也站不起來了。」

這下子韓德修先生真的忍無可忍，滔滔不絕抱怨起來。他沒有特別情緒激動或出言辱罵，只是堅定地指出我的缺失，並且再次對於他老爸已經離世、無法搞定一切的事實表達哀慟。其他農人圍成一圈，圓瞪雙眼，聽得陶醉不已。

到最後，我決定告退。已經沒有什麼是我能幫上忙的，無論如何，韓德修先生終究會認同我的看法。時間會證明我是對的。

隔天早上一起床，我就想起那頭母牛。整件事不怎麼愉快，但我知道已經找到答案，內心至少因此感到某種平靜。我知道什麼是錯的，我知道那頭牛已經沒有希望。已經沒有什麼好擔心的了。

出乎我意料的是，很快又接到韓德修先生的電話。我原本以為他還要再過兩、三天才會意識到自己錯了。

「哈利先生嗎？啊，很好，向你道個早安啊。我打電話來只要是告訴你，我家母牛站起來了，現在好端端的。」

我雙手緊抓話筒。「什麼？你剛剛說什麼？」

「我說我那母牛站起來了。今天早上發現她在牛棚裡走來走去，健康得不得了。你會以爲根本什麼事都沒發生過。」他停頓片刻，然後刻意以嚴肅的語氣說話，像一位不滿的校長。「你卻站在那裡看著我，跟我說她再也站不起來了。」

「可是……可是……」

「啊，你在想我怎麼辦到的？哦，我只是剛好想起我老爸的另一個老招。我跑去屠夫那裡，跟他要了一塊剛剝下來的綿羊皮，回來放到母牛背上。她立刻就站起來了——你一定得過來看看她。你說我老爸是不是很神奇。」

我渾渾噩噩地走進餐廳。這件事我非得請教老闆不可。齊格菲當天凌晨三點被叫醒，出門接生小牛，這時的他看起來好蒼老，一點都不像三十幾歲的人。他默默聽我說話，同時吃完早餐，推開餐盤，再倒了最後一杯咖啡。「運氣不好，吉米。你說老綿羊皮是吧？眞有意思——你來谷地區也一年了，第一次碰上這種事。我想這些傳統療法現在肯定比較不流行了，不過你也知道，這些療法背後多少有一點道理在。你可以想像剛剝下的綿羊皮還會有點發熱，就像在背部塗藥膏熱敷——眞的會有一點刺激的作用，要是母牛單純只是耍脾氣不站起來，多半會爲了甩開那塊綿羊皮就站起來了。」

「可是見鬼了，那骨盆破裂又要怎麼解釋？我告訴你了，到處都在吱嘎搖晃！」

「唔，吉米，你不是第一個中招的人。有時候骨盆會在生產完之後的幾天發生韌帶鬆弛，你發現的只是韌帶鬆弛的結果。」

「噢天啊。」我哀嚎道，低頭盯著桌布。「眞是要命，我全搞砸了。」

「唔，其實也不算搞砸啦。」齊格菲點燃一根菸，向後靠在椅子上。「很可能在老韓德修把羊皮丟到她背上的時候，那頭老母牛就準備站起來走走了。她也很可能在你某次注射完之後就起立，那功勞就變你的了。你還記得你剛來的時候，我跟你說過什麼嗎？看起來醫術高明，跟看起來永遠像個大傻蛋，只在一線之間。這種事我們會常常遇到，就忘了這件事吧，吉米。」

但是遺忘並不容易。這頭母牛一舉成名。韓德修先生驕傲地向所有人展示母牛，從郵差、警察、玉米商販、卡車司機、肥料業務員到農業部官員，時常有人滿面笑容向我轉述。

韓德修先生的介紹總是同一套，他們說，他意氣風發、鏗鏘有力地表示：「這就是哈利先生說再也站不起來的母牛！」

我相信農人的舉動絕無惡意。年輕獸醫自作聰明，反而讓他唬住，也不能怪他如此洋洋自得。某方面來說，我也算是幫了那頭母牛一把；她因此得以活得特別久，在她無法正常工作之後，韓德修先生繼續養她養了很久，專門拿來展示。即使不再能每天產乳好幾加侖，數年來她依舊在路邊田野裡快樂地嚼草。

她有一隻角以奇怪的角度上翹，很好辨認。我常常開到路邊停下車，望著矮牆另一側那頭可能再也站不起來的母牛陷入沉思。

第三十三章

齊格菲掛掉電話，面無表情朝我走來。「是彭富瑞太太，她想要你去看一下她的小豬。」

「你是要說她的巧巧吧。」我說。

「不是，是小豬。她有一頭六週大的豬，想要你過去檢查牠的健康情況。」

我有些困窘地笑了笑。我和年長寡婦家的哈巴狗之間的關係是敏感話題。「好吧，好吧，別再鬧我了。她到底想要我做什麼？吳巧巧的肛門又有什麼不舒服嗎？」

「吉米。」齊格菲嚴肅地說。「這樣質疑我說的話，眞的很不像你。讓我重複一遍彭富瑞太太說的話，希望你聽完之後能立刻採取行動，別再問東問西。她告訴我，她養了一隻六週大的小豬，想要請獸醫過去徹底檢查。你知道我很重視這些檢查，不希望有任何地方粗心草率。我會特別注意牠的呼吸情況——在用聽診器之前先讓牠在小圍場裡好好跑一跑，千萬別忘記察看有沒有跟瘤或趾骨外生骨疣之類的明顯問題。我想我會趁診察時量一下體高，量尺放在……」

我匆匆走進走道裡，傳到耳裡的話聲愈漸微弱。我有一點大惑不解：自從我當了哈巴狗吳巧巧的叔叔，定期收到禮物、信件和簽名照之後，多少得忍受齊格菲拿來打趣說笑，但他通常不會開玩笑開過頭。彭富瑞太太養豬聽起來眞是匪夷所思，她的優雅宅邸裡根本沒有地方養家畜。噢，雖然不知道是怎麼回事，但齊格菲一定是搞錯了。

只不過，他沒搞錯。彭富瑞太太見到我，發出開心的呼喊。「噢，哈利先生，我養了一隻好可愛的小豬，你說是不是很美妙！我去拜訪幾位經營農場的表親，選中他帶回來。他可以跟巧巧作伴——你也知道我爲了巧巧身爲家中獨犬這件事非常擔心。」

穿越覆滿橡木壁板的大廳時，我困惑不已，不停用力甩頭。到這裡出診的經驗通常帶著幾分奇妙夢幻，但我開始覺得這次已經超出我的理解範圍。

「您是說您眞的在屋子裡養了一隻豬？」

「當然是眞的。」彭富瑞太太一臉驚訝。「他在廚房裡，來看看他吧。」

我曾進過廚房幾次，裡頭明亮光潔、一塵不染，幾乎令我目瞪口呆；四壁和地板鋪滿磁磚，看起來很像是實驗室，流理台、爐台和冰箱表面全都閃閃發亮。這天有一個紙箱占據廚房一隅，我看到裡頭有一隻豬崽，他只用後腳站立，前腳搭在紙箱邊緣，不停左顧右盼，打量所處的新環境。

年長的廚娘背對我們，在我們進入時並未回頭；她正以在我看來並無必要的充沛精力，將紅蘿蔔切塊後扔入醬汁鍋。

「你看他是不是好可愛！」彭富瑞太太彎下腰，輕輕搔了搔豬崽的小腦袋。「可以自己養一隻豬，感覺好興奮哦！哈利先生，我決定要叫他紐金特。」

我嚥了口口水。「紐金特？」廚娘的寬闊背部瞬間靜止不動。

「對呀，紀念我的叔公紐金特。他的個子很小，臉色紅潤，眼睛小小的，扁扁的鼻子向上翹。眞的像極了小豬。」

「原來如此。」我說，廚娘再次開始切塊拋丟的動作。

有那麼一會兒，我覺得很迷茫，心裡那個正直的專業人士想要反抗，覺得幫一隻健康的小動物診察實在很荒謬。事實上，我正要脫口說出自己覺得小豬看起來一切健康時，彭富瑞太太開口了。

「來吧，紐金特。」她說。「你要乖乖的啊，讓哈利叔叔看看你。」

這下可好。我壓抑自己的細微情緒，抓住繩結般的尾巴，幾乎將紐金特頭下腳上倒過來抱著量體溫。接著我認眞地用聽診器檢查他的心肺，檢視他的雙眼，摸遍他的四肢，屈曲擺動所有關節。

廚娘的背影僵硬，散發不以爲然的意味，但我不屈不撓繼續檢查。我發現有一名狗姪子能夠帶來非常多好處，不只是常常收到禮物——我還記得巧巧從惠特比寄來的燻鯡魚的美妙滋味——而是辛苦生活中的一點優渥享受，例如午餐前能來杯雪莉酒，還有坐在彭富瑞太太家的豪華壁爐前烘得全身暖和。在我看來，就算忽然多認了一個豬姪子，哈利叔叔也會認爲是無可違逆的命運安排。

檢查完畢後，我轉向彭富瑞太太，她心急地等待判決。「一切健全。」我的語氣輕快。「您眞的養了一隻很棒的豬。不過有一個問題——他不能住在屋子裡。」

一直背對我們的廚娘終於轉過身來，我看到靜默的她臉上露出懇求的神色。我很同情她，因爲豬隻排泄物的氣味格外濃厚，即使是像紐金特這樣一頭幼畜，也已經讓廚房裡的空氣帶著一絲微弱的豬臭味。

彭富瑞太太起初大驚失色，但是我向她再三保證，小豬住在屋外不會感染肺炎，而且其實會更開心，對健康也更好，她終於妥協。

一位農務相關的細木工受僱前來，在庭園一角打造了一座富麗堂皇的豬圈；有一區是以木板架高的溫暖睡鋪，外圍是露天活動區。我看到紐金特搬進去，一臉幸福地蜷縮在乾淨的乾草睡鋪上。他的飼料槽每天會塡滿兩次最上等的飼料，而且他從來不缺多汁紅蘿蔔或包心菜葉之類的點心。每天他都能到豬圈外頭活動一小時，和巧巧一起在庭園裡跑跳玩耍。

簡言之，紐金特幸福極了，但他這麼一頭優良的豬可說受之無愧；因爲他的大多數同胞雖然可能相當友善親人，但這種特質在紐金特身上卻發揮到極致。他非常喜歡人，而接下來數個月在持續與人接觸之下，讓他更加熱愛與人親近。

我常看到他陪著彭富瑞太太，一起親暱地在庭園裡散步，而他待在豬圈裡時，大部分時間都將前蹄搭在鐵絲網上，熱切等候下一位訪客。豬長得很快，不久之後他就不再是粉嫩豬崽，但他的迷人魅力不曾稍減。他最大的樂趣就是讓人搔抓背部；他會發出深沉的哼哧聲，舒服到極點般緊閉雙眼，然後他會開始彎曲四腳，最後側躺在地。

紐金特的存在有如明朗晴天，而晴空中只有一片烏雲：老園丁霍吉肯，他必須每天拋橡皮圈給巧巧追，原本就看任何寵物都不順眼，這下還發現自己被指派成爲一頭豬的貼身男僕。他負責餵食紐金特，幫他整理睡鋪，以及於玩耍時間在旁監看。對於住在鄉村的老人來說，對於一頭永遠不會變成肉派的豬百般呵護幾乎令人難以接受；每次提起飼料桶，他臉上的皺紋就變得更深。

初期某一次我去幫他照看的小豬看診時，他一臉陰鬱地和我打招呼：「你來看『裸金特』的？」我太了解霍吉肯了，知道他絕不可能突發奇想開什麼雙關語玩笑：他只是很認眞地想要念出那個名字，而在我的「姪子」的漫長生涯裡，老人一直都叫他「裸金特」。

關於紐金特，有一段我特別珍惜的回憶。有一天剛吃完午餐，電話就響了；是彭富瑞太太，一聽她驚慌失措的口氣，我就知道出了大事，她打電話來描述吳巧巧獨特的屁屁不通和狗癲瘋症狀時，也是同樣的口氣。

「噢，哈利先生，你在診所，眞是謝天謝地。是紐金特！我擔心他是不是生了重病。」

「眞的？眞的很遺憾。他怎麼了？」

話筒另一端先是一陣沉默，只有呼著粗氣的聲音，接著彭富瑞太太才開口。「噢，他沒辦法……他做不好……他的小工作。」

我很熟悉她所謂的大工作和小工作。「您是說他沒辦法排尿？」

「呃……呃……」她顯然很困惑。「不太正常。」

「那就奇怪了。」我說。「他吃東西都正常嗎？」

「我想是的，但是……」接著她忽然脫口道：「噢，哈利先生，我眞的好擔心！我聽說過有些病很重的男人……就像他那樣。是什麼腺體的問題，對不對？」

「噢，您不用擔心。豬沒有這方面的問題，無論如何，他才四個月，還不至於發生攝護腺肥大。」

「噢，眞是太好了，但是有什麼……阻撓。你會過來，對吧！」

「我現在就出發。」

我在紐金特的豬圈外頭等了好一陣子。他增肥不少，長成了一頭壯碩肉豬，隔著鐵絲網友善地打量我。顯然他期待我跟他玩某種遊戲，等得不耐煩之後，他打直四腳在活動區裡跑跳了一番。

正當我幾乎斷定這次過來是白跑一趟，原本扭絞雙手、來回踱步的彭富瑞太太忽然渾身僵住，一根手指哆嗦著指向她的豬。

「噢老天。」她喘著氣。「那裡！那裡！就是現在那樣！」只見她一臉死白，血色全失。「噢，太可怕了！我沒法再看下去。」她呻吟一聲，轉過頭去，雙手掩面。

我仔細檢視紐金特全身。他奔跑到中途忽然煞停，怡然自得就地解放，斷斷續續的強力噴濺與任何正常公豬無異。

我轉向彭富瑞太太。「我眞的看不出有什麼不對勁的地方。」

「但是他……他……」她還是不敢直視。「他那個的時候……一陣一陣的！」

所幸平日訓練有素，這次我仍然得以在彭富瑞太太前面擺出一本正經的模樣。

「但他們都是那麼做，彭富瑞太太。」

她半轉過頭，顫抖著用眼角餘光瞄向紐金特。「您是說……所有的小公豬……？」

「我看過的每一隻小公豬都是那麼做的。」

「噢……噢……好奇怪，眞是太奇怪了。」可憐的女士揮動手巾幫自己搧風。她的臉色慢慢恢復紅潤。

爲了替她遮掩困惑，我擺出公事公辦的樣子。「是的，確實如此。我向您保證，很多人都有過同樣的誤會。那麼，我想我差不多該離開了——看到小傢伙這麼健康快樂，眞是太好了。」

紐金特很長壽，一生都很幸福快樂，而且他的表現超乎我的預期；他和巧巧一樣在送禮時慷慨大方，而且由於我眞的很喜愛紐金特，就如我喜愛巧巧，我也覺得完全對得起自己的良心。一如往常，齊格菲的冷嘲熱諷讓人不太好過；之前收到小狗的簽名照，他的態度就讓我很難受——我絕不敢讓他看到豬寄來的簽名照。

第三十四章

皇家獸醫學院成員安格斯．葛里爾的外表並不討喜，但是他裹著粉紅鋪棉睡袍坐在床上、斑駁臉孔上兩眼鼓突的樣子，足以令最勇敢的人膽寒，尤其是早上八點鐘，通常是我每天和他第一次打照面的時候。

「你又遲到了。」他說，聽起來咬牙切齒。「你早上爬不起來嗎？我告訴過你我要你早上八點出門，我都講到累了。」

我喃喃道歉時，他煩躁地拉扯床罩，同時帶著愈發強烈的不滿上下掃視我全身。「還有一件事，你穿的這條及膝褲糟透了。要是你非得穿及膝褲來工作不可，老天，去找個正經裁縫師訂製一條吧。根本談不上什麼剪裁——外科獸醫師穿這樣實在太不得體了。」

這段話真的刺痛我了。我對這條及膝褲很有感情。褲子是我在陸海軍用品店花了三十先令買下的，我十分愛惜，認爲穿起來有種特別的氣勢。我確信齊格菲會婉謝任何付費的提議，想到葛里爾幾乎肯定是不用花一毛錢就有我來替他效勞，就覺得他的不遜言語格外傷人。

我已經來了一週，卻像一輩子那麼漫長。在內心深處，我知道從前曾經有過一段比較明燦快樂的時光，但是回憶逐漸暗淡褪色。那天早上在達洛比，齊格菲表達由衷歉意。

「吉米，我這裡有一封葛里爾從布羅頓寄來的信。好像是他幫一匹小公馬去勢時，被馬撲到身上壓住，斷了幾根肋骨。顯然他的助理立刻就扔下他離開了，所以他的診所現在沒人照管。他想要我派你過去待個一、兩週。」

「哦不！一定有什麼地方弄錯了，他根本就不喜歡我。」

「他誰都不喜歡。但是沒有弄錯，就寫在這裡——坦白說，我又能怎麼辦？」

「但是我見到他的唯一一次，他就叫我穿上那套恐怖的橡膠工作服，讓我看起來像個大傻瓜。」

齊格菲露出憂傷的微笑。「我記得，吉米，我記得。他是個惡毒的老妖怪，我真的很不願意這樣對你，但是我不能拒絕他，你說對吧？」

當下我真的不敢置信。整件事感覺好不真實。但如今站在葛里爾床尾聽著他大呼小叫，一切顯得真實無比。他又在挑我毛病了。

「還有一件事——內人告訴我，你沒喝你的粥。你不喜歡嗎？」

我挪動一下雙腳。「哦對，粥很好喝，只是我今天早上不怎麼餓。」我用湯匙將無味的一團稀爛攪來拌去，盡可能多吃幾口，但最後還是敗下陣來。

「要是有人面對可口食物卻沒辦法好好進食，那這人就有問題了。」葛里爾懷疑地瞄了我一眼，然後遞出一張紙條。「這是今天早上的出診單。有好幾家要去，所以解決問題要快，別浪費時間。這個，葛蘭頓的亞當森家——母牛子宮頸脫垂。你覺得你會怎麼做？」

我將一手伸進口袋抓住菸斗，然後又放下。葛里爾不喜歡別人抽煙。

「呃，我會先幫她在硬脊膜外腔打麻醉，將脫垂部位推回原位，再從陰戶用減張縫合法在內部固定。」

「胡扯，小子，真是胡扯！」葛里爾嗤之以鼻。「你在胡言亂語什麼，根本不需要那一大套。只不過是便祕惹的禍，把掉出來的推回去，在母牛後腳墊幾塊板子，接下來幾天餵她喝亞麻籽油。」

「如果我不在內部縫合固定，一定會再掉出來吧？」我說。

「不會，怎麼會，絕對不會。」葛里爾氣呼呼地大喊。「照著我說的做就對了，對這個我比你懂的多了。」

他很可能眞的懂的比我多。無論如何，他應該要懂的比較多——他取得執照已經三十年了，而我踏入這行才第二年。我看著他在枕頭上怒容滿面，思索了一會兒我們處得很不好這件怪異的事實。如果有約克郡人聽到我們兩個外地人的腔調——葛里爾刺耳的亞伯丁腔，和我喉音很重的克萊薩腔——可能會以爲我們之間存在著某種友好情誼，即使只因爲我們是蘇格蘭同鄉。不過完全沒有。

「好吧，悉聽尊便。」我離開他的房間，下樓收拾我的用具。

我出發時的感覺，與先前每天早上的感覺一模一樣——因爲終於能離開葛里爾家而鬆了一大口氣。我不得不拚命工作到累癱才能度過整週，但我樂在其中。葛里爾的客戶幾乎都作好心理準備，待我十分親切，對於年輕人的經驗不足多所包容，不過我還是得回到沒有一絲歡樂的診所用餐，而且那裡愈來愈讓人厭倦。葛里爾太太跟她的丈夫一樣煩人。沉默寡言的她乾瘦到不可思議，供應的餐食極度簡樸，而黏糊的粥在其中占了重要地位。

早餐吃粥，晚餐也吃粥，而中間的時間則由稀薄無味的燉菜、貧乏單調的絞肉和不知是什麼湯等等悲慘菜色輪番上陣。沒有一道她煮的菜能讓人吃出任何味道。安格斯·葛里爾是在三十年前來到約克郡，當時他就和我一樣是身無分文的蘇格蘭窮小子，因爲走了與老闆女兒結婚的經典套路，方便地繼承了很賺錢的獸醫診所；優渥生活簡直是得來不費功夫，但他也得到了葛里爾太太。

在我看來，葛里爾太太覺得自己仍然是一家之主——很可能是因爲她一直住在同一棟屋宅，而在她的記憶中，獸醫診所是她父親創立的。其他人對她來說可能像是闖入她們生活的人，我也能理解她的感受；畢竟他們夫婦膝下無子，她的生活說不上有什麼樂趣，而她的丈夫還是安格斯·葛里爾。我眞的爲她感到遺憾。

但還是沒有什麼幫助，因爲我就是沒辦法讓她別來煩我，陰魂不散的她對我的一舉一動都感到不滿。我出診回來時，她總是連珠炮般地提出一大堆問題。「你去哪裡去了這麼久？」或是「我在想你到底跑去哪了，你迷路了嗎？」或是「有緊急情況在等你處理，你爲什麼老是動作這麼慢？」也許她以爲我翹班溜去看了一、兩個小時的電影。

每天晚上都有很多小動物來看診，診所裡擁擠不堪，而她有個很糟糕的習慣，就是會躲在門外偷聽我跟客戶講話。在配藥室裡，她就眞的是原形畢露，她會緊盯著我，批評我開的藥方不好，還不時糾正我，說我開藥很浪費。「你開太多哥羅丁了——你不知道那很貴嗎？」

我打從心底同情先前那位不告而別的助理。這年頭工作難找，年輕畢業生爲了找到工作，幾乎什麼都能忍，但是我明白了那位行蹤不明的助理已經別無選擇。

亞當森的小農場位在城鎮邊緣，或許是我先前一直看著葛里爾的緣故，臉上刻滿皺紋的亞當森看起來很有耐心，眼神透著友善，看起來格外溫暖迷人。我們握了握手，他的瘦削身軀上套著一件襤褸的卡其罩衫。

「我說啊，今天來的是新人，對吧？」他上下打量我一、兩秒鐘。「看你的樣子，你還是新手吧。」

「沒錯。」我回答。「不過我學得很快。」

亞當森先生微笑。「別擔心，小伙子。注入新血和新的想法是好事——經營農場也很需要，我們已經原地踏步太久了。進來牛棚吧，我帶你認識一下母牛。」

大約有十多頭母牛，不是常見的短角牛，而是愛爾夏牛，看得出來她們全都被照顧得很好、很健康。我要診治的那頭病牛很好找，她的陰道壁和多皺褶的子宮頸突出形成足球大小的一團粉紅。不過脫垂的部分還很乾淨且未受傷，表示飼主很快就尋求獸醫協助。

在亞當森全神貫注觀看之下，我用消毒劑擦拭消毒脫垂部分後再將它推回母牛體內，接著在亞當森幫忙下用泥土和木板搭建出讓母牛後腳踩上去的平台。完工之後就能讓母牛站在斜坡上，尾巴會比頭部還高。

「你說我如果餵她喝幾天亞麻籽油，那東西就不會再掉出來？」

「是這樣沒錯。」我說。「記得一定要讓她保持這樣的姿勢。」

「我會的，年輕人，眞的很謝謝你。相信你很認眞幫了我一個大忙，希望下次能再見到你。」

回到車上，我忍不住暗自抱怨。認眞幫了大忙！連一針都沒縫，怎麼可能固定住不再脫垂？但我必須照著葛里爾的話做，葛里爾固然很討人厭，卻不是大傻瓜，也許他是對的。我將這件事拋諸腦後，繼續出診行程。

不到一週後的早餐時間，我坐在餐桌旁翻攪著早餐永遠少不了的粥，冒著風險走下樓的葛里爾忽然朝我大吼。

「我收到亞當森寄來的短信，他說他對你的處置很不滿意。我們今天早上最好過去看看是什麼問題，我可不喜歡接到這種客訴。」他臉上那副永遠氣惱不滿的表情更加激動，斗大混濁的雙眼眼眶泛淚，我敢說他下一秒就會淚灑粥碗。

到了農場，亞當森帶我們進入牛棚。「唔，你覺得這是怎麼一回事，年輕人？」

看著脫垂的部分，我覺得胃緊揪成一團。上次突出時看起來並不危險的一團粉紅，已經變成鼓脹的一大團紫色，上面還裹了厚厚一層汙物，有一側還留下一道長長的醜陋傷口。

「推回去沒多久就又掉出來了，是不是啊？」農人低聲說。

我羞愧得說不出話。這樣對待一頭優良母牛，眞的是太可怕了。我感覺自己面紅耳赤，所幸我的僱主也在現場，他可以解釋一切。我轉向葛里爾，他吸了吸鼻子、拚命眨眼，嘴裡還咕咕噥噥，但卻一語不發。

農人繼續說道。「你們也看得出來，她受傷了，肯定是被什麼東西卡住。我說啊，現在看起來眞的很不妙。」

亞當森爲人正派，大發脾氣有違本性，但他無疑十分不悅。「或許這次由你接手處理會比較好，葛里爾先生。」他說。

葛里爾還是什麼話都不說，這下他立刻採取行動。他將覆蓋母牛脊椎基部的毛髮剃掉，施行硬脊膜外腔麻醉，將脫垂的部分清洗消毒之後費力地推回原位。接著他用減張縫合法將脫垂部分固定，縫線套了一英寸長的細小橡膠套管以免陷進肉裡。縫合成果看起來平整專業。農人溫和地按住我的肩頭。「這才像話嘛。現在就可以確定不會再掉出來了，對吧？你上次過來時爲什麼不這樣做呢？」

我再次轉向葛里爾，但他忽然不停猛烈咳嗽。我繼續瞪著他，但他還是沉默以對，我只好轉身走出牛棚。

「我沒有生你的氣，年輕人。」亞當森在身後對我喊道。「我想我們都學到教訓了，不經一事，不長一智。凡事都是如此，葛里爾先生您說對嗎？」

「對啊，哎呀，眞是對極了。對對，正是如此，毫無疑問。」葛里爾嘴裡咕噥。我們上了車。

我在位子上坐好，等著他開口解釋，我想知道他究竟會說什麼。但是他那爬滿青筋的鼻子直指前方，鼓突的雙眼茫然瞪視車前的道路。

回診所的路上，車內一片靜默。

第三十五章

不久之後，葛里爾不得不再度臥床養傷。他開始抱著他的肋骨受傷處不斷呻吟，很快他就重新被安置在樓上臥室裡，枕頭墊在背後，粉紅色睡袍的釦子一路扣到脖子底下。唯一能幫他稍微紓緩疼痛的是威士忌，而他床邊酒瓶裡的剩餘量急速減少。

生活又回歸沉悶乏味的模式。我必須向葛里爾報告時，他太太通常都在場；臥室門後常傳來竊竊私語聲，而我一走進去，室內就陷入靜寂。在葛里爾交代事項時，葛里爾太太會在床邊忙東忙西，一下子塞好被子，一下用摺起的手帕拍拍她丈夫的額頭，過程中不時厭惡地朝我瞟一眼。我一走出臥室，裡頭又立刻響起竊竊私語聲。

有一天深夜，大約十點鐘，瑪拉德太太致電診所。她的狗喉嚨裡有骨頭卡住，希望葛里爾先生立刻跑一趟。我正想告知葛里爾身體不適，將由我代理出診，但還來不及開口就聽到喀的一聲，對方已經掛掉電話。

葛里爾聽到新消息的反應是陷入一種恍惚狀態，他的下巴垂到胸口，呆坐將近一分鐘動也不動，專心思索該如何處理這件事。接著他忽然坐直起來，伸出一根手指指著我。

「不會是喉嚨裡有骨頭卡住，牠會一直咳，只是咽喉有一點發炎。」

他的自信讓我大吃一驚。「你不覺得我最好還是帶著長鑷子以防萬一？」

「不了，不用，我剛剛告訴你了。不會有什麼骨頭，你就下樓去調配一點海蔥和吐根糖漿。給那隻狗這個就行了。還有一件事——如果你看不出任何問題，別說出來。告訴那位女士說是咽喉發炎，還有要如何療養——你去看診得要師出有名，懂我的意思吧。」

在配藥室塡滿一個四盎司藥瓶時，我覺得有點摸不著頭緒，不過我還是帶了幾副鑷子；對於葛里爾的隔空診斷，我已經沒那麼有信心了。

瑪拉德太太住在一間半獨立式屋宅，她前來開門時，我有點驚訝。出於某種緣故，我原本以爲會是一位老太太，但眼前的金髮女子大約四十歲，外表十分搶眼，一頭髮卷層層疊疊堆得高高的，是時下流行的髮型。她的裝扮同樣出人意料，閃閃發亮的綠色舞會長裙、晃動不停的超大耳環，臉上還化著濃妝。

瑪拉德太太似乎也吃了一驚。她一臉茫然瞪著我，直到我開口解釋目前情況。「我來幫您的狗看診——我是代理葛里爾先生的獸醫，實在不好意思，他目前身體不適。」

她還是杵在門前台階上，好像不知道我在說什麼，過了好一陣子之後才聽懂我說的話，大夢初醒般開始動作，將門打得更開些。「噢對，當然，眞是抱歉，請進。」從她身旁走過時，彷彿穿越一道幾乎摸得到的香水障壁，接著我進入走廊左側的房間。室內的香水味更加濃烈，但是搭配裡頭的一盞燈顯得相得益彰，靠近搖曳爐火的一張長沙發椅籠罩在昏暗的玫瑰粉色光線之下。陰影中某處有一台收音電唱機正在播放〈軀體與靈魂〉，樂音輕柔流淌。

四處不見患者的蹤影，瑪拉德太太一臉猶豫地望著我，一手撥弄著耳環。

「您要我在這裡幫他看診嗎？」我問。

「噢對，當然。」她的動作忽然輕快起來，打開房間盡頭的一扇門。一隻嬌小的西高地白㹴立刻蹦跳著越過地毯，他開心地吠叫一聲，縱身朝我撲來。他好幾次奮力跳高努力想舔到我的臉，要是我不趁他跳到半空時一把抱住，他可能會這樣拚命跳啊跳的好一陣子。

瑪拉德太太緊張地微微一笑。「他現在看起來似乎好多了。」她說。

我抱著小狗在長沙發椅一屁股坐下，扳開他的嘴巴。即使燈光昏暗，還是可以清楚看到他喉嚨裡並沒有卡住什麼東西。我將食指輕輕滑到他的舌頭底下檢查食道，㹴犬完全沒有出聲抗議。接著我將他放到地毯上，幫他量測體溫——正常。

「好的，瑪拉德太太。」我說。「肯定沒有骨頭卡在他的喉嚨裡，他也沒有發燒。」我正要補充說明這隻狗的健康狀況在我看來完全沒問題，想起臨走前葛里爾的告誡——來看診必須師出有名。

我清了清喉嚨。「不過也有可能，他的咽喉有一點發炎，他才會咳嗽或乾嘔。」我再次扳開㹴犬的嘴巴。「您可以看到，喉嚨底部明顯紅腫發炎。可能是那裡輕微感染，或是吞嚥了某種刺激物。我車上有一些藥，可以很快幫他緩解不適。」意識到自己開始胡言亂語，我立刻打住。

瑪拉德太太專心聆聽我說的每個字，一邊擔憂地瞄一眼小狗嘴裡，一邊飛快點頭。「沒錯，我確實看見了。」她說。「謝謝您，能請到您過來一趟真是太好了！」

隔天晚上，我忙著進行一台手術，才忙到一半，一名穿著鮮豔粗花呢外套的肥胖男子大剌剌進門，將一隻眼神很哀傷的巴吉度獵犬放到桌上。

「他最近一直搖頭，」男子聲若洪鐘，「我想他耳朵肯定有一點潰瘍。」

我從器具櫃裡取出耳鏡，開始檢查狗的耳朵，這時男子又開口了。

「我昨晚看到你在我們家外頭，我住在瑪拉德太太家隔壁。」

「哦對。」我說，瞇起眼沿著被光照亮的金屬管往下看。「沒錯，是我。」

男子用手指在桌面上輕敲數下。「我說啊，那隻狗肯定渾身是病。似乎老是看到獸醫的車子停在她家外面。」

「說眞的，我不這麼覺得。在我看來，她的小狗似乎蠻健康的。」我檢查完一耳，開始檢查另一

耳。

「哦，就像我剛剛說的。」男子說。「可憐的小狗老是不舒服，奇怪的是常常在深夜生病。」

我很快抬起頭來。他話中有話。他睜大雙眼，一臉天眞地和我對視片刻，然後露出一個心照不宣的邪笑。

我瞪著他。「你的意思該不會是……」

「你覺得不可能跟那個醜八怪老頭，是嗎？費人疑猜啊，是吧？」紅通通大臉上的一雙眼睛閃著興味盎然的光芒。

我手中的耳鏡哐鎯一聲掉在桌上，我兩手垂落身側。

「別這副模樣，小伙子！」肥胖男子大喊，開玩笑輕搥了我的胸膛一下。「這裡是古怪的老派世界，你懂的！」但是我之所以大爲驚恐，不只是因爲想到葛里爾，而是腦海中浮現自己置身背景播放著〈軀體與靈魂〉、宛如寢殿後宮的場景，對著一個明知我在說廢話的女人裝模作樣診斷咽喉發炎的畫面。

兩天後，安格斯．葛里爾就能下床活動，顯然已經康復。此外，他已經找到新的助理，新任助理預備立即就來報到。我可以離開了。我預先告知說我一大早就會離去，這天早上六點半就出發，希望在早餐時間趕回達洛比。我再也不想看到餐桌上的粥了。

我駕車向西橫越約克平原，視線不時投向遠方的樹籬後方，以及在早晨的天空下隆起的本寧山脈長脊的林木間隙。由於距離遙遠，曙光下籠罩於薄霧中的樹籬和林木呈現一片淺紫，但它們在向我殷勤召喚。稍後，當我的小車賣力地沿著緩升路面爬坡，只見林木逐漸稀疏，樹籬隱去，冒出乾淨的石灰岩牆，我終於又感受到從前那種擺脫一切桎梏、天地豁然開展的感覺。終於，達洛比就在前方，在熟悉的巍然赫恩丘山腳下酣睡，還有更前方綠意蔥蘢、綿延起伏的廣大谷地。

車子軋過市場的鋪石地面咯啦作響，接著轉入安靜的街道朝斯凱谷宅邸駛近，周遭沒有絲毫動靜，宅邸的古老磚牆上常春藤依舊凌亂垂披，刻著「齊格菲．法農，皇家獸醫學院成員」的黃銅牌子歪了一邊。

我想我應該會推開玻璃門後沿著走道飛奔而入，但是我得先跟家裡狗群搏鬥一番才能通過，五隻狗團團圍著我，高興地又跳又叫。

我幾乎撞上霍爾太太的高大身軀，她端著咖啡壺正要從餐廳走出來。「你回來啦。」她說，我看得出來她眞的很開心，因爲她幾乎要露出微笑。「那麼進去坐好吧。鍋子裡還有一點我自己燻的培根留給你。」

我一手按在門上，立刻就聽到兩兄弟的聲音。崔斯坦不知在咕噥什麼，齊格菲嗓門全開。「你昨晚到底跑去哪裡了？我凌晨三點鐘還聽到你在屋裡乒乒乓乓的，你的房間聞起來跟釀酒廠一樣臭。老天，眞希望你能看看自己的樣子——醉到兩隻眼睛像雪地裡的尿坑！」

我暗自微笑，將門推開。我走向崔斯坦，他驚訝地抬頭瞪著我，我抓住他的手用力握了握。他看起來依舊一派青澀天眞，不過略微凹陷的眼眶裡還是閃著那一抹熟悉的光芒。

接著我朝坐在餐桌主位的齊格菲走近。顯然他被我進來時的正式握手禮嚇了一跳，咀嚼到一半嗆咳了一下；他滿臉漲紅，嗆咳時流出的眼淚沿著瘦削雙頰淌下，砂灰色的小撇八字鬍輕輕抖動。儘管如此，他還是推開椅子起身，一頷首，以媲美侯爵的優雅姿態朝我伸出手來。

「歡迎，吉米。」他匆忙開口道，幾片吐司屑噴到我身上。「歡迎回家。」

第三十六章

雖然只是暫離兩週，卻足以讓我重溫那種其他地方付之闕如、在高地區工作的獨特感覺。與達洛比小別之後，我第一次來到其中一條連通席爾弗谷地和寇斯谷地的狹路，我以低速排檔沿著兩側沒有圍柵的道路爬坡到最高處後，做了我很常做的事——將車停在路旁的草地上，然後下車。

有一句詩說無暇佇足亦無暇凝望，但在我身上並不適用。我的人生似乎有很大的一部分——或許是太大的一部分——都花在佇足凝望，而這天早上我又來了。從這裡居高臨下放眼望去，可以遠眺約克平原和往東四十英里延伸擴展的漢布頓丘陵，而在我身後方圓數英里的平坦丘頂上是大片凹凸起伏的泥炭沼地。在達洛比這一年來，我肯定曾無數次在此佇立，而在眼前開展的平原景色總有無窮變化；冬季的低地區夾在白雪皚皚的本寧山脈和遠方漢布頓丘陵閃爍的白光之間，有時就如一道幽暗溝槽，而到了四月，飑線沉重緩慢地籠罩綠褐斑駁的廣闊大地，帶來疾風驟雨。也曾有一天，我站在耀眼的陽光下俯瞰瀰漫數英里遠的濃霧，彷彿有一層脫脂棉花如漣漪般向外鋪展擴散，其中或有幾簇深色的樹林和丘頂冒出頭來。

但是這天，連綿田野在陽光下靜靜沉睡，就連在山丘上，空氣也因含蘊夏天的氣味而沉甸甸的。我知道下方的農場裡一定有人在工作，但是一個人影也不見；全身又充滿了每次都能在寂靜空蕩的沼地感受到的純然平靜。

在這樣的時候，我似乎常常抽離自身，冷靜評估自己的進展。思緒很容易就跳回許多年前——一直回溯到自己決定成爲外科獸醫師的時候。那一刻我記憶猶深。當時我十三歲，在《麥卡諾雜誌》讀到一篇關於男孩未來職業的文章，在閱讀當下，心裡湧現一股豪情壯志，覺得自己以後要當獸醫。但是又基於什麼緣故呢？我只是喜歡狗跟貓，對於坐辦公室的上班族生活興趣缺缺，以此來挑選職業，基礎似乎相當薄弱。我對農業或農場動物一無所知，雖然在學院念書那幾年學習了相關知識，但我認為自己只有一種未來，以後我會成為小動物獸醫。一直到我取得獸醫資格，我都這麼認為——我的願景是在自己開的動物醫院裡幫忙醫治大家的寵物，而醫院裡的一切不只新穎現代，還要能展現劃時代的革新。我在腦海中將設備齊全的手術室、實驗室和X光室勾勒得清清楚楚，直到我從皇家獸醫學院畢業。

那麼，我究竟怎麼會只穿襯衫沒加外套、腳上套著防水靴坐在約克郡一處很高的沼地，聞起來還疑似一身牛味？

我對未來的展望其實變得很快——事實上幾乎是在我一到達洛比時就有所轉變。在廣大人口失業的日子，這份工作簡直就是老天的恩賜，但我原本以為這只是邁向真正目標途中的一塊墊腳石。但就在電光火石之間，我的想法徹底翻轉。

或許和不可思議的甜美空氣有一點關係，我每天早上踏入斯凱谷宅邸草木蔓生的古老庭園時依舊為之驚奇。又或者是在優雅老屋裡，跟我那聰慧但善變的老闆齊格菲，和他還是學生的被動弟弟崔斯坦一起生活，每天都新鮮刺激、有滋有味。也可能只是領會到實地照顧牛馬豬羊具有一種出乎我意料的魅力，讓我對自己有了全新的認知，把自己當成英國農業的龐大機器裡一顆小小的齒輪，讓我有一種踏實的滿足感。

很可能是因為我作夢也沒想到，世界上有谷地區這樣的地方。我從來沒想過自己可以從早到晚都待在一片清淨空曠的高地，不時可以嗅得青草和樹木的芬芳。而在這樣一個地方，即使在大雨滂沱的冬季，我依舊可以聞到新鮮的空氣，甚至能在刺骨寒風中尋得幾分清新盎然的生機。

總之，我的想法徹底改變，而我的工作就是駕車橫越英格蘭的屋脊區穿梭在一座座農場之間，因此

更加深信自己眞的是三生有幸。

我回到車上，看著今天的出診名單；回來的感覺眞好，一天很快就過去了。晚上七點鐘左右，我正想著今天可以收工了，卻接到泰瑞．華森打來的電話，這名年輕的農場工人自己家裡養了兩頭母牛。他說其中一頭母牛得了夏季乳腺炎。七月中旬算是有一點早，但到了盛夏之後的月分會看到差不多數百頭牛感染，事實上很多農人都稱這種病爲「八月腫」。這種狀況讓人很不好受，因爲乳腺炎幾乎無藥可治，而且通常會造成母牛失去一個分房（爲乳頭供應乳汁的乳房區域），有時候甚至因此喪命。

泰瑞．華森的母牛看起來病得不輕。到了擠乳時間，她從田野回到牛棚是一跛一跛地走進來，右側後腿向外跨得很開以避免碰觸疼痛的乳房，她現在站在牛欄裡，渾身顫抖，兩眼焦慮地瞪著前方。我輕輕拉了一下感染的乳頭，噴進我手中錫罐裡的不是乳汁，而是一道發出惡臭的深色漿液。

「這個臭味，錯不了的，泰瑞。」我說。「確實是夏季型乳腺炎。」我慢慢摸向腫脹發熱的分房，一摸到柔軟的組織，母牛就飛快抬起腿。「也蠻硬的。看起來不太妙，我不得不說。」

泰瑞一臉凝重，一手來回撫摸母牛背部。二十出頭的他已經成家，孩子年紀還很小，他是那種準備好要白天爲其他人做牛做馬，回到家開始照顧自己養的幾頭家畜的人。他有兩頭母牛、幾隻豬和幾隻母雞，對於每週靠著三十先令薪水過活的人來說，這些家畜能讓生活大爲不同。

「我不懂啊。」他喃喃道。「通常是乾乳牛才會染病，我這頭每天還是能產出兩加侖。要是進入乾乳期，我就會幫她抹焦油。」（農人認爲會得乳腺炎是因爲蒼蠅傳染病菌，習慣在乾乳牛的乳頭上塗抹高級松焦油來驅蠅。）

「不是的，我不得不說，所有母牛都有可能感染，尤其是剛開始進入乾乳期的母牛。」我將溫度計從直腸抽出來——讀數顯示攝氏四十一度。

「那會怎麼樣？你能幫幫她嗎？」

「我盡力而爲，泰瑞。我會幫她打一針，而你必須盡量把乳頭的膿液擠乾淨，但是你我都清楚，碰到這種麻煩，實在不太樂觀。」

「是呀，我清楚得很。」他憂愁地望著我，而我在母牛脖頸注射了化膿棒狀桿菌類毒素。（即使到了現今，我們碰到夏季乳腺炎時還是會這麼做，因爲令人遺憾的是，現代各式各樣的抗生素用於治療乳腺炎的效果都不佳。）「她會失去那個分房，是嗎，或許甚至會死掉？」

我試著樂觀一些。「噢，我不認爲她會死掉，就算少了一個分房，其他分房的產量還是能補回來。」但每次碰到重要關頭，我能做的卻無足輕重，我總是有一種無助感。因爲我知道對於泰瑞這樣的年輕人來說，會是很沉重的打擊；只剩三顆乳頭的母牛在市場上賣不了好價錢，而這還是我能預想到的最好結果。我不想要考慮母牛病死的可能性。

「聽我說，眞的沒什麼是我能自己來的嗎？你覺得這次的情況很糟嗎？」泰瑞．華森的瘦削雙頰失去血色，我看著他的纖瘦身軀和微駝的肩背，暗想他做這一行十分辛苦，看起來卻實在不夠健壯，這已經不是我第一次這麼想。

「我沒辦法給你任何保證。」我說。「但是我碰過情況最好的案例，都是擠膿擠得最勤快的。所以今天晚上就盡量幫她擠掉膿液——可以的話，每半小時就擠一次。如果分房裡頭一形成髒東西，就把它擠出來，就不會造成傷害。我想你最好讓乳房浸泡在溫水裡，然後充分按摩。」

「我要用什麼來按摩？」

「噢，用什麼都可以。主要是要讓組織活動，就能盡量把發臭的膿液都擠出來。凡士林就很適合。」

「我有一碗鵝油。」

「好，就用那個。」我想到大多數農場肯定都常備一碗鵝油，這是人和動物都能用的萬用潤滑油和擦劑。

終於有機會可以做點事，泰瑞似乎鬆了一口氣。他找出一個舊桶子，把擠乳凳塞到兩腿間，在母牛身側彎下腰。他抬頭看著我，臉上露出不願認輸的表情。「那麼，」他說，「我現在要開始了。」

隔天一大早就有電話打來，是乳熱病，於是我出門看診，回家途中，我決定到華森家的小屋探望一下。那時大約八點鐘，我走進只有兩格牛欄的小間牛舍裡時，泰瑞還維持著我前一晚看到他時同樣的姿勢。他閉著雙眼，臉頰靠著母牛的腹脅，邊拉扯感染的乳頭。我開口說話時，他嚇了一大跳，好似剛剛醒轉。

「哈囉，我懂，你想再試一次。」

聽到我的說話聲，母牛也轉過頭來，我立刻很驚喜地發現，她的狀況大幅改善。她已經不再眼神茫然，而是像健康牛隻一樣略帶興趣地望著我，最棒的是，她的嘴巴又開始緩慢規律地咀嚼磨動，這是所有獸醫都愛看到的景象。

「老天，泰瑞，她看起來好多了。一點都不像昨天看到的那頭牛！」

眼前的年輕人似乎眼皮都快睜不開了，但他露出微笑。「對啊，來這一頭看看。」他從凳子上慢慢站起身，一點一點挺直腰板，將手肘靠在牛臀上面。我在乳房旁邊彎下腰，小心翼翼觸摸前一晚摸到的腫脹疼痛處，令人不敢置信的是，碰觸到的表面光滑柔軟，我用手指揉捏乳房組織，母牛並未表現出任何不適。我困惑地用拇指和食指捏住乳頭拉了拉；分房幾乎是空的，但在我的手掌上確實留下擠出的一道純白乳汁。

「發生了什麼事，泰瑞？你肯定把母牛掉包了想捉弄我。你在跟我開玩笑，是吧？」

「不是的，先生。」年輕人說，慢慢露出笑容。「是同一頭母牛沒錯——她好多了，就只是這樣。」

「但是怎麼可能！你到底對她做了什麼？」

「就是你教我的。按摩跟擠掉膿液。」

我搔了搔頭。「但是她恢復正常了，我以前從來沒看過這樣的例子。」

「對啊，我知道你沒看過。」是女人的聲音，我轉過頭，看到年輕的華森太太抱著嬰孩站在門口。「你沒看過有人整晚不睡覺只為了幫母牛按摩跟擠掉膿液，對吧？」

「整晚不睡覺？」我說。

華森太太看著丈夫，露出既擔憂又氣惱的表情。「對，你昨天晚上離開以後，他就一直坐在那張凳子上。沒有上床睡覺，也沒進屋裡吃飯。我幫他送好幾次吃的和茶水進來。大傻瓜——這樣人會累倒的。」

我看著泰瑞，視線從他蒼白的面容移到微微搖晃的瘦削身軀，再移到他腳邊那碗快用光的鵝油。

「天啊，老兄。」我說。「你完成沒有人能做到的事，不過你肯定累壞了。無論如何，你的母牛現在又好端端的了——不用再繼續幫她做什麼，你可以進屋裡休息一下了。」

「不行，我還不能休息。」他搖搖頭，挺起胸膛。「我還有工作要做，而且我已經遲到了。」

第三十七章

夾住亮紅色皮球從狗的胃部切口取出來時，我忍不住有些得意洋洋。在達洛比有不少小動物要看診，足以讓我們在奔波於農場間的獸醫常規生活中忙裡偷閒一番，不過個案還沒有多到讓我們覺得乏味無趣。在城鎮執業許久、經驗老道的獸醫，無疑會將胃造口術視爲平凡乏味的例行公事，不過當我看著紅色小球滾過台面，落在手術室地板上彈跳幾下，心裡還是充滿成就感。

身形龐大、一身紅毛、喜歡蹦蹦跳跳的愛爾蘭雪達幼犬是當天早上被送過來的；他的女主人說他已經不舒服兩天了，會渾身發抖，偶爾還嘔吐——就在他們家小女兒的皮球神祕失蹤之後。診斷不怎麼困難。

我將胃部切口邊緣外翻，開始用連續縫法將切口縫合。此刻我只覺得輕鬆愉快，不像崔斯坦，他身後的玻璃瓶裡和手上蓋住幼犬口鼻的麻醉面罩邊緣都還有乙醚在冒泡，所以他不能抽煙，只能憂鬱地低頭盯著病患，空出的一手手指敲著台面。

但很快就輪到我渾身緊繃，因爲手術室的門忽然打開，齊格菲大踏步走了進來。我不知道爲什麼，但是不管我在做什麼，只要齊格菲看著我，我就開始六神無主，他身上似乎散發一波又一波的氣息，或不耐煩、或挫折、或批評、或惱怒。

此刻即使僱主面無表情，只是靜靜站在手術台末端，從他身上散發一波波的氣息卻讓我覺得接下來的動作困難重重；時間一分一秒過去，我腦海中逐漸浮現火山岩漿冒泡的景象。我正要縫合深層的腹部肌肉時，火山終於爆發。從玻璃罐拉出一段羊腸線時，我聽到猛吸一口氣的聲音。

「救命吶老天，吉米！」齊格菲大喊。「別再拉那該死的羊腸線了！你知道那東西一英尺要多少錢嗎？唔，還好你不知道，不然你會當場昏死。還有你剛剛一直在灑的貴得要命的敷粉——現在肯定有大概半磅重的粉留在那隻狗體內。」他停頓片刻，喘著粗氣。「還有，要是你想擦拭消毒，用一小塊消毒棉就夠了——不需要像你剛剛那樣一次用掉一平方英尺。唔，把針給我。我來示範給你看。」

他匆忙洗淨雙手之後接手。首先他取了極小撮的碘仿粉末，像老太太餵金魚一樣優雅地灑在切口裡，然後割下非常短的一段羊腸線，以連續縫法縫合肌肉；他留的線尾幾乎不夠打結，看起來岌岌可危，不過他全神貫注努力一陣子之後勉強打好了結。

同樣的過程重複了大約十次，他用絲質縫線以間斷縫法縫合皮膚切口，每次用鑷子奮力將極短的線尾打結時，鼻子都快碰到病患了。最後完成時，他的兩眼眼球已經微微暴突。

「好了，把乙醚關掉，崔斯坦。」他說，同時拉取了半英寸長的消毒棉力求精準地擦拭切口。

他轉向我，微微一笑。看到他臉上又露出那副苦口婆心的表情，我不禁滿心沮喪。「吉米，請別誤會我的意思。你幫這隻狗動手術時的表現很棒，但你也得精打細算留意一下成本。我知道現階段對你來說，成本根本不值一提，但總有一天，無疑你會自己開業，到時候你就會明白我的負擔有多沉重，得操多少的心。」他拍了拍我的手臂，接著歪頭看著我，笑容中隱約透出一絲淘氣，而我只能保持堅強。

「總之，吉米，你終究會認同，開業還是希望能多一點利潤。」

一週之後我置身田野裡，跪在一頭睡著的小公馬脖子旁邊，低頭看向平靜閉上的雙眼，還有鼻口隱沒在帆布製氯仿麻醉口罩的窄長馬臉，我的頸背被陽火照得熱燙。我在海綿上再倒了幾滴麻醉劑，然後旋緊瓶蓋。劑量應該差不多了。

我跟齊格菲到底重演了多少次同樣的手術場景，我已經數不清了：馬匹躺臥在草地上，老闆在另一

頭開刀，而我在馬的頭部守著。齊格菲既是天生懂馬的人，也是技巧高明的外科醫師，我根本難以和這麼獨特的人匹敵，於是無可避免地成了麻醉師。我們喜歡在戶外進行手術，戶外比較乾淨，如果馬匹忽然撒起野來，也比較不會傷到自己。我們只求早上能有好天氣，而我們這天運氣很好。在晨霧中，我探頭望向遍布田野的無數毛茛，彷彿置身波光粼粼的金黃海洋，我的鞋子和身下馬匹頸部全都沾滿了毛茛的花粉。

基本上一切如常進行。我進到小公馬待的馬廄裡，把麻醉口罩扣在馬籠頭下方，然後靜靜牽著他出來，走到田野中一個地面平坦不會過硬的地方。我讓一個男人留在馬的前方，他手裡拉著的長長杜環鏈一端繫在馬籠頭上，我先在海綿上倒入半盎司氯仿，觀察小公馬聞到陌生的氣味後呼哧起來並且搖頭晃腦。男人慢慢牽著小公馬繞圈，同時我持續加入更多氯仿，一直加到小公馬開始蹣跚搖晃；這個階段總是需要數分鐘，而齊格菲差不多在這時會開始他的例行碎念。他沒有讓我失望。

「他不會倒下的，你也知道，吉米。你不覺得我們應該把一隻前腿抬高綁住？」

我照例裝聾作啞，數秒鐘過後，小公馬搖晃了最後一下，然後側躺在地。原本強自按捺保持不動的齊格菲一下子活躍起來。「坐到他頭上！」他嚷嚷著。「拿條繩子套在後腿上面然後向前拉！把那邊那桶水拿過來給我！快點——動起來！」

轉變十分劇烈。片刻前的平靜已不復存，好幾個男人在齊格菲的大聲催促下，手忙腳亂地跑來跑去，不時撞在一起。

三十年後，我還是在幫齊格菲麻醉放倒馬匹，而他也還是那句老話：「他不會倒下的，吉米。」

現今我大多採用靜脈注射硫噴妥鈉，大約十秒鐘就能讓一匹馬躺倒。這樣齊格菲就沒什麼時間講他那句台詞，但他通常能趕在第七秒和第十秒之間開口。

這天早上的個案是外傷。不過傷口皮開肉綻，只有施行全身麻醉才能治療傷口。小公馬的母親是一匹優良的狩獵馬，他在小圍場裡疾馳繞圈，忽然有一股想看看外在世界的衝動。他選了唯一一根有尖端的圍欄柱子上方想跳出去，結果前腿之間被刺穿，努力掙脫時造成胸部區域重傷，皮膚嚴重撕裂，粗大的胸骨肌掛在體外，好像被剁刀砍剁過似的，血肉淋漓彷彿剛從肉鋪送來。

「翻滾一下讓他仰躺。」齊格菲說。「這樣好多了。」他從放在附近草地上的托盤裡取了一根探針，仔細檢視傷口。「沒有傷到骨頭。」他嘴裡咕噥，同時繼續朝深處探看。接著他取了一副鑷子，夾出所有他能找到的鬆散殘屑，接著轉向我。

「就是要多花點力氣縫合，你想接手的話就交給你了。」

我們換位置時，我忽然想到，他是因爲覺得沒什麼樂趣而失望。在作隱睪症手術或類似手術時，從沒碰過要我接手的時候。接著當我拿起手術縫針，我忽然想起幫那隻狗進行的胃造口術。也許這是給我的考驗，要測試我的作法是否很浪費。這一次我會小心防備。

我在針上穿了很短的一段羊腸縫線，在斷裂的肌肉入針後出針，然後費了不少力氣一針針將肌肉縫合。但是要將很短的線尾打結實在非常累人——我花的時間至少是平常的三倍。然而我不屈不撓，堅持下去。我已經被警告過了，不想再聽一次說教。

就這樣縫合五、六處之後，我開始感受到一波又一波的氣息。老闆就在我附近，跪在馬的脖子上，不認同的氣息有如白沫飛濺的碎浪，正從近距離朝我滔滔席捲。我堅持不懈再完成兩處縫合，齊格菲終於發作，嚴厲地悄聲對我說話。

「你在玩什麼把戲，吉米？」

「呃，只是在縫傷口。你爲什麼這麼問？」

「但是你為什麼弄這麼短的羊腸線在那邊浪費時間?見鬼的我們要整天都耗在這裡了!」

我笨拙地在肌肉裡打好另一個結。「因為要考量成本。」我老實地悄聲回答。

齊格菲好像被馬咬了一口似的猛地跳起來。「我真的受不了了!聽著,讓我來。」

他大踏步走向托盤,選了一根手術縫針,然後抓住玻璃罐內羊腸線突出的線頭。他振臂一揮,拉出長長的一圈縫線,讓罐子裡頭的捲線軸呼咻狂轉,活像有大魚上鈎時的釣鮭魚用捲線器。他回到馬匹身旁,因為縫線纏住腳踝還一度踉蹌,然後開始縫合。縫線太長會不利操作,因為即使將手臂完全拉直,他還是沒辦法將縫線拉緊,必須不斷站起來又跪下;等到他終於讓所有肌肉歸位並縫合,他已經氣喘吁吁,我依稀看見他前額上冒出一滴汗。

「下面這邊滲出幾滴血。」他喃喃道,然後再次走到托盤旁,粗魯地撕折整大捲消毒棉塊。他帶著撕得很不平整、後面拖得長長的棉塊踩過毛茛回到馬匹身旁,用大片消毒棉塊的一角擦拭傷口。

他再次回到托盤旁。「縫合皮膚前需要灑點粉末。」他輕描淡寫地說,隨手拎起兩磅裝的硬紙盒。他在傷口上方維持好身體平衡,然後開始擺動手腕,豪邁地灑了好幾下粉末。有不少粉末確實落在傷口裡,但是有更多四處飄散開來,落在馬匹的其他部位,落在我身上,落在毛茛上,還有一陣特別不聽使喚,灑得用繩子拉住馬腿、滿頭大汗的男人整臉都是。他一陣嗆咳,咳完後看起來神似小丑可可❻。

齊格菲將皮膚縫合好,總共用掉好幾碼長的絲質縫線,他退後一步檢視整齊的縫合成果,我看得出來他心情很好。

---

❻小丑可可(Coco the clown)是拉脫維亞的著名馬戲團小丑,後獲聘擔任「麥當勞叔叔」為麥當勞速食餐廳代言。

「這樣就行了。這麼年輕的馬很快就會痊癒，要是一點疤痕都沒留下也不令人意外。」

我在桶子裡清洗器具時，他走到我身旁對我說話。「抱歉，吉米，我就這樣要你停手換人，不過老實說我眞的不知道你是怎麼一回事——這麼婆婆媽媽的。你也知道動手術時只用那麼一丁點材料，實在很不好看。動手術應該要帶著一點……唔……瀟灑氣派，或許我可以這麼說，要是小家子氣省東省西就做不到了。」

我洗淨器具後擦乾，再將它們放進珐瑯托盤。然後我端起托盤，準備前往田野盡頭的柵門。齊格菲走在我身旁，一手搭著我的肩頭。「我聲明一下，不要覺得我在責備你，吉米。很可能是因爲你在蘇格蘭的成長背景。別誤會我的意思，你身上有許多我欣賞的特質，像是正直、勤勞、忠心，也是拜同樣的成長背景所賜。不過我確信你一定會第一個承認，」——此時他停下來朝著我搖了搖食指——「你們蘇格蘭人有時候節儉過頭了。」他輕笑一聲。「所以切記啊，吉米，動手術時不要太——呃——吝嗇。」

我目測他的身材。要是我立刻把托盤摔在地上，我確信我可以用一記右鈎拳打倒他。

齊格菲接著說下去。「但我知道我不用對著你碎念，吉米。你每一次都很專心聽我說的話，對吧？」

我將托盤塞到手臂下方，再次邁開步伐。「對，」我回答，「沒錯，每一次都很專心。」

第三十八章

「我看得出來，你很喜歡豬。」沃利先生在我沿著牆邊慢慢進入豬圈裡時說。

「您看得出來？」

「噢是的，我總是看得出來。一看到你安靜小心地走進去，搔搔女王的背跟她說話，我就說啦：『這個年輕人很喜歡豬。』」

「那很好。哦，事實上您說得對極了。我真的很喜歡豬。」其實我是非常戒慎小心從「女王」身旁躡手躡腳經過，揣想著她會有什麼反應。她的身型很龐大，還帶著一窩豬仔，這時候的母豬碰到陌生人可能會展現強烈敵意。我走進棚舍裡時，原本在幫豬仔餵奶的她剛好站起來，她瞧了我一眼，不置可否地發出一聲悶哼，讓我憶起之前好幾次很快進入豬圈，又以更快速度撤離的經驗。一隻咧嘴怒吼的大母豬，總能讓我在行動時保持俐落敏捷。

在我進到狹窄豬圈後，女王似乎接受我的存在。她再次悶哼一聲，但是相當平靜，接著小心地臥倒在乾草上，朝著好幾張飢渴小嘴坦露出乳房。當她呈現這個姿勢，我就能檢查她的腳蹄。

「對，就是那隻腳。」沃利先生擔憂地說。「她今天早上起來時，連跛著腳走路都差點走不動。」

看起來似乎沒什麼問題。其中一個蹄趾的蹄甲有一點過長，會磨到敏感的蹄底，不過這種小問題通常不需要找獸醫。

我削掉蹄甲過長的部分，在蹄底塗敷我們的萬用松焦油軟膏，而從頭到尾，沃利先生都跪在女王的頭部旁邊，輕拍她並且在她耳邊喁喁細語。我聽不清楚他說了什麼——也許是豬語，因爲母豬似乎眞的回以輕柔的哼聲。無論如何，這招比任何麻醉劑都管用，在場者皆大歡喜，包括在雙排乳頭旁排成長長一列忙著吸奶的豬仔。

「好了，沃利先生。」我直起腰板，把手裡那罐松焦油軟膏遞給他。「持續擦藥膏，每天兩次，我想她很快就會恢復健康。」

「謝謝，謝謝你啊，眞的非常感激。」他熱情地和我握手，好像我剛剛救了母豬一命。「很高興認識你，哈利先生。當然，我跟法農先生認識也一、兩年了，有一點想他。他也愛豬，很愛她們。他弟弟也來過一、兩次——我想他也很喜歡豬。」

「他對豬很眞心誠意的，沃利先生。」

「對呀，我也這麼覺得。我總是看得出來。」他雙眼含著淚光望著我片刻，然後露出微笑，一臉心滿意足。

我們走了出來，其實我們剛剛是在一座小旅館的後院。沃利先生並不是農場主人，而是朗索普飛瀑旅館的老闆，他最寶貝的家畜都擠在旅館的馬廄和馬車房改建成的狹小棚舍裡。他養的全是泰姆華斯豬，你不管打開哪扇門，都會跟一群全身紅毛的豬對看；有幾隻是增肥的肉豬，還有一隻特別增肥的培根肉豬，但是沃利先生最引以爲傲的是幾隻母豬。總共有六隻——女王、公主、紅寶石、大利拉、金盞花和報春花。

數年來，專營農牧業的人一直告訴沃利先生，說他養豬絕對不會成功。如果你打算育種，他們說，就必須把豬養在適當的場地；像這樣把母豬趕進改建的棚舍裡擠成一團，一點用都沒有。而多年來，沃利先生的母豬群的回應是每次生產的窩仔數都創新高，而且溫柔呵護所有豬仔。她們全是很棒的母親，既沒有胡亂攻擊豬仔，也沒有笨拙地壓扁豬仔，因此每隔八週，沃利先生就會有大約十二隻結實的離乳豬可以帶去市場販售，規律得簡直不可思議。

事實肯定讓農人們喝啤酒時覺得很不是滋味，他們全都不是對手，還有一點更讓他們不服氣但也得服氣，旅館老闆來自以工業為主的西來丁——我想是哈利法克斯——沒有任何農業背景，只是個瘦小體弱又近視的退休書報攤小販。不管怎麼看，他根本毫無勝算。

離開後院，我們走到我停車的安靜迴車道上。前方一點的道路坡度陡降，進入兩側樹木林立的河谷，達洛河就在此洶湧沖過一塊斷裂的巨大岩架，接著進入地勢較低的谷地。從我站立處看不到下方，但隱約可以聽見河水沖刷的嘩啦聲，也能想像黑色斷崖兀自懸在滾滾湍流上方的場景，以及來自城鎮的訪客如何坐在對岸緩坡上的草地，觀賞風景並嘖嘖稱奇。

有些城市人已經來了。一輛光鮮大車駛過來停下，乘客陸續下車。開車的肥胖男子打扮時髦、引人注目，他大踏步朝我們走來，大聲喊道：「我們想喝點茶。」

沃利先生轉身面對他。「喝點茶沒問題啊，先生，不過得等我忙完。我和這位先生還有很重要的事要談。」接著他轉身背對男子，開始問我關於照顧女王腳蹄有沒有什麼最後指示。

男子顯然十分震驚，也不能怪他。在我看來，沃利先生或許可以再圓滑一點——畢竟他作的是餐飲生意——但跟他比較熟識之後，我才知道他把豬放在最優先，任何其他事都是煩人的干擾。

跟沃利先生熟識頗有一些好處。每次最想喝杯啤酒，都不是在晚上各家酒吧開門的時候，而是大熱天的下午四點半左右，在窒人的牛棚裡跟年輕牛隻搏鬥以後。渾身大汗、筋疲力竭時，能夠進到沃利先生旅館的後場廚房真是令人愉快，就彷彿進入涼爽的庇護所，還能慢慢啜飲地窖直送的苦愛爾啤酒，泡沫綿密、入口沁涼。

拜當地員警戴樂維的友善態度所賜，整套系統運作順暢無比，這位員警的敦厚性格和對於賣酒時間法規的彈性解釋，讓他在地方上贏得民眾的由衷尊敬。他偶爾會加入我們，此時他會脫下制服外套，露出襯衫和吊帶，帶著奇特的莊嚴神情喝完一品脫。

但大多數時間只有我和沃利先生兩個人，他會從地窖帶來大啤酒壺，然後坐下來說：「那麼，我們來聊豬豬話題！」他的特殊用語讓我不禁猜想，也許他對於自己著迷於豬這個物種一事有些幽默洞見。也許他確實自有看法，儘管如此，我們的閒聊似乎讓他開心不已。

我們聊丹毒、豬瘟、食鹽中毒和副傷寒，也比較乾料和溼料各自的優點，旁邊牆上就是出類拔萃的母豬群照片，她們身上全都掛著參賽贏得的玫瑰花形獎章。

有一回，我們特別深入討論分娩舍的通風，沃利先生聊一聊忽然打住，厚厚鏡片後面的雙眼眨得飛快，然後脫口感嘆：

「你知道嗎，哈利先生，能夠坐在這裡和你聊這些，我覺得自己跟英國國王一樣快樂！」

他對養豬如此全心投入，因此常常爲了一些雞毛蒜皮的小事找我出診，當我某天凌晨一點鐘聽到話筒另一端傳來他的聲音時，心裡忍不住暗暗咒罵。

「金盞花下午生豬仔了，哈利先生，我覺得她的乳汁不足，豬仔看起來餓極了。你能來一趟嗎？」

我起床下樓，穿越長長的庭園進到院子裡，一路上自怨自艾。等我將車開出巷子以後，終於開始清醒，等我開車抵達旅館時，已經能心情愉快地跟沃利先生打招呼了。

但是這位可憐老兄沒有回應。在油燈的燈光下，他一臉憔悴擔憂。

「希望你能趕快幫一點忙。我眞的很擔心她——她只是躺在那裡啥都不做，這麼可愛的一窩豬仔啊，她總共生了十四隻。」

我望向豬圈裡，能夠了解他爲何憂心。金盞花伸展四肢側臥著，一動也不動，一群小小的豬仔圍在她的乳房周圍；豬仔吸一下這個乳頭又趕快換到下個乳頭，不停發出尖細嗚叫，牠們挨擠趴疊，迫切地想要吸到奶水。但小小的身影全都顯得窘迫空茫，表示牠們全都飢腸轆轆。我很不願意看到一窩豬仔只因爲吃不到奶就餓死，但這種情況其實很容易發生。如果一直吸不到奶，接下來豬仔會不再努力吸吮，只是東倒西歪躺在豬圈裡。之後就沒救了。

我蹲在母豬身後等著從直腸取出溫度計，同時看向她鼓脹的腹脅，覆蓋其上的毛髮在油燈照耀下呈現富麗的紅銅色。「她晚上有吃東西嗎？」

「有啊，跟平常一樣吃得乾乾淨淨。」

溫度計讀數正常。我開始沿著乳房觸診，輪流拉一下每個乳頭。我將豬仔推到一旁，餓壞了的牠們用尖銳牙齒咬住我的手指，我努力試過一輪卻連一滴奶水都擠不出來。乳房似乎很滿，甚至有點脹，但不管怎麼試，乳頭尖端就是泌不出乳汁。

「完全沒有乳汁，對吧？」沃利先生焦慮地低聲說。

我站直起來，轉向沃利先生。「是單純的缺乳症，沒有併發乳腺炎，不能說金盞花生了什麼病，只是排乳機制受到某種干擾。她的乳汁很充裕，打一針應該就能讓她順利泌乳。」

我說話時努力不露出志得意滿的表情，因爲這是我最愛的拿手絕活。碰到這類案例，注射垂體後葉素在一分鐘內就能見效，完全不需要什麼高明醫術，效果卻非常驚人，有一點像在變魔術。

我將針頭刺入時，金盞花完全沒有出聲抱怨，我朝大腿肌肉深處注射了三毫升。她忙著跟她的主人對話——他們幾乎是鼻子碰鼻子，以豬語柔聲交流。

我收好針筒，仔細聽了一陣子前頭傳來的喁喁細語聲，心裡想著時間差不多了。我再次朝乳房伸出手時，沃利先生驚訝地抬頭看我。

「你現在在做什麼？」

「摸摸看乳汁排出來了沒有。」

「老天啊，怎麼可能！你才剛打完針，而且她明明乾到連一滴都滴不出來！」

噢，接下來肯定精采。此時此刻，來一陣連續擊鼓聲再適合不過。我用拇指和食指捏住乳房腫脹後側其中一個乳頭。我猜自己大概有一點暴露癖，每次碰到這種情況，都會故意讓那道乳汁噴到對面的牆上；這次我在想，要是能剛好噴到旅館老闆的左耳旁邊，會更令人印象深刻，但是我沒算準噴射軌跡，結果噴在他的眼鏡上。

他摘下眼鏡慢慢擦乾淨，好像不敢相信眼前所見。接著他彎下腰自己試了一下。

「眞是奇蹟！」他大喊，急湧的乳汁噴得他滿手都是。「以前從來沒看過這樣！」

豬仔沒多久就進入狀況。不過數秒鐘光景，牠們已經停止推擠和尖鳴，安靜下來排成長長一列。他們極度飢渴的模樣傳達同樣的訊息——之前錯失的時光，這下子要好好彌補。

我走進廚房洗淨雙手，正用掛在門後的毛巾擦乾時，注意到一件怪事：有很多人壓低聲音說話，聽起來嗡嗡嗡的十分嘈雜。凌晨兩點鐘在酒吧聽到這樣的聲音很不尋常，我透過半開的門縫朝酒吧窺看，裡頭擠滿了人。在僅僅一顆電燈泡的微弱燈光下，我看到一排男人坐在吧台前喝酒，其他人則坐在靠牆放置的靠背長凳，面前各放著一杯泡沫滿溢的啤酒。

我驚訝地轉向沃利先生，他咧嘴一笑。

「沒想到會看到這群人吧？我跟你說啊，眞正的酒客都是等打烊以後才上門。沒錯，是蠻奇怪的——每天晚上我鎖上前門，讓這些傢伙從後門進來。」

我伸頭探進門縫，想再瞧一眼。有一點像是達洛比的胡作非爲名人堂。城鎮裡所有可疑人物似乎都到齊了，他們的姓名固定出現在週報專欄，行爲舉止足以寫成精采報導。酒醉鬧事，欠錢不付，家暴毆妻，毆打襲擊──在一張張臉孔上，我幾乎可以看到新聞標題浮現。

有人看見我了。帶著醉意的招呼聲清楚響起，我忽然意識到煙霧瀰漫的室內，所有人都目不轉睛盯著我。其中一個人拉高嗓門蓋過其他聲音：「要不要來喝一杯？」當下我最想做的是回自己的床上睡覺，但關門就走似乎會讓場面不太好看。我進門之後走向吧台。我在這裡似乎有不少朋友，數秒鐘之內，我就端著一品脫啤酒，還有一群歡樂的同伴簇擁著我。

離我最近的是達洛比的知名人士蓋伯．紐豪斯，身材肥胖，一直以來似乎完全不用工作也能過日子。他每天都忙著喝酒、打鬧和賭博。此時的他心情愉快，將不停冒汗的大臉朝我湊近，擺出志同道合的模樣斜眼看我。

「你來啦，哈利，狗生意作得如何？」他殷勤地詢問。

我從來沒有聽過別人如此形容我的行業，正思索該如何回答時，注意到周圍一班酒客也滿臉期待地望著我。沃利先生的姪女在吧台招呼客人，她也滿臉期待地望著我。

「六品脫最好的苦啤酒──總共六先令。」她開口幫忙澄清眼前的情況。

我在口袋裡摸索一番掏出錢來。我剛剛以為有人邀我進來一起喝一杯的第一印象顯然有誤。環顧周圍眾人的面孔，完全看不出剛剛大喊的人是誰，而隨著啤酒杯逐漸見底，圍在吧台的酒客群像變魔術般愈來愈少人，原來坐著的人好像不經意似地陸續散去，最後我發現只剩我一個人。我不再是眾人的目光焦點，沒有人理會我，我喝完杯裡的啤酒，然後離開。

後院一片黑暗，只剩豬圈還亮著燈，我走近時聽見人跟豬的輕柔話聲，就知道沃利先生還在認眞跟他的母豬討論事情。我走進去時，他在昏暗燈光下抬起頭，一臉欣喜若狂。

「哈利先生，」他悄聲說，「這副景象是不是美極了？」

他指著層層疊疊躺成一堆動也不動的豬仔，牠們四仰八叉毫無章法，眼睛緊閉，肚子被金盞花的豐沛奶水撐得圓鼓鼓的。

「眞的很美。」我說，伸出手指戳一戳沉睡的整窩豬仔，但牠們只是懶洋洋地睜開一眼，沒有其他反應。「要找到比這更美的景象可不容易。」

我確實也被他的喜悅感染；這次出診不是什麼浩大工程，卻令人心滿意足。爬進車裡時，我想著這趟深夜出診還是很值得，雖然一下就被拐著請大家喝了一輪酒，還沒辦法指望會有人回請。倒不是說我沒喝夠——我的胃還不習慣凌晨兩點灌下數品脫的愛爾啤酒，我已經聽到它訝異又氣憤的嗚咽聲了——只不過酒吧裡那幾位男士對付我的手法看似不經意，其實專業老練，讓我有些忿忿不平。

然而，沿著月光照亮的空蕩蜿蜒道路駕車回家途中，我完全沒意識到，天譴之手已悄悄伸向那群歡樂的酒客頭上。事實上，這是命中註定的一夜，因爲在我離開十分鐘後，沃利先生的酒吧就遭到突襲臨檢。說是突襲臨檢或許相當戲劇化，但是那天恰巧員警戴樂維先生休假，而代班的年輕警員並不認同戴樂維的自由派觀點，他騎腳踏車去酒吧，將現場所有人當場逮捕。

《達洛比與霍爾頓時報》刊出的法庭紀錄十分精采。蓋伯．紐豪斯一干人等各罰款兩英鎊，並遭警告不得再犯。蓋伯在治安法庭上激動抗議，宣稱杯子裡的啤酒全都是在酒吧營業時間內購買，而他和朋友們只是在接下來四個小時逗留在酒吧裡閒話家常，治安法官們顯然全都冷酷無情，聽完之後毫不動搖。

沃利先生遭罰款十五英鎊，不過我想他其實不怎麼在意；金盞花和她的一窩小豬都健健康康。

第三十九章

最後一道柵門了。崔斯坦開車，所以由我下車開門。我開門時回頭看了一下，下坡處的農場已經離我們好遙遠，陡峭斜坡的草地上還留有我們駛過留下的輪胎印。谷地區有些農場的位置稀奇古怪，像是這座農場就沒有直通的路徑——連人車軌跡都沒有。從下坡處那座農場出來，得駕車橫越一道又一道柵門之間的田野，才能回到山谷上方的主要道路。這是最後一道柵門，再開十分鐘的車，我們就到家了。

崔斯坦擔任我的司機，因爲我上次接生小牛不愼造成左手感染，受傷的左手臂還用吊帶支托固定著。他沒有將車直接開過去，而是下了車，將背靠在柵門門柱上，點燃一根忍冬牌香菸。

顯然他不急著離開。溫暖的陽光照在他的頸背，加上肚子裡穩穩當當裝進兩瓶惠特貝瑞啤酒，我能想像他現在肯定十分舒爽。話說回來，剛剛到農場出診的經驗還蠻順利的。

崔斯坦從女牛的乳頭上摘除了幾顆疣，農人稱讚他年紀輕輕卻很有潛力（「唷，你眞適合做這一行，小伙子」），說天氣這麼熱，請我們進去喝瓶啤酒。

看到崔斯坦以驚人的速度喝完他那瓶，農人印象深刻，又拿了一瓶給他。

是的，一切都蠻順利的，我看得出來崔斯坦也這麼覺得。他露出滿足的微笑，打了個夾帶沼地空氣和菸味的大嗝，閉上雙眼。

此時車子的方向傳來磨軋聲，他很快睜開眼。「老天！吉米，車子滑下去了！」他大喊。

奧斯汀小車正沿著斜坡緩緩向後滑動——一定是齒輪沒咬住，而這輛車根本沒有剎車可言。我們一躍而起追在後面。崔斯坦離得最近，勉強用一根手指搆著引擎蓋，但車子下滑的速度太快，根本拉不住。我們只能放棄，眼睜睜看著車子向下衝。

山坡很陡，小車的衝力愈來愈大，在凹凸不平的地面一路瘋狂彈跳。我瞥了一眼崔斯坦；面臨危機時，他總能臨危不亂，同時腦筋轉得飛快，至於他在想什麼，我能猜個八九不離十。不過兩週前，他在舞會結束後開他的希爾曼載一個女孩回家，途中意外翻車。車子嚴重毀損只能報廢，保險公司的人處處刁難。齊格菲當然暴跳如雷，最後又以把崔斯坦永遠逐出家門作結——說他再也不想看到崔斯坦。

但崔斯坦很常被逐出家門，他知道只要暫時避一下風頭，等他哥哥忘記就好。他這次運氣很好，因爲齊格菲說服銀行經理讓他貸款買下一輛漂亮的全新「路華」，這下子眼裡只有新車，其他事全都拋諸腦後。

嚴格來說，這輛奥斯汀目前是由擔任駕駛的崔斯坦負責，此時發生意外眞的是極爲不幸。車子現在看起來已經達到時速七十英里，以驚駭的速度沿著長長的翠綠坡面直衝而下。車門一扇接一扇砰地打開，最後四扇車門瘋狂擺動，而車子就像姿態不雅的巨鳥一樣向下猛衝。

瓶罐、器具、繃帶、消毒棉塊從打開的車門沿路傾瀉，在草地上留下的斷續軌跡拖得老遠。偶爾會有一袋含馬錢子和小蘇打的胃散飛出來，像炸彈一樣轟然炸開，在綠地上噴灑出一片燦白。

崔斯坦高舉雙臂。「你看！要命的車子要直接衝向那棟小屋了。」他狠狠吸了一口煙。

光裸的山坡上確實只有一個障礙物——靠近山腳地勢漸趨平坦處有一座小小的建築物——而奥斯汀就像被磁鐵吸住一樣，朝那裡轟隆隆直衝。

我不忍直視。在撞上之前，我別過頭，專心地盯著崔斯坦那根香菸的末端，車子撞擊小屋那一刻，香菸頭燒得紅亮。我回頭朝下坡方向望去，小屋已經不復存在。建築物完全被輾平，我聽過的所有關於用紙牌搭屋子的事忽地湧入腦海。在一片斷木殘垣上方，小車平靜側躺，輪胎仍懶懶地轉動著。

我們拔腿奔下山坡，我不用想也知道崔斯坦在想什麼。他不會想要告訴齊格菲車子被他毀了；事實

上，這是一件大腦幾乎拒絕思考的事。但隨著我們逐漸接近災難現場，沿路看到散落的針筒、手術刀和疫苗瓶，我很難想像還能有什麼其他結果。

到了車子旁，我們焦急地檢查。車體之前磕磕碰碰留下不少凹痕，不易辨認出哪些是新的撞擊痕跡。車尾凹陷得相當嚴重，不過也不怎麼明顯。唯一明顯的損傷是撞破了一邊的後車燈。我們心中燃起希望，前往農場尋求幫助。

農人親切地跟我們打招呼。「是你們兩個小伙子啊，回來是要再喝一點啤酒嗎？」

「眞是求之不得呢。」崔斯坦回答。「我們剛剛碰上一點小小的意外。」

我們進到屋裡，好客的農場主人又開了數瓶啤酒。他聽說小屋被毀時，似乎一點都不擔心。「不是，那不是我的。是高爾夫俱樂部的——他們的俱樂部會館。」

崔斯坦立刻皺起眉頭。「哦不！別告訴我說我們剛剛輾平了達洛比高爾夫俱樂部的總部！」

「沒錯，小伙子，你們肯定是這麼做了。他們那棟是田野裡唯一一棟木造房子。我把一部分土地租給俱樂部，他們弄了個小小的九洞球場。別擔心，幾乎沒人在那裡打球——會來的就是銀行經理吧，我不喜歡那傢伙。」

普雷斯寇先生從馬廄裡牽出一匹馬，我們一起回去將車子拉正。崔斯坦微微顫抖著身體，爬進車子裡發動引擎。壯實的小引擎猛然發出自信滿滿的咆哮聲，崔斯坦小心地駕駛車子從木牆廢墟上面開到草地。

「太感謝您了，普雷斯寇先生。」他大喊。「我們似乎逃過一劫。」

「太棒了，小伙子，太棒啦。車子看起來好端端的吶。」農人接著眨眨眼，舉起一根指頭。「那麼這件事你們不說出去，我也不說出去，對吧？」

「對！來吧，吉米，上車吧。」崔斯坦一踩油門，我們滿懷感激地在嚓嘎聲中再次開始爬坡。一路上，崔斯坦似乎若有所思，直到開上道路都一語不發。然後他轉向我。

「你也知道，吉米，雖然不怎麼嚴重，但我還是得坦白告訴齊格菲後車燈破掉。當然我又會挨一頓臭罵。每次家裡的車子出什麼事，他都怪到我頭上，你不覺得他這樣對我有一點嚴苛嗎？你也看過好幾次——他給我開的車根本是見鬼的一堆破銅爛鐵，等到車子開始毛病一堆，就全部算在我頭上。像是輪胎見鬼的都磨到露出紡織層了，但要是我開車開到爆胎，我就倒大楣了。根本不公平。」

「噢，你也知道齊格菲不是會默默生悶氣的人。」我說。「他總得罵一罵人發洩一下，你又跟他最親近。」

崔斯坦沉默片刻，深深吸了一口煙，鼓起腮幫子，一臉大義凜然。「聽好了啊，撞壞希爾曼的事，我不是說我完全沒有錯——我開到時速六十英里要在德林利急轉彎，一手還摟著小護士——但是總歸來說，我就是運氣不好。老實說，吉米，我是偏見之下的無助受害者。」

回到診所遇到齊格菲，他身體很不舒服。他剛感染夏季型感冒，全身倦怠，鼻涕流個不停，但一聽到最新消息，還是打起精神發作一番。

「你這個發瘋的渾小子！這次是後車燈了，是吧？天可憐見，我想我辛苦工作賺來的，全都拿來付你的修車錢了。在你完蛋之前，我就會先被你害死。你滾，給我滾出去。我跟你沒什麼好說的了。」

崔斯坦不卑不亢退下，照例低調行事。直到隔天早上，他們兄弟才再次見面。齊格菲的病情惡化，喉嚨也開始出現症狀，喉嚨一直是他的罩門，他感染了喉炎。他脖子上圍裹著浸過醋的發熱敷帶，我跟崔斯坦走進臥室時，他正虛弱地翻看《達洛比與霍爾頓時報》。

他受盡折磨般悄聲說道：「你們看到了嗎？上面說高爾夫俱樂部會館昨天被撞倒了，沒有人知道是

怎麼一回事。還真是怪事，那塊地是普雷斯寇的，對吧？」他猛然抬起躺在枕上的頭，瞪著弟弟。「你昨天在那裡！」他的聲音沙啞。接著他躺回枕頭上，嘴裡喃喃道：「哦不，不，對不起，太荒謬了——是我不對，不該什麼都怪到你頭上。」

崔斯坦瞠目結舌。他從來沒聽過齊格菲這樣說話。我也感到一陣恐慌；老闆該不會神智不清了吧？

齊格菲辛苦地嚥了嚥口水。「索頓的亞米塔吉剛剛打電話來，很緊急，一隻母牛倒地不起，患了乳熱，我要你立刻開車載吉米過去。現在出發——快去。」

「我恐怕沒辦法。」崔斯坦聳了聳肩。「吉米的車送去哈蒙德的車廠修理了。他們在修後車燈——大概要花一小時。」

「天啊，對，他們說不能給我們備料直接換新。唔，亞米塔吉有一點驚慌——那頭母牛可能一小時內就沒命了。我們到底能怎麼辦？」

「還有路華。」崔斯坦平靜地說。

被毯子蓋住的齊格菲渾身一僵，雙眼閃現狂亂驚駭的光芒。過了一會兒，他轉了轉擱在枕頭上的頭，皮包骨般的細長手指緊張地捏著被子，接著使勁撐起自己側躺著，凝望他弟弟的雙眼。他一字一句緩慢地說，帶著痛楚的低啞嘶聲讓他的話帶有幾分威嚇意味。

「好，那你非開路華不可了。我從沒想過會有一天要把車子讓你這個只會搞破壞的傢伙來開，但你給我聽清楚了。只要車子有一點刮痕，我會殺了你。我會親手殺了你。」

兩人的互動又陷入老套。齊格菲的雙眼開始暴突，兩頰慢慢泛起暗紅，而崔斯坦面無表情。

齊格菲拚盡最後一點力氣，將自己的身體撐得更高。「所以你真的覺得你來開那台車，可以開五英里的路到索頓再回來，一路上絕不會出事？好吧，那麼就讓你開吧，只要記住我剛剛的話。」

崔斯坦忿忿不平，沉默地走出去，我跟在他身後，臨走前瞥了一眼臥床的人。齊格菲已經倒回床上，發熱的兩眼盯著天花板。他的雙唇虛弱地翕動著，好像在喃喃祈禱。

臥室外頭，崔斯坦與高采烈搓著手。「意想不到啊，吉米！眞是千載難逢的機會！你也知道，我一直以爲再等一百年也輪不到我坐上路華的駕駛座。」他壓低聲音到近乎耳語。「只是要告訴你——凡事都是最好的安排。」

五分鐘後，崔斯坦小心翼翼地倒車出了院子再開進巷子裡，駛上往索頓的道路後，我看得出來他開始盡情享受。最前面兩英里的路筆直空曠，對向朝我們接近的來車只有很遠處一台運送牛乳的貨車；這是展現路華實力的完美場地。崔斯坦靠坐在奢華的皮革座椅裡，大力踩下油門。

車子毫不費力地以時速八十英里行駛，這時我看到一輛車想超過運牛乳的貨車；是一輛高高方方的老爺車，就像裝了輪子的餅乾盒，根本沒資格超車。我等著它自己退下，但它還是持續前進。而貨車司機可能個性很衝，似乎在加速衝刺，想跟老爺車一決勝負。

看著對向兩台車併排行駛，和我們的距離只剩下幾百碼，而兩台車的左右兩側沒有任何空間，我心中警鈴大作。老爺車當然會減速落在貨車後方——它非這麼做不可，沒有其他方法——但它卻慢吞吞地拖了好久。崔斯坦猛然踩下剎車。要是貨車也緊急剎車，另一台車或許來得及從中間閃過。但電光火石的數秒間，我領悟這種事不會發生，眼看對向兩台車朝我們轟隆衝來，我只能在驚駭痲木中認命等待車頭對撞。

在閉眼之前驚鴻一瞥，瞥見老爺車方向盤後一張大臉滿是驚慌，接著是路華左側被什麼東西撞擊猛扯了一下。當我睜開眼睛，我們靜止不動。我跟崔斯坦兩人瞪著前方，空蕩安靜的道路蜿蜒向前，朝恬靜的翠綠群丘之間延伸。

我坐著，一動也不動，聽著自己的心臟噗通狂跳，然後回過頭，看到貨車在遠方轉彎處高速過彎並逐漸隱沒；我順便饒富興味地端詳崔斯坦的面容——我從沒看過誰這樣整張臉發青。

過了許久，感覺左側吹來一陣冷風，我小心地轉頭朝那個方向看去。左側的車門全都沒了——一扇車門躺在後方幾碼處的路邊，另一扇車門半懸在壞掉的鉸鏈上；就在我看著它的當下，它也哐鎯一聲掉落在柏油路面，一切已成定局。慢慢地，彷彿大夢初醒，我爬出車子檢視損害情況；老爺車在千鈞一髮之際朝路邊衝，從路華左邊撞過去，路華左半邊成了一地扭曲變形的金屬殘骸。

崔斯坦一下子趴倒在草地上，一臉茫然。如果是烤漆多了一道難看刮痕，他或許會驚慌失措，但車子半毀似乎讓他完全麻木。這種狀態並沒有持續很久：他開始眨眼，雙眼瞇了起來，然後伸手去摸他的忍冬牌香菸。他的機靈腦袋再次開始運轉，要猜到他在想什麼並不難。他現在要怎麼辦？

很快評估一下眼前的狀況，在我看來他有三條路可走。第一，也是最吸引人的，他可以永遠離開達洛比——有必要的話移民海外。第二，他可以直接去火車站，搭上往布羅頓的火車，和他的母親一起平靜度日，直到風波平息。第三，讓人連想都不敢再往下想，他可以回到斯凱谷宅邸，告訴齊格菲說他把他的全新路華撞爛了。

衡量各種可能性時，我瞥見撞我們的老爺車：整輛車翻覆在再過去約五十碼的溝渠裡。我匆忙走過去，聽見車內傳來響亮的咯咯聲，我想起這天是市集日，很多農人都會帶著好幾籠母雞和二十到三十打雞蛋到市場販售。我們從其中一扇車窗向內窺看，崔斯坦驚呼一聲。一個肥胖的男人躺在雞蛋破掉流出的一大灘蛋液裡，顯然沒有受傷。他咧開嘴露出令人安心的笑容——事實上，從被蛋液遮蓋的五官，依稀可以分辨出他臉上極力討好的表情。車子裡其他空間擠滿了發狂亂竄的母雞，她們在撞車後逃出籠子，正在拚命尋找出路。

躺在蛋液裡的胖男人開心地微笑著，嘴裡大聲嚷嚷，但在一片瘋狂咯咯聲中很難聽清楚他在講什麼。我勉強聽懂零星字句：「眞的很抱歉——都是我的錯——損失我會賠償。」開朗的話語從車內飄出，同時母雞群驚慌奔走踩過男人的臉，沾在他衣褲的蛋黃緩緩向下流淌。

崔斯坦好不容易扳開車門，立刻被一湧而出的母雞群逼得倒退幾步。幾隻母雞朝四面八方飛奔，沒多久就跑得不見蹤影，留下比較沒有冒險精神的同伴在路邊沉著地東啄西啄起來。

「你還好嗎？」崔斯坦大喊。

「我還好，年輕人。我沒受傷，請不用替我擔心。」胖男人掙扎著想要從一片黏答溼爛中起身，卻徒勞無功。「哎呀，眞的很對不起，我會賠償的，請你們放心。」

他伸出一隻還滴著蛋液的手，我們扶他下車在馬路上站穩。雖然衣服浸滿蛋液，頭髮跟小鬍子還沾了蛋殼，他還是氣勢十足。事實上，他整個人散發自信，我想他覺得自己的老爺車超得過那輛加速的貨車也是出於同樣一股自信。

他伸出一手按著崔斯坦的肩頭。「有一個很單純的原因，你懂的。陽光太刺眼了。」

當時是中午十二點，胖男人開車向北走，不過爭論這個似乎沒有太大意義。

我們抬起撞落在路上的車門放進車子裡，開車去索頓，醫治患乳熱病的母牛，然後回到達洛比。崔斯坦滿臉絕望地看了我一眼，然後抬頭挺胸直直邁步進入他哥哥的臥室。我緊跟在他身後。

齊格菲的病情更嚴重了。他發燒到臉頰熱燙發紅，兩眼眼眶凹陷發熱。崔斯坦走到床尾時，他動也不動。

「唔，處理得如何？」聲音低到幾不可聞。

「噢，還不錯，我們離開時，母牛就站起來了。只是有一件事——車子有一點小擦撞。」

齊格菲原本兩眼直瞪天花板，像打鼾般呼咻呼咻鼻息粗重，忽然像是開關被關掉一般，呼吸聲戛然而止。室內陷入詭異的寂靜，接著床上完全靜止不動的人影喉頭彷彿被掐住般，擠出數個字。「發生什麼事？」

「不是我的錯。有個傢伙想要超一台貨車，超車失敗。撞到路華的側邊。」

再次陷入寂靜，接著再次響起低語。「很嚴重嗎？」

「前後翼板變形恐怕蠻嚴重的——還有左邊兩扇門都被撞掉了。」

齊格菲活像被強力彈簧操縱，猛然從床上坐了起來。這番景象簡直跟詐屍一樣嚇人，再加上頸部的發熱敷帶迸開鬆脫，拖垂在枯槁面容下方跟裹屍布沒兩樣，驚嚇效果又更上一層樓。他的嘴巴張得大大的，發出無聲的尖喊。

「該死的蠢貨！你被開除了！」

彷彿是剛剛的機制反向運作，只見他轟然倒回枕頭上，然後就一動也不動。我們有些焦慮地盯著他，一會兒過後，再次傳來呼吸聲，我們才躡足離開臥室。

在樓梯平台上，崔斯坦鼓起腮幫子呼了口氣，從整包忍冬牌香菸裡抽了一根。「只是有點棘手的小狀況，吉米，不過你知道我還是老話一句。」他擦亮火柴點菸，陶然忘我地深吸了一口。「結果通常比你預期的還好一點。」

第四十章

谷地區很多農場都沒有名字，這家農場的標示卻清楚明白，眞是幫了大忙。柵門上以黑色粗體大寫字母標著「赫斯頓農場」。

我下了車，解開柵門閂鎖。柵門維護得也很好，開門時鉸鏈運作滑順，不需要一肩頂起最上方的橫木柱拖動才能打開。我居高臨下俯瞰下坡處的農場主屋，偌大的屋舍以灰石砌成，有兩扇維多利亞時期富裕屋主於原始結構加蓋的弓形窗。

農場主屋坐落在河彎處一塊狹窄平坦的綠地，周圍草地綠意盎然、田野恬靜肥沃，與後方的荒瘠山丘形成強烈對比。高聳的橡樹和山毛櫸爲主屋提供遮蔭，山丘較低矮的丘坡上是一片茂密的松樹林。

我照慣例繞著建築物外圍放聲大叫，因爲有些人認爲直接走進屋裡問農人在不在的舉動帶著微微的侮辱意味，認眞的農人只有吃飯時間才會待在屋裡。但我大叫數聲之後無人回應，於是走上前，敲了敲深嵌於久經風霜石塊中的前門。

屋內有人應了一聲「請進」，我打開門，走進一間寬大的廚房，地面鋪著石板，懸在天花板上的鈎子吊掛著火腿和腹脇製成的整塊培根。一名深色頭髮的女孩正在揉碗裡的麵團，她身穿格紋女襯衫和寬鬆的綠色亞麻長褲。她抬起頭，露出微笑。

「抱歉，沒辦法幫你開門，我騰不出手來了。」她舉高雙手，從手掌到手肘全都白白地沾滿麵粉。

「沒關係，敝姓哈利。我來看診的，就我所知，有一頭跛腳的小牛。」

「是的，我們覺得他摔斷腿了。很可能是他跑來跑去的時候，腳卡進洞裡弄斷的。希望你不會介意再等我一下，我帶你過去。家父和其他人都在田裡。對了，我是海倫·歐德森。」

她將雙臂洗乾淨並擦乾，穿上一雙低筒防水靴。「麵團交給妳好嗎，梅格。」她對著從裡頭房間走過來的一名老婦人說。「我得帶哈利先生去看小牛。」

到了屋外，她轉頭看我笑了笑。「我們恐怕得走好一段路了，他在山上其中一座棚舍裡。你看，就在上面那裡。」她指著丘坡高處一座低矮的石砌穀倉。我很熟悉山丘上這些棚舍建築，它們散落在高地區，要過去得經常爬山運動，有益身體健康。這些建築物是用來儲存乾草和其他物品，也可以當成山坡牧場上動物的棚舍。

我望著女孩數秒鐘。「噢，沒關係，我不介意。我一點都不介意。」

我們穿越田野，來到一座橫跨河上的窄橋，跟在她後面過橋時，我忽然想到一件事；女性穿著寬鬆長褲或許有點顛覆傳統，不過相當值得稱道。山徑向上延伸穿越松樹林，陽光篩落深暗樹幹之間，形成座座斑駁光島，淙淙水聲愈漸微弱，我們踩在厚毯般鋪滿地面的松針上，腳步輕緩。樹林裡涼爽靜謐，林間偶爾迴盪著鳥鳴啁啾。

勤奮爬坡十分鐘後，我們走出樹林，再次頂著太陽走在開闊沼地上，前方路徑更加陡峭，蜿蜒穿梭在多座岩石露頭之間。我開始氣喘吁吁，但女孩腳步依舊輕快，沿著山徑輕鬆邁步而行。到了山坡坡頂，前方終於出現平地，也能再次望見穀倉，我心裡暗自慶幸。

打開半截門時，裡頭一片漆黑，我幾乎看不清楚病患，乾草幾乎堆到屋頂，濃重的乾草香撲鼻而來。小牛看起來年紀很小，一臉可憐兮兮，他試著走路時，一隻前腿廢了似地半吊著，只能在鋪了乾草的地板上拖著腳走。

「我幫他檢查時，能不能請妳幫忙固定住他的頭？」我說。

女孩一手抬著小牛下巴，另一手抓住一隻耳朵，保定小牛頭部的手法十分專業。我摸著傷腿進行觸診，站著的小牛渾身顫抖，臉上寫滿痛楚。

「嗯，妳的判斷很正確。橈骨和尺骨簡單骨折，不過幾乎沒有移位，所以應該打個石膏就沒問題了。」我打開提包，拿出一些石膏繃帶，然後到附近的泉水裝了一桶水回來。我將其中一條繃帶浸在水裡，然後綁在傷腿上，接著再綁上第二和第三條，直到整條腿從肘部到蹄子都被包在快速變硬的白色鞘套裡。

「我們再等幾分鐘讓石膏變硬，然後就可以放他走了。」我不停輕敲石膏，直到它定型變得像石頭一樣硬，我才滿意。「好了。」我終於開口。「可以讓他自由活動了。」

女孩放開頭部，小牛立刻快步走開。「你看。」她喊道。「他已經敢把身體重量放在那隻腳上了！你不覺得他看起來快樂多了嗎！」我微笑。我覺得自己是真的做了點事。骨頭斷折的端點都固定住不能動，小牛現在就不會再覺得痛，而讓受傷動物無精打采的那股恐懼感，也神奇地煙消雲散。

「是啊。」我說。「他確實很快就打起精神了。」我說的話全被一聲驚天動地的低沉咆哮蓋過，而半截門上方的一方藍天也忽然被一顆碩大無朋、毛髮蓬亂的頭顱遮住。兩顆滴溜溜的大眼眼神焦急向下盯著小牛看，小牛回以高亢的叫聲。接著就是一場震耳欲聾的二重唱。

「是牛媽媽。」女孩在一片喧鬧中高喊。「可憐的老母親，她整個早上都在這裡晃來晃去，猜想我們對她的小牛做了什麼。她很不喜歡跟小牛分開。」

我站直起來，抽開門閂。「那她現在可以進來了。」

身形龐大的母牛衝過我身邊時幾乎把我撞倒。接著她開始小心地嗅聞檢查小牛全身，用口鼻推搡著他轉來轉去，喉嚨深處不停發出低沉悶響。

小牛開心地接受母親大費周章的仔細檢查，母親檢查完畢後終於滿意，他才一跛一跛繞到她的乳房

旁，開始認真吸奶。

「這麼快就恢復胃口。」我說。我們大笑起來。

我將繃帶空罐丟進提包後關好。「他腿上的石膏得打一個月，所以到時候請妳打個電話給我，我再回來幫他拆掉。只要特別留意一下，確定腿部在石膏頂端的地方沒有長褥瘡。」

離開穀倉時，陽光迎頭照下，溫暖甜美的空氣像一陣大浪撲面襲來。我轉過身，望向山谷對面，看著巍然聳立的青綠丘坡，在正午的騰騰熱氣下顯得柔亮縹緲。腳下的青翠丘坡陡然斜下，最下方的樹林間隙閃現河水的粼粼波光。

「站這麼高看到的風景真好。」我說。「看看那裡的峽谷，還有那座雄偉的山丘——我想說它是高山也不為過。」

我指著巨人般的山丘，它長滿石南的斑駁雙肩比其他山丘高出一大截。

「那是赫斯奇丘——將近兩千五百英尺高。再過去那座是愛德頓，另一邊是韋德丘，還有寇爾弗丘跟賽納丘。」帶著野性北歐風格的名字從她的舌尖輕巧滑過，她講起這些山丘就像談論老朋友一般，我聽得出來她的語氣中充滿感情。

我們在山坡上溫暖的草地坐下，一陣輕柔微風吹過，沼地上的花朵隨風擺動，某個地方傳來杓鷸的叫聲。達洛比、斯凱谷宅邸和獸醫工作，此刻似乎都離我無比遙遠。

「妳能住在這裡，真是幸運。」我說。「但我想應該不用我來說。」

「確實，我很愛這個地方，再也找不到其他相似的地方了。」她頓了一下，緩緩環顧周圍。「很高興你也覺得這裡很吸引人——很多人都覺得這裡太荒野原始，他們似乎覺得這裡很可怕。」

我大笑。「是啊，我懂，不過我個人呢，倒是很替全國數千名不在約克郡谷地工作的獸醫感到可惜。」

我開始聊我的工作，幾乎是不知不覺間，我回憶起在學院念書的日子，跟她講述那些快樂的時光、結交的朋友，以及我們懷抱的希望和雄心壯志。

我對自己的滔滔不絕也很吃驚——我通常不怎麼多話——我覺得自己一定讓身邊的同伴覺得很無趣。但她只是靜靜坐著，望向山谷，雙手環抱裹在綠色長褲裡的雙腿，不時點點頭表示聽懂。而且我只要講到好笑的片段，她都笑了。

我也想著自己的蠢念頭，竟然想說我願意忘掉今天接下來的所有工作，就這樣待在山坡上曬太陽。我忽然想到，自己已經好久沒有和年齡相若的女孩坐下來聊天了。我幾乎忘記那是什麼感覺。

循著原來的山徑走下丘坡穿越芳香的松樹林時，我的腳步並不匆促，但似乎只是一轉眼，我們就已走過木橋，穿越田野回到農場。

我一手放在車門上，轉頭說：「那麼，一個月後見囉。」聽起來好漫長啊。女孩微笑。「謝謝你剛剛幫的忙。」我發動引擎時，她揮了揮手，然後回到農場主屋。

「海倫．歐德森？」稍晚一起吃午餐時，齊格菲說道：「我當然認識她，很迷人的女孩。」坐在對面的崔斯坦不置一詞，但他放下刀叉，滿臉恭敬地抬眼看向天花板，低聲吹了個長長的口哨。接著繼續吃他的午餐。

齊格菲接著說。「唔，沒錯，我跟她蠻熟的。我很佩服她。她的母親數年前過世了，整個農場都由她來打理。她要煮飯，還要照顧她父親和弟弟、妹妹。」他舀了一些馬鈴薯泥到自己的餐盤。「有沒有對象？唔，地方上一半的年輕小伙子都在追她，不過她似乎沒有跟任何人穩定交往。眼光很高，我想。」

第四十一章

當我第九次拖著沉重的步伐走在凱伊先生的田地上，我慢慢意會過來，今天不會是什麼好日子。前陣子我取得「LVI」證書，雖然只是小小一張證書，持有者的地位卻很重要，證書宣告皇家獸醫學院成員吉米．哈利為英國農漁業部的地方獸醫檢查員。表示我要參與一大堆例行工作，包括臨床檢查和結核菌素檢驗。而我懷疑已久的一件事，也因此變得格外明顯——谷地區農人的時間觀念和我的大相逕庭。

如果是我前往農場幫生病動物看診，就不會有太大的問題；他們通常會在附近等候，而且我抵達時，動物也已經被關進某棟棚舍建築。然而，如果是我發送通知說要去檢查他們的乳牛或檢驗畜群，情況就截然不同。通知單上清楚載明，務必先將畜群集中留置於室內，而本人將會在特定時間抵達，我也會依據通知規畫當天行程；一場臨床診斷大約十五分鐘，進行一項檢驗可能長達數小時，依據畜群規模大小而異。如果每場臨床診斷都得多花十分鐘等農人將田野裡的牛群趕回棚舍裡，那麼跑完六家農場之後，我的行程就延遲了一小時。

因此，當我開車抵達凱伊的農場要作結核菌素檢驗，發現他的母牛群全都繫好待在牛棚隔間裡，我鬆了一口氣。我們沒花多久時間就檢驗完所有母牛，我心裡正想著今天有個好的開始時，農人說只剩下五、六頭年輕女牛要檢驗，檢驗完畢就能收工。當我離開棚舍，看到一群毛髮蓬亂的赤色以及雜色糟毛牛隻在廣大田野遠遠的那一頭悠哉嚼草，熟悉的不祥預感又湧上心頭。

「我以為您會先把她們趕到裡頭，凱伊先生。」我憂心地說。

凱伊先生將菸斗在手掌心上輕敲，在溼透的未燃盡菸草殘絲裡，混入幾股看起來張牙舞爪的菸絲後，再塡塞回菸斗斗缽。「不成，不成。」他說，邊一臉享受地吞雲吐霧。「像今天天氣這麼好，咱就不愛把她們關在裡頭。我們會把她們趕到那間小屋裡。」他指著長長一片陡坡牧地頂端一棟搖搖欲墜的灰石穀倉，同時呼出一陣嗆人的煙霧。「花不了幾分鐘的。」

聽到他最後一句話，我只覺得渾身被一陣冰冷寒意攫住。這種可怕的話，我已經聽過太多次。但也許這次會沒事的。我們朝著牧地盡頭走去，來到女牛群後方。

「駕吁，駕吁！」凱伊吆喝。

「駕吁，駕吁！」我也吆喝起來助陣，同時兩手大力拍著大腿。

原本在咬扯青草的女牛們停下來，微帶興味地望著我們，她們的嘴巴仍舊懶洋洋嚼著，聽到我們的吆喝聲，她們的反應是開始隨興漫步走上丘坡。我們努力哄誘她們到了穀倉門口，但是她們一到那裡就停下腳步。領頭的女牛將頭伸進門口，片刻後忽地轉身，然後飛快衝下丘坡。其他女牛立刻有樣學樣，即使我們跳來跳去揮動手臂想要阻擋，她們完全無視，直接從我們身旁跑走。我若有所思看著年輕牛群轟隆隆奔下陡坡，尾巴舉得高高的，像北美野馬一樣撒開四蹄奔馳；對於這個新遊戲，她們樂在其中。

我們再次走下丘坡，再次好言哄騙她們來到穀倉門口，她們也再次忽然逃脫。這次其中一頭牛企圖單飛，我奔前追後想要讓她回頭卻徒勞無功時，只見其他女牛看準空隙歡樂地再次衝下丘坡。

山丘既長且陡，我的背被炙熱陽光曬得發燙，我踩著沉重的步伐第三次爬上丘坡途中，開始後悔爲何要認眞敬業打扮得這麼正式。農漁業部發給新上任的獸醫檢查員的指示中，載明檢查員在履行職務時應穿著合宜服裝，我將這點謹記在心，特地依照穿上油布大衣和防水靴。但我現在明白了，就目前手邊的工作而言，這套服裝並不理想。汗水不斷滴進眼裡，溼透的襯衫開始黏在身上。

等我第三次看著快樂直衝下坡的牛群背影，我想該是時候做點什麼了。

「等等。」我向農人喊道。「我覺得有點熱。」

我脫下外套，將外套捲好放在與穀倉之間有一段距離的草地上。接著我將針筒、整盒結核菌素、測徑尺、剪刀、筆記本和鉛筆擺成整齊的一堆，同時腦海中有一個念頭揮之不去：某方面來說，我覺得自己上當了。再怎麼說，幫農業部當差很輕鬆──任何執業的獸醫都會這麼說。不用三更半夜爬起來，工作時數只有固定幾小時，絕對不需要把自己累得半死，老實說，做這個賺的是容易錢，跟眞正上場治病比起來，根本輕鬆愉快。我抹掉額上流淌的汗水，停下腳步數秒鐘，微微喘著氣──眞的很不公平。

我們再次開始趕牛，第四次回到穀倉前，我以爲我們獲勝了，因爲只剩唯一一頭女牛還在外頭閒晃。但這最後一頭女牛就是不肯進去。我們殷切地呼喚懇求，振臂揮手，甚至靠得很近戳了戳她的臀部，但她站在門口，戒心很重地朝裡頭打量。接著她的同伴紛紛在門口走道冒出頭來，我知道我們又輸了；即使我發狂般揮手踢腳、大喊大叫，她們還是一頭接一頭漫步出了穀倉，會合之後快樂地奔下丘坡。這次我無比沮喪懊惱，死命追在她們後面。

我們又嘗試了幾次，而女牛群的逃跑方式還多了點變化，有時爬上丘坡半途就四散飛奔，偶爾邁開輕快步伐繞到穀倉後頭，從老舊石牆後面害羞地偷看我們一下，接著才嬉鬧般地跑下丘坡。

在第八次追下丘坡之後，我望著凱伊先生露出懇求的神色，他從容地重新點燃菸斗，似乎完全不以爲意。我的行程已經大亂，但我想他並未注意到，我們已經這樣來來回回跑了大概四十分鐘。

「聽我說，我們這樣什麼都做不成。」我說。「我後面還有很多其他工作要做，還有沒有其他的辦法？」

農人用拇指將菸草絲壓實，愉快地深吸了好幾口，然後看著我，臉上帶著些微驚訝。「噢，我想想。我們可以放狗出來，不過我不知道有沒有用，他只是一隻小狗。」他悠哉遊哉走回農舍，打開一扇門。一隻毛髮蓬亂的雜種狗蹦跳著跑出來，開心地吠叫著，凱伊先生帶著他回到田野。「趕牛回來！」

他吆喝著，同時朝著又開始嚼草的女牛群比手勢示意，小狗朝她們飛快追去。當牛群跟著我們爬上丘坡，而毛茸茸的小傢伙衝來竄去輕咬她們腳跟時，我真的開始懷抱希望，但一到穀倉前，大事又不妙了。我看得出來牛群開始感覺到小狗經驗不足，其中一隻在小狗靠近時，飛快地朝他下巴底下踢了一腳。小狗哀叫起來，垂下尾巴。他猶豫不前，看著眼前的龐然獸群開始朝他逼近，還威嚇般地擺動牛角，接著他似乎下定決心，畏畏縮縮地逃跑了。女牛群追著他在身後愈跑愈快，我眼前瞬間出現小狗全速奔下丘坡，而牛群在如雷蹄聲中緊追在後的奇景。到了坡腳，小狗消失在一道柵門底下，我們再也沒有看到他出現。

我心裡有一部分似乎屈服了。「老天啊。」我大喊。「這樣永遠都沒辦法作見鬼的檢驗！只能隨她們去了。我不知道農業部會說什麼，但是我受夠了！」

農人望著我，陷入長考。他似乎認知到我已經瀕臨崩潰邊緣。「是呀，這樣沒用。」他說，邊在鞋跟上輕敲菸斗倒出菸灰。「得找山姆過來。」

「山姆？」

「對，山姆．布羅本。他幫我鄰居工作，他能把牛趕進去。」

「他要怎麼做？」

「噢，他可以模仿嗡嗡聲。」

片刻間我腦中的思緒飛轉。「您剛剛是說模仿嗡嗡聲？」

「沒錯，牛蠅的嗡嗡聲，他會。他有一點遲鈍，但是老天，他還真會模仿牛蠅的嗡嗡聲。我去找他過來——這條路再過去兩塊田就到了。」

我不敢置信地看著農人漸行漸遠的背影，然後重重躺倒在地。如果是其他任何時候，我都會很享受這樣躺在丘坡的感覺，任憑陽光灑落臉上，汗溼背部接觸草地十分涼快。凝滯鬱結的空氣中帶著三葉草的香氣，當我睜開雙眼，映入眼簾的谷底柔和曲線帶來寧靜祥和。但當下我的思緒紛亂。還有一整天的農業部檢驗差事等著我，而我已經延遲一小時了。我可以想像有一長串的農人在等我，邊等邊大罵特罵。內心的壓力愈來愈大，我再也忍不住了，我跳起身，拔腿跑到丘坡坡腳的柵門。從那裡可以看到凱伊先生離去時走的那條路，看到他正在回來的路上，不禁鬆了一口氣。

在他身後有一個胖胖的大個子，他騎著一輛很小的腳踏車緩慢前進，他只有腳跟放在踏板上，兩腳和膝蓋垂直外伸。他戴著一頂像是沒有簷邊的圓頂黑禮帽，帽子下露出零星幾簇油膩黑髮。

「山姆來幫我們的忙了。」凱伊先生平靜的聲音中帶著勝利的意味。

「早安。」我說，大個子緩緩轉身，點了點頭。他的圓臉滿是鬍碴，雙眼空洞呆滯，我判定山姆看起來確實有一點遲鈍。我發現自己很難想像他要如何幫忙。

女牛群站在附近懶洋洋的，半帶興味看著我們穿越柵門。對於早上的娛樂活動，她們顯然每分每秒都樂在其中，而且要是我們想繼續玩遊戲，她們似乎也準備好奉陪到底；不過當然是由我們決定——反正她們一點都不擔心。

山姆將腳踏車靠在牆上，一臉肅穆地向前走。他彎曲拇指和食指放到雙唇邊呈圓圈狀。他的雙頰鼓動著像是在準備就位，接著他深吸一口氣。然後不知哪裡突然響起一種不斷放大膨脹的憤怒聲響，凶惡的嗡嗡鳴聲讓我不禁提高警覺，環顧四周尋找逐漸接近目標的發怒昆蟲。

聲響帶來強烈的刺激效果。女牛群原先趾高氣揚的態度消失無蹤，取而代之的是痲木焦慮；隨著嗡嗡聲響逐漸變大，她們轉頭衝上丘坡。但她們不再是先前無憂嬉鬧的牛群，沒有一隻牛還在搖頭擺尾或踢著蹄子，這次她們驚嚇得摩肩擦踵緊挨在一起。

緊張地左顧右盼。
我和凱伊先生快步跟在女牛群兩旁，再一次引導她們進來到上坡處的穀倉前，她們挨擠簇擁成群，

我們等了一陣子，山姆姍姍來遲。他不慌不忙地爬上丘坡，顯然做任何事都是同一種步調。到了坡頂，他停下腳步調勻呼吸，茫然地望著牛群一會兒，然後小心地調整舉到嘴邊手指的姿勢。片刻靜默中，氣氛緊繃，接著嗡嗡聲再次劃破寂靜，比之前更加凶猛緊迫。

女牛群自知不敵。她們驚惶地齊聲咆哮，然後轉頭奔進穀倉，我跟在後面將半截門重重關上；我倚門站著，不敢相信麻煩就這樣解決了。山姆走到我旁邊，望向幽暗的內部。彷彿是要最後確立主宰權，他放下圈起的手指，猛然吹出尖銳聲響，受驚嚇的牛群挨擠著靠向最裡頭的牆面。

數分鐘後，山姆告辭離開，而我愉快地幫每頭牛脖頸剃毛之後注射。我抬頭看著農人。「您知道嗎，我還是不敢相信自己剛剛看到的，實在太神奇了。那傢伙真是天賦異稟。」

凱伊先生將目光投向半截門外頭，我順著他的目光望向通往道路的青翠丘坡。隨著山姆騎腳踏車漸行漸遠，我們剛好能看見他頭上的古怪黑帽沿路忽而從圍牆牆頂冒出來，忽而下沉不見。

「是呀，他是很能模仿牛蠅的嗡嗡聲。可憐的老傢伙，那是他唯一的專長。」

第四十二章

匆忙離開凱伊先生的農場趕往下一場檢驗地點途中，我思索著要是我非得遲到一小時，那麼算我運氣好，因爲接下來要去的是赫吉爾家。赫吉爾家四兄弟和他們的家庭一起畜養的牛群有成年母牛、年輕的後備牛群和小牛，加起來肯定將近兩百隻，我必須逐隻檢驗。但我知道他們不會因爲我遲到而拚命抱怨，因爲赫吉爾一家特別將谷地區的傳統禮節發揚光大。凡是進到柵門裡的陌生人，他們都當成王公貴族殷勤招呼。

才開車駛入院子，我就看到所有人立刻擱下手邊工作，眉開眼笑朝我走來。四兄弟領頭，我一下車，他們就在我跟前停下腳步，我每次見到他們都心想，從來沒看過這麼健康的男子漢。他們之中以華特年紀最長，大約六十歲，接著年紀從大到小分別是湯瑪斯、芬維克和威廉，最年輕的威廉還不到五十歲，我估算他們的平均體重大約是十五英石❼。他們並不肥胖，但都是壯碩的大塊頭，雙眼眼神清澈，臉龐紅潤發亮。

人群中的威廉向前踏了一步，我知道他接下來要做什麼，這項任務向來由他負責。他向前傾身，頓時神情一肅，專注凝望我的臉。

「您今天好嗎，先『省』？」他問。

「很好，謝謝您，赫吉爾先生。」我回答。

❼十五英石約為九十五公斤。

「太好了！」威廉熱切地說，其他幾個兄弟也心滿意足地重覆道：「太好了，太好了，太好了。」

威廉深吸一口氣。「那麼法農先『省』好嗎？」

「噢，他一切安好，謝謝關心。」

「太好了！」他身後又緊接冒出一連串回應：「太好了，太好了，太好了。」

威廉的問候還未結束。他清了清喉嚨。「那麼年輕的法農先『省』好嗎？」

「好得不能再好。」

「太好了！」但這次威廉容許自己微微一笑，而他身後響起不失莊重的哈哈笑聲。華特閉上雙眼，寬闊雙肩無聲抖動。他們都認識崔斯坦。

威廉退回人群中，他已經完成指派的任務，我們一起走進牛棚。我努力打起精神看著長長一列牛背，還有不停揮甩趕蒼蠅的牛尾巴。接下來有得忙了。

「眞是抱歉，我太晚到了。」我說，邊將結核菌素抽入針筒。「在前一個地方走不開。檢驗要花多久時間，眞的很難預測。」

四兄弟熱切地答腔。「對啊，您說得對，先『省』。眞的很難。有道理，說得很對，很難很難。」

他們將同一句話翻來覆去講了又講，直到講不下去爲止。

我將針筒抽滿，取出剪刀，開始努力擠進第一和第二頭牛之間。兩頭牛挨得很緊，夾在中間十分窒悶，我微微喘著氣。

「這裡有一點熱。」我說。

再次響起連聲附和。「您說得對，先『省』。對啊，有一點熱。眞的有點熱。有道理。有一點熱。有一點熱，是啊，您說得對。」他們說這些話時，還伴隨著無比信心，以及點頭如搗蒜的動作，彷彿我

揭露了什麼天大的新發現；我看著一張張嚴肅熱切的臉龐，在聽了我的話之後陷入沉思，感覺自己也漸漸不再那麼緊張。我很幸運能在這裡工作。除了約克郡高地區，還能在什麼地方遇到像他們一樣的農民呢？

我推擠著湊到母牛身旁，抓住她的耳朵，但是華特輕輕咳了一聲阻止我。

「不用啦，哈利先『省』，不用看耳朵。所有編號我都寫下來了。」

「噢，那很好。可以省下不少時間。」我一直覺得，刮除耳垢看清楚刺青編號這差事，要說有多麼輕鬆愜意，都是溢美之辭。聽到赫吉爾家在行政事務上這麼幫忙，倒是令人欣慰。農業部發的表格裡有一欄是：「畜群紀錄是否清楚詳細？」我每次都填寫：「是」，同時腦海中浮現寫在過期帳單、乳量紀錄表或任何東西背面的潦草數字，並將食指和中指交疊祈求好運。

「是呀。」華特說。「我把所有編號都記在本子裡了。」

「太棒了！那您能拿本子過來嗎？」

「不用麻煩，先『省』，就在我手邊。」華特是老大，這一點毋庸置疑。他們似乎相處融洽，但是碰到困境時，華特會挺身而出帶領大家。他是全農場公認的首領，負責主持大局。他總是戴著一頂短簷的特里比帽，和其他人頭上的帽子截然不同，也讓他多了幾分權威感。

所有人都滿懷敬意，看著他刻意慢慢從內口袋裡掏出一個眼鏡盒。他打開眼鏡盒，從積滿乾草和粗糠粉屑的盒裡取出一副老舊的鋼框眼鏡，呼氣吹掉沾在眼鏡上的草屑。他慢條斯里、鄭重其事地把鏡腳掛到耳朵上，然後站在原地微微齜牙笑著將眼鏡調整好，靜默中散發一股威嚴。接著他將手伸進背心口袋。

他取出某個東西之後拿著，但是幾乎被他的粗大拇指完全遮住，很難辨認是什麼。然後我才看到，是一本約兩英寸見方的黑色封皮袖珍日記本——是大家會在聖誕節互贈的小玩意兒。

「那是畜群紀錄表嗎？」我問。

「正是，就是這本。全寫在裡頭了。」華特用長滿老繭的食指輕巧翻頁，透過鏡片瞇眼細看。「那麼，第一頭母牛——她是八十『是』號。」

「好極了！」我說。「我檢查一下這頭就好，之後我們就可以照著本子。」我朝耳朵瞄了一眼。「怪了，我看到的是二十六。」

四兄弟瞧了一眼。「您說得對，先『省』，您說得對。確實是二十六號。」

華特噘起嘴。「怎麼會，那是藍鈴花的牛犢，不是嗎？」

「不是，」芬維克說，「是老毛茛生的。」

「不可能。」湯瑪斯咕噥道。「這隻出生之前，老毛茛就賣給了提姆．傑佛森。這隻是布蘭達生的。」

威廉搖搖頭。「我確定我們是在巴伯．艾許比的拍賣會買下她的，那時還是隻女牛。」

「好吧。」我說，舉起一手。「那我們就填二十六號。」我必須打斷他們。他們絕不是在爭執，只是輕鬆討論，但看起來可能會持續好一會兒。我將編號寫在筆記本裡，然後幫母牛注射。「那麼下一頭是幾號？」

「噢，這一頭我絕對認得出來。」華特信心滿滿地說，指著日記本裡某一筆紀錄。「錯不了的，她是五號。」

我看向母牛耳朵內側。「這裡是一百三十七號。」

同樣的情景再度上演。「她是買來的，不是嗎？」「不是，不是，原本是口水伯家的。」「我不這麼認為——口水伯家只有養公牛——」

我再次抬頭。「聽我說，我真的覺得直接看耳朵內側可能比較快。我們時間不多了。」

「是啊，您說得對，先『省』。時間確實不多了。」華特鎮靜地將畜群紀錄表放回背心口袋，我們於是開始逐隻剃毛、測量和注射的辛苦流程，加上用一條浸過烈酒的布揩抹耳朵內側，以便辨認多半已經褪色到只剩幾個不相連點點的編號。偶爾華特會翻查他的袖珍本。「啊，沒錯，九十二號。我想的沒錯，全記在這裡。」

在牛欄周圍的畜舍隔間裡和沒有繫住的牛隻奮戰，就像穿著油布雨衣洗骯髒的土耳其浴。四兄弟輕輕鬆鬆就穩住龐然巨獸，就連最強壯的閹牛在他們的有力臂膀壓制下，也很快就不再掙扎。但是我注意到一個奇怪的現象：他們的手指無比粗大，定住不動時往往會自動滑出牛隻的鼻孔。

花了好久的時間，但我們終於檢驗完畢。在幫最後一頭小牛毛髮蓬亂的脖頸部位上一小塊剃了毛，聽到他感覺到針頭刺入時發出的撕心裂肺嚎叫聲，接著我就到外頭呼吸甜美空氣，並脫下外套扔進後車廂。我看了看手錶——下午三點鐘。比預定行程落後將近兩小時，而且我已經又熱又累，右腳腳趾被一頭母牛踩到脫皮，左腳腳背則多了一塊瘀青，是在一場特別暴力的混戰中被芬維克的十三號笨重大靴底下靴釘誤踩出來的。我關上後車廂，一拐一拐繞到駕駛座車門旁，腦中開始思索所謂輕鬆的農業部差事。

華特朝我走近，感激地頷首。「進來坐坐，喝杯茶吧。」

「謝謝您的好意，真希望我能留下，赫吉爾先生。但還有一長串的檢驗工作在等我，我不知道要到什麼時候才能騰出時間全部完成。我今天的行程排得太滿，完全低估過來這裡檢驗需要的時間。我真是太傻了。」

四兄弟回以誠懇吟詠。「是啊，您說得對，先『省』，您說得對，說得很對。」

好吧，今天該進行的結核菌素檢驗都完成了，只剩下十場觸診檢驗，而我兩小時前就應該開始進行第一場檢驗了。我在引擎隆隆聲中駕車離去，感覺胃部緊揪成一團，每次想要及時趕完工作都會這樣。我一手緊抓方向盤，另一手在午餐袋裡摸索著，掏出一片霍爾太太烤的雞蛋火腿派，邊開車邊咬著。

但向前開了一小段路之後，我慢慢恢復理性。這樣一點好處都沒有，這麼美味的一塊派，我應該認眞品嘗才對。我從沒有圍籬的道路開到旁邊的草地停下，將引擎熄火，再搖下車窗。後方遠處的農場就像是靜謐風景裡的一座熱鬧小島，如今我已經遠離吵鬧喧囂和擁擠的建築物，寧靜和空曠如毯子一般將我圍裹帶來撫慰。我將頭向後靠在椅背上，眺望丘坡坡腰上一方方翠綠田野，圍牆區隔的田地挨擠著向上坡綿延，而丘坡頂端的荒野地帶遍布著突露岩石和沉鬱的褐色石南。

我開車時心情已經好多了，排第一場檢驗的農人一見到我就滿臉怒容，我也沒有特別介意。

「一點鐘早就過了，先生！」他開口斥責。「我把母牛群趕進來等了整個下午，看看她們把室內弄得一團糟。我再也別想把這裡清乾淨了！」

看到牛群身後堆積如山的牛糞，我不得不同意他的看法；這是在吃草時間把畜群趕進室內會碰到的其中一個難處。當牛群彷彿爲了歡迎我們到來，甩動著尾巴並且讓糞堆又長高幾層，農人的臉色更是鐵青。

「那我就不再耽擱您的時間。」我輕快地說，立刻開始逐隻檢驗。在結核菌素試驗方法問世之前，只能進行這種臨床檢驗來檢測牛隻是否感染牛結核病，我在牛隻之間移動，爲每頭母牛進行乳房觸診，察看是否有任何不尋常的硬結。業內人士戲稱這種例行檢驗爲「抓奶袋」或「擠母牛」，單調的差事很

快就變得沉悶乏味。

我發現要讓自己不會無聊到快發瘋的唯一方法，是不斷提醒自己進行檢驗的目的。所以當我發現一頭瘦骨嶙峋的赤色母牛有一個乳房鬆垂擺動時，我站直身體轉向農人。

「我要採集這頭母牛的乳汁樣本，她的左後分房有一點硬。」

農人嗤之以鼻。「隨你高興。她一點毛病也沒有，不過我想有人這樣才有工作好做。」

我從那個分房擠出牛乳到一個兩盎司瓶子裡，想到齊格菲有一位獸醫朋友，總是挑他能找到的最健康乳房，擠一品脫乳汁樣本回去配午餐的三明治。

我在樣本瓶上加了標籤，放進車子裡。我們在斯凱谷宅邸有一台小小的電動離心機，晚上我回去會先將樣本離心，再使用紀尼兩氏染色法將載玻片上的沉澱物染色並加以檢驗。很可能什麼都不會發現，但有時候低頭看顯微鏡，發現鏡頭下出現一小群閃現亮紅色澤的結核桿菌時，會有一股奇異的興奮感。如果發現結核桿菌，就必須立刻宰殺該頭牛，我總是想著自己可能救了某個孩子免於一死——在那個年代，腦膜炎以及脊椎和肺部感染全都稀鬆平常。

回到牛棚之後，我最後檢查了每頭母牛前方的牆壁。

農人一臉陰沉看著我。「你現在又在幹嘛？」

「噢，要是母牛有咳嗽症狀，通常可以在牆上找到一些唾沫。」

事實上，我用這種方法發現的結核病感染牛隻比用其他方法發現的還多——刮一點痰液到載玻片上，再比照乳汁染色之後檢驗。

現代的年輕獸醫大概從來沒見過感染牛結核病的牛隻，感謝老天，但是「桿菌」在三十年前非常常見。在地勢高的本寧山脈很少見，但在地勢低的平原地區就能發現它們的蹤跡；會有些乳牛「不太對勁」，她們小心翼翼輕輕咳嗽，呼吸略微急促。她們通常產乳量很高，進食狀況也很良好，但是她們是會害死其他牛隻的殺手，而我在學習如何找出她們。還有其他肥碩牛隻即使毛皮散發健康光澤，也可能感染牛結核病。這種是更加陰險狡猾的殺手，而且沒有人能揪出牠們，唯一能找到牠們的方法是結核菌素測試。

接下來造訪了四個地方，農人都因爲等到不耐煩，將牛群又趕到戶外了。他們之前才將田野裡的牛群趕進室內，牛群心不甘情不願地緩緩移動，雖然不用像趕凱伊先生的女牛群那樣變成牛仔競技表演，但還是耗費不少時間。牛群一直蠢蠢欲動想要回到田野，而我就像發狂的牧羊犬一樣，在牠們的腹脅旁跑前跑後疲於奔命。而在我喘著粗氣忙前忙後時，所有農人都對著我講同樣的話——牛群只有到了擠乳時間才願意回到室內。

終於等到擠乳時間，我趕在農人幫畜群擠乳時完成三場檢驗。等我終於來到倒數第二場檢驗的地點，已經超過傍晚六點，而我又累又餓。周圍陷入一片寂靜，我繞著農舍建築外圍邊走邊喊，但一個人影都沒見著，只好走到農舍門口。

「您的丈夫在家嗎，貝爾太太？」我問。

「不在，他得去村子一趟幫馬釘蹄鐵，但他很快就會回來。他已經將牛群趕到牛棚裡等你過來了。」

農人的妻子回答。

那就好。我很快就能檢驗完這批牛群。我幾乎是飛跑著趕往牛棚，再次開始例行公事，再次看到母牛群又聞到她們的氣味讓我煩厭透頂，又得抓摸無數乳房檢查更讓我覺得受夠了。我幾乎是機械式地重覆檢驗作業，直到輪到一條身形苗條、有著赤白雜色窄臉的母牛，可能是短角牛和愛爾夏牛的混種。我的手只是快碰到她的乳房，她就光速抬腳一踢，正中我的膝蓋骨上方。

我痛得邊呻吟邊咒罵，在牛棚裡單腳跳來跳去。過了好一會兒，我才一跛一跛走回去再次嘗試，這次我先搔了搔她的背，甜言蜜語哄了老半天，才謹慎地將手滑向她的腿間。同樣的事再次發生，只是這次邊緣尖銳的偶蹄是踹在比剛剛再往上一點的大腿。

我被踹得連連後退，最後靠在牆上縮成一團，又痛又氣，幾乎落淚。數分鐘後，我下定決心。去她的。要是她不想接受檢驗，那就祝她好運了。今天一整天下來我已經受夠了——沒心情再逞什麼英雄。

我略過她，繼續檢驗完牛棚裡其他牛隻。但是走出牛棚途中一定得從她身邊經過，我停下腳步再看了一下；不知道單純是固執使然，或是我想像她在嘲笑我，我不知道，但我決定再試最後一次。或許她只是不喜歡我從她後面出手。如果我從她身側靠近，也許她就不會那麼介意。

我小心翼翼從她和她隔壁那頭牛中間擠進去，在母牛有稜有角的髖骨抵著我的肋骨時大口喘氣。好不容易擠進兩頭牛之間的空隙，我想應該可以做我該做的事了；但我大錯特錯。因爲我一擠進去，那頭母牛就卯足了勁對付我。她很快轉動身體後半部切斷我的退路，然後開始有條不紊地從頭到腳朝我踢踹。她步步進逼愈踢愈高，好幾次踢到我的胸口那麼高，而我只能掙扎著不停後退到靠在牆上。

在這一次經歷之後，我還被形形色色的母牛在各式各樣的情況下踢過，但這一頭母牛的踢踹技巧是我遇過最專業的。真正心腸惡毒的牛隻想必極爲稀少，如果有牛隻抬腳飛踢，通常是受到傷害或是驚嚇的本能反應，通常只是亂踢一通。但這頭母牛的每一踢都經過精準估算，而她對於距離的判斷優美準確。隨著她將我逼到靠近她頭部的位置，她就能用牛角將我從背部以各種花式頂高。我深信她憎恨全人類。

我身陷絕境。我已經完全被困住，她隔壁那位顯然溫和的鄰居在我朝她挨擠時，也開始頻頻用牛角朝我頂來，對我毫無幫助。

我不知道自己爲什麼抬頭向上看，但我看到就在牛棚的厚牆高處，有一個大約兩英尺見方的洞口，是碎石崩落形成的破洞。我以連自己都驚訝的靈巧敏捷撐起身體，頭前腳後爬進洞口，忽然一陣甜香撲鼻而來。原來眼前是一間乾草棚，我看到地上長了厚厚一層三葉草，於是縱身跳了進去，在半空中以值得稱道的身法翻滾，再安全地以背部著地。

我躺在那裡渾身瘀青，上氣不接下氣，外套前襟纍纍蹄印，先前以爲農業部差事輕鬆好辦的殘存想像完全破滅。

貝爾先生漫步走進來時，我正忍著疼痛站起身。「抱歉我得出門一趟。」他興味盎然地打量我。「但是我差點放棄不等，你實在遲到太久。」

我撣掉全身上下的塵土，撥下幾根沾在頭髮上的乾草。「是的，眞的很抱歉。不過沒關係，我已經想辦法搞定了。」

「但是……剛剛你是在打盹嗎？」

「不，其實不是的。我跟你們家一頭母牛有點小小的不愉快。」這時候死要面子實在沒什麼意義。

我將事情經過娓娓道來。

就算是最友善的農人，聽到獸醫吃癟似乎還是樂不可支，貝爾先生聽到笑得合不攏嘴。等我講完，他笑得前仰後合，雙手不停拍打他的及膝褲膝頭。

「我都能想像剛剛的情景了。那頭愛爾夏混種！好一頭母牛！去年春天在市場便宜買下的，我還想說作了筆划算交易，但我很快就發現到底是怎麼回事。我們花了兩週的時間才把她綁住！」

「噢，眞希望我能早點得知。」我說完後緊抿著嘴。

農人抬頭看著牆上的洞。「你竟然爬過去了……」他再次笑到渾身發抖，好一會兒之後才脫下帽子，用帽子內襯抹著眼睛。

「天啊，天啊。」他以微弱的聲音喃喃道。「老天，真希望我剛剛在場。」

最後一座要去的農場就位在達洛比村外，我渾身僵硬地坐進車裡時，剛好聽到教堂鐘聲響起，已經是晚上七點十五分。在替政府「輕鬆」當差一天之後，我覺得自己身心崩潰；在看到又是一長串母牛排排站臀背朝我等待檢驗時，我必須拚命壓抑才不至於放聲尖叫。夕陽西沉，西方天際有深暗的雷雨雲逐漸積聚，鄉間籠罩在一片陰森黑暗之下。牆面只開了狹窄窗孔的老式牛棚裡一片昏暗，牛群看起來一片渾沌，無以名狀。

好吧，別再浪費時間。我要快快搞定這差事然後回家。此刻的我胸無大志，只想回到有東西可吃、有張扶手椅可坐的家。所以我左手抓住尾巴根部，右手伸進後腿之間，很快觸診一遍，一頭摸完換下一頭。我雙眼半閉，思緒放空，持續移動到下一頭牛身旁，像機器人一樣完成所有動作，而遠處的牛棚盡頭儼然應許之地。

終於到了盡頭，靠牆的最後一頭母牛。左手抓尾巴，右手伸腿間……疲憊的大腦起初沒有反應過來，沒發覺有什麼不一樣，但這一頭……有什麼很不一樣。後腿之間空空如也，沒有乳房，只有某個有著很深的隙縫、垂掛擺動的東西，沒有任何乳頭。

我忽然清醒，沿著動物身側朝前看去。一顆毛茸茸的巨大頭顱轉向我，兩顆分很開的眼睛帶著疑惑與我對望。

在昏暗光線下，我依稀看到銅製鼻環閃閃發光。

靜靜看著我的農人開口了。「你是在浪費時間，年輕人。他下面那一大包可沒問題。」

第四十三章

懸在老婦人床鋪上方的紙板輕輕晃動，上面寫著「上帝近了」。但紙卡不太像一般的宗教語錄，沒有加框或印刷成華麗字體。只是一片大約長八英寸的硬紙板，上面的字體平凡無奇，也可能印著「禁止吸煙」或「出口」。紙板隨意地繫掛在老舊煤氣燈座上面，史塔博小姐躺在床上時只要抬頭，就能看見方體黑色大寫字母寫著的「上帝近了」。

史塔博小姐的目光所及範圍差不多就是這樣，或許能透過邊緣磨損的窗簾縫隙看到幾英尺的女貞樹籬，但是許多年來，她的世界主要就是這個擁擠的小房間。

房間位在別墅一樓前側，當我穿越曾是庭園的一片荒蕪走向別墅，就能看到狗群各自跳到老太太床鋪上從那裡盯著我。當我敲門時，整棟房屋都爆出狗吠聲響。一直以來都是如此。我已經定期來訪超過一年，看診行程每次都一樣：先是狗群一陣狂吠，然後照顧史塔博小姐的布洛維太太會將病患以外的其他隻全都趕進後面廚房裡，再來幫我開門，我會走進房間，看到史塔博小姐躺在角落裡的床鋪，床鋪上方就掛著那片紙板。

她已經臥床很長一段時間，再也不會起身下床。但她從未跟我提起過她的病痛，她唯一掛心的就是家裡的三隻狗和兩隻貓。

這次要幫老普林斯看病，我很擔心他。他的心臟不好——可能是我聽說過的瓣膜閉鎖不全案例中最驚人的。我進去時，他已經在等我，他見到我向來很開心，輕輕搖著流蘇般的長尾巴。

以前看到普林斯的尾巴，我都會猜想他肯定混了不少愛爾蘭雪達犬的血統，但等到我從他發福的黑白身軀一直向前，摸到他毛髮蓬亂的頭顱和像德國狼犬一樣豎起的耳朵，我的想法又有點不同了。史塔博小姐以前常叫他「海因茲先生」，雖然他可能沒有混到五十七種狗的血統，不過他倒是因爲混種血統受益良多。不然照他心臟的情況，他應該早就一命嗚呼了。

「我想我最好還是打電話給您，哈利先生。」布洛維太太說。這位年長的寡婦和善好相處，一張紅潤的國字臉與枕頭上那張憔悴面孔形成強烈對比。「他這週咳得好厲害，今天早上走起路來有點搖搖晃晃的，不過胃口還是很好。」

「相信他胃口眞的很好。」我兩手撫過他肋骨上方的好幾圈肥肉。「除非有什麼極端狀況，不然老普林斯絕不會少吃一口。」

床鋪上的史塔博小姐笑出聲來，而老狗咧著嘴、雙眼骨碌打轉，似乎也被我的玩笑逗樂了。我將聽診器放在他心臟的位置聆聽，很清楚會聽到什麼樣的心音。他們說心音應該是「噗—咚，噗—咚」，但是普林斯的心音是「唏咻—呼咻，唏咻—呼咻」。打進循環系統裡的血液幾乎跟回漏的一樣多。還有，「唏咻—呼咻」聲比上一次聽到的更快了，已經開了口服毛地黃給他，但似乎沒發揮什麼功效。

我悶悶不樂地將聽診器移到胸膛上其他位置。罹患慢性心臟疾病的老狗常有支氣管炎，普林斯也不例外，我聽著哨音、囉音、尖嘯音和水泡音合奏的交響曲，這些呼吸音顯示了普林斯肺部的運作狀況。老狗站得很直，驕傲自豪的他依然緩緩搖著尾巴。他總是把我幫他檢查身體當成熱烈讚美，所以他這下子無疑陶醉其中。所幸他的病不會帶來太多痛苦。

我直起腰來，拍拍他的頭，他的反應是立刻想將前腳搭在我的胸口。他差了一點沒能搆到，但就算只是這樣稍微出力，他的胸口就開始劇烈起伏，還耷拉著舌頭直喘氣。我幫他肌肉注射一劑毛地黃素，再注射了鹽酸嗎啡，他欣然接受，以爲是在跟他玩遊戲。

「我希望這樣可以讓他的心跳和呼吸穩定一點，史塔博小姐。您會發現他等下就開始有點昏昏沉沉，這樣對他也有幫助。繼續讓他吃口服藥，我會再留給您一些治支氣管炎的藥。」我遞出一瓶平常就習慣調配備妥的吐根及醋酸銨藥水。

當布洛維太太端了一杯茶進來，再將關進廚房的貓狗都放出來，這趟出診也進入下一個階段。有一隻叫班恩的西里漢㹴，和一隻叫莎莉的可卡犬，他們立刻跟普林斯比賽誰的吠叫聲最震耳欲聾。緊跟在兩隻狗後面的是貓咪亞瑟和蘇西，他們昂首闊步優雅走進房間，挨著我的長褲褲腳開始摩蹭。

在同樣的場景中，我和史塔博小姐一起喝了不知多少杯茶，而我們頭上就是那片懸掛在床鋪上方的紙板。

「您今天好嗎？」我問。

「噢，好多了。」她回答，然後一如往常，立刻轉移話題。

她通常喜歡聊她的寵物，還有少女時代認識的人。聊到她的家人還在世的時光，她也會滔滔不絕。她很愛講述她的三個兄弟如何膽大妄爲，這天她給我看一張布洛維太太在某個抽屜底部找到的照片。我從她手裡接過照片，泛黃照片中三個頭戴一八九〇年代流行的短帽簷小帽、穿著及膝褲的年輕人衝著我微笑；他們全都拿著長桿菸斗，臉上愛搗蛋使壞的表情經過數十載光陰依舊生動。

「天啊，這些小伙子看起來眞是一臉機靈，史塔博小姐。」我說。

「噢，一群放蕩的小子！」她大聲說。她仰頭大笑起來，有那麼一會兒，回憶讓她容光煥發。

我憶起在村裡聽到的傳聞，講到許多年前住在這棟偌大別墅裡富有的一家之主和他的家人。由於在外國的投資徹底失敗，他們的家境一落千丈。「老頭子死的時候幾乎身無分文，」一位老先生這麼說，「現在家產所剩無幾。」

剩下的家產很可能剛好夠史塔博小姐和她的貓狗維持生計，以及支付布洛維太太的薪水，但沒有多

餘的錢可以用來整理庭園、粉刷房屋，或是支應任何正常的小小奢侈花費。

而我坐在那裡啜飲著茶，狗兒在床邊坐成一排，而貓咪舒適地窩在床鋪上，我常有的感覺也再次浮現——想到自己責任重大而心生畏怯。對於這位勇敢的老婦人來說，唯一能爲她的人生帶來些許光亮的，就是永遠不會從她臉上轉開目光的這群忠心耿耿的毛茸茸伙伴。但有個小問題，他們的年紀都大了。

其實原本有四隻狗，但那隻金黃色的拉布拉多眞的非常老了，已經在數個月前過世。如今我得好好照顧剩下幾隻，而他們全都已經超過十歲。

他們還算精力充沛，但是都已經出現老化徵兆；普林斯的心臟不好，莎莉開始拚命喝水，我懷疑是不是子宮積膿初期，而罹患腎炎的班恩不斷消瘦。我沒辦法幫他換一副新的腎，對自己開立的優洛托品藥片也沒什麼信心。關於班恩還有一件事很特別，我每次都得幫他修剪腳爪，他的趾甲生長速度特別快。

貓咪的狀況比較好，不過蘇西有一點皮包骨，我會異常執著地揉捏她毛茸茸的腹部，檢查有沒有淋巴肉瘤的徵兆。亞瑟是所有貓狗裡最健康的，似乎從來不受病痛所苦，除了牙齒比較容易積牙垢。

史塔博小姐肯定也惦記著這件事，因爲等我喝完茶，她就開口請我看看亞瑟。我伸手將床罩上的亞瑟一把撈過來，撥開他的嘴巴。

「是的，老毛病又稍微發作。我都在這裡了，乾脆幫他處理一下。」

亞瑟是結紮的灰色公貓，身形龐大，是所有貓都冷血自私云云理論的活生生反證。他有一張我這輩子看過最寬的貓臉，嵌在寬臉上的美麗眼瞳看著世界時，眼神裡只有涵納一切的和善包容。他的一舉一動都雍容高貴。

我開始刮磨清除牙垢時，從他的胸腔傳出低沉的呼嚕聲，彷彿遠方某處的船外機引擎發動。亞瑟不用別人抱住，他只是平靜地坐著，從頭到尾只動了一下——當時我要用鑷子刮破後排牙齒上的難纏牙垢，不小心刮到他的牙齦。他偶爾會舉起一隻巨大腳爪，好像在說「輕一點，好哥們」，但爪子是收著的。

不到一個月後，由於布洛維太太晚上六點鐘緊急致電，我再次出診。班恩虛脫了。我立刻跳上車，十分鐘內就已經在門口庭園的草叢中擇路而行，屋裡的貓狗依舊在窗口望著我。我一敲門，吠叫聲就響起，但是班恩缺席了。我走進小房間，看到老狗側臥在床邊，一動也不動。

我們會在約診簿裡寫下：「DOA」。抵達前死亡。只是五個字，卻涵蓋了各種各樣的狀況——患乳熱的母牛、患鼓脹症的閹牛和抽搐發作的小牛的結局。而在這個晚上，這五個字表示我不會再幫老班恩剪趾甲了。

腎炎突然變嚴重的案例並不常見，但他的尿液白蛋白排出量最近逐漸增加到危險的程度。

「嗯，發生得很快，史塔博小姐。我相信老狗完全沒有受苦。」我的話聽起來軟弱無力。

老太太冷靜自持。臥床的她沒有掉眼淚，只是一臉木然望向床下的多年伙伴。我認爲要盡快將老狗送出屋外，就拉了一條毯子到他身下將他裹住抱起來。我正要離開時，史塔博小姐說：「等等。」她費力地轉成側躺，凝望著班恩。她臉上的表情沒有變化，只是伸出手輕輕摸了摸他的頭。

接著她沉靜地躺回床上，我加快腳步走出房間。

在後面的廚房，我和布洛維太太低聲商議。「我會去村子裡請弗雷．曼納斯過來幫忙埋葬班恩。」她說。「你有空的話，想請你在我離開時陪老太太一會兒。跟她說說話，對她會有好處的。」

我回到房間裡，在床邊坐下。史塔博小姐望著窗外，過了一會兒才轉頭看我。「您也知道，哈利先生。」她隨口說道。「下次就輪到我了。」

「您的意思是？」

「噢，班恩今晚走了，下一個就是我了。我心裡清楚。」

「哦，您別胡說了！您只是心情有點沉重，如此而已。發生這種事，我們都會難過。」但我心裡有些不安，我以前從來沒聽她講過類似的話。

「我不怕。」她說。「我知道會有更好的事物等著我，我從不懷疑。」我們之間一陣靜默，她只是躺在床上平靜地看向上方掛在煤氣燈座的紙板。

她再次將擱在枕上的頭轉向我。「我只怕一件事。」她的表情忽然有了變化，像是面具忽然掉落。勇敢無畏的神情讓人幾乎認不出是她。她的眼神裡閃現某種恐懼，她一下子抓住我的手。

「是我的貓狗，哈利先生。我怕走了之後就再也看不到他們，我眞的好擔心。您看，我知道自己很快就能去跟父母兄弟們團聚，可是……可是……」

「呃，爲什麼不會是跟您的貓狗團聚呢？」

「就是沒辦法。」擱在枕上的頭大力搖動，我第一次看到她臉上有淚滴。「他們說動物沒有靈魂。」

「誰說的？」

「噢，我在書上讀到的，我知道很多信教的人都這麼相信。」

「嗯，我不相信。」我拍了拍還抓著我的那隻手。「如果有靈魂表示能夠感覺到愛、忠誠和感激，那麼動物比很多人更稱得上有靈魂。這一點，您就不用擔心了。」

「噢，眞希望您是對的。有時候我整晚睡不著，就一直在想這件事。」

「我知道我是對的，史塔博小姐，您可別和我爭論。獸醫學院裡就有課程在講動物的靈魂。」

她大笑起來，表情已經不再緊繃，又恢復平日的爽朗。「真是抱歉，拿這種事來煩您，我以後不會再講這些了。但在您離開之前，希望您能完全坦誠地告訴我。我不是想要您的安慰——只想知道真相。我知道您還很年輕，但是請您告訴我——您相信什麼？我的貓狗會跟我去同樣的地方嗎？」

她熱切凝望我的雙眼。我在椅座上挪動了一下，嚥了一、兩次口水。

「史塔博小姐，恐怕我的想法還不是很清楚明確。」我說。「但是有一件事我非常確定，無論您去哪裡，他們也會去同樣的地方。」

她還是凝望著我，但神情再次平靜下來。「謝謝您，哈利先生，我知道您很誠實地回答我。您真的相信是這樣，對吧？」

「我確實相信是這樣，」我說，「全心全意地相信。」

＊＊＊

大約一個月之後，我才在無意中得知，原來上次是我最後一次見到史塔博小姐。一位貧困孤單的老婦人過世時，不會有人在大街上奔走相告。那天是例行出診，一位農人不經意提到寇比村的別墅要賣了。

「那史塔博小姐怎麼辦？」我問。

「噢，三週前忽然就走了。他們說房子屋況很差——好多年沒整理。」

「那麼布洛維太太不會留在那裡吧？」

「不會，聽說她搬到村子另一頭了。」

「您知道那些貓狗去哪了嗎？」

「什麼貓狗？」

我早早結束看診行程。雖然已經快到午餐時間，但我沒有直接回家。我催著嘰嘎抱怨聲不斷的小車全速趕往寇比村，向看到的第一個村民打聽布洛維太太住在哪裡。屋子很小但很迷人，我敲門後，布洛維太太親自前來應門。

「噢，請進，哈利先生。您來拜訪真是太好了。」我走進屋裡，我們隔著一張桌面經過用力刷洗的桌子面對面坐下。

「嗯，老太太的事，真的讓人很難過。」她說。

「是的，我剛剛才聽說。」

「無論如何，她最後走得很安詳，是在睡夢中離開的。」

「很高興知道這一點。」

布洛維太太環顧室內。「我真的很幸運能找到這個地方——我一直想住在這樣的房子。」

我再也按捺不住，脫口而出：「那些貓狗去哪了？」

「噢，他們在院子裡。」她平靜地說。「屋子後面有好大一塊空地。」她站起來打開門，我看著一群老朋友擠進屋裡，覺得如釋重負。

亞瑟一瞬間跳上我的膝頭，貼著我的手臂興奮地弓起背，他的輕柔船外機引擎呼嚕聲甚至蓋過了狗兒們的吠叫聲。普林斯還是一樣氣喘吁吁，他輕搖著尾巴，邊吠叫邊開心地朝我咧嘴。

「他們看起來都很健康，布洛維太太。他們會在這裡待多久呢？」

「他們會一直住在這裡。我跟老太太一樣放不下他們，沒辦法跟他們分開。只要他們活著，我家就是他們的家。」

我看著眼前的典型約克郡人臉龐，即使下垂的臉頰上皺紋深刻，依舊掩不住眼神中的慈愛。「那就太好了。」我說。「但是妳會不會覺得養他們……呃……開銷有一點大？」

「不會的，您不用擔心。我還有一點積蓄。」

「那就好，太好了，我會三不五時過來看看他們的狀況，每隔幾天我都會經過村子。」我站起來朝門口走去。

布洛維太太抬起手來。「只有一件事，想請您在他們開始賣掉別墅裡的東西之前幫個忙。拜託您過去拿那些您開給貓狗但還沒用完的藥物，就放在前面的房間裡。」

我拿了別墅鑰匙，驅車前往村子另一頭。我推開搖搖晃晃的柵門，穿越別墅前蔓生糾結的草叢，沒有狗兒們在窗口張望，別墅看起來異樣地死寂；我走進屋內，屋裡的靜默沉重如棺柩。

一切都原封不動。床鋪還在房間角落，床上的毯被凌亂。我在房間裡四處走動，拿起半空的藥瓶、一罐藥膏、裝著老班恩所服用藥片的硬紙盒——藥片幫了他不小的忙。

拿齊所有藥物之後，我慢慢環顧小小的房間。我以後不會再走進來了，我在門口停下腳步，最後一次讀著掛在空蕩床鋪上方的紙板。

第四十四章

我這個週二晚上的行程比照之前每個週二的晚上——在達洛比音樂社團凝望海倫・歐德森的後腦勺。用這種方式進一步了解她是很慢，但我想不到更好的主意了。

自從那天早上在谷地區高地幫她家小牛的腿打上石膏，我時常瀏覽約診簿，希望可以再次造訪她家的農場。令人遺憾的是，歐德森家的畜群似乎相當健康。我只好安慰自己，至少月底可以過去拆除石膏。但是當海倫的父親打電話來，告知因爲小牛走動很正常，他已經自行幫小牛拆除石膏，我真的大受打擊。他也很滿意地說，骨折處癒合良好，完全沒有跛腳的跡象。

我開始欽佩谷地人的自立自強和積極進取，但同時我也對此咒罵連連；於是我加入了音樂社團。我看過海倫走進社團舉行活動的教室，絕望給了我尾隨她走進去的勇氣。

那是好幾週前的事，如今帶著悲慘心情回想，我連一丁點進展都沒有。我記不起有多少男高音、女高音和男合唱團員來來去去，有一次當地的銅管樂隊全員擠進狹小的教室，音樂幾乎震破我的耳膜，而我根本沒辦法往前擠。

今晚有一場弦樂四重奏，樂手勤奮地咿呀拉鋸，但我置若罔聞。我一如往常目不轉睛望著坐在前幾排的海倫，她坐在兩名老婦人中間，她似乎每次都會帶她們倆一起來。這是其中一件麻煩事，兩位老太太隨侍在側，讓我完全沒有機會跟海倫私下談話，就連中場休息喝茶的時間都沒機會。另外還有整個地方的氣氛，社團成員幾乎都很年長，而且教室裡四處都聞得到濃烈的墨水、作業本、粉筆和鉛筆氣味。身處這種地方，實在不可能說出「妳週六晚上有活動嗎？」卻完全不引起警覺。

咿呀拉鋸聲停止，所有人鼓掌。坐在前排的教區牧師站起來，向大家露出燦爛笑容。「那麼，各位女士先生，我想我們現在休息十五分鐘，我們的熱心志工已經準備好茶點。費用同樣是三便士。」笑聲此起彼落，接著是將椅子向後推的聲響。

我跟著其他人走到走道最後面，放了一枚三便士硬幣在盤子上，拿了一杯茶和一片餅乾。這時我試圖接近海倫，盲目地希望或許有機會發生點什麼。要辦到並不怎麼容易，因爲我常常被校長和其他覺得喜愛音樂的獸醫是珍禽異獸的村民圍住攀談，但今晚我努力推搡挪動，終於打進她身旁的圈子。

她的視線越過杯子上方看著我。「晚安，哈利先生，您喜歡剛剛的表演嗎？」哦老天，她每次都說這句。還叫我哈利先生！但是我能怎麼辦呢？「叫我吉米就好。」聽起來不錯。我一如往常回答：「晚安，歐德森小姐。是的，剛剛的表演眞精采，您說是嗎。」事情進展的順利程度與上次不分軒輊。

我邊吃餅乾，邊聽兩位老太太聊著莫札特。情況又會跟先前每個週三一樣，我只覺得一敗塗地，差不多該死心了。

教區牧師朝我們這一夥人靠近，臉上依然掛著燦爛笑容。「恐怕我們需要洗杯子的值日生，也許這裡兩位年輕朋友今天晚上願意輪值。」閃爍著友善光芒的眼神先投向海倫，再投向我，接著又回到海倫身上。

我從來沒把幫忙洗茶杯這件事放在心上，但忽然之間，應許之地彷彿就在眼前。「當然沒問題，樂意之至——我是說歐德森小姐不介意的話。」

海倫露出微笑。「當然沒問題。大家都要輪流當值日生，不是嗎？」

我將盛放杯子和盤碟的推車推進廚房旁的洗碗間。洗碗間很窄小，只有一個水槽和幾個層架，空間大概只夠我們兩個人擠進去。

「您想負責洗碗還是擦乾？」海倫問。

「我來洗吧。」我回答，開始在水槽裡放熱水。這下子應該不會太難了，我心想，我可以在對話中帶到我想講的話題。我現在跟海倫一起擠在一間小房間裡，以前從來沒有這麼好的機會。

但時間以驚人的速度飛逝。整整五分鐘過去，我們還沒有聊到音樂以外的事。看著原本堆得高高的待洗杯盤已經所剩無幾，我也愈來愈沮喪，想著自己還是什麼都沒表示。等到我將最後一個杯子從肥皂水裡拿起來，我已經沮喪到近乎恐慌。

現在非開口不可。我將杯子遞給海倫，她想從我手裡接過杯子；但是我緊抓杯子手把，等著靈光乍現。

她輕輕拉了一下，但我堅持抓住不放。最後成了拔河比賽。接著我聽到低沉粗啞的嗓音響起，忽然意識到是我自己在說話：「我有空能約妳見面嗎？」

有那麼一會兒，她並未答話，我試圖解讀她的表情。

她是嚇了一跳，覺得惱怒，或甚至大爲震驚？她滿臉飛紅，回答道：「你想約就約。」

我又聽見低沉粗啞的嗓音響起。「週六晚上？」

她點點頭，擦乾杯子，一下就不見人影。

我回到座位上，心裡怦怦狂跳。海頓的弦樂四重奏曲演奏得七零八落，我毫不在意。我終於開口了。但她眞的想要出來見面嗎？她是不是不得已之下答應的？這個念頭一冒出來，我困窘得腳趾頭全都蜷縮起來，但我安慰自己要這麼想，無論如何，至少有一點進展了。是的，我終於開口約她了。

第四十五章

坐在餐桌旁吃早餐時，我望向窗外在陽光下消散的秋季晨霧。今天又是秋高氣爽的一天，但早上老屋子裡就有一股寒意，讓人彷彿被一隻冰冷的手攫住一般顫抖，提醒我們夏天已經結束，接下來數個月會很辛苦難熬。

「報紙上寫著，」齊格菲說，邊小心調整他那份《達洛比與霍爾頓時報》靠在咖啡壺上的角度，「農人對他們的動物毫無感情。」

我在一片吐司上抹好奶油，然後朝他望去。「你是說冷酷無情嗎？」

「唔，不算是，但這傢伙認爲對於農人來說，養牲口純粹是爲了商業目的——農人對牲畜不會有感情，沒有深厚情誼。」

「呃，要是大家都像可憐的基特．畢頓，那根本行不通，不是嗎？他們會全都發瘋。」

基特是貨車司機，他和達洛比很多工人一樣，在院子最裡頭養了一隻豬準備養肥以後宰來吃。問題是到了要宰豬的日子，基特流了三天的眼淚。我剛好在這種時候去他家，發現他的妻子和女兒忙著切肉製作成肉派和豬頭肉凍，而基特淚眼汪汪，在廚房爐火旁悲慘地縮成一團。他是個大塊頭，雙臂一揮就能將一包十二英石重❽的飼料拋到貨車上，但他那時緊抓著我的手，抽泣著對我說：「我忍不下心，哈利先生。那頭豬啊，他就像個基督徒，眞的就像基督徒。」

「我認同這樣行不通。」齊格菲傾身向前，鋸下一片霍爾太太自己烤的麵包。「但基特不是眞正務農的人，這篇報導講的是養了大量牲口的農人。問題是，這樣的人可能對牲畜懷有感情嗎？每天要幫也許五十頭乳牛擠奶的酪農，是眞的疼愛任何一頭乳牛，或者只是把她們當成牛乳製造機？」

「這一點很有趣，」我說，「我想你認爲癥結在於牲口的數量多寡。你知道在我們谷地區高地，有很多農人養的牲畜數量並不多。他們總是幫乳牛取名字——黛西、梅波，我那天還碰到一頭叫『鮮魚耳』。我認爲這些小農確實對他們養的牲畜有感情，但我不知道農牧大戶要怎麼跟他們的大批牲口培養感情。」

齊格菲從桌子旁站起來，愜意地伸了個懶腰。「你很可能說對了。無論如何，今天早上我要派你去見一個眞正的大戶。丹納比田莊的約翰·史吉頓——他有好幾匹老馬不太健康，需要磨牙。你最好把所有器械帶去，什麼狀況都有可能碰到。」

我沿著走廊走到放用具的小房間裡，檢視所有牙科器械。每次幫大動物看牙，是我覺得自己最接近中世紀的時候，而在還有輓馬的年代，幫馬看牙是例行公事。其中一個最常見的差事，是幫年輕馬匹敲掉狼齒。我不知道這顆長在臼齒前面的小牙齒爲什麼叫做「狼齒」，但只要有年輕馬匹不健康，它就是罪魁禍首。

就算獸醫出言辯解，說像狼齒這樣演化過程中小小的殘留物，不可能對馬匹的健康造成任何影響，問題很可能是馬身上的寄生蟲。農人依舊堅持，狼齒非拔不可。

幫馬拔狼齒的作法是先讓馬匹退到角落裡，用桿頭呈叉狀的金屬長桿抵住狼齒，再拿一根大得離譜的木槌用力敲下去。這顆牙齒的牙根很淺，不會特別痛，但馬還是不喜歡拔牙。每敲一下，馬通常會抬起好幾次前腳在我們的耳朵旁踢踹。

---

❽十二英石約為七十六公斤。

而最惱人的部分，是在我們拔完狼齒，向農人指出我們施展這種小小的黑魔法只是想滿足他們以後，那匹馬就立刻好轉，而且從此之後健康強壯。農人通常絕口不提獸醫治療有成，因為深怕我們跟他們多收點錢，但碰到這種情況，他們會完全放下戒心。他們會在市場裡隔得老遠對著我們嚷嚷：「嘿，記得那匹被你敲掉狼齒的馬嗎？哦，他以前的毛病都沒了，拔了牙就完美了。」

我厭惡地再次看著牙科器械：鉗臂足足兩英尺長、看起來凶神惡煞的拔牙鉗、尖口大剪刀、張口器、槌子和鑿子，還有磨牙用的粗齒和細齒銼刀；這裡儼然西班牙異端裁判所裡某個安靜的角落。我們準備了一個有提把的長形木箱專門裝這些器械，我提著裝滿精選器械的木箱踉蹌出門去開車。

丹納比田莊不只是一座頗具規模的農場，也是一個男人堅忍不懈和經營有術的紀念碑。華美的老屋、綿延的建築群，以及低矮丘坡上一望無際的如茵綠地，全都證明了老約翰．史吉頓達到非比尋常的成就。他初入行時只是沒上過學的農場工人，但如今成了富甲一方的地主。

奇蹟並非一蹴可幾。老約翰一輩子任勞任怨，換作是其他人可能早就撐不住一命嗚呼，而且一輩子都沒有餘裕娶妻成家或追求物質享受，但他的成功祕訣不僅於此：老人之所以能成為地方上的傳奇人物，要歸功於他在農事經營上的聰慧敏銳。「全世界都往東時，我往西。」這是他其中一句名言，而史吉頓的農場確實在其他農人破產的艱困時期反而大發利市。丹納比只是史吉頓的其中一座農場；他在谷地的低地區還有兩大塊耕地，每塊地大約四百英畝。

他令一切臣服，但有些人覺得，他自己似乎也在過程中臣服了。多年來，他千辛萬苦克服困難，把自己逼得很緊，完全停不下來。如今他已經可以享盡榮華富貴，但他還是閒不下來；大家說就連他手下最窮的工人都比他還懂得享受生活。

我下車後佇立片刻，像是第一次見到般凝望優雅的屋宅，想到它已經在嚴苛氣候下屹立三百年，不

禁再次感到驚奇。有些遊客不遠千里來丹納比田莊參觀拍照，優雅的莊園大宅有著挑高鉛條花飾玻璃窗，古老鋪瓦屋頂上爬滿青苔，粗大煙囪巍峨聳立，遊客在無人打理的庭園裡漫步，爬上門口的長長台階，來到布滿飾釘的大門前，站在門上的寬闊石拱之下。應該要有一名戴著那種仕女尖頂帽的美麗女子從窗櫺間窺看，或是一名衣領有著褶襇飾邊、下身穿著緊身褲襪的騎士在牆頂有尖突頂石的高牆下馭馬踏步。但只有老約翰踩著重重的步伐朝我走來，他身上的外套已經破爛不堪，鈕扣全都掉光，只用一段打包用的粗麻線繞住腰腹固定。

「進來一下，年輕人。」他喊道。「我有一筆小小的帳要結清。」他帶頭繞到屋宅後側，我跟在後面，思索著約克郡人是如此奇特，永遠都說有筆「小小的帳」。我們經過地面鋪著石板的廚房，走進一間寬敞優雅的房間裡，室內只有一張桌子、幾把木椅和一張下陷的沙發，再無其他家具擺設。

老人匆忙走到壁爐前，從時鐘後方撈出一疊紙張文件。他逐一翻看，抽出一個信封扔在桌上，然後拿出一本支票簿啪一聲放在我面前。我照例從信封裡取出帳單，在支票上寫下金額，再將支票推到他面前讓他簽名。他簽名時全神貫注，五官偏小、飽經風霜的臉孔垂得低低的，老舊鴨舌帽的帽簷幾乎碰到手裡的筆。他坐下時，長褲褲管上提，露出瘦巴巴的小腿和光裸腳踝，看得出來那雙笨重靴子裡頭沒有襪子。

我將支票收進口袋之後，約翰一躍而起。「我們得沿下坡走到河邊，馬在那裡。」他離開屋子時幾乎是快步疾走。

我從後車箱裡取出整箱器械。這一點真的很有趣，每次碰到有很重的器具設備要搬動，病患都剛好離我十萬八千里遠。箱子就像灌了鉛一般沉重，而在穿越有圍牆圍起的牧地的下坡路程中，絲毫沒有變輕的感覺。

老人抓了一把乾草叉叉住一個乾草捆，輕而易舉就將乾草捆扛到肩上，然後以同樣的輕快步伐再次邁步前進。我們一路向下，過了一道又一道柵門，常常得走對角線穿越田野。約翰沒有放慢速度，而我腳步蹣跚跟在後面，邊喘氣邊努力甩開他至少比我老五十歲的念頭。

大約走到半途，我們碰到一群男人在「修牆」——修理谷地區各處青翠丘坡上縱橫綿延的乾砌石牆縫隙，這種工作的歷史悠久。其中一個人抬起頭：「早安啊，史吉頓先生。」語調像是在歡欣歌唱。

「去你的早安，專心幹活。」老約翰咕噥道，男人滿足地微笑，好像被人稱讚似的。

終於走到山坡坡腳的平坦地帶，我暗自慶幸。我的兩條手臂似乎拉長了好幾英寸，我還感覺得到額頭上沁出了一滴汗珠。老約翰似乎一點都不受影響，他輕甩扛在肩上的乾草叉，乾草捆砰一聲落在草地上。

兩匹馬聽見聲音，轉頭朝我們的方向看過來。他們站在一處綠草叢生、遍布礫石的小河灘外的淺水裡，水深僅及球節處，相親相愛的他們用下巴彼此溫柔摩蹭，完全沒有察覺我們靠近。對面河岸上的高聳懸崖剛好形成絕佳的擋風牆，在我們兩側的一小叢橡樹和山毛櫸樹林於明燦秋陽照耀下樹影斑駁。

「他們住的地方眞不錯，史吉頓先生。」我說。

「是啊，天氣熱時可以納涼，冬天來時可以住進穀倉裡。」約翰指著一棟牆面很厚、僅有單扇門的低矮建築物。「他們可以隨意進出。」

馬匹聽到他的聲音就上了岸，動作僵硬地快步走向我們，他們走近時，可以看得出來他們眞的非常年邁。母馬是栗色的，閹馬是淺騮色，但他們的毛皮遍布灰色斑點，看起來幾乎像是灰底雜斑的駁馬。他們臉上的零星白毛、凹陷眼窩和雙眼上方的深凹處尤其明顯，讓他們看起來格外脆弱。

儘管如此，他們還是在約翰身邊跳躍打轉、踩地甩頭、用鼻吻壓下他的鴨舌帽蓋住眼睛，努力表現

出激動的樣子。

「別鬧，走開！」他大喊。「兩個老傻瓜。」但他漫不經心地輕扯一下母馬的額毛，然後很快撫摸一下閹馬的脖子。

「他們上次工作是什麼時候？」我問。

「噢，大概十二年前吧，我想。」

我瞪著約翰。「十二年！那之後他們就一直待在這裡？」

「對，就在這裡閒晃，像是退休吧。他們辛苦大半輩子，也該休息了。」他靜默佇立許久，駝著背，兩手深深插在外套口袋裡，接著他輕聲說話，彷彿自言自語。「我還是奴隸的時候，他們跟我一樣是奴隸。」他轉頭看著我，我豁然開朗，在那雙淡藍色眼眸裡看出他曾與兩匹馬共同經歷的苦痛磨難。

「但是十二年！那他們究竟幾歲了？」

約翰揚起一邊嘴角。「噢，你是獸醫。你告訴我吧。」

我自信滿滿地上前一步，腦袋轉個不停，全是加爾凡槽線、齒冠「黑窩」的形狀、傾斜角度等等；我抓住母馬上唇向上掀看她的牙齒，她毫無反抗之意。

「老天！」我驚呼。「我從來沒看過長成這樣的。」切齒非常長且向前突出，上下切齒的咬合角度大約是四十五度。切齒已經沒有黑窩，早就磨損到完全看不見。

我大笑，轉身面向老人。「看不出來，我只能用猜的了。您得告訴我答案。」

「噢，母馬大約三十歲，閹馬比她年輕個一、兩歲。她生了十五匹優良的小馬，除了牙齒有一點問題以外，從來沒有什麼病痛。我找人幫他們磨過一、兩次牙，我想也是時候再讓他們磨個牙了。他們都變虛弱了，嘴裡會掉出嚼得半爛的乾草。閹馬的情況最差——得費好大的勁才能把食物嚼碎。」

我將一手伸進母馬嘴裡，抓住她的舌頭之後拉出來放到一側。用另一手很快摸過她的臼齒，結果與我猜想的相符：上排臼齒過度生長、外緣參差不齊，導致磨到臉頰內側，而下排臼齒內側情況類似，會稍微刮破舌頭。

「我很快就能讓她舒服一點，史吉頓先生。把齒緣尖銳的部分磨掉，她就能恢復健康了。」我從大器械箱裡取出粗齒銼刀，一手按住舌頭，另一手用銼刀的粗糙面在牙齒上銼磨，不時用手指觸摸一下，確認磨掉夠多尖銳部分。

「差不多了。」數分鐘後我說。「我不想磨到太過平滑，以免影響她咀嚼食物。」

約翰咕噥道：「也好。現在看看另一匹，他的問題比較大。」

我摸了一下閹馬的牙齒。「跟母馬的問題一樣，很快就可以幫他處理妥當。」

但是推拉銼刀磨牙時，我有一種異樣的感覺，有什麼不太對勁。銼刀沒辦法完全進到嘴巴裡頭，被某個東西擋住了。我暫停下來，盡可能將手指伸長，再觸摸看看是什麼問題。指尖觸碰到很奇怪的東西，像是從口腔頂部向下突出的一塊大骨頭，那裡根本不應該有這種東西。

我應該仔細檢查一下。我取出袖珍手電筒照向舌頭根部。這下子很容易就能看出問題所在：上排最後一顆臼齒長到超出下排對咬牙，造成牙齒後部邊緣過度生長成很大一塊。結果就是臼齒長成一根大約三英寸長的軍刀狀倒鉤，不停向下戳刺柔軟的牙齦組織。

當下得立刻處理，不能再拖。原先的興高采烈消散一空，我努力克制自己不要渾身發毛，因為這表示要動用恐怖的大剪刀——就是把手很長、附有橫桿可將螺絲擰緊的大傢伙。我一想到大剪刀就渾身緊繃，因為我是那種不敢看別人吹氣球的人，而這種大剪刀異曲同工，但是更可怕。使用方法是將大剪刀的兩片銳利刀刃夾住牙齒，然後開始很慢、很慢地轉動橫桿。由於槓桿原理的作用，那顆牙齒很快就會

在承受極大力道之下發出吱吱嘎嘎的聲音，你知道它可能在接下來任何一秒斷裂，但它眞的斷裂時，就像是有人在你耳邊擊發步槍。這時候通常會天下大亂，不過謝天謝地，這是一匹很安靜的老馬，我想到時候他應該不會立起後腿踢踹騰躍。馬不會覺得痛，因爲過度生長的部分沒有神經——麻煩的是牙齒斷裂發出的巨響。

我回到木箱旁，拿出那把駭人器械和豪斯曼張口器。我將張口器嵌放在切齒上，然後操作棘輪將馬的嘴巴撐張開來。這下子很容易就能看清楚，當然了，就在那裡——口腔裡另一側也有一模一樣的大倒鈎。很好，很好，現在我有兩顆牙要剪斷了。

老馬耐心地站著，雙眼幾乎閉起，好像已經見慣世事滄桑，天底下再也沒什麼事能擾他清靜。操作大剪刀的過程中，我的十根腳趾全都蜷縮起來，當尖銳的斷裂聲響起，他周圍泛白的雙眼忽然睜大，但只是微微吃了一驚。他的身體甚至沒有挪動一下。我剪斷另一側牙齒時，他毫不在意；事實上，嘴巴被張口器撐開的他，看起來好像百無聊賴地打著呵欠。

我收拾器械時，約翰從草地上撿起骨質斷片，滿懷興趣地打量。「嗯，可憐的老傢伙。找你來處理眞的不錯，年輕人。我想他現在應該覺得好多了。」

回去的路上，老約翰不再扛著乾草堆，走路的速度是去程的兩倍，他把乾草叉當手杖，踩著重重的步伐風風火火爬上丘坡。我落在後方氣喘吁吁，每隔數分鐘就得換一隻手來提器械箱。大約爬坡到半途，拎著的木箱從手上滑落，我總算有機會停下腳步休息片刻。邊聽老人不耐煩地咕咕噥噥，我回過頭去，還能看到兩匹馬的身影。他們已經回到淺水裡，正在嬉鬧玩耍，忽而互相追逐，馬蹄在水裡踩濺出水花。懸崖構成的暗色背景襯出眼前的畫面——河水波光粼粼，草地青翠豐美，樹林熠熠反光，金黃和青銅紛呈。

回到農場，約翰有些笨拙地停下腳步。他點了一、兩下頭，說道：「謝謝你，年輕人。」接著忽然轉身走開。

我滿心感激地將木箱扔進後車箱時，看到剛剛走下丘坡時跟我們講話的男人。他的心情還是很好，在一個充滿陽光的角落靠坐在一堆麻布袋上，從老舊軍用側背包拿出一袋晚餐。

「你去過下面的養老院啦？老天，老約翰應該知道怎麼走。」

「所以他很常去囉？」

「常去？上帝賜給我們的每一天，你都能看到老頭子砰咚砰咚往下坡走。不管下雨、下雪還是颳大風，照去不誤。每次都會帶點東西，一袋玉米啊，鋪墊用的乾草啊。」

「他十二年來都這麼做？」

男人轉開保溫瓶瓶蓋，幫自己倒了一杯紅茶。「對啊，那兩匹馬這麼多年來啥工作都沒做，明明可以把他們賣給馬肉商人大賺一筆。眞的是怪人，你說是吧？」

「你說得對。」我說。「眞的是怪人。」

回診所途中，老約翰到底有多怪的念頭在腦海裡縈繞不去。我回想當天早上我和齊格菲的對話，我們才幾乎要作出結論，斷定飼養大量牲口的人不太可能對個別牲畜懷有感情。但是剛剛那邊許多棟建築物裡全是約翰．史吉頓飼養的動物——他肯定養了多達數百隻。

然而是什麼讓他每天風雨無阻走下丘坡？爲什麼他要讓兩匹老馬度過平靜美好的晚年？爲什麼他自己都捨不得過好日子，卻讓老馬的餘生過得輕鬆舒適？

只可能是因爲愛。

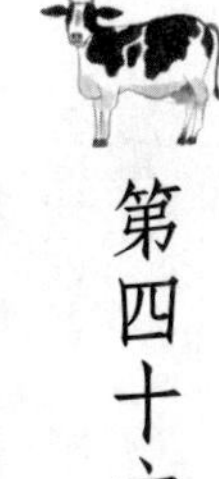

第四十六章

在達洛比工作久了，我發現自己愈加著迷於谷地區的魅力。而且我愈來愈能體會在這裡工作其中一個最實在的好處——谷地區的農人都身兼畜牧業者。他們熟知如何對付牲畜，對於碰到病患一直試圖妨礙看診或傷人的獸醫來說，真是天大的福氣。

而這天早上，我滿意地看著兩個人制伏母牛。工作本身並不困難，只是靜脈注射乳酸鎂，但有兩位這麼強壯的小伙子來幫忙，還是讓人安心多了。莫里斯·貝尼生身材中等，但是跟他養在山丘上的動物一樣強悍，他右手抓著牛角，左手手指扣住母牛鼻子；我暗忖母牛在我將針頭刺進去時應該不會跳太遠，就覺得很放心。他哥哥喬治負責讓靜脈血管突起現形，他用兩隻大手小力握住牛脖子上的拴繩，粗壯的手指活像細長的胡蘿蔔。身高六英尺四英寸的他居高臨下朝我親切地咧嘴一笑。

「好，喬治。」我說。「拉緊繩子，靠在母牛身上，不要讓她把頭朝我轉過來。」我夾在母牛和她隔壁牛隻之間奮勇前進，擠過喬治巍然屹立的身軀，彎腰靠近頸靜脈。頸靜脈十分明顯突出。我確定注射位置，感覺大個子喬治越過我肩頭探看時將手肘壓在我身上，很快將針頭刺入靜脈。

「很好！」我大喊，看著深色血液湧出，在底下鋪墊的乾草堆灑下濃厚的幾灘血漬。「放鬆繩子，喬治。」我在口袋裡摸索著想找輸液氣閥。「還有老天啊，你別壓在我身上！」

由於喬治顯然決定將他整整十四英石[9]的體重全壓在我而非母牛身上，我拚命想把輸液氣閥的管子

---

[9] 十四英石約為八十九公斤。

接到針筒上時，感覺自己的膝蓋快撐不住了。我在絕望中再次大喊，但是喬治毫無反應，依舊把下巴擱在我的肩上，在我耳畔響起的鼻息聲聽起來像在打鼾。

這種情況只會有一種結局。我面朝下趴倒在地，被動也不動的壯碩身軀壓得掙扎抽搐。我的呼喊無人理會；喬治已經不省人事。

貝尼生先生注意到牛棚裡的騷動後趕來，剛好看到我從他家長子底下爬出來。「快點把他帶出去！」我喘著氣道。「免得被牛群踩在腳下。」莫里斯和父親不發一語，一人抓住一邊腳踝，合力將喬治拖了出去。喬治就這樣被火速拖離牛群腳邊，他的腦袋在鋪石地面上一路磕磕碰碰，越過集糞槽道，最後倒在牛棚地板上繼續昏睡。

貝尼生先生回到那頭母牛身旁，等我繼續注射，但我發現旁邊有一具躺得四仰八叉的軀體讓我難以專心。「聽我說，我們能不能把他扶起來靠牆坐著，讓他把頭垂到兩腿中間？」我滿懷歉意地提議。其他人互看一眼，然後似乎決定要迎合我，於是抓住喬治的肩頭推著他滾過地板，充分發揮拋甩搬運整袋肥料和馬鈴薯的專業。但即使坐靠在粗糙石牆上，喬治的頭還是向前垂下，長長的手臂無力地垂落，這個可憐的傢伙看起來還是不太妙。

我不由得覺得自己也該負一點責任。「您不覺得我們或許該給他喝點什麼嗎？」

但是貝尼生先生已經受夠了。「不用，不用，他沒事啦。」他不耐煩地嘀咕。「我們繼續忙我們的。」顯然他覺得自己平常太寵喬治了。

這件事讓我開始思索起大家對於看到鮮血，以及面對其他令人不安的真實景象的反應問題。雖然這只是我執業的第二年，但我已經歸納出這類事件的規律，每次昏倒的都是塊頭最大的那一位。（而我到目前爲止也推演出其他幾套可能並不科學的理論，例如大狗的主人都住在小房子裡，反之亦然。嘴上說

「花再多錢都沒關係」的客户從來不付錢，從不。每次在谷地區問路，只要對方回答：「你一定不會走錯的。」我就知道自己很快會迷路。）

我也忍不住猜想，儘管鄉村裡的人比較常接觸大自然中最基本的東西，但他們也許比城市人更加脆弱敏感。我之所以會這麼想，得從席德．布倫孔某天晚上跌跌撞撞走到斯凱谷宅邸說起。他一臉慘白，顯然剛剛經歷了驚心動魄的大事。「你那邊有沒有威士忌，吉米？」他顫抖著說。我領著他坐到一張椅子上，齊格菲倒了一杯威士忌放在他手上，他才告訴我們，他剛剛去參加亞林森醫師主講的急救講座，就在同一條街上再過去其中一戶。「他講什麼靜脈啊，動脈啊什麼的。」席德呻吟道，抬起一手扶著額頭。「老天，可怕極了！」顯然魚販弗雷德．艾利森只聽了十分鐘就昏過去，被人抬了出來，而席德勉強走到了門口。講座現場一片混亂。

我對這種事興致高昂，因爲我發現這類事例俯拾即是。我猜這樣一來我們碰到的麻煩會比醫師還多，因爲我們的醫學同行如果要開刀，大多數情況下病患都會送去醫院，但是獸醫只能脫下外套，在現場就動起手術。這表示飼主和農場裡的助手全都會被拉來幫忙，而且必須承受一些不尋常的場面。

所以，即使我的經驗不多，但對於各種「頭暈眼花」的狀況，我也算得上是權威了。我想現在開始談累計數據仍言之過早，女人和矮小的男人雖然可能展現嚴重程度不一的噁心想吐，但我從沒看過他們當場暈倒。只要猜是大塊頭會暈倒，總能猜個八九不離十，尤其是那種愛大聲嚷嚷、自信滿滿的大塊頭。

某個夏天晚上，我不得不幫一頭母牛進行瘤胃切開術，那次經驗我至今記憶猶新。如果懷疑有異物，我通常傾向慢慢觀察——有太多其他狀況都會出現類似的症狀，我從來不會急著在動物身側開個洞。但這次很容易就能診斷出來：乳牛產乳量忽然下降，停止反芻，不停發出低沉哼聲，還有眼睛凹陷且動作僵硬。而農夫的一句話提供了確鑿證據：他前陣子在修理牧地上的雞舍，把鬆脫的木板釘好。我知道其中一枚釘子跑去哪了。

農場坐落在村子的主要街道，是當地年輕人聚會時最喜愛的場地之一。當我將器械在鋪於乾草捆的乾淨毛巾上一字排開時，畜舍隔間的半截門上方已經冒出一排咧嘴燦笑的臉龐，他們不只圍觀，還不停吆喝助陣。準備好要進行手術時，我靈機一動，要是多一雙手來幫忙就更好了，於是轉向門口。「有沒有哪位年輕人想當我的助手？」吆喝叫囂聲在接下來一、兩分鐘更加熱烈，接著門開了，一名高大魁梧、滿頭蓬亂紅髮的年輕人邁步進了畜舍隔間；他的肩膀寬闊厚實，敞開的襯衫領口露出的脖頸粗壯如柱，昂藏身材令人驚嘆。

一見他的澄藍雙眼、高突顴骨和紅潤臉龐，我就想起千年前曾有北歐人在谷地區一帶活動——來者是維京人。

我請他挽起袖子，在加了消毒劑的溫水桶裡將雙手刷洗乾淨，同時自己在乳牛腹脅施行局部麻醉。我將止血鉗和剪刀交給他拿著，他接過之後大踏步走來走去，作勢朝乳牛戳刺，發出如雷笑聲。

「要不要乾脆讓你來開刀啊？」我問。維京人挺起厚實胸膛。「好啊，我來試試。」半截門上方一片歡聲雷動。

等我終於將換了全新鋒利刀刃的巴德–派克手術刀在乳牛身上擺好位置準備劃刀，空氣中盡是插科打諢的笑語聲。這次我決定貞的要照著手術教科書裡的建議大膽劃刀；我差不多該脫離緊張地一點一點割劃毛皮的階段了。「結結實實的一擊。」一名學養豐厚的作者如此形容。好，那就照他說的做吧。

我用手術刀刃輕放在腹脅上被麻醉的部位，然後飛快運使手腕，劃開一道十英寸長的傷口。我退後一步佇立數秒鐘，欣賞乾淨俐落的切口邊緣，亮閃抽動的腹部肌肉只沾上數根微血管噴濺出的血液。

同時，我注意到那一排臉孔不再發出笑鬧吆喝聲，周圍陷入一種詭異的安靜，而我身後忽然傳來砰的一聲沉響劃破寂靜。

「請給我止血鉗。」我說，並將手向後伸。但一點動靜也沒有。我轉頭張望；半截門上方空空如也——連一張臉孔都沒見著。只剩下維京人大字形躺在地板中央，四肢向外攤開，下巴高抬指向屋頂。這種反應實在太戲劇化了，我原本以為他是故意裝笨耍蠢，但進一步檢視的結果打消了任何猜疑：維京人完全昏迷。他肯定像是被雷劈到的橡樹一樣轟然躺倒。

負責穩住乳牛頭部的飼主是彎腰駝背的小個子，再怎麼高估頂多八英石重❿。他看著我，眼中隱約閃現一絲笑意。「看來只剩你跟我了，先生。」他將籠頭牽繩繫在掛在牆上的環圈，有條不紊地清洗雙手，然後替代維京人站到我身旁。手術過程中，他遞器械給我，用消毒棉塊拭去滲出的鮮血，幫忙剪斷縫線，同時百無聊賴地從齒縫間吹出不成調的口哨；只有在我從瘤胃深處取出那根惹出麻煩的釘子時，他才一度流露真實情緒。他微微挑高眉毛說道：「啊唷，啊唷。」然後又開始吹他的口哨。

我們太忙了，無暇顧及維京人。手術進行到一半，他坐起來，晃了晃身體，然後站起來，刻意一臉冷淡大踏步走出畜舍隔間。可憐的傢伙似乎期望我們沒注意到有什麼不尋常。

我想無論如何，我們大概沒什麼辦法能讓他立刻清醒。只有一次，我發現有一種方法能讓暈血的人立刻甦醒，但純屬偶然。

❿八英石約為五十一公斤。

那一次是亨利．狄克生找我，問我能不能示範給他看，怎麼幫罹患赫尼亞症⑪的豬去勢並避免發生腫脹。亨利非常熱衷養豬，懷抱雄心壯志想要習得獸醫技術。

他讓我看陰囊嚴重腫脹的豬仔時，我表示反對。「我眞的覺得應該交給獸醫來做，亨利。你大可以幫你所有的正常豬隻去勢，但像這樣的情況，我想你沒辦法處理得很好。」

「怎麼說？」

「呃，首先你需要局部麻醉，還有要提防感染風險——而且你眞的需要解剖學知識，才知道自己到底在幹什麼。」

夢想成爲外科獸醫師的亨利眼神中滿是挫敗。「老天，我想知道要怎麼做。」

「我給你一個建議吧。」我說。「不如這次就由我示範給你看，讓你自己做決定。我會幫他全身麻醉，這樣你就不用一直抱著他。」

「也好，眞是好主意。」亨利思索了一會兒。「那你幫他去勢的費用是多少？」

「七先令六便士。」

「好吧，我想你算帳收錢絕不會手軟。動手吧。」

我在豬仔的腹膜注射了數毫升的寧比妥，他東倒西歪走了幾步，就翻倒在乾草堆裡一動也不動。亨利在院子裡搭起臨時手術台，我們將熟睡的豬仔抱到台上。我準備好要進行手術時，亨利抽出一張十先令鈔票。

「還是先付錢給你好了，免得忘記。」

「好吧，不過我已經把雙手洗乾淨了——請你把錢塞到我口袋，等結束之後我會找錢給你。」

我樂得想像自己成了老師，很快就滿腔熱血地邊操作邊講解起來。我小心翼翼劃開鼠蹊管上方的皮膚，將包覆著外膜的整顆睪丸向外拉。「你看這裡，亨利，腸子從鼠蹊管向下移到睪丸的位置了。」我指著半透明薄膜下方呈現淺粉紅色的環圈狀腸道。「現在我如果這樣做，就可以把它們推回腹部，我如果按壓這裡，它們就會再彈出來。你看到是怎樣運作了嗎？這樣，它們就不見了；你看現在它們又跑出來了。我再讓它們消失，然後哎呀，它們又跑回來找我們了！現在爲了要讓它們留在腹部不會再跑出來，我就捏住精索，連同包覆在外的被膜緊緊捻轉到……」

但現場已經沒有觀衆。亨利一屁股向下滑坐在倒置的油桶，上半身趴倒在手術台，頭埋在臂彎裡。此時的我失望極了，學生在手術台末端酣睡不醒，手術後半段和最後縫合只能在悲傷中草草結束。

我將豬仔抱回豬圈，收拾手術器械，忽然記起還沒找錢給亨利。我不知道自己爲什麼這麼做，但我拿出來的不是半克朗⓬硬幣，而是在木頭台面上與他的臉相隔數英寸處放了一先令六便士。聽到錢幣落下的響聲，他睜開眼，茫然地盯著硬幣數秒鐘，接著以幾乎嚇壞人的速度忽然坐直，臉色灰白但十分警覺，雙眼瞪得大大的。

「嘿！」他大叫。「你還少找一先令！」

⓫「赫尼亞」（hernia 或 rupture）俗稱疝氣，是指臟器或組織從正常位置移位到不正常的位置，可能為先天性或後天性，依據發生部位可分成臍赫尼亞、鼠蹊或陰囊赫尼亞等等，豬陰囊赫尼亞是常見的豬隻遺傳疾病。

⓬半克朗的幣值為八分之一英鎊，或兩先令六便士，於一九七〇年廢止使用。

第四十七章

獸醫全是沒用的傢伙、農業社群的寄生蟲、坐地起價的遊手好閒之徒，對動物或動物的疾病一竅不通。與其請獸醫出診，還不如找屠宰業者傑夫．馬洛克。

至少這是席德羅一家人常常掛在嘴上的看法。其實歸根究柢，他們認為自家方圓數英里內，只有一個人知道牲畜生病該怎麼處理，那就是席德羅先生本人。如果他們家的母牛或馬生病，席德羅先生會使出他的全套正宗療法。在他的妻子和眾多家族成員心目中，他就像神一樣高高在上，席德羅家抱持的信念是一家之主永遠是對的；唯一一位醫術幾乎和席德羅先生一樣高明的，是已故多年的席德羅家老祖父，而席德羅先生正是從他那裡學會許多療法。

在此鄭重聲明，席德羅先生為人正直，極富人道精神。如果母牛生病，他會悉心照料大約五、六天，期間可能會每天照三餐強餵半磅豬油加葡萄乾，用松節油大力按摩母牛乳房，或者截斷牛尾巴末端一小段釋放體內的壞東西，而最後他總會呼叫獸醫。他找獸醫來並不是認為獸醫能幫上什麼忙，只是想給生病的動物多一個機會。獸醫抵達時看到的病畜永遠已經眼睛凹陷、奄奄一息，而明知治療無望卻依舊施行救治，儼然舉行臨終前的最後祭儀。病畜最後總是不治身亡，而席德羅家的想法也一再獲得證實——獸醫都很沒用。

席德羅家的農場位在敝診所正常服務範圍之外，我們是席德羅先生往來的第三間診所。他曾經是布羅頓村鎮葛里爾的客戶，但覺得葛里爾不符合他的標準，就去找更遠一點、位在曼斯里的獸醫華勒斯。華勒斯讓他痛心疾首、失望透頂，於是他決定試試達洛比的獸醫。席德羅先生一年多來都找我們，但是跟我們的關係不怎麼融洽，因為齊格菲第一次出診就大大得罪了席德羅先生。那次的病患是一匹垂死的

馬，席德羅先生敘述自己採用的療法，宣稱他將數顆生洋蔥塞進馬匹的直腸，他說他不懂爲什麼馬匹走路時腿腳姿勢怪怪的。齊格菲指出，如果他把一顆生洋蔥塞進席德羅先生的直腸裡，相信席德羅先生走路時腿腳姿勢也會怪怪的。

這是一個不好的開始，但真的沒有其他獸醫可找了。席德羅先生只能繼續回來找我們。

或許是運氣好得離奇，我到達洛比工作一年多，從沒碰到必須去席德羅家農場出診的時候。席德羅先生很少在正常開業時間打電話來，而他在與自己的良心搏鬥數天後，似乎總是在晚上十一點左右敗下陣來（週日下午偶有例外），而且他每次打來都剛好是齊格菲值夜班。於是就由齊格菲在喃喃咒罵聲中拖著疲憊身軀出診，到了凌晨才紅腫著雙眼回來。

所以終於輪到我出診的那一天，我依舊沒有滿懷熱忱地匆忙趕去，即使那次的狀況只是一頭閹牛食道哽塞，應該不會碰到什麼難題。（食道哽塞會發生，是因爲有蕪菁塊或馬鈴薯卡在食道裡，阻礙氣體回流，而引發的鼓脹可能致死。我們通常會在胃部扎針消除鼓脹，或是利用長長的皮革製、有彈性的咽喉食道探針，將卡在食道的食物小心地推進胃裡。）無論如何，席德羅家意識到不能再等好幾天，而且這次總算有點改變，他們打電話來時才下午四點鐘。

他們的農場位在約克平原的低地區，其實離布羅頓比較近，與達洛比相距較遠。我不喜歡這個地方的景象；磚造建築物殘破不堪，周圍耕地陰沉抑鬱，一片平坦中偶爾冒出封藏馬鈴薯的土丘，令人望之心情低落。

第一眼見到席德羅先生，我想起他們全家都是某個狂熱偏激教派的信徒。我在好久以前的歷史課本上看過同樣的臉孔，瘦削的臉頰泛青，滿是苦楚的雙眼直直瞪著我。我有一種感覺，席德羅先生連眼睛都不眨一下就能將我架在火堆上處死。

閹牛在牛欄附近的一個畜舍隔間。有幾名席德羅家的成員跟著我們魚貫進入隔間：有兩名二十多歲的青年，三名青少女，她們全都容貌姣好、膚色較深類似吉普賽人，但都和她們的父親一樣繃著一張臉，沒有絲毫笑意。我轉來轉去幫閹牛診察時，注意到另一件怪事——他們並不轉頭，只是斜眼瞟著我和閹牛，還有彼此互瞟。所有人一聲不吭。

我很想打破沉默，但想不到能說什麼湊趣的話。這頭牛看起來不像是一般的食道哽塞。從體外可以很清楚摸到卡在食道中段的馬鈴薯，但周圍還有一塊水腫朝頸部左側上方和下方延伸。不僅如此，從閹牛嘴裡不停冒出帶血的涎沫。這就奇怪了。

我心念電轉。「你們是不是試過用什麼東西把馬鈴薯往下推？」

我幾乎感受到所有人斜眼瞟來睨去瞟個沒完，還有緊咬牙關的席德羅先生下巴肌肉血脈賁張。他小心地嚥了口口水。「對，我們試了一下。」

「你們是用什麼推的？」

黝深下巴的肌肉再次突突跳動。「掃把柄和一小段水管，跟平常一樣。」

聽到這就夠了；一股不祥的預感籠罩心頭。如果能成為第一個留給席德羅家好印象的獸醫，會蠻不錯的，可惜事與願違。我轉向農人。「你們恐怕已經把食道戳破了。你們也知道食道是很柔弱的管道，推的時候只要稍微太用力就完了。你們可以看到破裂處有液體積聚。」

回應是一陣靜默，令人不由得起了寒顫。我堅持不懈再次開口。「我以前看過這種情況，前景很不樂觀。」

「好吧。」席德羅先生勉強擠出幾個字。「那你要怎麼辦？」

我們終於講到重點。我現在要怎麼辦？如果是三十年後的現今，我也許會試著修補食道，在傷口塗滿抗生素藥粉，並且施行注射盤尼西林的療程。但當年在那個灰暗抑鬱的地方，看著病畜痛苦地呑嚥並咳出一灘灘血沫，我知道自己已無計可施。食道破裂幾乎可說是回天乏術。我絞盡腦汁思索適當的用語。

「很抱歉，席德羅先生，但是我無能爲力。」衆人的目光紛紛朝我投來，農人用鼻子深吸了好幾口氣。不用他們開口，我也知道他們在想什麼——又一個一無是處的沒用獸醫。我深吸一口氣，接著說下去。「就算我推動卡住的馬鈴薯，等這頭牛試著吃東西時，食道的傷口還是會感染。傷口沒多久就會惡化成壞疽，而他會受盡痛苦而死。他目前的狀況還不錯——我是你們的話，會立刻將他宰掉。」

唯一的回應是下巴肌肉出神入化的躍動。我換了一個說法。「我會幫你們開立證明，相信屠夫會收下這頭閹牛的肉。」

無人報以歡呼喝采。如果眞要說有什麼反應，席德羅先生的臉色更難看了。

「那頭牛還不到要宰的時候。」他輕聲說。

「沒錯，但是再過不久你就得把他送去宰了——也許一個月後吧。我相信你不會有太大的損失。聽我說，」我熱心提出建議但效果很糟，「要是我現在能進到屋裡，就能立刻幫你開出證明，我們就能搞定這件事。眞的沒有其他方法了。」

我轉身穿越牛欄，朝農場廚房走去。席德羅先生不發一語，帶著家人跟在後面。我很快開立了證明書，在一片靜默的室內，責難的氣息一波又一波朝我席捲。摺起證明書時，我頓時醒悟，席德羅先生壓根聽不進去我的建議。他會再等一、兩天，看看接下來情況如何。想到對一切一無所知的碩大牛隻乾渴難耐、飢腸轆轆，奮力想呑嚥卻徒勞無功的畫面，令人難以承受。我走向放在窗台的電話。

「我打個電話給屠宰場的哈利．諾曼。我知道如果是我開口，他會立刻過來。」交代好之後，我掛掉電話朝門口走去，離去前對著席德羅先生的側臉說話。「都談妥了，哈利半小時內會到。還是立刻解決比較好。」

穿過院子途中，我得極力壓抑拔腿就跑的衝動。一坐進車裡，我就想起齊格菲的忠告：「如果情況很棘手，千萬要在診治前把車子先倒好。如有必要，引擎不要熄火。務必確保能夠快速撤退。」他說得沒錯，在無形的目光轟炸下倒車迴轉，感覺無比漫長。我不怎麼容易臉紅，但等到終於駕車駛離農場，我只覺得兩頰熱燙到像火在燒。

那是我第一次去席德羅家出診，希望也許會是最後一次。但我的好運用盡了。從那次之後，每次他們打電話來，剛好都輪到我值班。關於在席德羅家診治過的案例，我寧可隻字不提，只想記錄一下，沒有一次不出差錯。席德羅這個姓氏就像是災星。不管我怎麼努力，在他們家農場做的事始終沒有一件做對，因此短短的時間之內，我留給他們全家人的印象已然根深柢固，我是他們這輩子見過對於牲口造成最大威脅的人物。他們對於所有獸醫都沒什麼好印象，也遇過幾位讓他們印象格外深刻，但我是目前爲止最差勁的。在他們心目中，我的天字第一號大笨蛋地位無可撼動。

情況之糟糕，已經到了我只要在城鎮裡看到任何席德羅家的人，就會矮身躲進巷子裡避開他們的程度。有一回在市集廣場的經驗令我渾身發毛，那天我看到他們全家老小不知用什麼方法全擠進一輛老車裡，車子就從與我相距數英尺的地方駛過。車裡每一張臉都僵硬地直視前方，但是我知道，每一隻眼睛都朝我投以惡毒眼神。所幸，我當時就在牧人胳膊酒吧門外，得以跌跌撞撞進入酒吧，喝掉半品脫的「楊格特烈啤酒」壓壓驚。

不過到了週六早上，當齊格菲問我能不能去布羅頓賽馬比賽擔任賽事指定獸醫，我已經將席德羅家完全拋諸腦後。

「葛里爾放假去了，所以他們來找我。」他說。

「但是我已經答應了狄克．亨雷，要去卡斯博羅幫忙他的隱睪症手術。我不能讓他失望。賽事的工作沒什麼大不了的：賽馬場的獸醫也會在，他會教你該怎麼做。」

齊格菲出門不過數分鐘後，賽馬場的人就打電話過來。有一匹賽馬在從單間馬廄卸載到賽場時跌倒，膝蓋受傷。對方問我能不能立刻趕去。

即使到了現今，我依舊不是醫治賽馬的專家；賽馬獸醫自成獨立的行業分支，自有其執業壓力以及神祕色彩。我來到達洛比工作這段短短的時期內，接觸賽馬的機會微乎其微，因爲齊格菲對跟馬有關的一切無比著迷，通常會搶著包辦馬的任何疑難雜症。所以我診治馬匹的實務經驗根本微不足道。

看到我的病患時，我其實不太放心。賽馬的膝蓋血肉模糊。他走到斜坡板底端時絆了一跤，全身重重摔在碎石地面。撕裂的皮膚像一條條血淋淋的彩帶垂下，關節囊有六英寸見方完全暴露在外，劃得破爛的筋膜下方透出富有光澤的伸肌肌腱。三歲的俊美馬兒渾身顫抖著抬高受傷的一腳，只有馬蹄輕輕點地；掛彩的膝蓋與經過精心打理的光滑毛皮形成極爲強烈的對比。

仔細檢視傷口並輕輕觸摸膝關節周圍之後，我立刻對一件事心懷感激——這匹馬很文靜。有些輕型馬精神非常緊繃，即使是最輕微的觸碰也能讓他們跳到半天高，但在我努力將破碎的皮膚拼回原狀時，這匹馬幾乎沒有移動半步。還有一件事也値得慶幸——一塊皮都沒少。

我轉向年輕的馬廄總管，矮壯的他兩手深插在外套口袋裡，站在一旁觀看。「我會清理傷口並縫合，但是等你們把他送回家，還需要專家幫他治療。你能告訴我會由哪一位來幫他治療嗎？」

「是的，先生，會由布瑞利—雷諾茲先生來照顧他。」

原本彎腰蹲著的我猛然直起上半身。這位獸醫的名號有如響亮的號角聲，陣陣迴響激起我學生時代的回憶。凡是講到醫治馬匹，早晚會提到布瑞利－雷諾茲。我可以想像這位偉人檢視我的手藝。「你剛剛說這傷口是誰縫的？哈利……？哈利……？」

我心跳加快，再次彎身埋首於眼前工作。謝天謝地，關節囊和腱鞘都沒有受損——不會有滑液外漏。我用喹諾蘇溶液⑬將每一處撕裂的傷口拭淨，直到我周圍地面全是用過的白色消毒棉球，接著我朝傷口吹入一些碘仿粉末，將撕裂的筋膜固定。現在的重點就是好好縫合皮膚，盡可能避免留疤影響外觀。我選了很細的絲質縫線和極細的手術縫合針，再次蹲了下來。

我肯定在原地待了將近一小時，將一片片破皮小心地拉回原位，再一小段、一小段縫合固定。修補參差不齊傷口的過程令人著迷，就算沒有想像布瑞利－雷諾茲在我後頭監督，我也會拚盡全力。等到終於可以站直起來，我像老人家一樣緩慢地打直腰板，活動一下痠痛僵硬的頸背。儘管兩腳膝蓋依舊在發抖，我低頭看著馬廄總管，幾乎認不出他來。他滿面笑容。

「您處理得很妥當。」他說。「幾乎看不出傷口。我要謝謝您，先生——這是其中一匹我最喜歡的馬，不只是因爲他是匹好馬，他的脾氣也很好。」他輕拍三歲公馬的側腹。

「嗯，希望他很快就沒事。」我拿出紗布和繃帶。「我現在要用這個包紮他的膝蓋，然後你就可以纏上綁腿繃帶。我會幫他打一劑破傷風針，這樣就行了。」

我將器械用品收進車裡時，年輕的總管再次在我身旁打轉。「你賭馬嗎？」

我大笑。「沒有，幾乎不賭。我對賽馬不太熟。」

「哦，沒關係。」矮個子總管四下張望之後，壓低聲音說：「跟您報個今天下午的明牌。第一場的凱末爾，是我們的馬，他會勝出，押他保證大賺一筆。」

「噢，謝啦，這樣我就有點事做了。我會押半克朗賭他贏。」

精悍面孔皺了起來，一臉嫌棄。「不行，押個五鎊吧。貨眞價實，我是認眞的。別講出去，記得押五鎊賭他贏。」他快步走開。

我不知道自己是著了什麼魔，但是等我回到達洛比，我決定接受他的建議。最後那句粗啞低語，和有如黑色卵石的雙眼散發出的絕對自信，隱含著什麼讓人不由得信服。那個小個子是好意想報答我。我之前也注意到，他瞥了幾眼我的老舊外套和發皺的法蘭絨褲子，和典型馬獸醫瀟灑時髦的打扮天差地遠；也許他覺得我很缺錢。

我趕去米特蘭銀行，從戶頭領了五英鎊出來，當時差不多是我可用資產的一半了。接著我匆匆前往出診單上其他地點看診完畢，很快吃完午餐，然後換上最好的一套西裝。時間很充裕，我還來得及抵達賽馬場，和賽事主辦單位打個招呼，在下午兩點半第一場開始之前押注五英鎊在凱末爾身上。

我正要出門時，電話響了。是席德羅先生。他們家有一頭母牛腹瀉不止，需要立刻診治。眞是剛好，我呆呆地想著，就在我懷著殷切期望的時刻，而老災星就伸出他冰冷的魔掌將我一把攫住。還是週六下午，時間也很剛好。但我甩了甩頭——農場離布羅頓很近，處理母牛腹瀉應該不會花太久的時間，我還是能及時趕到賽場。

抵達席德羅家時，一絲不苟的裝扮引來他們全家人聚集，對著我上下左右打量個沒完，而席德羅先生緊抿雙唇和抬頭挺胸的樣子，充分顯示他已經準備好要鼓起勇氣忍耐我的又一次診治。

---

⑬ 喹諾蘇（Chinosol）即「8-羥喹啉硫酸鹽」，為局部殺菌消毒劑，美加地區一種常用於塗抹乳牛皸裂乳頭的藥膏（Bag Balm）即含有此成分。

我們走進牛棚時，我只覺得渾身麻木。在席德羅先生敘述他數個月來如何與母牛反覆腹瀉的症狀搏鬥，我持續麻木無感：他一開始先是默默餵食摻了蛋殼粉末的稀粥，接著慢慢升級到最強療法膽礬加蒲公英茶，但全都徒勞無功。他的話我幾乎沒聽進多少句，因爲只要看一眼，就能明顯看出母牛罹患了副結核病。

當然沒有人能看一眼就完全肯定，但是母牛嚴重消瘦，尤其是臀部，再加上我一進牛棚時，就看見她噴洩出一道帶氣泡的惡臭稀便，幾乎足以作爲診斷依據。我本能地抓住她的尾巴，將溫度計插進直腸：其實我對她的體溫沒有太大的興趣，不過給了我幾分鐘的思考時間。

然而這一回，我只爭取到大約五秒鐘，因爲毫無預警之下，原本夾在手指間的溫度計忽然摸不著了。某種突如其來的吸力將它吸到母牛體內。我將手指伸進直腸裡摸索一圈——什麼都沒有；我連手掌也伸進去，還是沒找到；我心裡愈來愈恐慌，捲起袖子伸進去胡亂掏摸，卻徒勞無功。

這下子別無他法——我不得不請他們準備一桶熱水、肥皀和毛巾，然後脫掉自己的上衣，好像準備面對什麼大陣仗。在從業三十餘年後的現今，我還記得自己在許多場合都像個徹頭徹尾的蠢蛋，但這次我在眾人圍著滿懷敵意瞪視之下，打赤膊於母牛體內瘋狂摸掏的回憶，想來格外椎心刺骨。當時我心裡唯一的念頭，是席德羅家就是這樣：這裡沒有不可能發生的事。我腦中一片混亂，將所有病理學和解剖學知識拋諸腦後，開始想像細小玻璃管沿著腸道快速進入母牛體內深處，最終刺穿重要器官的畫面。腦海中還浮現另一幅駭人景象：我親自幫母牛施行全剖腹大手術，只爲了找回我的溫度計。

等我終於感覺到兩指夾住溫度計，很難形容當下心中澎湃湧現的如釋重負感；我將溫度計抽出來，很愚蠢地低頭盯著沾滿髒汙、滴個不停的玻璃管上的讀數。

席德羅先生清了清喉嚨。「怎麼樣，量出來幾度？她發燒了嗎？」

我猛然轉身，狠狠瞪了他一眼。這個人有可能要跟我開玩笑嗎？但是黝深的臉孔綳得緊緊的，沒有任何表情。

「沒有。」我喃喃回答。「沒有發燒。」

値得慶幸的是，我對那次出診後半段的記憶十分模糊。我只知道我清洗完畢，穿上衣服，告訴席德羅先生說我認爲母牛得了無藥可治的副結核病，但我會帶糞便樣本回去檢驗確認。細節我記不清楚了，但我確定的是，不管發現的時間早晚，都不會有任何治癒的機會或希望。

這次離開農場時的屈辱感更加深重，讓我比平常更爲灰心喪志，我將油門踩到底，拚命趕往布羅頓。車子呼嘯著駛入賽馬場的專用停車場，我飛跑穿過供馬主和馴馬師出入的門口，一把抓住守門人的手臂。

「第一場比完了嗎？」我喘著粗氣問。

「對啊，剛比完。」他開心地回答。「凱末爾贏了——賠率十賠一。」

我轉過身，慢慢地朝馬匹檢閱場走去。五十英鎊！眼看著快要發財了，卻被殘酷的命運硬生生阻撓。而整齣悲劇的始作俑者，就是陰魂不散的席德羅先生。我可以原諒席德羅先生，我心想，我可以原諒他在所有不適當的時間要我出門；我可以原諒他要我醫治一個又一個病入膏肓的病患，讓我的尊嚴徹底掃地；我也可以原諒他認爲我是約克郡的頭號大白痴，並且大肆宣傳他的看法到遠近皆知。但我絕對不會原諒他害我損失五十英鎊。

第四十八章

「雷尼斯頓飯店嗎？」我不自在地動了動身體。「蠻豪華的，對吧？」

崔斯坦癱坐在他最愛的那張椅子裡，視線穿過繚繞的香菸煙霧投向上方。「當然很豪華。這家是倫敦以外地區最奢華氣派的飯店，但就你的需求而言，是唯一可行的場地。聽我說，今晚是你難得的好機會，對吧？你想要讓那女孩印象深刻，沒錯吧？那就打電話給她，告訴她你要帶她去雷尼斯頓。那裡的食物美味極了，每週六的晚餐之後還會舉辦舞會。而今天就是週六。」他忽然坐直起來，兩眼圓瞪。「你還不懂嗎？吉米？音樂從班尼．索頓吹奏的長號中緩緩流瀉，而剛剛享用完法式焗龍蝦的你將海倫擁在懷裡，在舞池裡翩翩起舞。唯一的問題是要價不菲，但你要是作好心理準備，花大約兩週的薪水，你們就能共度非常美好的夜晚。」

我沒怎麼聽進最後一句話，只是專心想著將海倫擁在懷裡的畫面。如此畫面蒙蔽了雙眼，讓我看不見其他事物，像是價錢，我只是站在原地嘴巴半開，聽著長號演奏的樂聲響起。我聽得清清楚楚。

崔斯坦打斷我的浮想聯翩。「還有一件事——你有適合晚宴的外套嗎？你會需要一件。」

「呃，我沒有多少件晚禮服。其實上次參加彭富瑞太太的派對，我是去布羅頓租了一套禮服來穿，但我今天沒空特地去租衣服。」我杵著思索片刻。「我是還有人生第一件也是唯一一件晚禮服，但那是我大約十七歲時穿的，我不知道現在還穿不穿得下。」

崔斯坦擺了擺手。他叼著忍冬牌香菸深深吸了一口煙到肺部深處，然後才開口說話，眷戀不捨地讓細細的煙霧自口中飄洩逸出。「完全不要緊，吉米。只要你穿著正式服裝，他們就會讓你進去了，而像你這麼一個高大英俊的小伙子，服裝合不合身就不重要了。」

我們到了樓上，從我的行李箱底部翻出那套晚禮服。我靠著這套晚禮服在幾次學院舞會上大出風頭，雖然穿久會很緊繃，但還是一套不折不扣的晚禮服，穿上身頗能贏得大家稱道。

但是這套晚禮服現在看起來淒涼落魄。這種款式早已退流行，時下流行的是剪裁設計舒適的外套和不上漿的柔軟襯衫。我這套禮服是過時的硬挺風格，還搭配一件現在看起來很荒謬的翻領小背心，而漿得硬挺的襯衫有著閃亮的前襟，領子還是很高的翼狀領。

等我穿上禮服，就眞的開始覺得頭大。辛勤工作、本寧山脈的新鮮空氣和霍爾太太的好廚藝，讓我更加結實壯碩，外套肚腹處扣不起來，肚圍差了六英寸。我似乎也長高了一點，因爲背心底緣和長褲褲腰上緣之間空出好大一截。長褲臀部在臀部處繃得緊緊的，但往下一點卻成了鬆垮寬褲風格，看起來相當愚蠢。

崔斯坦看著我在他前面來回展示，信心一下子破滅殆盡，決定請霍爾太太來提供建議。霍爾太太冷靜沉著，面對斯凱谷宅邸生活中的大風大浪向來處變不驚，但是當她走進臥室看著我，面部肌肉也不由得長長一陣抽搐。然而她終於克制住，露出精明幹練的模樣。

「長褲背面加一小塊襠片就能發揮奇效，哈利先生，至於外套正面，我想要是加縫一小段絲線，就能扣住沒問題。還是要提醒你一聲，可能會有一點空隙之類的，但我想你應該不用太擔心。我會將整套晚禮服好好整燙一番——看起來就會大大不同囉。」

我從來不曾這樣費盡心思打扮，但那天晚上我眞的精心打理儀容，將全身搓洗乾淨、抹了髮油，還嘗試一系列的頭髮分線方式，好不容易才覺得滿意。崔斯坦似乎指派自己擔任禮服總管，輕手輕腳把禮服送上樓，霍爾太太剛熨燙好的禮服還留有餘溫。他接著就像專業的貼身男僕，在更衣的每個步驟提供協助。襯衫高高的領子最爲難纏，他在扣上飾釦時誤夾我脖子的皮肉，害我忍不住脫口咒罵。

等我終於裝扮妥當，他繞著我來來回回好幾圈，這邊拉拉，那邊拍拍，小心地整理微調。最後他在我面前站住，將我從頭到腳打量一遍。我從來沒有看過他這麼認眞。「很好，吉米，很好——你看起來好極了。你知道嗎，眞的是一表人才。不是每個人穿上晚禮服外套都能看——很多人穿起來就像變魔術的，你不會。等我一下，我去幫你拿大衣。」

我和海倫約好七點鐘去接她，當我在她家屋外摸黑下車時，忽然有一股怪異的不自在感席捲全身。感覺很不一樣。以前我是以外科獸醫師的身分前來——我是掌握專業知識的人士，在他們需要我幫忙時來提供協助。我從來沒有想過，這樣的認知其實深深影響了我每次走進一座農場時抱持的心態。但這次情況完全不同，我是來帶農場主人的女兒出門。他可能不太高興，可能深惡痛絕。

我站在農場主屋門外，深吸一口氣。那天晚上，四周一片漆黑靜寂。附近的高大樹木沒有發出一絲聲響，寂靜中只聽見遠處達洛河的水聲轟隆。前陣子下過大雨，悠緩河水成了湍急激流，沿河有些地方的水面高漲淹過堤岸，甚至漫溢淹沒岸邊的牧地。

海倫的弟弟帶我走進偌大的廚房。男孩一手掩嘴，試圖遮住咧嘴笑容。他似乎覺得眼前的情況很有趣。他的妹妹坐在桌子前寫作業，假裝專心寫字，她雖然低頭看著課本，卻同樣竊笑不已。

歐德森先生正在看《農業暨畜牧業年鑑》，他的及膝褲褲頭繫繩鬆開，穿著長筒襪的兩腳伸向燒得正旺的火堆。他抬起頭，目光越過眼鏡上方瞧了瞧。

「請進，年輕人，坐到爐火旁吧。」他漫不經心說道。我於是有種不太妙的感覺，似乎時常有年輕男子來邀他的長女出門，而他覺得無趣極了。

我在爐火的另一邊坐下，歐德森先生埋頭繼續看他的《農業暨畜牧業年鑑》。一片寂靜中，巨大壁

鐘沉沉的滴答聲響徹室內。我盯著火堆的赤紅深處直到雙眼發疼，然後抬頭看著掛在壁爐上方一幅裱金框的巨大油畫。畫中毛髮蓬亂的牛群站在水深及膝的湛藍湖泊裡，背景是似幻非真的險山峻嶺，參差峰巒之間硫磺霧氣繚繞。

我別開視線，轉而逐一檢視懸掛在天花板一排排掛鉤上的火腿和由腹脇製成的整塊培根。歐德森先生翻了一頁。時鐘滴滴答答。桌子另一端傳來孩子嘰嘰喳喳的急促話聲。

彷彿等了一年半載，我終於聽到下樓梯的腳步聲，接著海倫走了進來。她身穿藍色小禮服——沒有肩帶的那種，不知是用什麼魔法才不會向下掉。她的深色頭髮在照亮廚房的唯一一盞煤油燈下閃閃發光，陰影落在她曲線柔和的肩頸。她勾起的白皙手臂上挎著一件駱駝毛大衣。

我一時愕然。在石板地面和刷白牆壁構成的粗野場景中，她就像一枚稀世珍寶。她像平時那樣露出恬靜友好的笑容，朝著我走來。「哈囉，希望沒有讓你等太久。」

我喃喃回了些什麼，幫她穿上大衣。她走過去親吻她的父親道別，歐德森先生連頭都沒抬，隨意揮了揮手。桌子那頭又爆出一陣咯咯笑聲。我們走了出去。

上車之後，我只覺得異常緊繃，剛開始的一、兩英里路，我只能有一搭沒一搭不著邊際地談論天氣，勉強和她聊上幾句。我開始比較放鬆時，車子駛過一座小小的弓形橋，開到馬路的低窪處。然後車子忽然停住。引擎發出輕微吼聲，接著車內陷入寂靜無聲，我們停在一片黑暗之中。不只這樣；我的兩腳到腳踝一陣冰冷。

「老天！」我大喊。「我們開到淹水的路段了。」水直接淹進車裡了。我轉頭看著海倫。「真的很對不起——妳兩腳一定都浸溼了。」

但是海倫笑出聲來。她曲起兩腳縮到座椅上，膝蓋頂著下巴。「對，身上有一點溼了，不過像這樣坐在原地也沒用。我們下來推車是不是比較好？」

踩進漆黑冰冷的積水中涉水而行眞是一場夢魘，但除此之外無路可走。謝天謝地，我開的是台小車，我們一人站一邊，努力將車子推出積水的低窪路段。接著我就著手電筒的燈光將火星塞弄乾，終於再次發動引擎。

我們踩著溼透的鞋襪啪唧啪唧回到車上，海倫不停發抖。「我恐怕得先回家一趟，把鞋襪都換掉。你也得換掉鞋襪。可以走另一條經過芬斯里的路回去，等下第一個岔路口左轉。」

回到農場，歐德森先生還在讀《農業暨畜牧業年鑑》，一隻手指還點在豬隻價目表上，他從眼鏡上方朝我惡狠狠地瞥了一眼。當他聽到我是來向他借鞋襪，他氣呼呼地扔下年鑑，邊悶哼邊從椅子上站起來。他拖著腳步走出去，我可以聽見他上樓時還喃喃發著牢騷。

海倫跟在他身後，室內只剩下我跟兩個孩子。他們仔細打量我溼掉的長褲，臉上掩不住的歡欣雀躍。我已經扭絞褲管擠掉大部分的水，但是長褲最後呈現的樣子依舊引人側目。霍爾太太燙出的銳利直挺褶線只到膝蓋下方一點，再往下就是一團混亂。從膝蓋下方那一點往下的褲管向外擴展，成了皺巴巴不成形的一團，而當我站在壁爐旁想要將褲腳烘乾一點，只覺得周身有一股蒸氣緩緩上升。孩子們眼睛瞪得大大的盯著我看，開心得不得了。這一晚對他們來說眞是精采極了。

歐德森先生終於再次出現，將一雙鞋和粗布襪子扔在我腳邊。我很快換上襪子，但是看到鞋子時卻退縮了。那是一雙二十世紀初的舞鞋，漆皮已經龜裂，上面還裝飾著寬大的黑色絲質蝴蝶結。

我張口想要抗議，但歐德森先生已經深陷在他的椅子裡，再次找到剛剛在讀的豬隻價格。我有一種感覺，要是我請歐德森先生借我另一雙鞋，他可能會拿撥火棍攻擊我。我穿上那雙舞鞋。

我們必須繞路才能避開淹水路段，但是我一路都將油門踩到底，不到半小時，我們已經將谷地區的

陡坡拋在後頭，朝著外圍廣大綿延的平原前進。我的心情開始變好。我們的速度比預期的還要快一些，而這輛小車雖然不時震顫抖動和吱嘎作響，但一路上開得很順。正想著我們應該不會太晚抵達時，方向盤開始朝一側偏轉。

輪胎扎破是家常便飯，我一下就辨認出徵兆。說到換輪胎，我已經訓練有素，我跟海倫說了聲抱歉後火速衝下車。我飛快地操作生鏽的千斤頂和曲柄扳手，三分鐘之內就把破掉的輪胎拆卸下來。癟掉的輪胎表面相當平滑，只有紡織層外露的一些地方有點變薄磨損。我幹勁十足地換上備胎並鎖上螺絲，看到備胎跟換掉的輪胎狀況完全相同時，內心一陣瑟縮。我固執地拒絕思考要是備胎的纖弱紡織層也撐不住，到時候我該怎麼辦。

白天時的雷尼斯頓飯店宛如一座中世紀要塞巍然聳立於布羅頓，高掛在四座角樓的鮮豔旗幟傲然飄動，但這天晚上它就像一座黑暗的懸崖，只有在毗鄰街道的崖底有一個燈火通明的洞口，一輛接著一輛賓利轎車在此卸下貴客佳賓。我沒有將車子開到飯店大門口，而是默默將它停在停車場深處。一位衣冠楚楚的門僮替我們開門，我們走進入口大廳，踏在豪華地毯上的腳步輕緩無聲。

我們在大廳暫別，各自去寄放大衣，而我在男士洗手間裡拚命搓洗雙手上的油汙。怎麼搓洗都沒用；我的指甲縫在換輪胎時沾上深黑油漬，只用水和一般肥皂根本洗不掉。海倫還在等我。

我抬頭看向鏡子，身穿白色外套的服務生帶著一條毛巾跟在我身後。這位服務生顯然對我的服裝大為著迷，低頭盯著啞劇白衣丑角會穿的大蝴蝶結舞鞋和皺巴巴的長褲褲管。他遞給我毛巾時笑得合不攏嘴，似乎很感激有人為他的人生額外帶來一點繽紛色彩。

我和海倫在入口大廳會合，一起走到櫃台前。「請問晚餐後的舞會幾點開始？」我問。

櫃台的女孩看起來一臉驚訝。「抱歉，先生，今天晚上沒有舞會。我們每兩週才會舉辦一次。」

我沮喪地轉向海倫，但她露出微笑鼓舞著我。「沒關係，」她說，「做什麼都好，我其實不太介意。」

「無論如何，我們還是可以吃晚餐。」我說。我努力讓語氣開朗一些，但頭頂上方似乎有一朵小小的烏雲逐漸成形。今天晚上會一切順利嗎？踩在奢華的地毯上，我感覺得出自己士氣低落，即使第一次見識飯店的宴會廳，還是無法振作起來。

宴會廳看起來跟足球場一樣大，雄偉的大理石柱矗立，支托著飾有雕刻造型和彩繪的天花板。雷尼斯頓飯店興建於維多利亞晚期，從這座巨大的宴會廳仍可窺見那個年代的金碧輝煌與華美富麗。席間大多是常客，地方上的名門貴族和來自西來丁的企業家。我從沒看過這麼多名媛佳麗和顯赫人物齊聚一堂，但我心中忽然閃過一絲驚慌，因爲我注意到在場男士們或著日常的深色三件式西裝、或著有毛絨感的粗花呢西裝，但我看不到第二個人跟我一樣穿晚禮服外套。

一位繫白領結、著燕尾服、派頭十足的人士直直朝我們走來。他的前額貴氣飽滿，一頭茂密白髮，配上中廣身材、鷹勾鼻和威嚴表情，儼然古羅馬皇帝駕臨。他專業地將目光朝我瞥來，語調平板地發問。

「您要一個桌位嗎，先生？」

「是的，麻煩了。」我喃喃回答，差一點就衝口而出尊稱對方「先生」。「兩位要用餐。」

「先生要待在飯店嗎？」

這個問題讓我摸不著頭緒。如果不待在飯店，我要怎麼吃晚餐。

「對，待在飯店。」

羅馬皇帝在小本子上記了下來。「請跟我來，先生。」

他威風凜凜邁步朝席間走去，我和海倫卑微地尾隨在後。前往座位的路途十分漫長，我試著無視在我經過時轉過頭來想多看一眼的用餐客人。我最擔心的是霍爾太太加縫的襠片，我想像它在短外套下面宛如信標燈一樣顯眼。等我們終於走到時，我覺得自己的臀背處簡直熱燙到像有火在燒。

我們這桌的位置絕佳，一群服務生立刻蜂擁而上，幫我們拉椅子請我們入座，抖開餐巾為我們鋪在腿上。他們退下之後，羅馬皇帝再次登場主持。他手裡的鉛筆輕點本子擺好架勢。

「請問您的房號是幾號，先生？」

我艱難地乾嚥了一下，抬頭盯著他，襯衫前襟呈現危險的飄逸鼓起狀。「房號？噢，我沒有要在飯店住宿。」

「啊，不待在飯店。」他冷若冰霜盯著我片刻，然後才用不必要的粗暴力道在本子上劃掉些什麼。接著他對其中一位服務生喃喃吩咐幾句，便昂首闊步離去。

差不多就在這時候，我體內竄入一股在劫難逃的感覺。罩頂烏雲逐漸擴大並下降，將我團裹在濃密的愁雲慘霧之中。整個晚上就是一場災難，很可能會每下愈況。我一定是瘋了，才會穿得像鬧劇丑角跑來這麼豪華的地方。穿著這身可怕的晚禮服，我熱到簡直像下了地獄，而且飾扣狠毒地咬著我的脖子。

我從一名服務生手裡接過菜單，拿著菜單時努力彎曲手指想隱藏髒汙的指甲。菜單上全是法文，而我當下渾渾噩噩，大多數字詞在我眼裡毫無意義，但我不知怎麼地還是點餐完畢。用餐時，我搜索枯腸拚命地找話聊。但是漫長的寂靜空無開始在我們之間蔓延；後來在周圍一片言笑晏晏之間，似乎只有我和海倫沉默無話。

最糟的是，我心裡有一個聲音不斷悄聲告訴我，海倫其實從一開始就不想跟我約會。她只是出於禮貌才答應赴約，而現在正盡力撐過這個無聊的夜晚。

回程作爲整個晚上的高潮再適合不過。我們雙眼直視前方，看著車頭燈照亮回到谷地區道路的蜿蜒輪廓。我們有一搭沒一搭講了幾句話之後，令人緊繃的沉默再次籠罩全車。等車子終於開到農場旁，我的頭已經開始發痛。

我們握了握手，海倫向我致謝，說她度過了很愉快的夜晚。她的聲音有些顫抖，月光下的她神情焦躁疏離。我向她道聲晚安，回到駕駛座上開車離去。

第四十九章

要是我那輛車的剎車能發揮些許作用，我肯定會很享受從谷地區高地俯瞰沃頓村的景緻。古老石屋沿著近處的河岸零落分布，在翠綠谷地灑上一抹怡人的灰，而小巧庭園和略微凹陷的草坪，則爲谷地區另一側地勢隆升的荒涼山丘腰間地帶增添了幾分柔和。

但一想到必須在這條將近十五度角再附送兩個可怕S形彎道的斜坡路段開車下山，大好景緻也顯得昏暗無光。整條道路就像一尾不懷好意的蛇，幾乎是正對我所處的位置蜿蜒盤據。而且，如我先前所說，我沒有剎車可用。

車輛原本當然具有可供操控煞停的配備，而在我駕車一年來大部分的時間，只要大力猛踩踏板就能達到想要的剎車效果，即使車子會有點不聽使喚，在道路上小小橫衝直撞一番。但最近猛踩剎車踏板時，車子的反應愈來愈弱，如今趨近於零。

隨著情況逐漸惡化，我三不五時向齊格菲提起這件事，而他也表達同情和關懷。

「這樣根本不行啊，吉米。我會跟哈蒙德講一聲，交給我。」

數天之後，我再次提出請求。

「唔，天啊，沒錯，我一直在想該請哈蒙德修理一下。別擔心，吉米，我會搞定。」

最後，我不得不告訴他，再怎麼踩剎車踏板都不會有任何反應，而要將車子停住唯一的方法，就是強行切換成低速檔。

「噢，眞是太不幸了，吉姆。你一定覺得很煩惱，但是沒關係，交給我來安排。」

一陣子之後，我在一樓車庫碰到哈蒙德先生，向他問起齊格菲有沒有跟他交代什麼，但他回答沒有。不過修車師傅確實跳上我那台車，將車子慢慢開到街道上。車子開出去大約五十碼，忽然猛烈震顫之後煞停，他下了車。他不打算倒車回頭，而是若有所思地朝我走來。他向來處變不驚，這次卻面無血色，十分訝異地看著我。

「你是要告訴我，你出門看診都開這台車？」

「呃，對，沒錯。」

「那還真該頒一面獎牌給你。我可不敢開這要命的東西進市場。」

我也無可奈何。車子是齊格菲的，我只能等他心情好時開恩。當然，我剛到達洛比時就有過類似經驗了，那一次是坐在他自己開那輛車上的活動式副駕駛座。他似乎從沒注意過我每次坐上副駕駛座都會向後翻倒，我想他也絕不會做什麼來因應，然而某個市集日發生了一件事，他注意到一位老太太提著一大籃蔬菜朝達洛比走去，他很有禮貌地提議載老太太一程。

「可憐的老婆婆跌了個四腳朝天，整個人倒進後座不見人影。我手忙腳亂好不容易才把她弄出來——我想非得加裝一組滑輪不可了。包心菜和花椰菜滾得滿車都是。」

我再次望向下方的陡斜路段。明智的作法當然是先回到達洛比，再走低平的道路去沃頓，那樣走很安全。但也表示要多繞將近十英里的路，而我其實只要朝著山丘下方一千英尺處一望，就能望見我要去的那座小農場。患關節病的小牛就在下面那座有扇綠門的棚舍裡——事實上，我正看著老羅賓遜先生從農舍走出來，提著桶子悠哉地穿越院子。他近在眼前，幾乎伸手可及。

我已經不是第一次起了同樣的念頭，如果你非得開一台剎車失靈的車子，那麼全英格蘭你最不想置身的地方之一就是約克郡谷地。就算只在平地上開車也夠糟了，但我開一、兩週後就習慣了，常常完全忘記沒剎車可用這件事。比如有一天，我正忙著診治一頭母牛，農人跳上我的車想挪車，好讓他的某個幫手可以開著曳引機通過。我一語不發，而農人不疑有他，自信滿滿地快速倒車迴轉，接著就以驚人力道撞上穀倉牆壁。他只說：「您的剎車不太生猛有力，先生。」典型約克郡人的輕描淡寫。

無論如何，我必須抉擇。繞回達洛比，或從丘頂直接開下去？這種情況成了家常便飯，我每天都會像此刻這樣坐在丘頂邊緣，心臟撲通狂跳，內心反覆拉鋸。在蒼翠寧靜的山丘之間，肯定曾上演許多無人見證的內心劇場。最後，我發動引擎，選了我每次都會選的——走捷徑下去。

但這座山丘真的不容小覷，這條路即使在谷地區也是惡名昭彰，當我小心翼翼地開車上路，整個世界似乎都墜落在我身後。我切到低速檔，手掌大力將換檔桿壓到最底，在看起來幾乎呈垂直的柏油路上，口乾舌燥地向下俯衝。

只是低速檔但完全沒辦法煞停時，可以達到的車速相當驚人，而隨著第一個彎道迫在眉睫，小小引擎的尖銳抗議聲逐漸拔高。車子一開始過彎，我拚命將方向盤向右打，輪胎在路邊石頭堆和鬆軟泥土裡轉了一秒鐘後，車子又回到路上向前行駛。

接下來的路段更長、更陡，沿路俯衝就像坐雲霄飛車，有一種命運完全失控的感覺。車子衝進彎道，想到要在這樣的高速下轉彎就覺得荒唐透頂，但是要麼轉彎，要麼直接衝出道路。驚恐之下，我雙眼一閉，死命將方向盤向左打。這次我感覺到車子一側向上飄起，我確信已經過了一個彎，車子又向另一側傾斜，有一、兩秒鐘維持驚心動魄的歪向一邊，最後車身終於回正，我又能再次在路上正常駕車。

再次碰到一個大陡坡。車子在引擎咆哮聲中向下疾衝，而我意識到自己陷入一種怪異的痲木。我的恐懼似乎已經突破極限，幾乎沒注意到自己正連人帶車衝過第三個彎。再過一個彎，剩下的路途終於漸趨平坦；車速很快降下來，到了最後一個彎，我的時速肯定不到二十英里。我辦到了。

直到開上最後一段直行路段，我才看見羊群。數百隻綿羊將道路擠得水洩不通。兩側夾道的石牆之間，一團接一團的毛茸背部無限綿延。我跟牠們之間只有數碼之隔，而車子還在朝下坡滑行。我毫不猶豫拐彎，直接撞上路旁石牆。

似乎沒有造成太大的損害。幾顆石頭緩緩滑落，車子引擎失速，然後完全靜止。

我慢慢地癱坐在座位上，放鬆原本緊咬的牙關，將緊抓方向盤的十根手指一根接一根鬆開。羊群持續從旁魚貫走過，我用眼角餘光瞥了一下趕羊的男人。我不認識他，心裡則暗自希望他別認出我是誰，因為在這樣的時刻，無名瘋漢似乎是最理想的角色。最好什麼話都別說；在這種開車從轉角處冒出來又故意去撞牆的場面之下，不可能開啓什麼愉快有益的對話。

綿羊群還在走，我聽見男人對他的狗發出口令。「過去，傑斯。順時鐘往左繞圈，妮爾。」但就算他從離我數英尺的地方走過，我只是專心地盯著眼前層層疊砌的石塊。

我想有些人可能會問我到底在搞什麼鬼，但是谷地區牧羊人不會這麼做。他靜靜走開，完全沒有侵犯我的隱私，但是半晌之後我看向後照鏡，可以看到他站在路中間回頭望著我，連羊群都忘了顧。

對於沒有剎車的那段日子，我印象一直很深刻。那段時間的回憶刻骨銘心，即使數年過去，一切猶然歷歷在目。我想那段日子應該持續了數週，要不是齊格菲終於親身體驗，原本有可能無止盡延長。

那天我們一起去某處出診。出於某種緣故，他決定開我的車，並且親自坐上駕駛座。他以一貫的明快節奏開車上路，而在他旁邊縮成一團的我憂心忡忡。

辛克里夫的農場位於達洛比聯外的主要道路旁，就在駛離達洛比後大約一英里的地方。農場幅員廣大，通往農場主屋的車道又寬又直。我們不是要去那裡，但齊格菲加足馬力全速前進時，我看見前面就是辛克里夫先生的大台別克轎車，他悠哉遊哉開在道路正中央。齊格菲往旁邊偏一點想要超車，辛克里夫忽然將一手伸出車窗，準備在我們前面直接向右轉回農場。齊格菲一腳重重踩在剎車踏板上，發現毫無反應之後，眉頭立刻挑得老高。我們的車正直直衝向別克車身側邊，已經沒有空間從左邊繞過去。

齊格菲處變不驚。他在最後一刻跟著別克一起右轉，兩台車呼嘯著並排駛上車道，我們跟辛克里夫先生貼得好近，他雙眼暴凸直瞪著我。農人在院子裡停了下來，但我們不得不繼續繞到主屋後方。

所幸農場是那種可以不用倒車直接迴轉的地方，我們的車子吱嘎作響穿越乾草場再繞回主屋前方，剛好從已經下車的辛克里夫先生身後出現，他到轉角查看我們開去哪裡了。農人吃驚之下猛然轉身，目瞪口呆看著我們開過，而齊格菲從頭到尾鎮定自若，在飛快駛回車道之前，還朝農人微一頷首並輕輕揮了一下手。

車子駛上主要道路之前，我回頭看了一眼辛克里夫先生。他還盯著我們看，有點僵硬的站姿讓我想到那名牧羊人。

開到道路上之後，齊格菲小心地開到可臨時停車的路邊停下。他沉默了好一會兒，兩眼直勾勾盯著前方，我意識到他有點難立刻換上苦口婆心的樣子；但他終於轉向我時，換了一副近乎神聖的慈祥表情。

他朝著我慈眉善目地微笑，我用力握拳到指甲扎進掌心。

「我說眞的，吉米，」他說，「我不懂你爲什麼有事卻悶在心裡不說。天知道你的車這樣已經多久了，但我從沒聽你提過半句。」他豎起一根食指比畫著，苦口婆心的表情一下轉爲嚴肅憂傷。「你難道沒發現我們剛剛有可能當場送命嗎？你眞的應該早一點告訴我。」

第五十章

老哈羅德．鄧漢身爲百萬富翁，賭足球大家樂對他來說似乎沒什麼意義，但這是他的人生動力之一。我們之間也因爲足球大家樂而建立深厚情誼，因爲哈羅德雖然熱衷賭足球，但對足球一無所知，連一場比賽都沒看過，連一名聯賽球員的姓名都講不出來。當他發現我不僅說起艾弗頓隊和普雷斯頓隊如數家珍，甚至對蘇格蘭的阿布羅斯隊和考登比斯隊也知之甚詳，原本只是待我以禮，從此更是對我敬佩有加。

當然我們一開始結識是透過他的動物。他養了狗、貓、兔子、金魚和虎皮鸚鵡，我於是成了他那幢灰塵遍布豪宅的常客，豪宅的維多利亞時代角樓尖頂自環繞周圍的樹林突聳，從達洛比外圍數英里處就能望見。我們剛認識時，見面的場合再正常不過——他的獵狐㹴腳掌肉墊割傷，或是灰虎斑老貓有鼻竇炎問題。但後來我開始有點懷疑，哈羅德時常週三打電話來請我出診，有時只是一些雞毛蒜皮的理由，我不禁認眞懷疑他家的動物根本沒病沒痛，是他自己爲了「九星彩」或「六大順」在頭痛。

我一直沒辦法確定，但有趣的是他每次見到我的開場白總是同一句。「啊，哈利先生，您的大家樂玩得如何？」他習慣將語調拉得長長的，語氣帶著寵溺：大——家樂。自從我某一週玩「三和局」賭贏十六先令之後，他見到我時必定會問這麼一句。我永遠忘不了他指著利特伍茲足球博彩公司發行的投注單時滿心敬畏的模樣，他一臉不敢置信地看看投注單，再看看郵政匯票。那是我唯一一次贏錢，不過沒有任何影響——我一直是至高無上、不容質疑的先知。哈羅德每賭必輸，連一次都沒贏過。

鄧漢家族在北約克郡赫赫有名。他們在上一世紀投入工業獲致鉅富，如今成爲農業界的領頭人物。鄧漢家族的人可說是「務農鄉紳」，不僅將資金用於培育純種乳牛群或豬群，也將山丘高處遍布石頭的

泥炭沼地開墾施肥成為可耕良田，並將酸沼抽乾用來種馬鈴薯和蕪菁。他們出任各種委員會的主委，專精馴養獵狐犬，也擔任地方社團的領袖。

但是哈羅德早早就選擇抽身隱退。他駁斥那句「有事做到老，快樂沒煩惱」的古老格言，每天從早到晚只在屋宅裡和數英畝地上閒晃，對外頭世界的一切毫無興趣，不太清楚身邊發生什麼事，但是知足常樂。我認為他完全不在意身邊其他人的看法，但這樣也好，因為他身邊的人多半不是什麼好人；他的兄弟是鼎鼎大名的巴賽爾・鄧漢，每次提到哈羅德都叫他「天殺的蠢蛋」，而鄉下人提到哈羅德時往往稱他「少根筋的糊塗蠢貨」。

我一直覺得哈羅德有一些迷人之處。他親切友善、幽默逗趣，我很喜歡去他們家。他們夫妻的三餐都在廚房裡吃，事實上他們一天中幾乎大部分時間都待在廚房，所以我拜訪時通常會繞到後門。

這一天，哈羅德請我去看看大丹犬，她生完小狗後情況似乎不太好；由於那天不是週三，我想大丹犬應該真的有點不對勁，便匆忙趕去。哈羅德如常跟我打招呼；他的聲音十分動人——柔和圓潤且豐富，說話時宛如主教開口，而聽到他有如管風琴一般醇厚的聲線，講起曼斯菲爾德城或布拉福市足球俱樂部頗為格格不入，我已經不知道是第幾百次暗暗納罕。

「我在想您能不能給我一些建議，哈利先生。」他在我們走出廚房進入一條長長的昏暗走廊時說道。「我在看哪個客隊會贏球，我在想也許桑德蘭對上阿斯頓維拉隊會贏？」

我停下腳步，擺出陷入深思的模樣，哈羅德焦慮地看著我。「噢，我不確定，鄧漢先生。」我回答。「桑德蘭這隊是不錯，但我剛好知道賴奇・卡特的阿姨最近身體不好，很有可能影響他週六比賽的表現。」

哈羅德垂頭喪氣，嚴肅地點了好幾次頭；接著他湊近端詳我數秒鐘，忽然大笑出聲。「啊，哈利先生，你又在跟我開玩笑。」他抓住我的手臂捏了一下，然後拖著腳步走過走廊，沿途咯咯笑得開懷。

我們穿越錯綜複雜宛如迷宮、遍結蛛網的陰暗走廊，最後哈羅德帶頭走入一間小小的槍械室。病患臥在一張架高的木造狗窩裡，我認出這隻大丹犬，是我前幾次來訪時看到的那隻在四周跑來跳去的巨犬。我之前沒有幫她診治過，但是第一眼看到她，我的最新立論就大受威脅——大狗的主人都不住在大房子裡。據我的審慎觀察，我已經不知道多少次看到鬥牛獒、德國狼犬和英國古代牧羊犬，如炮彈般從達洛比偏僻街道上的小房子裡衝出來，牽繩另一頭的無助飼主只能被拖著跑，而在豪華屋宅的偌大房間和廣大庭園，從沒看過邊境㹴和傑克羅素㹴以外的狗。不過哈羅德想必與衆不同。

他拍了拍母狗的頭。「她昨天生下一窩小狗，已經排出不好聞的深色惡露。她胃口很好，但我希望您能幫她檢查一下。」

大丹犬跟多數大型犬一樣，通常很溫和穩定，母狗在我量體溫時一動也不動。她側臥著，滿足地聽著孩子們的尖細叫聲，這窩小傢伙還閉著眼睛，爭相爬到彼此身上搶著要吸母親的飽脹乳頭。

「是的，她有點發燒，您剛剛說的排出惡露也沒錯。」我輕柔觸摸內部有長長一塊空掉的側腹。「我想裡頭應該沒有其他小狗了，但最好還是做個內診確認一下。能請您幫我準備一些熱水、肥皂和毛巾嗎？」

哈羅德離去後將門關上，而我呆滯地環顧槍械室。這間小房間比餐具櫃大不了多少，而且沒有任何槍枝，因爲哈羅德的另一項與衆不同之處是從不殺生。室內的玻璃展示櫃裡只擺放了散發霉味、裝訂成卷的《布萊克伍德雜誌》和《鄉村生活雜誌》。我在那裡駐足約莫十分鐘，尋思著老先生怎麼出去這麼久，接著我轉身去看牆上一幅老舊的印刷畫；是常見的狩獵場景，我隔著沾滿塵垢的玻璃覷看，正揣想著爲什麼他們每次都要畫馬匹飛躍溪流，而且馬腳長度根本不合理，忽然聽見身後傳出聲響。

是一聲隱約的咆哮，或深沉的低吼，輕柔但是帶著威嚇意味。我轉過頭，看到母狗很緩慢地從狗窩裡爬起來。她不是採用正常狗兒站起來的姿勢，反而像是被天花板某處垂下的繩線抬升起來一樣，四肢幾不可察地伸直，身體僵硬，毛髮豎起。從頭到尾她都瞪著我，雙眼一眨也不眨，我生平第一次明白目光熾烈如炬的意思。類似的眼神我以前只看過一次，是一本舊的福爾摩斯小說《巴斯克維爾的獵犬》的封面。當時我還在想，封面繪者的想像力實在太過浮誇離譜，但此時此刻在我面前，就有一雙同樣燃起熊熊黃焰的眼睛目不轉睛瞪著我。

當然了，大丹犬覺得我想對她的小狗不利。畢竟她的主人不在，只有這個陌生人靜悄悄地站在房間角落動也不動，肯定不懷好意。有一點是確定的——她隨時會朝我撲過來，我不禁慶幸自己剛好站在門邊。我小心翼翼將左手移向門把，此時母狗仍然以令人心生畏懼的緩慢速度站起來，胸口深處發出悶吼。幾乎搆到門把時，我犯了個錯：我很快伸手去抓門把。碰到金屬門把時，母狗像火箭噴射般自狗窩朝我縱身飛撲，牙齒陷入我的手腕皮肉。

我右手握拳打她的頭，她先是鬆口，緊接著咬住我左邊大腿內側靠上面的地方。這一咬讓我忍不住喊出聲來，要不是我湊巧撞到室內唯一一張椅子，我真的不知道自己會有什麼下場；是一張快壞掉的老椅子，但它救了我。母狗顯然啃咬我的大腿咬累了，忽然朝我的頭臉飛撲，我一把抄起椅子將她擋開。

我接下來在槍械室裡度過的時光，有一點像是滑稽的馴獅模仿秀，任何公正無私的旁觀者看了肯定會覺得精采逗趣。事實上，之後幾年回想起來，我常常盼望能夠將這次事件拍成電影；但事發當下，置身幾碼見方的狹小空間裡，面對一頭巨獸緊追不捨，鮮血沿著大腿向下滴淌，唯一能保護我的只有一張快散架的椅子，我一點都笑不出來。她全神貫注緊追著我的方式令人驚恐，狂怒的雙眼死死盯著我的臉不曾轉開。

整窩小狗驀然失去原本正當享用的溫暖和營養源頭，集體陷入暴怒，總共九隻還未睜眼的小狗爬過狗窩放聲哀鳴。小狗的哀叫吵鬧聲不停刺激著母狗，孩子們哀叫得愈大聲，狗媽媽的攻勢也愈加緊迫逼人。每隔數秒鐘，她就會朝我撲咬，而我縱身騰挪，掄著椅子用媲美馬戲團表演的招式朝她戳刺。她一度將我連人帶椅逼到牆邊，抬起前腳人立起來的她跟我差不多高，近距離看著她齜牙咧嘴讓我惴慄難安。

我最擔心的是，手上的椅子已經顯露毀壞的跡象；母狗輕而易舉就將其中兩根椅腳咬爛，我努力不去想要是整張椅子終於解體會怎麼樣。不過我已經想辦法退到門邊，等我感覺到門把抵著背部時，我知道我得想點辦法。我發出一聲驚天動地的大吼，將椅子剩下的部分朝母狗扔去，然後矮身潛進門外走廊。當我砰一聲大力將門關上，背靠在門板上時，還感覺到木頭門板遭受巨獸衝撞之下的顫動。

我坐在地板上，靠著走廊牆面，正將長褲脫至腳踝處檢查腿上傷口時，看見哈羅德端著一盆熱水，肩上掛著毛巾，在走廊遠遠那一頭悠哉閒晃。我總算可以理解他爲什麼一去就去那麼久——他一直在那裡晃來晃去，畢竟是哈羅德，他可能在自己家裡迷路了，或者只是在煩惱他的「四客場」到底要怎麼下注。

回到斯凱谷宅邸，我得忍受對於我腳開開的走路姿勢不甚仁慈的評論，但稍晚在我的臥室裡，齊格菲在檢查我腿上傷口時，臉上笑容斂去。

「咬到這麼高的位置，老天。」他帶著敬畏低低吹了聲口哨。「你知道嗎，吉米，我們常常開玩笑說，搞不好碰到哪隻狗凶性大發，我們就慘了。唔，我說啊，小子，還眞要命，差點就輪到你了。」

第五十一章

這是我在達洛比度過的第二年冬天，所以等十一月眞正開始辛苦時，我不再像第一年冬天那樣大爲震驚。山丘下的平地只會下幾陣毛毛雨，但是地勢高的地區只要下數小時的雪，所有道路就會積雪，彷彿鋪上一層白毯，熟悉的地標抹消難辨，原本熟悉的世界變得陌生新奇。這就是廣播裡講到「高地下雪了」的意思。

當雪勢開始加劇，整個地區就像被扼住脖子。車子只能在剷雪車剷到路邊的雪堆之間吃力地緩緩行駛。聳立俯瞰達洛比的赫恩丘宛如一頭渾身白亮的巨鯨，村鎮裡頭家家戶戶忙著在雪堆中挖出一條通往柵門的小徑，還有清除飄落在大門前的雪花。他們埋頭苦幹毫無怨言，因爲早已習慣而從容以對，心知隔天很可能還得再做一遍同樣的事。

每回新降下一陣雪，就是給獸醫的又一重打擊。我們盡力出診爲大多數客戶服務，但光是前往農家就得費盡千辛萬苦。有時候我們運氣很好，剛好能在公家剷雪車出動過後開車上路，但比較常發生的情況是我們只能盡量將車向前開，剩下的路程只能徒步。

峰丘農莊的克雷頓先生早上打電話之前，前一晚雪下個不停。

「年幼的牲口有點感冒。」他說。「你們能來一趟嗎？」

要前往峰丘農莊，必須先橫越峰丘丘緣，再走下坡進入一座小山谷。如果是夏天開車過去，沿途風景如畫，不過此刻我有些疑慮。

「路況如何？」我問。

「路況？路況？」克雷頓先生的反應向來是輕描淡寫帶過。不易到達的偏僻地區農人碰到這類問題總是避重就輕。「路況還可以。只要小心一點，過來這邊不成問題。」

齊格菲持保留態度。「你肯定得走路上到丘頂，我也懷疑剷雪車會不會清理下面一點的道路。看你自己囉。」

「噢，我就跑一趟吧。早上沒什麼事要忙，我覺得需要活動一下。」

我走到院子裡，發現老波德曼已經默默完成一項壯舉；他把擋住雙扇大門的積雪都挖開，清出一條讓車子開出去的路。我將所有能想到可能需要的物品都放進一個小背包裡：一些配好的祛痰藥、一桶舐劑、針筒和幾瓶肺炎血清安瓿，再將最重要的幾項冬季裝備和一把加寬雪鏟扔進後車箱，我就開車出發。

公家剷雪車從破曉開始就鏗哩哐啷開過斯凱谷宅邸附近，比較大條的道路都已清理完畢，但路面還是很不平坦，所以我開得很慢，一路顛簸。去克雷頓家農莊的路程超過十英里，在嚴酷刻苦的年代，擋風玻璃數分鐘內就結了厚厚一層冰霜，什麼都看不見。但這天早上，我意氣風發。我剛買了美妙的最新發明——裝在電木條上的成束金屬線，用橡膠吸盤就能固定在擋風玻璃上。利用汽車電瓶供電驅動，這個新發明就能在擋風玻璃上清出一小塊可視範圍。

我再也不用每開半英里，就得辛勤下車在結冰的玻璃上又擦又刮。我坐在車裡，滿心愉快地透過擋風玻璃上大約八英寸寬、清透乾淨的半圓區域，看著鄉間風景像影片般在我眼前開展；村莊中一棟棟灰石房屋，在窒人的厚厚雪堆覆蓋下顯得沉默疏遠，路邊樹木的枝枒被纍纍積雪壓得低垂。

我陶醉其中，幾乎沒注意到自己的腳趾頭在痛。在車用暖氣設備發明前的年代，下雪天開車雙腳凍僵是家常便飯，尤其當車底板還有孔洞能讓你看到路面反光閃爍。每次開長程，到最後我真的吃盡苦頭。今天在峰丘丘緣這條路盡頭下車時也一樣，我大力跺腳和甩動手臂時，十根手指都陣陣發疼。

劃雪車甚至沒有試著開進從旁岔出通往山谷的蜿蜒小路，兩側牆壁夾道的小路被積雪填得白皚嚴實，就像在說：「不行，你不能上來。」我已經很熟悉這樣的疏離決絕。但即使大失所望，我依舊滿懷驚奇地欣賞風在夜裡雕塑出的種種造型：浮動雪堡的表面平滑完美，漸細的尖角細膩精緻，幽深雪窟的邊緣銳利如刀鋒，聳立雪崖的突懸邊緣晶瑩剔透、巧奪天工。

將背包揹到肩上，我壓抑心中的振奮激動。身上的皮革高爾夫防風外套鈕扣一直扣到脖子，套著防水靴的雙腳裹著兩層厚襪子，我覺得自己已經準備好面對一切。想像一位盡忠職守的年輕獸醫，揹著神奇藥物克服萬難前去救援無助的動物，我無疑認為這樣的場景堪稱英勇帥氣。

我駐足片刻，凝望陰暗天空之下輪廓冰冷清晰的山丘。準備出發時，寂靜籠罩著原野、結凍河水和靜定的樹木，感覺充滿希望。

我維持著平穩步調。先經過一座橋，橋下河水瑩白靜謐，接著開始努力爬坡，踏過雪堆擇路而行，直到道路幾不可見地轉入幾處低矮懸崖下方。儘管天氣寒冷，但我爬到丘頂時背上已經冒汗。

我環顧周圍。六、七月時我上來過幾次，還記得當時的陽光、暖洋洋的青草香，還有從下方山谷飄往山丘上的花香和松樹香氣。看著眼前的荒寂冷清，很難聯想到夏季時的風光是如何明媚動人。

丘頂平坦的泥炭沼地成了一片無邊無際的白，白茫茫的一直延伸至地平線，天空黑壓壓的像一條灰黑毯子。我看到位在山丘下方小山谷裡的農場，農場看起來也不太一樣：渺小且遙遠，像是襯著遠方白皚山丘的一幅炭筆畫。冰天雪地一片白茫中，丘坡上的松樹林像一塊深色汙漬，其他曾經熟悉的地景特徵全都抹除得乾乾淨淨。

只能約略看見道路的其中幾段——兩側牆壁大多被雪掩蓋，不過農場一直很清楚。朝著農場走了大約半英里，忽然颳起一陣強風捲起地面積雪，雪花冰屑漫天紛飛。不過數秒鐘的光景，我發現自己孑然一身。農場、周圍的泥炭沼地和其他一切全都消失無蹤，鋪天蓋地的茫茫風雪中，我心裡生出一種與世隔絕的異樣感受。

積雪很深的地方難以通行，我只能勉強踩進鬆軟的雪堆，但整雙防水靴都會陷進去。我低著頭，一步一步向前走，走到距離石砌建築物只剩數百碼遠。我邊想著其實走過來眞的蠻輕鬆的，邊抬頭一望，卻看見黑麻麻的無數雪珠冰粒如一道飄飛簾幕鋪罩下來。我加快腳步，在暴風雪襲來之前看好農場的位置。踉蹌滑跌十分鐘後，我意識到自己弄錯位置了。我一直朝著根本不存在的形狀前進，那個形狀只銘刻在我自己的腦海裡。

我佇立片刻，再次感受寒徹骨髓的孤寂隔絕。我相信自己朝左走過頭了，在大口呼吸幾回之後改道向右。沒過多久，我就知道自己再次走錯方向。我開始不停在雪地中踩空，跌進積雪深及腋窩的坑洞裡，讓我想到山丘上的泥炭沼地雖然看似平坦，其實遍布無數鬆軟易下陷的小區塊。

我掙扎著邁步向前，喃喃告訴自己這實在太荒謬了。峰丘農莊的溫暖壁爐分明近在咫尺——我又不是到了北極。但是農場以外一望無際的空曠沼地景象在腦海中縈繞不去，我只能努力壓抑內心的驚慌。

寒冷麻木似乎讓人完全失去時間感。我很快就搞不清楚自己到底有多長的時間一直重複掉進洞裡又爬出來。但我確實知道，每次要從洞裡脫身都比前一次更加費力。坐下來休息甚至睡一覺的念頭愈來愈誘人，柔軟的大片雪花無聲拂過肌膚、堆積在閉起雙眼眼皮上的感覺，帶著某種催眠效果。

我正努力甩開再跌幾次就不想站起來的念頭時，忽然看見前方隱約出現深暗的形影。接著我伸展開來的雙臂碰到某種堅硬粗糙的東西。我簡直不敢置信，接著便摸索依循方形石塊，直到來到一個轉角處。前頭有一方光亮——是農場廚房的窗戶。

我倚在平滑的木柱上，大張著嘴喘氣，胸膛劇烈起伏，胸口隱隱作痛，邊伸出手大力拍門。極度緊繃之下忽然放鬆肯定讓我瀕臨歇斯底里，因爲我想著門一開，我最該做的就是直接朝室內趴倒。我腦中天馬行空，想像農人全家圍著倒臥在地的人影，殷勤送上白蘭地。

然而當門眞的打開時，有什麼讓我站住不動。克雷頓先生在門口駐足數秒鐘，看著眼前驚恐狂亂的雪人，顯然無動於衷。

「噢，是您啊，哈利先生。您來的時間再剛好不過——我剛吃完晚餐。等我一下，我拿個帽子。牲口就在院子另一頭。」

他伸手到門後取了一頂破爛的短簷特里比帽戴上，兩手插在口袋裡，悠閒地走在鋪石地面上，邊吹著口哨。他打開小牛牛舍的門鎖，我走進去，打從心底感到如釋重負；在動物溫暖身軀和乾草香的環繞下，終於能夠暫時躲避嚴苛酷寒、風雪吹襲和讓人寸步難行的積雪。

我放下背包時，四頭毛髮很長的年輕閹牛透過柵欄靜靜望著我，嘴裡規律地嚼個不停。牠們跟主人一樣，對我的出現毫不在意。牠們表現出微微的興趣，僅此而已。在幾顆毛髮蓬亂的腦袋後面，我看到第五頭小獸，牠身上縛著麻布袋，鼻子流著膿鼻涕。

一看到牠，我想起自己爲何而來。我將凍僵的五指伸進口袋裡摸掏溫度計時，強風陡然吹襲門板，門鎖晃動發出輕輕的喀喀聲，一陣粉雪吹入昏暗的牛舍。

克雷頓先生轉身，用袖子擦了擦唯一一扇小窗的玻璃窗格。他窺看著外頭呼號的暴風雪，邊用拇指指甲挑著牙。

「啊，」他說，邊愉快地打了個飽嗝，「平淡的一天。」

第五十二章

等待齊格菲給我上午的出診單時，我將圍巾拉高到幾乎蓋住耳朵，再將大衣的領子豎起到下巴底下緊緊扣住。接著我戴上一副露指羊毛手套。

凜冽刺骨的北風野蠻吹掃過窗外，捲起的大雪幾乎與地面平行飄飛，在隨風打轉的大片雪花遮蔽下，完全看不清楚街道和其他景物。

齊格菲彎身查看約診簿。「現在來看看是哪幾家，巴內特、吉爾、桑特爾、鄧特、卡萊特……」他開始在本子上潦草塗寫。「唔，我最好去看看史克魯頓的小牛——我知道之前都是你去看診，不過我剛好會路過他的農場門口。你能跟我說一下情況嗎？」

「好，牠的呼吸有一點急促，體溫大約攝氏三十九點四度⓮——我不認為牠得了肺炎。事實上，我懷疑牠有可能是白喉初期——下顎有一點腫脹，喉嚨腺體也腫腫的。」

我說話的同時，齊格菲繼續在他的本子上寫字，只暫停了一下跟賀巴托小姐悄聲說了幾句話。接著他愉快地抬起頭。「肺炎是嗎？你之前怎麼治療？」

「不，我剛剛說我不認為是肺炎。我注射了普隆托西⓯，也留了一些塗喉嚨的擦劑。」

但是齊格菲再次振筆疾書。他沒有回話，只顧著寫完兩張單子。他將其中一張從本子上撕下來交給我。「好，你開了塗在胸口的擦劑，我想可能會有一點效果。究竟是哪種擦劑？」

「水－楊－酸－甲－酯⓰。不過我是要他們塗在小牛喉嚨，不是胸口。」但是齊格菲已經轉過頭跟賀巴托小姐交代他的出診順序，我發現自己對著他的後腦勺說話。

最後他直起身，離開辦公桌朝我走來。「唔，那就好。你拿到出診單了——我們上工吧。」他大踏

步往外走，但走到半途忽然有些躊躇，又轉過身。「老天啊，你開的擦劑為什麼是塗在小牛的喉嚨？」

「呃，我想可能可以減緩發炎症狀。」

「可是吉米，怎麼會出現發炎症狀呢？你不覺得擦劑塗在胸壁的效果會比較好嗎？」齊格菲又換上那副苦口婆心的表情。

「我不覺得，不適用於小牛白喉的個案。」

齊格菲將頭歪到一邊，臉上堆滿慈悲爲懷的笑容。他伸出手按住我的肩頭。「親愛的老吉米，或許從頭開始講會是個好主意，你可以慢慢來——不趕時間。冷靜下來，慢慢地講，你講話就不會顛三倒四的。你剛剛告訴我，說你在治療得肺炎的小牛——現在從那裡接著講下去。」

我將兩手插進外套口袋深處，開始翻攪一直放在口袋裡的溫度計、剪刀和小瓶子。「聽著，我從一開始就告訴你了，我不認爲是肺炎，但我懷疑是白喉症初期。還發現有一點發燒——三十九點四度。」

齊格菲的視線越過我投向窗外。「老天，看看外頭的風雪，我們今天出門到處跑肯定樂趣十足。」他將視線拉回來看著我的臉。「體溫都三十九點四度了，你不覺得應該注射一點普隆托西嗎？」他兩手大大一攤。「我只是建議，吉米——我絕對不會插手，但我眞的覺得這種情況是需要打一點普隆托西。」

⓮小牛的正常體溫範圍為攝氏三十八點六度到三十九點四度。

⓯普隆托西（Prontosil）：或譯「百浪多息」，一九三〇年代問世的磺胺類藥品，是世界上第一種用於治療人體全身性細菌感染的合成藥物。

⓰水楊酸甲酯（methyl. sal. 或 methyl salicylate），也稱柳酸甲酯、冬青油。

「但是老天，我在用了！」我大喊。「我老早就告訴過你了，但你根本沒在聽。為了讓你聽進耳裡，我已經講到不知該怎麼講了，但是根本就沒機會……」

「好了，好了，乖孩子，沒事了，用不著發這麼大的脾氣。」齊格菲的表情一變，顯得容光煥發。他周身散發一股慈藹溫柔、寬大為懷、耐心包容和情眞意切的氣息。我極力壓抑想要快速踢他脛骨一記的衝動。

「吉米，吉米啊。」他好聲勸誘。「我絕對不會懷疑你剛剛試過用你自己的方式告訴我個案狀況，但不是我們每個人都天生就擅長溝通。你是最優秀的伙伴，但也必須好好努力才能做到。其實很簡單，只要集結你掌握的事實，並且按部就班將它們呈現。這樣你講話就不會像早上一樣顛三倒四、混淆不清；我相信問題只在能不能勤於練習。」他鼓舞般揮了揮手後就出門了。

我快步走到儲藏室，瞧見地上有個很大的空紙箱，恨恨地踢了它一腳。這一腳實在夾帶太多怒氣，直接穿破紙箱，我正試著從紙箱裡將腳抽出來時，崔斯坦走了進來。他剛剛在壁爐旁添燃料，全程旁聽我們的對話。

我在房間裡邊咒罵邊跳來跳去想甩掉紙箱，他只是安靜地旁觀。「怎麼啦，吉米？我老哥惹你生氣了？」

我終於甩掉腳上的紙箱，一屁股在其中一座比較矮的層架上。「我不知道。他為什麼要現在惹我生氣？我們認識也有一段時間了，他一直都是老樣子。他從來沒變過，但之前我都不介意——無論如何，不像今天這樣。如果不是今天，這種事情我可能就一笑置之。我到底是怎麼了？」

崔斯坦放下手裡的煤桶，若有所思地看著我。「也不算是你的問題，吉米，不過我可以告訴你一件事——自從你上次約歐德森家那女孩出門之後，就變得有一點毛躁。」

「噢哦老天。」我呻吟一聲，閉上雙眼。「別提醒我。無論如何，那次之後我沒再見過她，也沒聽說過她的事，所以就這樣結束吧，不能怪她。」

崔斯坦掏出他的忍冬牌香菸，在煤桶旁蹲下。「對，這麼說來都很好，但是看看你自己。你飽受煎熬，可是根本沒必要。沒錯，那一晚慘烈無比，她拒絕你了。那又怎麼樣？你知道我被甩過幾次嗎？」

「被甩？我根本就還沒開始。」

「那很好，但你就像肚子痛在原地打轉的閹牛。忘了這件事吧，小子，到外面的廣大世界看一看。還有豐富精采的大好人生等著你。我一直在觀察你——工作起來不眠不休，不工作的時候就抱著教科書研究你的個案——我告訴你啊，當個獸醫認眞敬業很好，但也不能過頭。你偶爾也該享受一下人生。想想達洛比所有可愛小妞——有她們在，誰捨得離開這裡呢。她們全都在等像你這樣又高又帥的小伙子騎著白馬駕駕駕地出場，別讓她們失望了。」他傾身湊近，拍了一下我的膝蓋。「聽我說，何不讓我幫你安排一下？來場愉快的四人約會——你就是需要這個。」

「唉，我不知道。其實我沒什麼興趣。」

「胡說！」崔斯坦說。「也不知道爲什麼我沒有早點想到，過這種苦修生活對你有害，細節就由我一手包辦。」

那天晚上我決定早點就寢，大約十一點時有重物摔在床上，我醒了過來。房裡一片漆黑，但我似乎被夾雜啤酒味的菸味環繞。我咳嗽幾下，坐了起來。「是你嗎，小崔？」

「正是小弟。」床尾的人影回話。「我帶了好消息回來，你記得布蘭達嗎？」

「我之前看過跟你一道的小護士？」

「就是那一位。話說她有個叫康妮的朋友，比她還漂亮。我們週二晚上要一起去普爾頓村活動中心跳舞。」充滿酒氣的聲音聽起來志得意滿。

「你是說我也去？」

「老天，我就是這意思，保證讓你大開眼界玩個過癮，我說到做到。」他朝我臉上呼出最後一口嗆人煙氣，然後咯咯輕笑著走出去。

第五十三章

「我們準備了熱騰騰的大餐，還安排了餘興節目。」

聽到這句話，我的反應出乎自己的意料。這句話讓我百感交集，但都是正向的：成就感，受到接納的歡欣，幾乎像是旗開得勝。

如今我已心知肚明，絕不會有任何人問我要不要當皇家外科獸醫學院的院長，但要是眞的有人來問我，我想即使當下心中大喜，也絕不會比我聽到吃頓大餐這句話時還要歡天喜地。

我想是因爲這句話反映了典型谷地區農人對我的態度。這很重要，因爲即使待了一年多一點以後，大家終於認可我的獸醫地位，我還是無時無刻不感受到，住在山丘的鄉民和我這個城市佬之間註定有一道鴻溝。不管我再怎麼欽羨他們，我一直很清楚我跟他們是不同的人；我知道這一點無可避免，但我還是耿耿於懷，因此他們之中只要有人展現眞摯友情，就足以觸動心弦，讓我由衷感動。

特別是像狄克．魯德這樣的人把我當成朋友的時候。我是在去年冬天在斯凱谷宅邸門口第一次見到狄克，那時是早上六點鐘，是所有鄉下獸醫會懷疑自己入錯行的那種晦暗的冬季早晨。忍著永不停歇的寒風吹襲只裹著睡褲的雙腿，我瑟瑟發抖著開了燈之後去應門。我看到一個矮小人影靠在腳踏車上，對方戴著套頭帽，全身裹在一件老舊軍裝大衣裡。門口溢出的燈光照亮他前方數英尺的人行道，傾盆大雨猛烈沖刷下，人行道上水流潺潺。

「抱歉這麼早就來按門鈴，先生。」他說。「我姓魯德，從寇斯頓的樺樹農場過來。我有一頭女牛要生了，但生產不太順利。您能來看看嗎？」

我細看對方的瘦削臉孔，看著他的兩頰淌著雨水，鼻尖也不停滴水。「好，我換個衣服，立刻過去。不過你何不把腳踏車留在這裡，坐我的車一起過去？到寇斯頓大約四英里，沒錯吧，你身上肯定溼透了。」

「不，不用，沒關係。」對方朝我咧嘴露出再開朗不過的笑容，溼透的套頭帽下一雙靈活的藍眼閃著笑意。「那我還得回來牽腳踏車。我現在就回去，不會比你晚多少。」

他很快騎上腳踏車，蹬著踏板離開了。只見彎腰駝背的人影消失在昏暗天色下的滂沱大雨中，覺得農家生活輕鬆愉快的人真的應該來看看。沒有車子，沒有電話，整晚不睡照顧女牛，冒著大雨騎腳踏車騎了八英里，還得接著辛勞幹活一整天。每次只要想到還有這麼辛苦的小農，就覺得自己偶爾勞動一下眞的微不足道。

那天早上，我替狄克順利接生一頭健壯小牛，之後滿懷感激地在農舍廚房接受熱茶招待，魯德家孩子們團團圍繞，倒是讓我大吃一驚。他們家總共有七個孩子，令我意外的是孩子年紀都不小。孩子裡最大的二十出頭，最小的約莫十歲，而我之前完全不覺得狄克已經邁入中年。在斯凱谷宅邸門口的昏暗燈光下，還有之後在只有一盞被煙燻黑的油燈照亮的牛棚裡，只看他矯捷的身姿步態和精力充沛的樣子，會覺得他是三十幾歲的壯年人。但此刻在屋裡看到他，看得出他的一頭粗硬短髮已摻雜幾許斑白，眼周也有細密錯綜的皺紋延伸至臉頰。

魯德夫婦新婚後數年，就像所有農家一樣盼望一舉得男，但是連續生了五個女兒，讓他們愈加失望懊惱。「我們那時差點就要放棄了。」狄克曾向我坦白；但他們沒有放棄，終於皇天不負有心人，他們家添了兩個健康的男丁。農人作牛作馬是爲了兒子，狄克現在有了奮鬥的目標。

跟魯德家比較熟之後，我常常觀察這家人並且大感驚奇。五個女兒全都身材高䠷、長手長腳，容貌十分標緻，而兩個男孩年紀小小卻已塊頭不小，將來肯定長得高壯魁梧。我不停看看孩子們，再看看他

們弱不經風的瘦小雙親——魯德太太常說：「跟我們倆一點也不像」——尋思著怎麼會發生這樣的奇蹟。

還有一件事也讓我大惑不解，就是只靠狄克那寥寥數頭毛髮蓬亂母牛產的生乳賣了換得的支票，魯德太太是怎麼養活一大家子，更別說還將全家人都拉拔得健康壯碩。某一天我去他們家幫牛犢檢查，第一次有了點頭緒——我受邀和他們家一起「隨便吃一點」。在山丘農家裡，由屠夫供應的肉品非常稀缺，我已經很熟悉在主菜之前將就填飽空虛肚腹的家常料理——大塊麵團製成的約克郡布丁，或是成堆的板油麵團。但是魯德太太自有妙法——她端出的開胃菜是一大碗加了很多牛奶的米布丁。我覺得很新奇，也看到魯德家的人一口一口吃著，愈吃愈慢。我剛坐下來時簡直餓壞了，但吃完米布丁以後再看向其他幾道菜，我只覺得自己無欲無求。

狄克大小事都要請教獸醫，所以我成了樺樹農場的常客。每次看診之後都有一套例行儀式：他們會邀請我進屋裡喝一杯茶，全家大小擱下手邊工作，圍著我坐下來看我喝茶。平日裡，大女兒出門工作，兩個兒子去上學，但到了週日，整場儀式就顯得盛大隆重，我端坐中央啜著茶，而魯德家一家九口可說是滿臉欽佩簇擁著我。我每說一句話，全場都報以點頭微笑。有這麼一家子對我言聽計從，無疑讓我的自信心大受鼓舞，但很奇妙地，同時也讓我自覺謙卑。

我想是狄克的個性使然。並不是說他有什麼特別，有數以千計的小農都跟他一樣，但他似乎是谷地人所有最美好特質的化身：頑強不屈、韌性十足的人生哲學，還有直爽大方、熱情好客的個性。也有一些狄克獨有的特質：在他沉著篤定的眼神中，總是閃耀著正直誠信，還有三不五時展現的幽默風趣。狄克不是妙語如珠的人，但總試著把平常的話說得很逗趣。如果我請他幫忙抓住母牛的鼻子，他會嚴肅地說：「在下自當盡力而為」，我也記得有一次我想抬起一塊將小牛圍在角落的夾板時，他說：「且慢，待我升起吊閘。」當他的嘴角揚起綻出微笑，憔悴的臉龐似乎爲之一亮。

每次在廚房裡，看到他們全家聽完狄克的話笑得前仰後合，我不禁對他們家的樂天知命驚嘆不已。他們沒有一個人過著舒服安逸、飯來張口的生活，但是他們不以爲苦；而他們把我當成朋友，我引以爲傲。

我每次離開農場，都會發現車子後座多了東西——可能是幾顆自製司康，或三顆雞蛋。我不知道魯德太太是如何節省才能攢下一點來送禮，但她總能想到辦法。

狄克懷抱雄心壯志——他想擴大牲口數量，目標是畜養最符合理想的乳牛群。他自知財力不足，只能慢慢經營，而且會吃盡苦頭，但他意志堅定。很可能在他有生之年都沒辦法達到目標，但總有一天，也許等到他的兩個兒子都長大成人，大家來到樺樹農場，會以欽佩眼光看著這裡的乳牛群。

而我見證了農場事業最初的起點。有一天早上，狄克在路上攔住我，請我過去他家，我從他努力壓抑激動的神情，立刻知道有大事發生。他帶我進入牛棚後，默默站在一旁。他什麼話都不用說，因爲我已經不敢置信地盯著眼前的高貴牛隻。

狄克的乳牛群是多年來從各地零星購入的，算是烏合之衆。其中很多隻是比較富裕的農人淘汰不要的老母牛，可能是因爲她們的乳房鬆垮下垂，或者是其中一個乳頭受損的「剩三乳」母牛。其他隻是狄克從小牛開始飼養到長大，通常毛髮粗糙、外表邋遢。但就在牛棚大約中央處，有一隻母牛和其他鄰居形成劇烈對比，是一隻在我眼裡簡直完美的乳用短角牛。

如今黑白花斑的荷蘭牛在英格蘭蔚爲風行，就連一直是短角牛大本營的谷地區都跟著淪陷，那天我在狄克．魯德家看到的那種短角牛早已絕跡，然而那天那隻母牛堪稱短角牛品種的光榮和驕傲。她的骨盆寬闊，身軀愈往肩部逐漸收窄，頭形秀美，乳房底部側看呈水平，後腿之間的後乳房銜接處高且寬，還有最亮麗輝煌的毛色——赤毛夾雜灰或白毛。這種「糟毛」是我們所謂的「優良毛色」，我每次只要順利接生的小牛是深赤紅夾雜灰或白毛，農人都會說「這隻毛色優良」，而小牛的身價也就跟著水漲船高。當然，遺傳學家的說法完全有道理：深赤紅夾雜灰或白毛牛隻的產乳量跟赤色或白色牛隻不相上下，但是我們喜歡這種毛色的牛隻，覺得牠們美麗極了。

「她是打哪來的，狄克？」我問，不曾轉開視線。狄克閒話家常的口氣聽起來非常刻意。「喔，我去克蘭比的威爾登家挑中她的。你喜歡嗎？」

「她美得如詩如畫——是農牧展上的明星牛。我從來沒看過比她更出色的母牛了。」威爾登家是谷地區北部最大的純種牛育種場，我沒有問狄克是哄騙了他的銀行經理，還是終於拿出存了很多年的積蓄。

「是啊，等她開工，產乳量可以達到七加侖，乳脂的品質也會是最棒的。我想她一頭就抵得上我原本的兩頭母牛，她生下的小牛也會很值錢。」他向前一步，伸手撫過母牛完全平滑、骨肉勻稱的背部。「她原本有個了不起的名字，展現她的純種系譜，但是我太太叫她『草莓』。」

站在地面鋪著礫石、只有木頭隔板和粗糙石牆的陽春牛棚裡，我知道在我眼前的不只是一頭母牛，而是繁衍新乳牛群的基礎，是狄克．魯德對大好未來的希望所繫。

大約一個月以後，我接到狄克的電話。「我想請您幫忙，來看看草莓。」他說。「她表現很棒，乳量豐沛得很，但今天早上有點不對勁。」

母牛看起來不太像生病，事實上在我檢查時，她還在進食；但我注意到她吞嚥時會有點噎到。她的體溫正常，肺部乾淨，但我站到她的頭旁邊時，可以聽到一種微弱的噴氣聲。

「是她的喉嚨，狄克。」我說。「可能只是有一點發炎，但也有可能是那裡開始長膿瘍。」我語氣輕快，但一點都開心不起來。就我有限的經驗來看，咽後膿瘍非常難纏。咽後膿瘍的發病部位就在喉嚨後部的後面，無法企及，如果膿瘍長很大，可能會造成呼吸困難。我運氣不錯，碰到的極少數案例不是膿瘍很小，就是膿瘍自行消退或破裂。

我注射了普隆托西，然後轉向狄克。「我要你用熱水敷下頷角後方這一塊，熱敷之後再塗抹這個藥膏到吸收進去，這麼做也許可以讓膿瘍破掉。每天至少熱敷加抹藥三次。」

接下來十天，我每天都過去看她，而我看到的景象是膿瘍持續生長。母牛還沒有到病得很重，但她食量劇減，變得更瘦，而且產乳量持續下降。大多數時候，我覺得很無力，因為我知道只有膿瘍破裂才能解決問題，而我幫她注射的各種藥劑只是聊勝於無。但膿瘍這個可惡的東西要很久才會爆開。

剛巧齊格菲出門參加為期一週的馬獸醫研討會，我有好幾天分身乏術，幾乎找不出時間煩惱狄克的母牛，直到某天早上他騎腳踏車來找我。他和平常一樣開朗，但神情很緊繃。

「您能來看看草莓嗎？她這三天真的一病不起了，現在的樣子讓我很擔心。」

我立刻衝出門，狄克還在半路上，我已經抵達樺樹農場的牛棚。一看到她，我在邁步當下就僵住了，我頓時口乾舌燥，盯著曾經是農牧展明星的母牛。她骨瘦如柴的樣子令人難以置信，跟披著牛皮的骷髏幾乎沒什麼兩樣。整個牛棚裡充斥著她急促的呼吸聲，她呼氣時兩頰會古怪地膨起，我以前從來沒看過牛隻這樣。她呆滯地盯著前方的牆壁，眼神滿是驚恐。偶爾她會痛苦地輕咳一下，此時嘴角會有唾液流下。

我一定在那裡站了很久，因為我終於察覺狄克就在我身後。

「她現在是這裡最糟的一頭了。」他語氣凝重。

我心裡揪了一下。「天啊，狄克，真的很抱歉。我不知道她已經病得這麼嚴重，真的讓人很難相信。」

「啊，總之，事情發生得很突然。我從來沒看過牛隻一下子變化這麼大。」

「膿瘍的發展現在肯定到高峰了。」我說。「堵住呼吸道，她現在幾乎沒辦法呼吸。」在我說話時，母牛開始四肢顫抖，有那麼一會兒，我以爲她會摔倒在地。我衝出牛棚，到車上拿了一罐高嶺土敷料。「來吧，我們把這個敷在她的喉嚨，也許會有效。」

上完敷料之後，我看著狄克。「我想今天晚上就會有效，膿瘍應該差不多要破了。」

「要是沒有，她明天就嗝屁了。」他咕噥道。我的臉色肯定很愁苦難看，因爲狄克忽然一咧嘴，露出堅強不屈的笑容。「別擔心，伙計，你能做的都已經做了。」

但走出牛棚時，我不確定自己是不是眞的盡力了。魯德太太在車子旁等我。今天是她的烘焙日，她將一小條麵包塞到我手裡，這下我心裡更難受了。

第五十四章

那天晚上我獨自坐在斯凱谷宅邸的大房間裡，陷入沉思。齊格菲還沒回來，我沒有人可以求救，只能向上帝祈禱，希望自己知道隔天早上該拿狄克那頭母牛怎麼辦。要上床就寢時，我已經下定決心，要是還是沒效，我就非得朝下頷角後方動刀。

我知道膿瘍就在那裡，但是它的位置非常深，在割開膿瘍之前會先經過很可怕的東西，例如頸動脈和頸靜脈。我努力不去想，但它們在我的夢裡揮之不去：粗大的血管突突搏動，裡頭的珍貴血液激湧，隨時可能衝破脆弱管壁噴洩而出。早上六點我就醒了，悲慘地盯著天花板一小時之後，我再也受不了了。我下了床，臉沒洗，鬍子也沒刮，直接開車趕去農場。

我躡手躡腳、提心吊膽走進牛棚，看到草莓住的牛欄空蕩蕩的，只覺得一陣沮喪難過。所以就這樣了，她死了，畢竟她昨天看起來就差不多了。我正要轉身離去，狄克在門口朝我喊話。

「我把她帶到院子另一邊的畜舍隔間了，我想她在那裡可能會舒服一點。」

我幾乎是飛奔跑過院子的鋪石地面，我們靠近畜舍門口時，已經聽見裡頭傳出可怕的呼吸聲。草莓已經站不起來了——走到畜舍隔間讓她耗盡最後一點力氣，她趴臥著，頭直直向前伸，鼻孔大張，雙眼直瞪前方，雙頰在她拚命想要呼吸時鼓了起來。

但她還活著，我總算鬆了一口氣，如釋重負的感覺刺激之下，心中的猶豫消散一空，我決定立刻行動。

「狄克，」我說，「我得幫你的牛動手術。我們沒辦法再等那東西自己爆開，再不動刀，就來不及了。但有一件事我希望讓你知道——我唯一能想到的開刀方法，就是從下頷後方切進去。我以前從來沒有開過這個部位的刀，沒看過別人做這種手術，也從來沒聽過有誰這麼做。如果我割破其中一根大血管，她可能不到一分鐘就會沒命。」

「她這樣再撐也撐不了多久，」狄克悶聲說道，「不會再有什麼損失——動手吧。」

如果要幫大型牛隻動手術，通常必須用繩子將牛隻放倒再全身麻醉，但是這次幫草莓動手術已經不需要了。她已經太過虛弱無力，我只是輕推一下她的肩膀，她就滾成側臥姿勢，然後一動也不動。

我很快在耳朵下方到下頷角之間的區域施打局部麻醉，然後將手術器械一字排開。

「讓她的頭盡量伸直，再稍微向後仰，狄克。」我說。我跪在乾草堆中，下刀切開皮膚，小心切穿細長的頭肱肌肉層，用牽引器牽拉分開肌肉纖維。目標就在下面某個地方，我努力在腦海中清楚勾勒出這個區域的解剖構造。上頷靜脈就在那裡匯流入大的頸靜脈，再深入就是呈分枝狀的頸動脈，愈往深處也愈危險。如果我將手裡的手術刀朝下頷腺後方直直切入，應該差不多可以切開膿瘍病灶。但我持著鋒利的手術刀來到清出的小塊空間上方時，我的手開始不停顫抖。我努力想要穩住自己的手，但我就像患了瘧疾。事實明擺在眼前：我恐懼到不敢繼續下刀。我放下手術刀，拿起一副長長的止血鉗，穩穩地向下插入穿過肌肉纖維間的洞口。我似乎將止血鉗插入到深得不可思議的地方，然後我幾乎不敢相信眼前看到的——細細的一道膿液順著閃亮的金屬鉗流淌出來。命中膿瘍病灶了。

我小心翼翼地將止血鉗開口開到最大，盡量擴撐洞口讓膿液流出來，而原本的細流慢慢變成一道濃稠急流，急湧漫溢過我的手，再沿著母牛頸部流到乾草堆上。我靜止不動，等到膿液不再流出，才將止血鉗抽出來。

狄克從母牛頭部另一邊望著我。「然後怎麼辦，老大？」他輕聲問。

「嗯，我清掉膿液了，狄克。」我說。「理論上，她應該很快就會好起來。來吧，我們再將她推回趴臥的姿勢。」

我們放了乾草捆在母牛肩膀下方墊著，讓她能舒服地臥著，我望著她，幾乎面露懇求。肯定會有某種好轉的跡象吧。排出這麼多膿液，她肯定會覺得輕鬆很多。但是草莓看起來就跟之前一樣。真要講究起來，呼吸聲聽起來更不妙了。

我將髒汙的器械丟進加了消毒劑的熱水桶裡，開始清洗器械。「我知道是怎麼回事。膿瘍壁硬結了——你也知道，就是變厚變硬——因爲已經在那裡生長了很長一段時間。我們得等它破裂消退。」

翌日，我快步橫越農場院子時，只覺得自信又得意。狄克正從畜舍隔間走出來，我朝他大喊：「嘿，她早上情況如何？」

狄克面露猶豫，我的心情一下子墜到谷底。我知道這代表什麼意思：他努力想找些好話來說。「呃，我覺得看起來沒什麼變。」

「可惡，」我大喊，「她應該會好很多才對！我們來看看她。」

母牛看起來不是沒什麼變，是變得更糟了。而除了原本那些症狀，最不妙的是她的一眼嚴重凹陷——通常是牛隻瀕死的徵兆。

我們佇立一旁，望著曾經健壯美麗的母牛，如今卻拖著殘敗身軀，接著狄克打破沉默，溫和地開口。「嗯，你覺得呢？只能把她交給馬洛克了嗎？」

聽到屠宰業者的姓名，彷彿來到絕望的終點。說實在的，草莓看起來就跟馬洛克接收的其他隻動物一樣殘敗不堪。

我挪動了一下雙腳，滿心沉重。「我不知道該說什麼，狄克。我想不出其他辦法了。」我再看了一眼母牛的頭，她張口喘氣，眼神空茫，嘴唇和鼻孔周圍全是一團團的泡沫。「你不想要她繼續受苦，我

也不想。但是還不要找馬洛克來——她現在很難受，但不算很痛苦，我想再等她一天。要是她明天還是這樣，就把她送走。」最後幾句話聽起來空虛無用——我的本能告訴我，已經沒希望了。我轉身離開，一股空前的挫敗感沉甸甸地壓在心頭。我走到院子時，身後傳來狄克的喊聲。

「別擔心，小伙子，這種事難免會發生。謝謝你做過的一切。」

他的一字一句像鞭子抽打著我的背。要是他破口大罵，我心裡可能還會好過一點。他買過唯一一頭上好的母牛在那邊眼看就快死了，他有什麼好謝我的？這場災難可能會擊垮狄克．魯德，他卻叫我不要擔心。

我打開車門，看到座椅上放了一顆包心菜。魯德太太照樣送了禮。我將手肘撐在車頂上，忍不住開口滔滔不絕地傾訴。大受打擊之下又看到包心菜，我的內心深處就像深井被投了石頭般陣陣激盪，於是我對著毫無反應的包心菜發表獨白，細數自己種種的不適任。我指出世事如此不公不義，像魯德家這樣的好人急需高明的獸醫相助，請了哈利先生來看診，哈利先生卻無功而返，面子徹底掃地。我又細述一項事實，我如果被魯德家轟出門也是罪有應得，而他們不但沒有這麼做，還誠懇地向我道謝，甚至開始送我包心菜。

我就這樣抒發了老半天，講完以後終於覺得稍微比較好過。但也只有好一點點，因為開車回家途中，我完全找不到一絲希望。如果膿瘍壁會破裂，到現在應該也破得差不多了。我剛剛真的應該讓狄克把她送走——無論如何，她活不過今晚。

我對這一點深信不疑，因此隔天並不急著趕去樺樹農場。我在出診過程中慢慢消化這件事，等我開車駛過農場柵門，時間已經接近中午。我知道自己會看到什麼——獸醫失敗時常見的淒慘跡象：畜舍隔間的門開著，院子地面還留有馬洛克操作絞車將動物屍體拖上卡車的痕跡。但在我硬著頭皮走向寂靜的畜舍隔間路上，一切都看似與平常無異。屠宰業者還沒來，但我的病患一定已經斷了氣躺在裡頭，這一點再確定不過。她不可能撐到這時候。我的手指笨拙地摸索著想開門，似乎有一部分的我抗拒著不想看向門內，但我終於用力一扳將門開到底。

草莓就站在我眼前，正在吃架子上的乾草；她不只是在吃草，而是幾乎玩耍似地將乾草從鐵條間隙扯進嘴裡，是母牛吃得很開心時的表現。她還嫌吃得不夠快似的，用表面粗糙如銼刀的舌頭捲住一叢叢香噴噴的乾草，再拉下來放進嘴裡。我盯著她，腦海裡某處開始演奏起管風琴；不是小小的管風琴，而是宏偉龐大、閃閃發光的音管聳入大教堂屋頂陰影的管風琴。我走進畜舍隔間，關門後轉過身，在角落的乾草堆坐下。這一刻，我等了好久。我要好好享受。

母牛幾乎像是一副活骷髏，深赤摻雜灰白的美麗毛皮緊緊繃在嶙峋骨架上。曾經傲人的乳房成了乾癟皺縮的無用囊袋，在飛節上方懸盪。她站立時，四肢仍因爲虛弱而不停顫抖，但她的眼中閃著某種光芒，而她進食的樣子沉著熱切，讓我確定她會努力康復，很快就能重返榮耀。

畜舍隔間裡就只有我們倆，草莓偶爾會將頭轉過來沉穩地望著我，嘴巴很規律地嚼著。在我看來是很友善的神情——事實上，就算她朝我眨眨眼，我也不會驚訝。

我不知道自己在裡面坐了多久，但是我每分每秒都陶醉其中。一段時間之後，我才相信自己眼前的一切都千眞萬確：她吞嚥毫不費力，不再流口水，呼吸也沒有雜音。等我終於走出畜舍隔間並關上門之後，大教堂管風琴已經音栓齊奏、大鳴大放，琴聲歡欣鼓舞、氣勢磅礡，在拱頂天花板下方陣陣迴盪。

母牛奇蹟般地康復。三週之後與她重逢，她的骨架上已經神奇地長了肉，毛皮富有光澤，最重要的是，她身下的乳房盈脹飽滿壯觀非常，分布在四個角落的小巧乳頭驕傲挺立。

我相當志得意滿，但是當然，如果不帶感情評判這個案例，只會顯示一件事——從頭到尾，我幾乎沒有一件事做對。打從一開始，我就應該朝母牛咽喉下刀，但當時我不知道該怎麼做。之後數年，我動過好幾次刀割開這種膿瘍，都是用開口器撐開牛隻嘴巴，然後將手術刀綁在手指上伸進去動刀。這種作法勇氣可嘉，因爲母牛或閹牛一點都不喜歡，他們會想把手術刀連同我整隻手臂一起朝地上摔。簡直是自斷手臂。

每次我跟現在的年輕獸醫聊起這件事，他們大多一臉茫然看著我，因爲大多數膿瘍無疑是感染結核菌所引起的，而自從開始簽發檢疫證明，咽後膿瘍幾乎絕跡。但我可以想像，和我同個世代的同行們憶起往昔時也許會露出苦笑。

咽後手術的魅力在於術後恢復奇快無比，而我自己也嘗過幾次小獲勝利的滋味。但是我沒做對的這次手術帶來的滿足感，遠遠超過之後的每一次咽後手術。

在草莓的事告一段落數週之後，我再次回到魯德家廚房裡，在一家大小簇擁下坐回我的老位子。這次我沒辦法分享珠璣妙語，因爲我正費神對付魯德太太的蘋果派。我知道魯德太太會做很美味的蘋果派，但這次的蘋果派是爲了「休息時間」特製的——專門送去給在田野間工作的狄克和孩子們休息時吃的。我拚命咀嚼兩英寸厚的派皮，嚼到嘴巴都乾了。裡頭無疑包了薄薄的蘋果片，但我嚼了半天還沒嚼到。我不敢開口講話，深怕一張口就噴出滿嘴派皮屑，而在一片靜默中，我尋思著有沒有人能幫我解圍。開口說話的是魯德太太。

「哈利先生，」她說話向來平淡率直，「狄克有話要跟你說。」

狄克清了清喉嚨，在椅子上坐直身體。我滿懷期待轉向他，兩頰還是鼓鼓地塞滿頑強不屈的派皮。看到他的神情格外嚴肅，我心裡油然而生一絲憂慮。

「我要說的是這個。」他說。「我們的銀婚紀念日快到了，打算辦場聚會熱鬧一下。我們想邀請你參加。」

我幾乎嗆到。「狄克、魯德太太，您們對我眞是太好了。我很樂意參加——這是我的榮幸。」

狄克嚴肅地微微頷首。他還是神色凝重，好像還要宣布什麼大事。「太好了，我想你會玩得很開心，因爲要好好熱鬧一番。我們在卡斯利的國王之首酒吧預訂了一個房間。」

「老天，聽起來眞棒！」

「是啊，我和我太太一起計畫的。」他挺直削瘦的肩背，得意地昂起下巴。

「我們準備了熱騰騰的大餐，還安排了餘興節目。」

第五十五章

時光荏苒，我辛苦地爲理論和書中知識的光禿骨架一點一滴加上實務經驗的血肉，同時也慢慢發現，獸醫執業還有一個面向，是在教科書裡完全沒有提到的。這個面向和錢有關，錢一直以來都在農人和獸醫之間形成障壁。我想這是因爲很多農人都有一種根深柢固的想法，或許是下意識這麼認爲，覺得他們比任何外人都更了解自己的牲口，而付錢請別人來醫治牲口就是承認自己的失敗。

早期，農人自己有什麼病痛，必須付費請執業醫師診治，也沒有免費的農牧業諮詢服務。農人與獸醫之間的障壁已經很糟了，但是現今的情況更糟，因爲有了全民公費醫療服務和全國農業諮詢機構，外科獸醫師被無情孤立，成爲唯一還在收錢的人。

當然，大多數農人只能心不甘情不願地接受，掏出他們的支票本，但還是有某個比例的客戶——也許約有百分之十——千方百計賴帳不還。

我們在達洛比也有百分之十的客戶是這樣，人數不多，但老是惹人惱火。身爲助理，我並不經手財務，而齊格菲平時似乎也不會爲此過度操心，只有每季送出帳單的時候例外。然後他就會眞的卯足全力算帳。

賀巴托小姐通常會將所有帳單打字打好，再整理成整齊的一疊交給齊格菲過目，而他就會在這時候開始發作。他會檢視每張帳單，而在一旁看著他血壓慢慢升高眞的是很痛苦的經驗。

有一天晚上，我發現他埋首於辦公桌前。那時大約十一點，他已經辛苦工作一整天，抗壓性也降到最低。他仔細審視帳單，每看完一張就翻成正面朝下，放到左手邊的一疊。在他右手邊有比較小的一疊，他每放一張到那一疊，同時嘴裡必定氣呼呼地叨念，偶爾會忽然狂怒破口大罵。

「你相信嗎？」他在我走進去時生氣地嘀咕。「亨利．布蘭森——我們已經超過兩年沒有收到他的一分錢，他卻過著跟王公貴族一樣奢侈的生活。方圓數英里的所有市集他從不錯過，一週好幾晚喝得爛醉如泥，我上個月才看到他下注賭馬下了十英鎊。」

他將帳單大力摔在桌上，繼續查帳工作，不停深深吸氣。下一張帳單又讓他傻眼僵住。「再看看這個！低岬角的老夏默斯。我敢賭他床底下藏了好幾千英鎊，但是老天啊，他連一分錢都不願意掏出來付給我。」

他沉默了好一會兒，陸續將幾張放到比較大的一疊，接著他猛然轉向我大叫一聲，同時將一張帳單舉高到我臉前揮舞。

「噢不！我的老天，吉米，真是太過分了！這個伯特．梅森欠我二十七先令六便士。我每年寄帳單給他花的郵資都超過他欠的錢，你知道嗎，我昨天才看到他經過診所，開著一台全新的車。混帳東西！」

他將帳單一摔，繼續審視下一張。我注意到他只用一手拿帳單，另一手則拚命抓頭髮。我由衷盼望他能多碰上幾個付款準時的好客戶，因爲我覺得他的神經已經快要受不了刺激。我的希望似乎應驗了，因爲接下來好幾分鐘，只聽見安靜拿起紙張再放下的聲音。接著椅子上的齊格菲忽然全身一僵，他坐著一動也不動，只是低頭盯著桌面。他拿起一張帳單，舉到眼睛平視的高度看了數秒鐘。我作足心理準備，這張肯定很驚人。

但出乎我的意料，齊格菲咯咯輕笑起來，接著頭一仰，爆出一連串大笑聲。他大笑到似乎沒力氣再笑了，才轉向我。

「是少校，吉米。」他有氣無力地說。「親愛忠勇的老少校。你懂的，你眞的是不得不佩服這個

人。他欠前一位獸醫不少錢，我買下診所時，他還是沒還清。我幫他的動物看診，他連一分錢都沒付過。重點是任何人的錢他都能欠，但他總是能全身而退。眞是專業的賴帳大師——跟他比起來，其他這些傢伙都是只會些雕蟲小技的半吊子。」

他站起來走到壁爐上方的玻璃門櫥櫃，伸手取出一瓶威士忌和兩個玻璃杯。他豪邁地倒了兩大杯，遞給我一杯之後一屁股坐回椅子上，依舊咧嘴笑著。眞神奇，少校竟然讓齊格菲找回他的好脾氣。

我啜著威士忌，想著布利萬少校無疑具備多采多姿且迷人的特質。他在世人面前展現優雅貴氣的一面：媲美莎劇演員的醇厚嗓音，無懈可擊的儀態舉止，展現不容忽視的強烈氣勢。每次他稍微親民友善地跟我講句話，我就覺得榮幸之至，雖然我知道我根本就是無償替他工作。

他擁有一座舒適的小農場，妻子總是全身粗花呢，幾個女兒養了小型馬，地方上舉辦狩獵活動時很熱心幫忙。他們全家談吐舉止優雅合宜，應對進退端莊得體。但是少校不曾付給任何人半分錢。

他在大約三年前搬來這一區，剛搬來時，當地商販爲他的風采傾倒，爭先恐後想替他效勞。畢竟少校的派頭很對達洛比人的胃口，他們比較喜歡名門望族。對於我在蘇格蘭常碰到那些白手起家的人士，達洛比人抱著很重的猜疑心，而最嚴厲的批評莫過於嘟嚷一句：「他剛來的時候還兩手空空呢。」

當然，他們看清眞相幡然醒悟時會試圖反擊，但是徒勞無功。當地的修車廠扣住了少校那台老勞斯萊斯，有好一陣子堅持要拿車抵債，但是少校一番連哄帶騙又把車子討了回來。少校的唯一敗績，是電話因爲欠費而遭停話；看來郵政總局局長是對他的花言巧語免疫的極少數人之一。

但即使是最敬業的專家，終究也有吃不開的一天。有一天我開車經過附近相隔約十英里的霍勒頓，這個城鎮有市集，我注意到布利萬家的女孩們刻意挽著大籃子在店鋪間穿梭。看起來，少校得把他的網撒得再遠一點，當時我在想或許他準備去其他地方東山再起。數週後他眞的就下落不明，留下這地區許多人舔舐傷口。我不知道他在離開前是否曾付錢給任何人，但他欠齊格菲的款項一分錢也沒還。

即使在少校離開之後，齊格菲講到他時不完全語帶怨懟，寧願將少校視為特殊現象，是選擇精進賴帳技藝的大師。「再怎麼說，吉米，」他有一次跟我說，「撇開道德上的考量不說，你得承認要是有人只在達洛比的理髮店刮刮鬍子、理理頭髮就欠下五十英鎊，想來也該獲得大家某種程度的尊敬。」

齊格菲對債務人的態度特別曖昧不明。有時他一聽到欠錢客戶的名字就大發雷霆，有時看待他們卻是仁慈善意中夾雜嘲諷揶揄。他常常說要是他為所有客戶舉辦雞尾酒會，他非得優先邀請不付錢的客戶不可，因為他們都是最迷人的傢伙。

儘管如此，他還是義無反顧向他們宣戰，依據欠款嚴重程度寄發一系列信件，信件照他所謂的「三分級系統」，分別是客氣催款信、惡言討債信和正式律師信。然而事實令人哀傷，碰到習慣每天早上收到各種恐嚇信的難纏個案，這個系統很少發揮實質作用。這些人看到客氣催款和惡言討債的信件只會打個呵欠，收到律師信也不痛不癢，因為他們經驗豐富，知道齊格菲總會避免窮盡一切法律途徑。

當三分級系統信件失效，齊格菲為了收到他賺的辛苦錢，往往會想一些旁門左道的主意。例如他為丹尼斯．普拉特精心謀策的計畫。丹尼斯身材矮胖圓滾，從他總是驕傲地把自己五英尺三英寸的身材挺得直直的，可知他自視甚高。他似乎總是奮力想站高一點，他的胸膛向前挺起，肥胖的小屁股以奇特的角度向上翹。

丹尼斯欠診所一大筆錢，大約十八個月前遭受「三分級系統」信件的全力猛攻。他在催討之下支付了賒欠帳款中的五英鎊，但自此之後，診所沒有再收到任何應收帳款。齊格菲進退兩難，因為他不喜歡跟這麼一個笑口常開、熱情好客的人撕破臉。

丹尼斯若不是在大笑，就是張嘴正要大笑。記得有一次，我們必須將他農場裡的一頭母牛麻醉，才

能割除乳頭間的腫瘤。那次我跟齊格菲一起去動手術，我們在路上聊到某件有趣的事。我們倆下車時笑到不能自已，這時農舍的門打開，丹尼斯出現在門口。

我們那時還在院子的這一頭，跟丹尼斯肯定隔了至少三十碼遠。他絕對不可能聽到我們的對話，但是當他看到我們大笑，他也立刻仰頭爆出最響亮的笑聲。他橫越院子朝我們走來的途中笑到渾身顫抖，我還在想他會不會笑到摔倒。等他走過來時，還抹著流出來的眼淚。

每次診治結束，他都會邀我們進屋嘗嘗普拉特太太的烘焙手藝。其實天冷的時候，他常常先在保溫瓶裡裝滿熱咖啡等我們過去，他還有個習慣很討人喜愛，就是會在倒咖啡前先在杯子裡豪邁地倒入蘭姆酒。

「你怎麼能把這樣的人告上法院。」齊格菲說。「但是我們非得想個方法讓他掏出錢來。」他盯著天花板沉思了一會兒，然後一拳擊在掌上。

「我想我知道該怎麼做了，吉米！你也知道，丹尼斯有可能只是從沒想到要付錢，所以我要把他丟到一個能讓他明白付錢有多重要的環境裡。帳單最近剛送出去，我會安排他下個市集日下午兩點鐘到診所來。我會說我想和他討論母牛乳腺炎的問題。到時候他會看到身邊所有的農人都在付錢，我就故意讓他跟這些人共處大概半小時。我相信這樣他就會有概念了。」

我不由得半信半疑。我認識齊格菲也算蠻久了，知道他會想到一些好主意，但有些卻是餿主意；而且他常常想到太多點子，一下講這個一下講那個，我常常很難分清哪個是哪個。顯然就這次的案例而言，他的想法就跟醫生把水龍頭全開誘使病患在瓶子裡解小便有異曲同工之妙。

這個計畫也許有它的優點——支票本翻頁的啪啦聲、硬幣落下的清脆叮咚聲和點數鈔票的沙沙聲，可能真的能在丹尼斯心中的帳款深井激起陣陣漣漪，讓帳款如洪流噴湧而出；但是我懷疑。

我肯定露出懷疑的神情，因為齊格菲大笑著搥了一下我的肩頭。「不用一臉擔心——我們只能試試看。會有效的，你等著看。」

市集日那天吃過午餐以後，我朝窗外張望，看到丹尼斯朝診所的方向走來。街道上擠滿逛市集的人潮，但很容易就能在人群裡認出丹尼斯。他下巴昂得高高的，周身散發歡樂氣息，走路時踮起腳尖連蹦帶跳，非常獨特顯眼。我到前門請他進來，他在走廊上昂首闊步經過我身旁，剪裁合宜的粗花呢獵裝外套後側的打褶下襬整齊地蓋住他翹起的臀部。

齊格菲很有技巧地請他坐在賀巴托小姐手肘旁，讓他能將辦公桌面一覽無遺。接著齊格菲以手術室裡有一隻狗需要照料為藉口告退。我留在辦公室裡回答客戶問題，並暗中觀察計畫進展。我沒有等太久：農人開始一個接一個魚貫而入，人手一本支票本。有些人耐心地站在辦公桌前，有些人坐在靠牆的椅子上排隊等候。

這天是典型的結帳日，牢騷哀嚎聲跟往常一樣不多不少。最常出現的台詞是法農先生「開價眞是不手軟」，還有很多人想要「算便宜一點」。賀巴托小姐有權裁量，如果動物死亡，或是帳單金額確實過高，她會給點折扣。

有一個人沒能僥倖過關。他挑釁般地要求其中一張帳單「給點優惠」，但是賀巴托小姐只是冷眼看著他。

「布盧伊斯先生，」她說，「這筆帳已經欠了一年，我們眞的應該跟您收利息才對。只有準時付帳，我才容許打點折扣，您這筆帳欠這麼久實在不應該。」

丹尼斯坐得筆直，雙手按著膝頭，顯然贊同賀巴托小姐說的每個字。他朝著農人撇起嘴唇表示不以為然，然後轉向我露出義憤填膺的表情。

在一連串抱怨之中，偶爾也有意外的驚喜。一位駝背的老先生嘴裡不住道歉，他收到的是客氣催款的信件。「眞是抱歉，我拖了好幾個月沒付錢。每次我找獸醫，他們都立刻趕來，我卻讓他們等我付錢等了那麼久，我想眞的很不公平。」

我看得出丹尼斯完全認同這樣的感覺。他點頭如搗蒜，還對老人露出善意的微笑。

另一名看起來就是狠角色的農人沒拿收據就往外走，被賀巴托小姐從後叫住。「您最好把收據帶走，不然我們可能會請您再付一次錢。」她努力想說點玩笑話。

農人聽到之後頓住，手還抓著門把。「我告訴妳啊，小姐，能收到一次錢算妳走運——別想跟我收第二次。」

丹尼斯置身收付款最活絡繁忙之處。他近距離看著農人將支票本啪一聲放在辦公桌上讓賀巴托小姐塡寫（他們開支票從不自己塡寫），然後老大不情願地慢慢簽名。他看著紮得整整齊齊的一捆捆鈔票被塞入抽屜，毫不掩飾心中的驚奇，而我不時淡淡說幾句刺激他的話：「看到錢滾滾而來的感覺眞好。要是收不到錢，我們診所就開不下去了，是吧？」

排隊人潮逐漸稀落，有時辦公室內只剩下我們。這時我們會天南地北閒聊——聊天氣，聊丹尼斯的牲口，聊政治局勢。最後齊格菲來了，而我出門看診。

我回到診所時，齊格菲已經在吃晚餐。我迫不及待想知道他的計畫成效如何，奇怪的是他卻避而不談。我實在忍不住了。

「所以後來怎麼樣？」我問。

齊格菲用叉子戳穿一塊牛排，加了些芥末醬。「後來什麼怎麼樣？」

「噢——丹尼斯。你後來跟他談得如何？」

「哦，還不錯。我們很徹底地討論了他家母牛乳腺炎的問題。我週二早上要過去，幫畜群裡所有染病牛隻的分房都注射吖啶黃素溶液，是新療法——大家都說效果很好。」

「但是你懂我的意思，看得出任何他要付錢的跡象嗎？」

齊格菲面無表情地嚼了好一會兒，然後吞下嘴裡的食物。「沒有，完全看不出來。」他放下刀叉，一臉憔悴。「還是沒用，對吧？」

「噢，好吧，算了。就像你說的，我們也只能試試看。」我欲言又止。「還有一件事，齊格菲，我擔心你聽了可能會很困擾。我知道你告訴過我，千萬不要大方送東西給欠錢的人，但是丹尼斯說服我讓他拿走幾瓶退燒藥水。我眞不知道自己是著了什麼道。」

「他還眞這麼做啊？」齊格菲片刻間眼神渙散，然後苦笑了一下。「唔，你就忘了這件事吧。他跟我拿了六罐胃散。」

第五十六章

如果舉辦債務人雞尾酒會，有一位客戶絕不會受邀：艾葛羅的屠夫霍瑞斯・唐伯畢先生。他是賴帳慣犯，完全符合債務人資格，但是他特別缺乏魅力。

他的肉鋪就開在風景優美如畫的艾葛羅村大街上，門庭若市、生意興隆，但主要是在鄰近的小村莊和這個地區散布各處的農舍進行屠宰作業。肉鋪通常由屠夫的太太和已婚的女兒看店，唐伯畢先生獨自出門到各處收屠體和宰殺。我常看到他的藍色貨車停著，尾門大開，一位農人太太在一旁等他分切屠體，而他將龐大身軀弓成無以名狀的一團埋首於砧板前工作。有時他會抬起頭，我就會瞥見他那張近似尋血獵犬的大臉和憂鬱的雙眼。

唐伯畢先生算是身兼小農。他在店鋪後面一小座整潔的牛棚裡養了六頭乳牛，他會販賣產出的生乳，另外也養了幾頭閹牛和肉豬，養肥的牛豬之後就會成爲肉鋪櫥窗裡的香腸、肉派、大塊烤牛肉和肉排。事實上，唐伯畢先生家道似乎頗爲殷實，據說他到處都有房產。但是齊格菲鮮少從唐伯畢先生手裡收到錢。

所有拖欠款項的客戶都有一個共通點——他們無法忍受獸醫拖延。遇到麻煩時，他們要求獸醫隨傳隨到。「你會馬上過來嗎？」「你多久會到？」「你不會讓我等很久，對吧？」「我要你立刻過來這裡。」以前我只要看到齊格菲額頭青筋暴突，緊抓電話筒到指節發白，就覺得心驚膽顫。

在某個週日晚上十點鐘被催著去唐伯畢先生家看診之後，齊格菲勃然大怒，決定動用「三分級系統」火力全開催討帳款。寄出的信件並未成功鬆動屠夫關緊的荷包，但確實讓他感覺很受傷，顯然他認爲自己受了天大的委屈。從那時候開始，每次我在鄉間遇見他開著貨車出門，他就會緩緩轉頭，朝我投以冷漠的目光，直到我離開他的視線範圍。怪異的是之後我似乎愈來愈常看到他——我因此焦慮難安。

禍不單行。我跟崔斯坦原本時常光顧艾葛羅的小酒吧，那裡的吧台很舒適，而且啤酒達到崔斯坦的嚴格標準。雖然唐伯畢先生總是坐在同一個角落，但我先前從來沒有放在心上，但後來我只要一抬頭，就能看到他哀傷譴責的眼神緊盯著我不放。我試著忘掉他，聽崔斯坦講那些他記在信封背面的故事，但我無時無刻不感覺到他盯著我的眼神。我會愈來愈笑不出來，然後不得不轉頭張望。這時口中絕佳的苦味餘韻，忽然變得跟喝到醋一樣酸。

一心逃避的我決定捨棄吧台區改坐雅座區，而崔斯坦也展現他眞正高貴的靈魂，陪我一起轉移到對他來說全然陌生的環境：雅座區地板上鋪著地毯，顧客圍坐在光亮小桌旁啜飲琴酒，放眼望去幾乎沒人在喝啤酒。但即使作出這樣的犧牲，依舊是白費工夫，因爲唐伯畢先生換到可以從兩區之間的小窗口直視雅座區的酒吧座位。我待在酒吧裡也不過寥寥數小時，但只覺得毛骨悚然。我就像一個迫切渴求能夠遺忘的人。但不管我再怎麼痛飲啤酒、放聲大笑、高談闊論，甚至唱起歌來，有一半的我處在極度焦慮的狀態，等著我心知自己該環顧四周的那一刻。當我眞的環顧周圍，那張被小窗口木框框起的陰鬱大臉看起來更加令人生畏。下垂的臉頰肉，層層疊疊的下巴，充滿憂思的銅鈴大眼——透過牆上小洞只看得到頭臉，局部放大效果格外駭人。

換到雅座區也沒用，我只能從此不去那間酒吧。很令人傷心，因爲崔斯坦老是說他喝得出那家的現拉苦啤酒有一種獨特細緻的堅果味，形容得天花亂墜。但那裡對我已經毫無樂趣可言；我再也不想看到唐伯畢先生了。

事實上我已經盡可能將這位先生的事拋諸腦後，但是某天凌晨三點鐘我接起電話，話筒另一端傳來他的聲音，他的臉孔立刻又闖回我的腦海。每次床頭電話在三更半夜忽然響到震耳欲聾，幾乎都是爲了同一件事──接生小牛。

唐伯畢先生這通電話也不例外，但他的態度出乎意料地相當專橫霸道。大部分農人半夜打電話來都會先表達歉意，但別指望唐伯畢先生會這麼做。我說我會立刻過去，他卻還不滿意──他要知道我的立刻究竟是幾分鐘。睏倦的我企圖語帶嘲諷，於是開始列舉換衣服幾分鐘、下樓去開車幾分鐘等等，不過我想他沒聽懂。

我開車駛入沉睡的村莊時，看到肉鋪窗口有一盞燈亮著。唐伯畢先生幾乎是飛奔到門口，在我從後車箱撈出繩子和用具時，他不停來回踱步，口中喃喃叨念。還真的很性急，我暗想，就一個拖延超過一年還不付錢給獸醫的人來說。

我們必須穿越肉鋪才能走到後面的牛棚。

病患是一頭肥壯的白色母牛，看來她對自己當下的處境並不特別煩心。她偶爾會用力一下，將小牛的兩腳從陰戶裡向外推出數英寸。我仔細察看小牛的兩腳──這是獸醫得知接生難度有多高的第一個線索。如果看到嬌小的女牛身下冒出一對巨大腳蹄，總能讓我立刻就笑不出來。腳蹄很粗大，但還不算大到離譜，老實說牛媽媽看起來也算很有份量。我思索著是什麼阻礙導致無法自然分娩。

「我伸手進去摸過了。」唐伯畢先生說。「摸到裡面有一顆頭，但是我沒辦法轉方向。這雙腿我拉了半小時還是拉不出來。」

我邊脫下上衣（穿著接生小牛專用的連身工作服還是會讓人覺得沒有男子氣概），邊想著情況沒有想像中那麼糟。之前曾在許多農場建築裡打著赤膊接生，環境都相當陽春，冷風會從縫隙吹入，但這是一間現代化牛棚，而六頭乳牛的體溫提供了合宜的中央空調。這裡還有電燈，不是平常被煙燻黑的油燈。

我將雙臂用肥皂洗淨再消毒之後，第一次伸進母牛體內探查情況，沒花多少工夫就搞清楚是什麼造成阻礙。

有一顆頭和兩條腿沒錯，但是分別屬於兩隻小牛。

「這裡有對雙胞胎。」我說。「你剛剛拉的是後腿——是尾位胎牛。」

「你是說屁股向前？」

「也可以這麼說。快出來的那隻兩條腿朝後彎向身側。我得將他推進去不要讓他擋路，讓另一隻先出來。」

裡頭真的非常擠。一般來說，我很喜歡接生雙胞胎，因為小牛通常都很小隻，但這次的似乎相當大隻。我伸手按在產道裡小小的口鼻部，伸出一根手指扣住嘴巴，立刻就感覺到回報，胎牛的舌頭忽然一拉一彈；無論如何，他還活著。

我開始穩穩地將他推回子宮，心裡想著這個小傢伙不知道作何感想。他原本幾乎要誕生在這個世界了——他的鼻孔距離外面的空氣只有數英寸，但他現在卻被送回起跑點。

母牛對此也不太開心，因為她開始一陣陣宮縮用力，想逼我打退堂鼓。她也相當成功，因為牛的力氣比人大很多，但我堅持將手臂推抵著小牛，即使母牛每次用力都把我向外推，我還是維持穩定施壓，一直將小牛推到骨盆邊緣。

我轉向唐伯畢先生，喘著氣說：「我把頭推開了，你抓住兩隻腳把另一隻小牛拉出去。」

屠夫遲緩地向前跨了一步，伸出厚實多肉的大手分別握住胎牛兩腳。接著他閉上雙眼，臉部一陣扭曲抽搐，配上痛苦的哼唧呻吟，開始作勢拉扯。胎牛文風不動，我心裡一沉。唐伯畢先生是「負責叫的」。（這個說法源自某一回齊格菲和一名農人合力接生小牛，他們一人拉一隻腳，農人連聲慘嚎但完

全沒出力。齊格菲轉頭對他說：「聽著，我們打個商量——你負責拉，我負責叫。」）

顯然這個大塊頭屠夫是一點忙也幫不上了，我決定自己試試看，我有可能運氣好。我放開胎牛口鼻，眼明手快抓住那兩隻後腳，但母牛搶先我一步。我才剛抓了一手滑不溜丟，她一下子用力壓擠，把小牛二號再次推進產道。我又回到起點。

我再次用手扣住溼黏的小小口鼻，開始經歷痛苦的推擠。我使勁對抗著龐然母牛的大力推擠，忽然想到已經凌晨四點，正是大家都疲弱無力的時候。等我好不容易將胎牛頭部推回骨盆入口，整隻手臂開始有種使不上力的麻木感，好像有人將我手臂裡大多數骨頭全都抽掉。

這次我暫停數秒鐘調勻呼吸，接著再次向前一伸想抓住胎牛的腳，但沒有成功。母牛抓準宮縮的時機，輕鬆將我擊敗。胎牛的頭再次硬擠進來卡住產道。

我受夠了。我突然想到，裡頭的小傢伙肯定也有點厭倦這樣來來回回。我走出冷清空蕩的肉鋪到了安靜的街道上，回車上拿了局部麻醉劑，沿途不停發抖。在硬脊膜外腔注入八毫升麻醉劑之後，母牛的子宮完全麻木，對於用力分娩興趣缺缺。她甚至從飼料槽捲拉出一小根乾草，心不在焉地嚼了起來。

此後一切就像整理郵包；朝裡頭推進去的都會待在裡頭，不會朝我湧來。唯一的問題是等到全都各就各位，我就沒辦法借助宮縮的力道了，只能自己用力拉了。我抓住一隻後腳身體向後倒，唐伯畢先生抓住另一隻後腳辛苦地喘著粗氣，我們沒多久就拉出尾位的胎牛。小牛已經吸入不少羊水，但我把他頭下腳上倒提著讓他咳了出來。我將他放到牛棚地板上，他活力十足地搖頭晃腦，想要坐起來。

接著我得進去找我的老朋友小牛二號。他躺得很裡面，顯然在生悶氣。最後總算將呼哧喘息、四腳亂踢的他接生出來見到光明，這時即使他對我說聲「你想清楚再來好嗎！」，我也不會怪他。

我邊用毛巾擦拭身上，看著渾身溼黏的兩隻小獸在地板上扭來扭去，而唐伯畢先生抓了一把乾草幫他們揩抹，我再次感受著每次順利接生所帶來那股揪心的喜悅。

「這對雙胞胎個頭眞不小。」屠夫喃喃道。

即使只是一句很含蓄的稱讚，我聽了仍然吃了一驚，心想或乎可以見縫插針一下。

「沒錯，這兩隻小牛可眞壯碩。雙胞胎要是這樣頭腳交纏打結，往往會胎死腹中——能夠順利接生眞是太棒了。」我停頓片刻。「您也知道，兩頭小牛肯定值不少錢。」

唐伯畢先生沒有答腔，我無從判斷這番話是否正中紅心。

我穿好衣服、收妥器具，跟著唐伯畢先生走出牛棚，進入寂靜的店鋪，經過成排掛在吊鉤上的大塊牛肉、一盤盤內臟雜碎和好幾堆新鮮香腸。快走到通往街道的門口時，屠夫停下腳步，在原地躊躇片刻，似乎陷入長考。然後他轉向我。

「您想要幾根香腸嗎？」

我大吃一驚，幾乎暈眩。「好啊，眞的很謝謝您，樂意之至。」簡直令人不敢置信，但他肯定是被我感動了。

他走過去切下大約一磅重的香腸串，很快用防油紙包起來遞給我。

我低頭看著包好的香腸，感覺手上冰冷且沉甸甸的。我還是不敢相信，接著我忽然動了小人之心。這樣很不公平，我知道——眼前的可憐人不可能品嘗過時常有股衝動想表現得慷慨大方的奢侈滋味——但我被內心的小惡魔煽動，決定測試一下對方。我一手伸進長褲口袋，故意將零錢撥弄得叮噹作響，然後直視對方雙眼。

「那麼這樣一共多少錢？」我問。

唐伯畢先生的龐大身軀陡然僵住，有好幾秒鐘只是站著一動也不動。他直勾勾盯著我，臉上幾乎沒有任何表情，然而臉頰抽搐了一下，還有眼神中慢慢浮現痛苦煎熬之色，洩露他心裡頭正在天人交戰。終於開口說話時，他的聲音粗啞低沉，好像是被某種他無法掌控的力量強迫吐出字句。

「這樣，」他說，「一共兩先令六便士。」

第五十七章

站在醫院外面等護士下班，對我來說是件新鮮事，不過對崔斯坦來說已經是家常便飯，他每週有好幾個晚上都會跑來站崗。從很多地方都可以看出他經驗豐富，但他選擇站崗位置時尤其精明，他會站在煤氣公司門口的陰暗角落，剛好是街燈投下的光照不到的地方。他從那裡可以直接看向馬路對面醫院的方形出入口，和通往護士宿舍的白色長走廊。還有一個優點，如果齊格菲眞的湊巧路過，崔斯坦站在那裡很安全，絕不會被看見。

晚上七點半時，他用手肘輕推我一下。兩個女孩剛步出醫院，她們走下階梯，滿臉期待地站在路邊等候。崔斯坦先小心翼翼東張西望，然後抓住我的手臂。「來吧，吉米，她們到了。左邊的是康妮，金銅色頭髮，小美人一個。」我們朝她們走去，崔斯坦以一貫的迷人風采介紹我們認識。我不得不承認，如果說當晚的約會其實是爲了幫我療癒情傷而安排的，那我的心情已經開始變好了。有兩個漂亮女生櫻唇半開、雙眼發亮仰望著我，好像我就是她們夢寐以求的對象，眞的有某種療癒撫慰的感覺。

除了髮色之外，兩人非常相像。布蘭達髮色很深，但康妮滿頭金髮，頭頂在門口燈光照耀下泛著深紅如火的色澤。她們倆周身洋溢青春健康的氣息，令人印象深刻——臉蛋粉嫩，牙齒潔白，眼眸靈動，還有一點我覺得很容易理解的特質：她們極力想討人喜歡。

崔斯坦以華麗身姿打開後座車門。「在車子裡要小心提防啊，康妮，他看起來文靜，周旋在女人之間可是風流得很。他啊，是遠近馳名的大情聖。」

女孩們咯咯直笑，更加熱切地朝我打量。崔斯坦跳上駕駛座，車子一路風馳電掣。

車窗中昏暗的鄉村景色飛掠，我向後靠在角落，聽著崔斯坦高談闊論；他可能是好心想逗我高興，或只是因為他談興正濃，總之他話匣子一開就沒停過。女孩們是最理想的聽衆，因為不管他說什麼，她們都笑得花枝亂顫。我感覺康妮輕輕顫抖的身體靠向我。她坐得離我非常近，在另一側留下好大的空位。小車駛到轉角處忽然來個急轉彎，她整個人被甩得擠到我身邊，她沒有挪開身體，順勢將頭靠在我肩上。我感覺她的秀髮拂過我的臉頰。她沒有噴太多香水，身上有一種肥皂和消毒劑的乾淨氣味。海倫的倩影再次浮上心頭——我最近不常想起她。我只是需要勤加練習；一起心動念想到她，就立刻將念頭滅除，到現在我已經練得很熟了。無論如何，一切都結束了——還沒有開始就已經結束。

我伸手摟住康妮的肩頭，她朝我仰起臉。也好，我吻她時暗暗想著。前座傳來崔斯坦的歌聲，布蘭達咯咯嬌笑，老爺車飛速駛過凹凸不平的路面，一路鏗哩哐鎯響個沒完。

我們終於抵達普爾頓，這個村子就位在一條也不知通往哪裡的道路上。村子裡唯一的街道不太整齊地沿著丘坡向上延伸到底，盡頭處是一塊圓形綠地，有一座古老的石頭十字架，和坐落在陡峭土丘上的活動中心。

這裡就是舞會場地，但崔斯坦另有計畫。「這邊有一家不錯的小酒吧，我們過去喝一小杯，培養一下氣氛。」我們下了車，崔斯坦帶我們走進一座低矮石砌建築。

室內完全沒有任何古色古香的陳設，偌大的正方形房間四壁粉刷成白色，黑色爐灶裡爐火燒得正旺，爐火對面擺著一張高背木頭長椅。爐火上方橫亙著一根粗梁，遍布結瘤凹痕的橫梁經年累月下來被煙燻得漆黑。

我們快步走向能擋掉外面冷風的高背長椅，待在長椅前感覺舒服多了。酒吧裡只有我們。酒吧老闆走了進來，他的服裝不太正式——沒穿外套，上身只穿沒有領子的條紋襯衫，長褲已經配了吊褲帶，還在腰上加繫寬皮帶。一看到崔斯坦，他那張笑瞇瞇的圓臉亮了起來。「是法農先生啊，您最近好嗎？」

「再好不過，皮考克先生，您好嗎？」

「好得很，先生，好得很。沒得抱怨。我認得另一位先生，您之前來過我這裡對吧？」

這時我記起來了。我到普爾頓忙了一天的檢驗工作，進來吃了一餐，那天我在山丘高處的泥炭沼地跟年輕畜群搏鬥好幾個小時，渾身凍僵，而且餓慘了。酒吧老闆接受點餐時面無表情，但迅速把平底鍋放到老舊的黑色爐灶上，而我坐在一旁看著他只穿襯衫的背部、吊褲帶和閃亮的皮帶。送上來的餐點擺滿爐火旁的橡木圓桌——盤子裡鋪著一塊厚厚的自製煙燻火腿，旁邊依偎著兩顆新鮮雞蛋，一大塊現烤麵包上還插著餐刀，一盤農場直送奶油，一些果醬，巨大的一壺茶，還有整塊雪白圓形、高度約十八英寸的文斯勒德乳酪。

我還記得自己吃了老半天依舊不敢置信，整頓大餐最後以一片接一片風味細緻的溼潤乳酪收尾。我吃這一頓只花了半克朗。

「是的，皮考克先生，我之前來過這裡，要是我哪天流落荒島餓肚子，我會想著您幫我準備的美味大餐。」

酒吧老闆聳聳肩。「唔，沒什麼，先生。只是些家常菜。」但他看起來很開心。

「那很好。」崔斯坦不耐煩地說。「不過我們不是來吃飯的，只是來喝一杯，皮考克先生這裡有全約克郡最上好的『磁鐵啤酒』。我很想聽聽你的評價，吉米。皮考克先生，也許您能好心幫我們送品脫杯兩杯和半品脫兩杯過來。」

我注意到他完全沒問女孩們想喝什麼，但她們似乎樂得聽從安排。老闆再次從地窖裡出來，微微喘著氣。他拿著一個高高的白色琺瑯尖嘴壺，從壺嘴倒出一道褐色細流，同時專業地調整壺身高度，讓每一杯都浮起厚厚一層白色泡沫。

崔斯坦舉起品脫杯，滿懷敬意安靜地注視杯中物。他小心地嗅聞一下，然後啜了一小口，含在嘴裡數秒鐘，同時下顎像在漱口一樣快速上下移動。將這口啤酒吞下之後，他虔敬肅穆地咂了好幾下嘴，然後閉上雙眼，喝了一大口下去。許久之後，他終於睜開眼睛，露出狂喜的眼神，好像眼前景象無比美好。

「來這裡的體驗真的是別開生面。」他低聲道。「用木桶保存啤酒很講究技巧，但是皮考克先生您呢，是藝術家。」

老闆謙虛地微微頷首，崔斯坦舉杯向他致敬，手肘輕輕一抬乾了一杯。

女孩們輕輕發出驚嘆佩服的聲音，但輪到她們時，我看得出來她們也輕輕鬆鬆就一飲而盡。我才努力喝完我的一品脫，老闆跟他的琺瑯尖嘴壺立刻有了動作。

跟崔斯坦這樣的老手一起喝酒，我總是居於弱勢，但在酒吧坐久了，而老闆好幾次下去酒窖補滿尖嘴壺，一切似乎變得容易多了。事實上，過了很長一段時間之後，當我信心滿滿灌下第八杯，我不禁疑惑我以前怎麼會喝不了那麼多。一杯接一杯很簡單，令人舒暢快慰。崔斯坦是對的——其實我就是需要這個。

我也搞不懂自己怎麼會遲遲沒發現，康妮是我看過全世界最美麗動人的尤物。之前在醫院外面的街道上，她看起來蠻迷人的，但顯然燈光不佳，我才會沒注意到她的肌膚如此吹彈可破，綠色的眼眸神祕深邃，還有一頭秀髮在爐火照耀下閃著金色和深紅銅色的光輝。她的笑靨如此明燦，就連牙齒和嬌俏的粉紅舌頭都閃著動人光澤——除了喝啤酒的時候，她幾乎笑個不停。顯然我說的每一句話都機智風趣，而她的視線一直在我身上不曾移開，越過杯子上方投向我的目光充滿欽慕。實在令人深感安慰。

開懷暢飲啤酒之際，時光放慢腳步，最後戛然而止，此刻既沒有過去，也沒有未來，只有康妮的臉龐，和溫暖沒煩惱的現在。

崔斯坦扯了一下我的手臂時，我嚇了一跳。我完全忘記他在旁邊，我想將視線聚焦時，看到的他就跟康妮一樣──只剩下在空蕩房間裡游移的臉龐。只不過這張臉漲得紅通通的，眼神呆滯空茫。

「你介意讓瘋狂指揮家上台嗎？」那張臉說。

我大爲感動，這是朋友體貼我的另一種表現。崔斯坦所有把戲花招中，以模仿瘋狂指揮家最爲出神入化。但是這一招要耗費非常大的精力，由於崔斯坦不習慣做任何體力活，所以表演這一招眞的會讓他筋疲力竭。但他現在卻樂於犧牲自己。一股甜蜜的暖流流遍全身，我暗想這時候淚流滿面也許不太得體，不過我仍然緊握一下崔斯坦的手表示感動。

「夫復何求啊，我親愛的小老弟。」我的嗓音濃濁。「對你的好心，我由衷感激。容我趁這個機會告訴你，在我心目中，全約克郡在世紳士裡人最好的，就是崔斯坦．法農。」

紅通通的大臉一臉肅穆。「你這麼過獎，我實在是不勝榮幸啊，老朋友。」

「這麼說一點都不會太過。」我大著舌頭說。「我口才實在不好，實在無法傳達我對你的敬佩於萬一。」

「你人實在太好了。」崔斯坦打了個酒嗝。

「沒這回事。認識你眞是我的『隆』幸，非常『隆』幸啊。」

「謝謝你，謝謝你啊。」崔斯坦朝我嚴肅地點頭，我倆的臉只隔了約六英寸。我們專注熱切地四目相望，這樣的對話原本可能持續很長一段時間，但是布蘭達出聲打斷我們。

「嘿，等你們兩個互相蹭完鼻子，我要再喝一杯。」

崔斯坦冷冷看了她一眼。「妳得等一下，我現在有非做不可的事。」他站起來，甩了甩頭，莊嚴地

走到房間正中央。他轉身面向觀眾，神情亢奮。我有預感，這次的表演肯定精采絕倫。

崔斯坦高舉雙臂，不可一世地注視只存在他想像裡的管弦樂團，目光一掃，就將擠在一起坐了好幾排的弦樂組、木管樂器、銅管樂器和定音鼓盡收眼底。接著他的手向下強勁一揮，帶著全團進入序曲。我心想這次是演奏羅西尼的曲子，也可能是華格納，我看著他搖頭晃腦，或揮動緊握的拳頭引領小提琴進入，或瞪眼加上顫抖伸長的手臂鼓動小號加強力度。

表演通常是在曲目演奏到快一半時開始崩壞，這時崔斯坦開始臉部抽搐、齜牙咧嘴，我看得渾然忘我。雙臂伸長揮舞的動作愈來愈像發狂抽搐，接著他全身失控，開始抽動痙攣。顯然即將進入尾聲——崔斯坦翻著白眼，頭髮披垂蓋住臉頰，他已經無法控制在他四周衝撞翻湧的樂音。忽然他全身僵硬，兩手垂落身側，砰地一聲昏倒在地。

我正要跟其他人一起大笑鼓掌，卻注意到崔斯坦真的一動也不動。我彎腰查看，才發現他的頭撞到橡木長椅的重實椅腳，幾乎不省人事。兩位護士立刻動了起來。布蘭達很專業地抬高他的頭部，康妮匆匆端來一盆熱水和找了一條布巾。當崔斯坦睜開雙眼，她們正用熱水敷洗他耳朵上的腫包。皮考克先生擔憂地不時在後面張望。「還好嗎？我能幫什麼忙嗎？」

崔斯坦坐起來，虛弱地喝了一小口啤酒。他面無血色。「我一會兒就沒事了，有一件事你可以幫忙。你可以再幫我們倒一杯，我們喝完就有力氣出發去舞會了。」

老闆匆匆走開，回來時端著快滿出來的琺瑯壺。最後這一品脫讓崔斯坦奇蹟般地恢復氣力，他很快就站了起來。我們熱情地和皮考克先生握手，然後離開酒吧。走出明亮的酒吧之後，漆黑夜色像毯子般鋪天蓋地將我們團裹，我們摸索著走上陡峭街道，直到看到屹立於土丘草坪上的活動中心。拉起窗簾的縫隙透出微弱光線，我們可以聽見音樂和有節奏的砰砰重擊聲。

我們在門口將錢付給一名興高采烈的年輕農夫，然後走進活動中心，立刻就淹沒在擠得水洩不通的舞池裡。活動中心裡擠滿了年輕男子，他們全都穿著看似質地僵硬的深色西裝，身穿鮮豔洋裝的女孩們快樂地隨著音樂舞動轉圈，渾身香汗淋漓。

在其中一端的低矮平台上，四名樂師正在盡情演奏，有鋼琴、手風琴、小提琴跟鼓組。另一端則擺了一張支架架起的長桌，桌上放了夾火腿和豬頭肉凍的三明治、自製酥派、以尖嘴壺盛裝的牛奶，和加了厚厚鮮奶油的乳脂鬆糕，幾名和藹的中年婦女站在長桌後面招呼來賓。

四周有更多年輕小伙子靠牆站著，打量身邊沒有護花使者的女孩。我認出一名年輕客戶。「你們叫這什麼舞？」我扯著嗓子想蓋過場中喧鬧聲。

「伊娃三步舞。」對方回答。

是我不認識的舞，不過我滿懷自信地和康妮一起試跳。很多轉圈和踏步動作，當所有男士抬高重重的靴子大力踏下地板時，整座建築爲之震動，踏步聲震耳欲聾。我愛極了——我的興致高昂，在人群中毫不費力地帶著康妮轉圈。我隱約感覺到肩膀跟其他人相撞，雖然很努力想要踩在地上，但我覺得自己已經足不沾地。輕飄飄的感覺無比美妙，我確信這是我有生以來最快樂的時刻。

跳了五、六支舞之後，我只覺得飢腸轆轆，頭重腳輕地和康妮一起走向食物桌。我們各吃了一大塊火腿蛋派，實在太美味了，我們又再吃了一塊。接著我們吃了點乳脂鬆糕，然後再次擠進舞池。我們跳一首聖伯納華爾滋跳到差不多一半時，我開始覺得雙腳又踩回地面了，而且沉重拖沓。康妮也覺得身體很沉重，她似乎整個人都癱倒在我的臂彎。

她抬起頭，臉色非常蒼白。「只是覺得有點怪怪的——抱歉。」她忽然抽身，腳步歪斜地朝著女士化妝間走去。數分鐘後，她出來了，面容不再蒼白，而是臉色慘綠。她一腳高一腳低朝我走來。「需要

呼吸一下新鮮空氣，帶我出去。」

我帶她出了活動中心，外頭一片漆黑，而我好像踏上一艘船；腳下的地面起伏搖晃，我得跨開兩腿才能站穩。我握住康妮的手臂，匆忙退到活動中心圍牆旁，將背靠在牆上。還是沒有太大的幫助，因爲牆壁也在搖晃。一陣陣噁心感翻湧而上。我想到火腿蛋派，大聲地呻吟起來。

我張嘴大口吸著冷冽的空氣，抬頭看向一望無際、澄淨肅穆的夜空，還有飄過清冷月亮前參差散亂的雲朵。「老天啊，」我對著漠然的群星抱怨，「我爲什麼要喝那麼多該死的啤酒？」

但我必須照顧康妮，我伸出手臂環著她。「來吧，我們最好走動一下。」我們開始繞著建築物盲目地繞圈，繞完兩、三圈之後停下腳步，我邊調勻呼吸，邊用力甩頭想讓腦袋清醒一點。

但我們的路線並不規則，而我忘了活動中心是坐落在陡峭的小山丘上。我們先是瞬間踩了個空，接著就呈大字形滑下滿是泥濘的邊坡。最後我們倆滑落在山丘下的堅硬路面摔成一團。

我平靜地躺著，直到聽到附近傳來可憐兮兮的嗚咽聲。康妮！我評估至少是複雜性骨折，可能性很高；但是當我扶她站起來，我發現她毫髮無傷，令人驚訝的是我也一樣。可能是因爲攝取了大量酒精，我們跌下來時一定跟斷了線的布娃娃一樣全身鬆弛。

我們回到活動中心外面，到門口就停下腳步。我已經認不出康妮了；她的如雲秀髮一束束亂蓬蓬地披在臉上，兩眼無神，沾了泥巴的臉頰上有眼淚緩緩淌下。沾在我身上西裝的溼泥已經硬化結塊，我感覺一邊臉上還有更多塊正逐漸變得乾硬。我們站在門口，悲慘地相互依偎。舞池裡黑壓壓一片，什麼都看不清楚。我的胃裡翻江倒海。

然後我聽到有人說：「晚安。」是女人的聲音，而且離我很近。有兩個人興味盎然地看著我們，他們似乎剛從門口進來。

我努力將注意力放在他們身上，過了數秒鐘終於看清來者。是海倫跟一個男人。他的臉龐紅潤潔淨，抹了髮油梳成旁分的金髮泛著光澤，與他身上無懈可擊的雙排扣英式大衣十分相襯。他一臉嫌惡地瞪著我。他們的身影再次模糊，我只聽見海倫的聲音。「我們原本想說進來一下，看看舞會進行得如何。你們玩得開心嗎？」

驀然之間，她的倩影在我眼裡清清楚楚。她的笑容親切依舊，但她的眼神從我移到康妮身上再移回來，目光透著焦慮。我說不出話來，只是呆呆望著她，在一片擁擠喧囂之中，我眼裡只有她，恬靜而美麗。有那麼一會兒，天底下最自然的事似乎就是張開雙臂抱住她，但我打消這個念頭，只是笨拙地點著頭。

「那好吧，我們該走了。」她說，再次朝我微笑。「晚安。」

金髮男人冷冷地朝我點個頭，然後他們就離開了。

第五十八章

看起來我應該可以順利開回路上。我滿心感激，因爲冬季清晨七點時泥炭沼地東邊才剛濛濛亮起，這可不是把車子從雪堆裡挖出來的好時機。

這條兩側沒有圍柵的狹窄道路繞著一塊高台地延伸，往前分岔成更狹窄的徑道，通往幾座避世獨立的農場。一大早接到電話，是一頭母牛子宮出血。我出門時其實還沒下雪，但是風勢穩定增強，吹襲抽打著數週以來積在丘頂宛如一張白毯的雪堆表面。在車子大燈投出的光線下，強風吹積的雪堆現出輪廓，白雪彷彿伸出優美玉指摸索試探，逐漸蔓延橫跨柏油路面。

這就是所有道路積雪堵塞的開端。在農場裡，我幫母牛注射了垂體後葉素，用乾淨被單將流血的子宮頸包住，聽見牛棚門板被強風吹得乒乓作響，心裡暗忖自己能不能趕在大雪封路之前回家。

回程途中看到的雪堆已經不再優美，而是像白色長靠枕一樣橫躺在路面；我的小車偶爾瘋狂轉向，輪胎打滑空轉，但總算奮力駛過雪堆，我看得到主要道路就在前方數百碼處，微弱燈光下黑漆漆的路面令人安心。但再向前駛過一片田野的距離，左手邊就是小屋農莊。我在治療那裡的一頭閹牛——他吃了幾顆結凍的蕪菁——已經約好今天要過去看診。要是可以，我眞的不想再開車回來這裡，而且廚房裡有燈光亮著。無論如何，農人一家已經起床了。我將車子掉頭，駛進農家的院子裡。

農舍的門廊很小，隨風飄飛的雪花在門廊裡沉落，在門前堆起兩英尺高的平滑雪堆。我傾身越過雪堆敲了敲門，雪堆表面微微震顫，然後開始劇烈起伏。雪堆裡面有東西，而且相當巨大。天光昏昧之際，看著雪堆分開露出一副毛茸茸的身軀，感覺眞的詭異極了。可能是野生動物路過，躲到這裡來取暖——但是牠比狐狸或我想得到的任何野獸都大隻。

這時候門開了，廚房燈光流洩而出。彼得・特倫霍招呼我進去，他的太太在明亮的室內對我微笑。這對年輕夫婦很親切開朗。

「那隻是什麼？」我喘著氣問，指著正用力甩掉身上雪花的動物。

「那隻呀？」彼得咧嘴笑了。「是老提普。」

「提普？你的狗？但是他在雪堆底下做什麼？」

「剛好被雪堆埋住了吧，我想。那是他睡覺的地方，你也知道，他就睡在後門外。」

我盯著農人。「你是說他睡在那裡，每天晚上都睡室外？」

「對，一直都這樣，不管是夏天或冬天。不過你別這樣看我，哈利先生——是他自己選的。其他隻狗在牛舍裡都有溫暖的狗窩，但是提普不接受。他從還是小狗的時候就睡在屋外，現在已經十五歲了。我記得我父親還在的時候，他想了好多方法要讓老傢伙進屋裡睡，但是都沒用。」

我驚奇地看著老狗。我現在看他可以看得比較清楚了：他不是典型的牧羊犬，他的骨架比較大，毛比較長，而且精力充沛，一點都不像十五歲的老狗。很難相信會有住在寒冷高地區的動物選擇睡在屋外——而且如魚得水。我得湊近細看，才能看出他年事已高。他走動時步態略微有點僵硬，頭臉似乎有一點乾癟消瘦，當然眼睛深處水晶體呈不透明是最明顯的老化跡象。但整體而言，他仍然給人精神抖擻、活力奔放的印象。

他甩掉毛皮上最後一點雪花，連蹦帶跳奔到農人身邊，高聲吠叫幾下。彼得・特倫霍大笑。「你看他已經準備好要出門工作了——提普永遠閒不下來。」他帶路前往農場的附屬建築，我跟在後頭，踉蹌踩過結冰後堅硬如鐵的車轍痕跡，迎著凜冽如刃的寒風低頭前行。打開牛舍舍門後，終於可以躲到牛隻身邊取暖，我鬆了一口氣。

長形建築裡住了好幾種動物。乳牛占了建築物裡絕大部分空間，還有幾頭年紀小的女牛和幾頭閹牛，還有一個空出來沒有牛隻的隔間，裡頭乾草堆得高高的，住著農場裡其他幾隻狗。所有的貓也都住在這裡，所以一定很溫暖。沒有什麼動物比貓更懂得找舒適的地方，可以看到牠們全都在乾草堆裡蜷縮成毛球。牠們窩在木頭隔板旁享受牛隻散發的熱氣，這是最好的位置。

提普昂首闊步走在其他狗之間——有一隻年輕公狗、一隻母狗和三隻半大幼犬。看得出來他是老大。

病患是其中一隻閹牛，他看起來好一點了。昨天來看診時，由於過度努力想消化結凍的蕪菁，閹牛的瘤胃（第一個也是最大的胃）已經完全停滯無力。瘤胃有一點鼓脹，他很不舒服地哀鳴著。但今天我將耳朵貼在他的身體左側，可以聽見瘤胃正常時翻騰激湧隆隆作響，不再像前一天完全死寂無聲。前一天洗胃無疑發揮了作用，我想再來一次就能讓他恢復正常。我幾乎是滿懷愛憐地開始準備材料，不過我最愛的洗胃療法後來就在進步的洪流中遭到淘汰；一盎司福馬林、半磅食鹽、一罐黑色糖蜜（擺在很多牛舍裡都能看到的大桶子），全部倒入一桶兩加侖的熱水裡混合。

我將木製張口器塞進閹牛嘴裡，將扣帶繞過牛角扣住，然後彼得幫忙提起桶子，我將胃管從牛嘴插進瘤胃，開始將混合好的液體灌入。灌完之後，閹牛驚訝得睜大眼睛，後腿開始來回踩踏。我貼在他身側細聽，可以聽到令人安心的胃中物咕嘟冒泡聲。我滿意地對自己微笑。有用，這一招向來有用。

擦拭胃管時，我聽見彼得的兄弟進行晨間擠乳的嘶嘶聲，我正準備離開時，他提著滿滿一桶生乳要放進牛舍裡的冷藏箱。他經過狗窩所在的隔間時，倒了數品脫的微溫牛奶在他們的碟子裡，提普隨意地大步上前享用早餐。提普還在舔飲牛奶時，年輕公狗想要硬擠上來，但是提普張嘴無聲地一咬，年輕公狗的鼻子差一點就被咬住，他只好退後去喝另一碟。不過我注意到，母狗和小狗上前分享牛奶時，老狗一點意見都沒有。黑白貓、玳瑁貓、灰虎斑接連自乾草堆中現身，牠們伸著懶腰，向前圍成一圈虎視眈眈。很快就輪到牠們享用。

特倫霍太太邀我進屋裡喝杯茶，我告辭出來時，天已經全亮了。但天色依舊灰暗沉鬱，農舍附近零星幾棵樹不畏風吹，極力伸展著光禿枝枒，陣陣強勁刺骨的寒風吹掃方圓數英里空蕩白茫的泥炭沼地。約克郡人稱這種風為「薄削風」，或有些人稱為「懶惰風」——這種風懶得吹拂你周身上下，而是一吹就直接穿臟入腑。風吹得我只覺得全世界最棒的地方，就是坐在農舍廚房明亮熾旺的爐火旁。

大多數人都會這麼覺得，但老提普不這麼想。彼得把一些乾草捆搬上平板拖車，準備運到外面穀倉給年輕牛群時，他在旁雀躍蹦跳；彼得抖了抖韁繩，輕型挽馬⑰準備拉著拖車出發前往田野時，他一下子跳上拖車後面。

我將用具丟進後車箱時回頭看了一下老狗，拖車顛簸搖晃，只見他用力踩穩四腳，搖著尾巴，不服輸地朝著冰天雪地吠叫。我一直將提普銘記在心，他對舒適安逸嗤之以鼻，睡在他認為最榮耀的地方——主人家門口。

像這樣一件小事，總是能讓我的一天光明美好，而幸運的是，從事獸醫這一行可以常常見證這類事情。有時甚至不需要發生什麼事——只是一句話，就令人豁然開朗。

某天早上我在檢查一頭母牛，隔壁正在進行擠乳。擠乳的是個老人，過程中出了點狀況。他幾乎坐到母牛身下，戴著布帽的頭埋進她的腹脅，桶子緊緊夾在他的兩膝之間，但他坐的凳子隨著母牛煩躁地挪移擺動也不停搖晃。母牛兩次踢翻桶子，她還會一個小花招，就是用尾巴沾滿特別稀的糞便甩到老人臉上。

老人終於受不了了。他跳起身，在乳牛稜角分明的背上虛弱無力地揍了一拳，惱怒大罵道：

「站好別動，妳這個只會拉屎的牛肉汁！」

或者是我得造訪路克．班森在希洛姆村的小農場那一天。路克大約六十歲，體格健壯，他的個人特色是講話總像從緊咬的牙關裡吐出字句。基本上他發每個字的音都只動嘴唇，而上下兩排馬齒般方正的門牙緊緊咬合。因此即使是最單純的話語，從他口中講出來就特別有氣勢，而且他說話時還會兩眼圓瞪。

他跟我對話時，十句有九句是在嚴厲批評希洛姆其他居民。事實上，他似乎打從心底厭惡全人類。奇怪的是，我發現他算是可以理性打交道的人；我對他家動物病痛的診斷，他毫不質疑全盤接受，而且不停叫我「咦米」，似乎試著表現友善，這大概是他咬緊牙關能發出最接近我名字的音了。

他深惡痛絕的對象只限於他的鄰居和另一個小農場的主人吉爾，吉爾身材矮小，走起路來一跛一跛，路克每次提到他必定很刻薄地稱他「那個瘸小子」。他們是在許多年以前結仇，我只有兩次看過路克露出笑容——第一次是吉爾先生家的母豬流產，第二次是他家的煙囪失火崩塌。

吉爾先生的妻子跟一個到各家農場兜售刷子的男人私奔時，引發了軒然大波。希洛姆村以前從來沒有發生過類似的事件，全村的人幸災樂禍之餘也覺得毛骨悚然。我料想這件事會是路克．班森人生中的高潮，去診治他的一頭女牛時，我有預感會看到他興高采烈的模樣。但是路克卻一臉鬱悶。

⑰ 輕型挽馬（cob）：或音譯「科勃馬」，是一種體型較小、身材結實的短腿馬，可供騎乘和用於拉車。

我檢查和治療女牛時，他一語不發，直到我進廚房洗淨雙手，他終於開口。他警覺地先轉身瞥了一眼骨瘦如柴、板著臉孔的妻子，班森太太正在用石墨將爐架拋光。

「你聽說了吧，那個瘸小子的老婆跟人跑了？」他問。

「沒錯。」我回答。「我確實聽說了。」我等著路克落井下石一番，古怪的是，他似乎心神不寧。他一直躁動不安，直到我擦乾雙手，他才瞪著我齜牙咧嘴。

「我跟你說件事，『咦米』。」他一字一句地說。「該死啊，怎麼沒人來把我老婆也拐跑！」

還有布蘭利家寄來的那封信——眞的讓我心情大好。現今已經很難看到布蘭利家這樣的人；廣播、電視和汽車已經將外頭的一切傳入最荒涼偏遠的地方，因此，你過去會在遺世獨立的農場遇見的天眞單純的人們，正在迅速變得跟其他地方的人一樣。當然，還是有少數人依舊天眞單純，這些老一輩的人依循父祖輩的生活方式度日——只要有機會遇到他們，我都會找個藉口坐下來跟他們聊聊天，聽聽幾乎絕跡的老約克郡人用語。

在一九三〇年代，即使還有很多地方尙未捲入時代進步的洪流，布蘭利一家仍然有很多與衆不同的特質。他們家有四名成員：三兄弟都是中年單身漢，他們的長姊也仍小姑獨處。他們的農場位在群丘之中一處寬廣的淺凹地。如果你站在德魯本村的酒吧外面，剛好可以望見從崖壁農莊周圍林木樹冠枝枒突露出的古老鋪瓦屋頂，夏天時開車一路穿越下坡田野就能抵達農場。我開過幾次，車子駛過田埂犂溝一路顚簸的同時，後車箱裡的瓶罐也碰撞得叮噹作響。還有另一條路可以前往農場，就是直接穿越另一邊布魯姆先生的乾草場，然後走一條車轍深到只有曳引機能夠行駛無礙的徑道。

事實上，根本沒有一條道路通往崖壁農莊，但是布蘭利家並不在意，因爲外面的世界對他們沒有太大的吸引力。布蘭利小姐偶爾會在市集日來到達洛比採購生活物資，而三兄弟裡的老二赫伯特在一九二九年的春天不得不進城拔牙，但除此之外，他們待在家裡自給自足。

在出診單上看到崖壁農莊總是令人心裡一驚，因爲這個行程要占掉至少兩個鐘頭的工作時間。除了最晴朗乾燥的日子以外，其他時候最保險的作法是把車停在布魯姆先生那裡，然後步行前往布蘭利家。某個三月的晚上大約八點鐘，我沿著那條徑道啪啦啪啦踩水前進，感覺我的防水靴沾滿溼泥巴；他們有一匹馬腹部絞痛，我的口袋裡塞滿可能需要的用品——檳榔鹼、小瓶嗎啡和一瓶混合抗痙攣劑「帕拉菲樂」。一直在下毛毛雨，我只能半閉著眼，走了大約半英里，我看見前方樹林間的屋子燈光忽隱忽現。花了二十分鐘在無法看清的水窪之間擇路穿行，以及打開一道又一道損壞後用繩子繫住的柵門，終於抵達農場院子，我穿越院子走向後門，正要敲門，抬起的手卻停住了。我發現眼前就是廚房窗戶，而自己正看著廚房裡頭的布蘭利一家，他們在昏暗的油燈下坐成一排。

他們不是圍著爐火而坐，而是一起擠在位於離爐火遠處牆邊的木頭高背長椅上。怪異的是，他們的姿態幾乎完全一模一樣；四個人都交疊雙臂，下巴抵著胸口，雙腿向前伸直。三兄弟已經脫掉沉重的靴子，只穿著長筒襪，而布蘭利小姐穿著一雙老舊的絨氈拖鞋。

我目瞪口呆，被他們全體靜止不動的奇妙行爲給迷住了。他們不是睡著，也不說話、看書或聽廣播——其實他們沒有收音機——他們只是坐著。

我從沒看過有誰就這麼坐著不動，於是在窗外站了好幾分鐘，想看看他們會不會動一下或做什麼事，但是沒有任何動靜。我忽然想到，這很可能是典型的布蘭利家晚間時光：他們辛苦工作一整天，飽餐一頓，在上床就寢之前就只是坐著。

一、兩個月後，布蘭利家的貓群生病，我於是發現他們家還有令我意想不到的一面。他們家的貓群無所不在，天冷時還會依循取暖本能，大膽地跳到我的車子引擎蓋上歇息。從貓的數量之大、種類之繁，可以知道他們很愛貓。但是當貓接連離世時，布蘭利家哀痛逾恆，令我始料未及。布蘭利小姐幾乎每天都抱著一個裝蛋的籃子到斯凱谷宅邸門口報到，籃子裡的病患可憐兮兮地蜷縮著，可能是一隻成貓，有時是幾隻幼貓。

即使是現今有各種現代抗生素的年代，治療貓腸炎也往往成效不彰，而我只有水楊酸鹽類和非特效的針劑可用，幾乎每次都回天乏術。我盡力了。我甚至留了其中幾隻貓住院，這樣就可以一天數次打針用藥，但是死亡率居高不下。

布蘭利一家看到貓一隻接著一隻死去，大受打擊。他們如此悲傷讓我十分訝異，因爲大多數農人養貓只是爲了除去老鼠，不爲別的。某一天布蘭利小姐帶著新一批病患上門求醫，整個人看起來糟透了。她盯著手術台對面的我，抓著籃子提把的粗糙手指一下抓緊、一下鬆開。

「這病會把牠們全都殺死嗎？」她的聲音顫抖。

「呃，這種病很容易傳染，看起來您家裡大多數幼貓最後都會感染。」

片刻間，布蘭利小姐似乎在努力克制自己，她的下巴開始抽動，整張臉無法抑制地扭曲起來。她沒有號啕大哭，但是眼中泛著淚光，幾滴淚水沿著她臉上的錯綜皺紋滑落。我無力地望著站在眼前的她，她頭上那頂突兀的黑色貝雷帽緊緊蓋住雙耳，有幾綹凌亂的灰髮露了出來。

「我擔心『顛顛』的孩子。」她終於脫口說道。「一共有五隻，是我們家養過最棒的小貓。」

我摩挲著下巴。我聽說過顛顛的輝煌戰績，她出身勇猛無匹的捕鼠世家。她家族裡最後一名成員只有十週大，如果她和小貓出事，會帶給布蘭利一家人沉重的打擊。但是我到底可以做什麼？當時還沒有對抗貓腸炎的疫苗——但是等一下，有嗎？我想起先前聽到的傳聞，據說藥廠伯勒斯．惠康公司在研發貓腸炎疫苗。

我拉開一張椅子。「請您稍坐一下，布蘭利小姐。我去打個電話。」打去藥廠實驗室的電話很快就接通了，我心中半是預期會被對方挖苦一番。但是實驗室的人很好心，他們願意幫忙。他們研發的新疫苗已經得到振奮人心的實驗結果，只要我能回報施打疫苗之後的結果，他們很樂意送我五劑。

我趕緊回去找布蘭利小姐。「我幫您的小貓訂了一些東西。我沒辦法給您任何保證，但也沒有別的辦法了。請您週三早上帶牠們過來。」

疫苗很快就送到了，我幫一窩小傢伙注射時，布蘭利小姐讚頌起顛顛家族的各項優點。「看看牠們的耳朵大小！您看過小貓的耳朵長這麼大嗎？」

我得承認我沒看過。牠們有一對大如船帆的招風耳，襯得迷倒眾生的小臉更小了。

布蘭利小姐點了點頭，露出滿足的微笑。「沒錯，你一下就看得出來，以後肯定是捕鼠高手。」

一週後注射了第二劑疫苗。所有的小貓看起來都好端端的。

「那就這樣了。」我說。「我們接下來只能等待。但別忘了，我想知道後續情況，麻煩知會我一聲。」

之後數個月，我都不曾接到布蘭利家的消息，幾乎遺忘這個小實驗時，忽然收到一封信，信封髒兮兮的，顯然是從診所門縫下面塞進來的。信中報告了後續情況，而且自成一格，堪稱簡明扼要的楷模。內容囊括我需要的所有資訊，毫無冗詞贅句。

小心塗畫出的筆跡纖細難辨，只有寥寥數語：「親愛的醫生，小貓咪都長大了。R·布蘭利敬上。」

第五十九章

將車子停在一群吉普賽人旁邊時，我覺得自己眼前是一幅應該用相機拍攝留存的畫面。這條環道旁的草地特別寬廣，五名吉普賽人蹲在草地上升起的火堆旁，看起來像是父母帶著三個小女兒。他們靜坐不動，視線穿過裊裊上升的煙霧呆滯地望著我，大片雪花隨風飛飄，懶洋洋地落在孩子們打結的亂髮上。這幅充滿野性的畫面帶著一種不眞實感，我在座位上透過擋風玻璃看得發楞，忘了自己爲何而來。接著我搖下車窗跟男人說話。

「麥亞特先生嗎？您有一匹小型馬生病了對吧。」男人點頭。「是的，沒錯。他在那邊。」男人的腔調很怪異，不帶一絲約克郡口音。他從火堆旁站起來，身材瘦小的他膚色深黝、滿臉鬍碴，走到車子旁想遞給我某個東西。是一張十先令鈔票，我想他這麼做是表示對我很有信心。

吉普賽人偶爾會來到達洛比，而居民對他們總是懷著某種程度的猜疑。他們跟麥亞特家不一樣，大多是夏季時到河邊紮營販賣馬匹，我們之前曾被他們糊弄了一、兩次。很多吉普賽人似乎都姓史密斯，常常診治完隔天去他們的營地一看，病畜和主人都已經不見蹤影。事實上，我當天早上出門時，齊格菲還朝我大喊：「可以的話就先收錢。」但他多慮了——麥亞特先生是老實人。

我下了車，跟著他走過草地，經過掛滿裝飾的破舊篷車，車輪旁除了繫著一隻勒車犬⑱，還拴著幾匹馬和小型馬。病患很好認：一匹高度大約十三掌寬、毛色斑駁的好馬，他的四肢強健乾淨，看起來相當貴氣。但他看起來狀況不佳。其他繫著的動物不時走動，興味盎然地打量我們，但這匹毛色斑駁的小型馬如石像一般站定不動。

不用走近，我就能判斷他生了什麼病。只有罹患急性蹄葉炎的馬匹會這樣拱著背，我靠近後就看到他的四肢很可能都發炎了，因爲他將後腳伸到腹部正下方，極力想將身體重心都放在腳跟。

我將溫度計插入馬匹直腸。「他多吃了什麼東西嗎，麥亞特先生？」

「是的，他昨晚吃了一袋燕麥。」瘦小男人指給我看篷車後方一只半空的大麻布袋。他試圖表達馬匹自己掙脫繫繩後跑去大吃燕麥，但很難聽懂他的話。還有他餵了馬一劑蓖麻油——他稱爲「比麻偶」。

溫度計量出攝氏四十度，而且脈搏很急、跳得很大力。我伸手撫摸顫抖的平滑腳蹄，感覺到溫度高得異常，然後看了看馬匹的緊繃神態、撐大的鼻孔和驚恐的眼神。如果有過指甲下方發炎的經驗，或許可以約略想像馬蹄的敏感蹄葉組織發炎後頂著堅硬蹄壁的陣陣痛楚。

「您能讓他走動嗎？」我問。

男人抓住馬籠頭拉扯，但馬拒絕移動。

我拉起馬籠頭另一側。「來吧，他們能走的話總會好一點。」

我們一起出力拉動，麥亞特太太拍打馬的臀部。他踉踉蹌蹌走了幾步，但一將腳踩到地上就好像燙到似的呻吟嘶鳴。數秒鐘後，他立刻又拱著背，把重心放在腳跟上。

「看起來他痛得受不了了。」我轉身回到車上。我得盡可能幫他緩解疼痛，第一件要做的事就是讓他盡量排掉滿肚子的燕麥。我找出帶來的檳榔鹼，在他的脖子肌肉注射一劑，然後向飼主示範如何用布包住馬蹄並用冷水冰敷。

---

⑱勒車犬（lurcher dog）：一種混血獵犬，通常是靈提犬與其他視覺型獵犬的混種。

之後我退後幾步，再次檢視馬匹。他因爲打了檳榔鹼而不停流口水，先前已經抬高尾巴將腸胃排空了，但疼痛沒有減輕，必須等到嚴重發炎消退——能夠順利消炎的話。我以前看過類似的蹄葉炎案例，嚴重到蹄冠開始流出組織液，通常這時候只能削蹄，嚴重者甚至會沒命。

我腦中翻來覆去地想著不樂觀的情況，三個小女孩走到小型馬身邊。姊姊環抱馬的脖子，將她的臉頰靠在他的肩膀，兩個妹妹撫摸他顫抖的腹脅。她們沒有掉眼淚，表情依舊空白沒有絲毫變化，但一下就能看出這匹馬在他們心中的意義非比尋常。

離開前，我遞出一罐鳥頭酊劑。「每隔四小時餵他吃一劑，麥亞特先生，然後一定要一直用冷水冰敷他的腳。我明天早上再來看他。」

我關上車門，透過車窗再次看著緩緩上升的煙霧、飄飛的雪花和三個衣衫襤褸、披頭散髮的孩子，她們還在輕撫馬兒。

「唔，你收到錢了，吉米。」吃午餐時齊格菲說，他隨意將十先令鈔票塞進鼓鼓的口袋。「是什麼問題？」

「我看過最嚴重的蹄葉炎。那匹小型馬連一步都不肯走，他痛得受不了了。我做了平常能做的處置，但我確定還是不夠。」

「所以說預後不怎麼樂觀？」

「非常不樂觀。我敢說即使過了急性發炎的階段，他的腳蹄也會變形，蹄子出現蹄溝、蹄底下陷等等的。這個小傢伙很貴氣漂亮，是一匹毛色斑駁的好馬，要是我知道還能怎麼做就好了。」

齊格菲鋸下厚厚兩片冷羊肉放在我的餐盤裡，他若有所思地望著我好一會兒。「你回來以後一直有點心不在焉。我知道工作上的一些事讓人很不愉快，但是擔心也沒有用。」

「啊，其實我也不是擔心，只是心裡一直放不下。也許是因爲那些人，麥亞特一家，我以前從沒遇過像他們這樣的人，讓我印象很深刻。還有他們家三個衣服破破爛爛的小女孩對那匹馬寶貝得不得了，她們一定會非常難過。」

齊格菲嚼著羊肉，我看到他眼中閃過一抹熟悉的光芒；只要講到任何跟馬有關的事都能看到。我知道他不會強行干預，他在等我採取主動。我開口了。

「眞希望你能跟我一起過去看看，也許你能給我一點建議。你覺得還有其他方法嗎？」

齊格菲放下手中刀叉，凝望前方片刻，然後轉頭看我。「你知道嗎，吉米，搞不好眞的有。顯然這是一個特別棘手的案例，一般的治療方法不會有效。我們得拿出壓箱寶了，我有個主意。只不過有一件事。」他朝我露出不懷好意的微笑。「你可能不會喜歡。」

「不用管我。」我說。「你才是懂馬的人。只要能救這匹馬，你做什麼我都不介意。」

「那好，快吃吧，吃完我們一起準備。」吃完午餐，齊格菲帶我進入器械室。他打開保存老葛蘭先生所留器械的櫥櫃時，我吃了一驚。裡頭簡直像是博物館。

老先生一直工作到八十多歲，齊格菲買下獸醫診所時也接收了這批器械，許久無人使用的一排排器械靜靜躺著不受打擾。將這些器械都丟掉可能才是合理的作法，但也許齊格菲看待它們是懷著跟我一樣的心情。擦得光亮的木箱裡放了奇形怪狀、閃著精光的手術刀，灌腸幫浦和灌洗器的橡皮和黃銅材質配件已經損壞，還有串線針和古老的熱灼器——它們靜靜見證了六十年的血淚奮鬥史。之前我常常打開櫃門，試著在腦海中描繪老前輩是如何爲了與我所碰到相同的難題而苦惱，我們又是如何走在同樣的窄路上。他孤身一人，踽踽獨行六十載。而這條路我才剛開始走，但我已經初嘗箇中滋味，成功和慘劇、驚奇和憂慮、希望和失望——還有辛苦勞動。無論如何，葛蘭先生已經與世長辭，帶走所有我一心一意試圖累積的技藝和知識。

齊格菲將手伸進櫥櫃深處，拿出一個扁長的盒子。他吹掉皮革覆面的灰塵，小心翼翼地打開扣環。盒子裡頭，一根放血針在磨損的天鵝絨襯墊上閃閃發亮，旁邊是打拋過的放血棍槌。

我驚愕地看著我的僱主。「所以你要幫他放血？」

「沒錯，孩子，我要帶你回到中世紀。」他看著我驚慌失措的表情，伸手按著我的臂膀。「不過別用那些反對放血的科學論證對我疲勞轟炸，我也不認爲放血是什麼好方法。」

「但是你有經驗嗎？我從來沒看你用過這套器具。」

「我有經驗，而且我用了之後也看過一些奇妙的效果。」齊格菲轉過身，好像不想再討論下去。他徹底清潔放血針，再放進滅菌器裡消毒。他面無表情地站著，聆聽水滾沸時的嘶嘶聲。

我們抵達時，吉普賽家庭再次駝著背圍坐在火堆旁，麥亞特先生發覺救兵來了，立刻站起來快步走向我們，手裡拿著另一張十先令鈔票。

齊格菲擺手婉拒。「我們先看看進展如何，麥亞特先生。」他咕噥道。他大步橫越草地走向那匹小型馬，馬兒依舊痛苦地拱著背發抖。情況並未改善；事實上他的眼神更狂亂了，我可以聽見他將身體重心從一腳換到另一腳時發出的微弱呻吟。

齊格菲沒有看我，輕聲說：「可憐的傢伙。你講的不誇張，吉米。你能不能回車上把盒子拿來？」

我回來時，齊格菲正在馬匹脖頸根部套上扼頸繩。「把繩子拉緊。」他說。浮現的頸靜脈在溝中顯得緊繃鼓脹，齊格菲很快將一小塊區域剃毛消毒並施打局部麻醉劑。接著他打開老舊的皮革覆面盒子，抽出包在無菌棉絨裡的放血針。

接下來的所有事似乎都在同一時間發生。齊格菲將細小放血針抵著鼓脹的靜脈，毫不猶豫地拿著放血棍槌在放血針上結實地敲了一下。一股令人心驚的血瀑立刻從傷口激湧而出，在草地上形成一灘暗紅血泊。麥亞特先生驚呼一聲，小女孩全都打著哆嗦。我能理解他們的心情。老實說，我暗自想著出血量這麼大，不知道馬兒能支撐多久不倒下。

然而齊格菲似乎覺得放血的速度還不夠快，因爲他從口袋裡拿出另一根棍棒塞進馬嘴，強迫馬嘴上下開合。馬嘴作出咀嚼動作的同時，鮮血更是劇烈噴湧。

放了至少一加侖血液之後，齊格菲似乎滿意了。「放鬆繩子，吉米。」他大喊，然後以別針縫合術飛快縫起脖子上的傷口。接著他快步走過草地，探頭看向路邊圍牆的柵門外頭。「跟我想的一樣。」他大喊。「那片田野裡有一條小溪，我們得把他弄過來這裡。來吧，大家都來幫忙！」

他顯然陶醉其中，而且照例展現坐鎮現場的影響力。麥亞特一家像是受到刺激般忽然動了起來，像無頭蒼蠅般跑來跑去還不停相撞。我忽然全身緊繃，進入隨時待命的狀態，就連馬兒似乎也終於對周遭環境起了興趣。

吉普賽人一家五口全都來拉著籠頭，我跟齊格菲在後用雙臂圈住馬的大腿，所有人吆喝助陣之下，他終於開始往前走了。每一步都很痛苦，但他沒有停下來——穿過柵門，橫越田野，到了潺潺流過蘆葦叢的淺溪。溪邊沒有什麼堤岸，很容易就能將他推到溪水中央。他立在溪中，冰冷水流在他發炎的腳蹄周圍漾起陣陣波紋，我想像自己從他眼中隱約看到終於有了希望的神色。

「他得在水裡站一個鐘頭。」齊格菲說。「接著你們得帶著他在田野裡走路繞圈，走完路再回來小溪裡站一小時。等他情況好一點，就可以增加走動的時間，但一定要記得回小溪裡泡腳。有很多工作要交給你們，所以這裡有誰要負責？」

三個小女孩害羞地上前圍著他，她們抬起頭，睜大眼睛盯著他的臉。齊格菲大笑。「妳們三個想負責做這件事，是嗎？很好，我來教妳們該做什麼。」

他掏出一袋薄荷糖，這是他的五花八門口袋常備物品裡的其中一項，我找了位子坐下，準備好耐心等待。我以前看過他和農家孩子們互動的情景，當那袋糖果出現，一切都戛然停止。這是齊格菲唯一不趕時間的時候。

三姊妹神情莊嚴地各拿了一顆糖果，然後齊格菲蹲下來，開始像老師教學生一樣跟她們講解。她們原本冷如冰霜的臉逐漸融化，開始說起自己的好話。年紀最小的小女孩劈哩啪啦講起這匹馬還是幼駒時好多了不起的事蹟，她說的話很難懂，但齊格菲認眞地聆聽，不時嚴肅地點點頭。什麼都不急，有的是時間。

小女孩顯然完全聽進去齊格菲的話，因爲接下來數天，每次我經過吉普賽人營地，都會看到三個小野丫頭的身影，她們要不是簇擁著在溪裡的馬匹，就是用一根長長的杜環鏈拉著他在田野裡走動。不用我插手——看得出來這匹馬已經逐漸好轉。

大約一週後，我看到麥亞特一家準備離開達洛比，他們的紅色篷車搖搖晃晃駛經市集廣場，戴著黑色天鵝絨帽的麥亞特先生坐在前頭，身旁是他的妻子。他們家的馬匹分別用繫在篷車上不同位置的繩子牽拉著，跟著篷車蹣蹣前行，那匹毛色斑駁的小型馬也跟在後面，動作或許有一點僵硬，但行走完全沒問題。他會沒事的。

小女孩從篷車後門朝外張望，我看到她們瞄見我，就揮了揮手。她們回望我，臉上沒有絲毫笑意，直到篷車駛到轉角處即將轉進霍蓋特街，其中一個小女孩才害羞地舉起手。另外兩個女孩也跟著舉手，我最後一眼看到的是她們正熱切朝我揮手。

我漫步走進牧人胳膊酒吧，點了半品脫在角落裡邊喝邊沉思。齊格菲這招放血術算是成功了，但我思索著該如何看待這次的作法，因爲在獸醫臨床實務上，即使結果好得驚人，也很難歸結出定論。是我的想像，或者那匹小型馬在放血之後幾乎立刻就覺得疼痛減輕了？假如不施行放血術，我們有可能強迫他走動嗎？碰到這類案例，在頸靜脈擊穿一個洞放流大約一桶寶貴的鮮血，眞的是正確作法嗎？直到現今我仍舊沒有答案，因爲我從來不敢親自嘗試。

第六十章

「可以請哈利先生幫我的狗看診嗎？」

候診間傳來的這句話再熟悉不過，但說話的聲音卻讓我走到門邊的腳步一下子煞住。不可能，當然不可能是海倫，但聽起來眞的就像她的聲音。我躡手躡腳退後，毫不猶豫地將眼睛湊到門縫處窺看。崔斯坦站在那裡低頭望向某個人，對方剛好在我的視線範圍之外。我只能看到一隻耐心等待的牧羊犬頭上的一隻手、粗花呢裙襬和一雙裹著絲襪的腿。

很健美的一雙腿，不是纖瘦型的——腿的主人很可能是像海倫這樣高大的女孩。我的深思熟慮戛然中止，因爲對方低下頭和狗說話，我得以看到小巧直挺鼻子的側面特寫，和數綹深色頭髮落下半遮的光滑臉頰。

我還在茫然呆看，崔斯坦衝出來跟我撞個正著。他吞下差點衝口而出的咒罵，抓住我的手臂將我沿著走廊一路拖進配藥室。他關上門，壓低音量嘶啞著說話。

「是她！歐德森家的女孩！而且她要找你！不是找我老哥，不是找我，是找你，哈利先生本人！」

他瞪大眼睛看著我一會兒，然後在我還站著猶豫不決時，他打開門想將我推到走廊裡。

「你還在等什麼鬼？」他嘶聲道。

「呃，會不會有一點尷尬？我是說在那次舞會之後。上次見面的時候，我的樣子眞的是慘不忍睹——我醉到連話都講不出來。」

崔斯坦拍了一下自己的額頭。「救命啊老天！你還在擔心那些有的沒的小事？她指名要你看病——你還奢望什麼？上啊，快進去！」

我躊躇不決地慢慢移動腳步，他抬起手攔住我。「等一下，待著別動。」他快步走開，沒多久托著一件白色醫師袍回來。

「送洗乾淨剛拿回來的。」他開始幫我在手臂套上漿得硬挺的袖子。「你穿這個看起來棒透了，吉米——年輕有爲的獸醫師。」

我站著不動，任憑他幫我套上白袍之後扣好扣子，但在他伸手想幫我擺正領帶時揮掉他的手。在我走開時，他最後朝我揮了一下手表示鼓勵，然後走向後面的樓梯。

我沒有給自己多餘的時間思考，直接大步走進候診間。海倫抬起頭，露出微笑。跟先前一模一樣的笑容，眞誠坦率。她的眼神還是跟我第一次見到她時一樣，友善而篤定。

我們沉默對望片刻，我還是不發一語，她低頭看著她的狗。

「這次是阿丹不舒服。」她說。「他是我們的牧羊犬，我們非常疼愛他，覺得他就像我們的家人。」

狗兒聽到自己的名字就用力搖起尾巴，但是朝我走近時發出短促尖銳的吠叫聲。我彎下腰，拍了拍他的頭。「我看到他其中一隻後腳沒有著地。」

「對，他今天早上跳過一面牆，之後就一直這樣子。我想還蠻嚴重的——他不敢把身體重量放在那條腿上。」

「好的，把他帶過去另一間，我幫他檢查。不過我想請妳帶他走在前面，這樣我就能觀察他走路的樣子。」

我拉著門，海倫牽著狗經過我身旁先走出去。

跟在海倫身後向前走了好幾碼，途中我根本無法專心，所幸走廊很長，等我們走到第二個彎時，我終於將注意力拉回到病患身上。

老天保佑，是髖關節脫臼。看他將一條後腿縮到身體下面，走動時只有腳掌擦過地面的樣子，不會錯的。

我只覺得五味雜陳。算是蠻重大的傷害，但另一方面來說，我有機會很快治好牠，而且在治療時稍微出個風頭。因為即使執業時間不長，但我發現臨床治療裡其中一種看起來最具奇效的治療方法，就是將脫臼的髖關節復位。或許只是我運氣好，但就我經手過的極少數案例來說，原本跛行起來怵目驚心的動物在我救治之後，都神奇地完全恢復正常健康。

在手術室裡，我將阿丹抱到手術台上。他在我檢查髖部時站定不動。診斷結果毫無疑問——股骨頭向上、向後移位，我用拇指按觸就可以明顯摸得出來。

我試著輕輕彎曲狗兒受傷的後腿，他只轉頭看了一下，然後馬上轉回頭，堅定地望著前方。他的嘴巴微開，緊張地喘著氣，但他似乎已經認命，跟我們診所裡很多上到手術台的溫馴動物一樣。我有一種強烈的感覺，就算我現在開始砍他的頭，他也會逆來順受。

「這隻狗很溫和，脾氣真好。」我說。「也很漂亮。」

狗臉上有一塊很寬的白色條斑，海倫拍拍俊美的狗頭，狗慢慢搖晃著尾巴。

「對啊。」她說。「他雖然是工作犬，但也是我們全家的寵物。希望他的傷不會太嚴重。」

「噢，他的髖關節脫臼了。不是很好處理，但是運氣好的話，我應該可以讓關節復位。」

「要是關節回不去原本位置會怎麼樣？」

「那裡會形成假關節。他可能有好幾週走路都會嚴重跛腳，受傷的這隻後腳很可能永遠都比另一邊短。」

「天啊，我不希望變成那樣。」海倫說。「你覺得他會沒事嗎？」

我看著依然堅定凝望前方的溫馴狗兒。「我想他康復的機會蠻大的，因爲妳很快就帶他過來，沒有耽擱太多天。這種情況愈快處理愈好。」

「那太好了。你什麼時候會開始幫他治療？」

「現在就動手。」我走到門邊。「我只要再叫崔斯坦過來，需要兩個人合力。」

「不能讓我幫忙嗎？」海倫問。「你不介意的話，我很想幫忙。」

我不太確定地望著她。「呃，我不知道。妳可能不會喜歡把阿丹當成拔河的繩子。當然會幫他打麻醉，但通常需要拉拉扯扯的。」

海倫笑了。「噢，我還蠻強壯的，而且膽子很大。你也知道我很習慣跟動物相處，我喜歡跟牠們一起工作。」

「那好。」我說。「這裡有一件多的白袍，等妳穿好，我們就開始。」

狗兒在我將針頭刺入靜脈時甚至不曾瑟縮，隨著寧比妥流入體內，他的頭變得愈來愈重，最後倒在海倫的臂彎，原本撐著的腳掌也軟癱在平滑台面上。他很快就側躺下來失去意識。

我拿穩刺入靜脈的針筒，低頭看著沉睡的狗兒。「我可能得稍微加重劑量。麻藥要夠深入，才能讓肌肉充分鬆弛。」

再打了一毫升麻藥之後，阿丹就像布娃娃一樣任人擺布。我抓住狗的傷腿，對著手術台另一邊的海倫說話。「我要妳兩手圈住他的大腿互扣，在我拉的時候試著將他穩住，行嗎？那我們就開始了。」

要將移位的股骨頭拉過髖臼，竟然需要比我原本預料更大的力道。我用右手穩穩地牽引，同時用左手在股骨的頭部施壓。海倫也善盡職守，她稍微噘起雙唇，專心地將身體向後傾以抗衡拉力。

我想肯定有某種防呆的脫臼復位方法，某種一用見效的方法，但是我一直都沒發現。每次我都要試誤很長一段時間才能成功，這天也不例外。我試了各種角度，以不同方式旋轉和扭轉癱軟的傷肢，努力不去想如果這個案例剛好無法成功復位，會是什麼下場。正胡思亂想著在我對面努力不懈的海倫會怎麼看待這場角力大賽，我忽然聽到悶悶的喀喀兩聲——求之不得的美妙聲響。

我試著讓髖關節活動一下。這下子完全順暢無礙，股骨頭又可以在關節窩裡靈活轉動。

「好，行了。」我說。「希望不會再次脫臼——我們只能交叉手指祈求好運了。復位後確實會再發生移位，但我覺得這一次應該會沒事。」

海倫伸手撫過熟睡狗兒絲絨般柔軟的雙耳和頸部。「可憐的老阿丹。他要是知道會變這樣，今天早上就不會跳過那面牆了。他要多久以後才會醒來？」

「噢，他會昏睡一整天。晚上他開始醒過來的時候，希望妳陪著他別讓他亂動，以免他跌倒又再脫臼。或許妳可以打個電話給我，我想知道情況如何。」

我抬著阿丹走出去，他的重量讓我腳步有點不穩。我們在走廊上遇見霍爾太太，她用托盤端了兩杯茶過來。

「我剛剛在喝茶，哈利先生。」她說。「我想你和這位小姐或許也想來一杯。」

我仔細端詳霍爾太太。很不尋常，她有可能跟崔斯坦一樣想撮合我跟海倫嗎？但是那張膚色黝深的國字臉跟平常一樣喜怒不形於色，我無從得知。

「噢，謝謝妳，霍爾太太。讓我先把狗抱到外面。」我走出門，將阿丹安放在海倫車子後座；他身上裹著毯子，只有眼鼻露出來，看起來平靜安詳。

海倫已經端了一杯茶坐好，喚起我上次在同個房間裡和另一個女孩喝茶的回憶。那是我來到達洛比的第一天。她是齊格菲的追隨者之一，也是最不屈不撓的一位。

這次完全不同。在手術室努力將關節復位的時候，我終於有機會近距離觀察海倫，我發現她的嘴角明顯地上揚，好像剛剛或即將露出微笑；還有弧度柔和的彎眉下方一雙深邃溫暖的湛藍眼眸，和一頭豐美的黑褐秀髮，令人為之神魂顛倒。

我們這次的對話不再有一搭沒一搭。也許是因為我在自己的地盤——也許必須跟生病的動物扯上關係，我才覺得放鬆自在，但無論如何，我發現自己口若懸河談天說地，就如同我與海倫在山丘上初次相遇的時候。

霍爾太太送上的茶壺已經空了，僅剩的幾片餅乾也吃完了，我不得不送海倫到門口，然後開始當天的出診行程。

那天晚上當我聽到話筒另一端傳來她的聲音，我再次覺得從容自信。

「阿丹站起來走動了。」她說。「走路還是有點搖搖晃晃，但那條腿著地行走都沒問題。」

「太好了，第一階段過關了。我想之後應該就不會有問題。」

話筒另一端靜默片刻，然後：「真的很謝謝你做的一切。我們全家都非常擔心阿丹，尤其是我的弟弟妹妹。我們非常感激。」

「真的沒什麼，我也非常高興，他是隻很棒的狗。」我遲疑片刻——就是現在。「噢，妳還記得我們今天聊到蘇格蘭嗎？是這樣的，我下午經過廣場戲院，看到最近上映一部在講赫布里底群島的電影。我想或許……我也不知道，呃……或許妳會想跟我一起去看。」

再次靜默，我心裡怦怦狂跳。

「也好。」海倫說。「好，我們一起去看。什麼時候？週五晚上？好的，謝謝你——那就到時候見。」

我顫抖著手放下話筒。我到底為什麼要把事情想得這麼困難？但是無所謂——我又有希望了。

第六十一章

罹患風溼病對狗來說極爲不幸。人類罹患風溼病就已經非常痛苦，但是風溼病急性發作足以讓平常健康的狗兒驚恐慘嚎、難以動彈。

狗的肌肉愈是發達，患病時就愈痛苦。眼前的斯塔福郡鬥牛梗個頭很小，我小心翼翼地用手指觸摸他鼓脹的三頭肌和臀部肌肉。小傢伙平常很頑強，天不怕地不怕，也很友善，會跳得老高想舔人的臉；但這天他卻渾身僵硬，不停顫抖，直視前方的眼神充滿焦慮。即使只是稍微轉頭，也會讓他痛苦地尖聲哀嚎。

謝天謝地，這是可以快速有效緩解的病痛。我將諾瓦經⑲抽入針筒，很快爲小狗注射。小狗對於風溼病造成如刀戳刺般的劇痛全都一無所覺，在針頭刺下去時一動也不動。我數了幾顆水楊酸鹽類藥錠放進盒子裡，在盒蓋上寫下用藥指示後將藥盒交給飼主。

「打針能讓疼痛緩解，等他舒服一點就餵他吃一顆，塔維納先生。然後大約每隔四小時服用一顆。我相信他很快就會覺得變好很多。」

塔維納太太在丈夫開始讀用藥指示時一把搶走藥盒。「讓我看。」她沒好氣地說。「肯定又要我來餵藥。」

自從我踏入這棟美輪美奐、有露台庭園向下延伸至河畔的宅邸，就不停看到類似情況上演。從塔維納先生穩住小狗讓我看診，他太太就數落個沒完。小狗吠叫時，她大呼：「眞是的，亨利，不要這麼大力抓他，可憐的小東西，你弄痛他了！」她不停使喚丈夫要他跑上跑下，等丈夫走出房間，她就說：「您知道嗎，都是我先生的錯。誰叫他讓狗去河裡游泳，我就知道會這樣。」

看診到一半，他們的女兒茱莉亞走進來，她的立場從一開始就很清楚：她跟媽媽同仇敵愾。她不停在旁幫腔，說了無數次「爸你怎麼可以這樣！」和「我的老天啊，爸！」而且在她母親火力稍減時努力添威助勢。

塔維納夫婦約莫五十多歲。先生高大英俊、風流倜儻，在泰恩賽德經營造船廠累積鉅額財富，之後退休搬到這個風景怡人的地方。我第一次見到他就頗有好感；我原本以爲會是個暴躁嚴厲的大亨，沒想到是一個溫暖友善的男人，奇妙的是似乎性格脆弱，而且眞心爲他的狗擔憂。

我對塔維納太太就持保留態度，儘管她確實風韻猶存。她的微笑顯得精明幹練，一雙藍眼露出的眼神稍嫌剛強。比起狗的病痛，她似乎更在意要如何借題發揮拿丈夫出氣。

茱莉亞是母親的縮小翻版，她在室內晃來晃去，一臉百無聊賴，典型嬌縱富家千金的模樣。她面無表情地瞥向狗再瞥向我，神情漠然地盯著窗外的齊整草坪、網球場和樹蔭下的幽暗河畔。

我最後拍了拍鬥牛梗的頭安撫他一下，然後站起身來。我收起針筒時，塔維納先生握住我的手臂。「請別急著走，哈利先生。眞的很感謝您，我們放心多了。我得承認，這個老小子開始哀叫的時候，我還以爲他的時候到了。請您離開前一起喝一杯吧。」

男人說話時，握住我臂膀的手有些顫抖。在他穩住小狗的頭時，我就注意到了，心裡暗暗疑惑：也許是帕金森氏症，或者神經緊張，或只是酒喝多了。他確實豪邁地幫自己倒了一杯威士忌，但他斜拿酒

⑲ 諾瓦經（Novalgin）：一種解熱鎮痛藥的商品名稱，主要成分為「斯路比林」（Sulpyrine 或 dipyrone），同類型的藥品名稱包括「安乃近」（Metamizole）「斯而比林」「須爾匹林」「速而比」等等。

瓶倒酒的手忽然大力震了一下，在光亮的餐具櫃上灑下一大灘。

「噢天啊！我的天啊！」塔維納太太脫口喊道。她怨憤地嘴裡嚷嚷著噢不、別又來了，茱莉亞則拍了一下額頭，白眼翻到頭頂。塔維納先生驚慌失措瞥了妻子一眼，然後咧嘴一笑伸手遞酒杯給我。「請坐，哈利先生。」他說。「我想您一定還來得及休息幾分鐘，放鬆一下。」

我們移動到壁爐旁，塔維納先生愉快地聊起家裡的狗、鄉間生活，和掛在偌大室內牆面上的畫作。這些畫作在地方上十分著名，其中多幅出自名家手筆，收藏和欣賞名畫是塔維納先生主要的生活樂趣。他的另一項嗜好是蒐藏時鐘，我環顧室內，看著擺設在古雅家具之間一座座珍稀美麗的時鐘，就知道那些關於宅邸主人雄厚財力的傳聞絕非空穴來風。

他的妻女並未和我們一同飲酒，她們在他拿出威士忌時就不見人影。但我將杯裡的酒喝完時，門被人推開了，她們站在門口，身穿昂貴的粗花呢外套，頭戴毛皮鑲邊的帽子，看起來驚人地相似。塔維納太太戴上一副駕車手套，嫌惡地看著丈夫。「我們要去布羅頓，」她說，「不知道什麼時候回來。」

在她身後的茱莉亞冷冷地看著父親，微微撇著嘴。

塔維納先生沒有答話。他坐著一動也不動，我聽到窗外響起汽車引擎的咆哮聲，和輪胎輾過地面時小石子噴濺的劈啪聲。接著他望向窗外仍飄在車道上的陣陣廢氣，面無表情、眼神空茫。但他的神情裡有些什麼讓我渾身一冷。我放下酒杯，站了起來。「我恐怕得先告辭了，塔維納先生。謝謝您請我喝一杯。」

他似乎忽然意識到我的存在，又換回親切的笑臉。「請別客氣。謝謝您照顧我家的老小子，他似乎已經好多了。」

我望向後照鏡，最上面一級台階的人影看起來渺小孤單，最後被高大的灌木叢完全遮住。

接下來的行程是去瑪斯坦丘高處看一頭病豬。往山丘上的道路帶著我經過土壤肥沃的谷底，在河畔樹林底下蜿蜒穿行，經過堅固的農舍和豐美的牧草地。車子接著駛離道路，爬上一條陡峭的徑道，周遭景緻陡然一變。變化劇烈到近乎粗暴，樹木和樹叢逐漸稀疏，開始出現光禿多岩的山坡地和綿延數英里的石灰岩圍牆。

雖然山谷裡仍然充滿新鮮嫩葉的盎然綠意，但到了山丘高處，樹木尚未萌芽，朝著天空伸展的光禿枝枒仍帶著一股蕭瑟冬意。

提姆．奧頓的農場位在上坡徑道的盡頭，我每次在柵門旁停車時總不免揣想，在這個草葉被終年不息的風吹得伏偃枯黃的地方，他到底怎麼靠著貧瘠的區區幾英畝地維持生計。無論如何，許多代農人在此創造出奇蹟，他們在這座農舍勤勉度日，也在同一間屋子裡與世長辭，農舍外圍的建築物選在被風吹襲得發育不良的樹林背風處砌建，巨大的石塊歷經三百年來的風吹雨打已開始碎裂剝落。

怎麼會有人想在這樣的地方建造農場？我打開柵門時轉過身，回望在坡地的圍牆間忽隱忽現的蜿蜒徑道，視線跟著向下，投在河水中在春日陽光照耀下白花花的石頭。也許建造者也曾在此佇足，望向廣闊無垠的綠地，呼吸著冷冽清甜的空氣，覺得這樣就足夠了。

我看見提姆．奧頓從院子另一頭走來。院子地面不需要鋪混凝土或礫石；他們只要將薄薄的泥土掃除，在農舍和附屬建築物之間就是一大片裂隙岩坡。這片岩石坡面何止耐久——它將亙古長存。

「所以這次是你的豬生病了，提姆。」我說，農人嚴肅地點頭。

「是啊，昨天還好得跟什麼一樣，今天早上就像死了一樣躺著一動也不動。我在飼料槽裡放食物的時候，他連頭都沒抬。老天，一頭豬不吃東西，就是出大事了。」提姆將兩手插在繫住尺寸過大長褲的寬皮帶裡，鬱悶地帶頭朝豬圈走去，那條皮帶看起來總像是要將他的乾瘦身軀一分爲二。儘管生活辛勞困苦，提姆面對挫折打擊時總是開朗樂觀。我從沒看過他這麼沮喪，我想我知道原因：他對家裡這頭豬有著很深的感情。

像提姆．奧頓這樣的小農靠著飼養幾頭乳牛餬口，他們會把生乳賣給大酪農場或自己製作奶油。他們每年宰一或兩頭豬，將豬肉醃製起來放在家裡慢慢吃。在比較窮困的地方，這些小農家庭似乎只吃這些；我出診時不管碰到他們在吃哪一餐，烹煮食物的味道永遠一模一樣——烤肥培根。

能將豬盡量養肥似乎成了一種光榮；事實上，在這些一年四季山風吹襲的小農場裡，人跟牛跟狗都骨瘦如柴，唯一肥胖多肉的大概只有豬。

我以前看過奧頓家的豬。大約兩週前，我過來幫母牛縫合乳頭的撕裂傷，提姆拍了一下我的肩膀低聲說：「跟我來，哈利先生，讓你看個東西。」我們望向豬圈裡二十五英石重[20]的巨獸，他毫不費力將偌大槽子裡的溼飼料吃得一乾二淨。我記得飼主眼裡的驕傲光芒，還有他聽著豬流口水和吧唧咂嘴的聲音彷彿諦聽天籟的神情。

那天的情況大不相同。那隻豬側臥著，身軀似乎更形龐大，眼睛緊閉，如同擱淺的巨鯨般占據豬圈的整片地板。提姆用木棍撥攪槽裡沒動過的飼料發出響聲引誘豬來取食，但是他文風不動。農人抬起疲倦的雙眼看著我。

「他很不舒服，哈利先生。不管是什麼病，都很嚴重。」

我看了一下剛拔出來的溫度計讀數，吹了聲口哨。「攝氏四十一點七度，發高燒了。」

提姆一下子面無血色。「我的老天！四十一點七度！那沒希望啦，他完蛋了。」

我觸摸著豬的側腹，露出微笑要提姆放心。「不，別擔心，提姆，我想他會沒事的。他得了丹毒。來，用手指沿著他的背摸摸看。你會摸到皮膚上有很多平坦的腫塊——這些是菱形紅斑。他在數小時內會全身出皮疹，不過到時候用看的就看不出來，只能用摸的。」

「你可以讓他好起來？」

「我想應該沒問題。我會幫他打很大一針血清，我跟你打賭，他幾天以後就會趴到槽邊猛吃了。大多數豬隻都能平安康復。」

「噢，無論如何，終於有一點好消息。」提姆說，臉上堆滿笑容。「你說四十一點七度，害我擔心得要命，去你的！」

我大笑。「抱歉，提姆，我不是有意要嚇你。我平常寧願看到體溫太高，也不想看到體溫太低。不過這時候感染丹毒是蠻奇怪的，通常都是在夏末時碰到。」

「好吧，這次就饒了你。到屋裡洗個手吧。」

進到廚房以後我縮著頭，但還是免不了碰到吊在天花板多根木梁下的巨大培根塊。偌大肉塊在鈎子上輕輕搖晃，有些部分厚達八英寸——全是白色的脂肪層。只有湊近細看，才看得出還有薄薄一層瘦肉。

奧頓太太端出一杯茶，我邊啜飲邊望向提姆，他已經癱坐在椅子裡兩手垂下，他一度閉起雙眼，臉上盡是疲憊。我不知是第幾次想著，像他這樣的小農是如何日復一日、沒完沒了地辛勤工作。奧頓才四十歲，但在持續勞動損耗下已經被壓得彎腰駝背，他的人生故事就寫在筋肉虯結的前臂和粗糙紅腫的十指上。他曾告訴我，他上一次錯過擠乳時間是十二年前，那天是他父親的喪禮。

---

⑳二十五英石約為一百五十九公斤。

我告辭時看到珍妮。她是奧頓夫婦最大的孩子，正在廚房門外使勁幫靠在牆上腳踏車的輪胎打氣。

「要出門啊？」我問女孩，她立刻直起身，將幾綹垂到額前的深色頭髮撥開。她約莫十八歲，五官清秀，一雙大眼睛靈動有神，有一種清瘦野性的美，看著她，就彷彿看見杓鷸盤旋，感覺山風吹過、陽光灑落，感受泥炭沼地的空曠開闊。

「我要去山丘下的村子。」她朝廚房裡偷瞄了一眼。「去幫爸爸買一瓶健力士。」

「去村子裡！跑這麼遠只為了買瓶健力士，到村子也要騎兩英里，騎回來還是上坡。妳大老遠跑去真的只要買一瓶啤酒？」

「對，只買一瓶。」她輕聲說，沉靜專注地數著掌心裡的一枚六便士和幾枚銅板。「爸爸為了等一頭女牛生產整晚沒睡——他累壞了。我去一趟很快就回來，他晚上就有健力士可以配晚餐，是他愛喝的。」她抬頭看著我，露出心照不宣的表情。「他會很驚喜。」

女孩說話時，仍然癱坐在椅子上的提姆轉過頭看著女兒；提姆露出微笑，片刻間，我看見他寧靜篤定的眼神，而他滿是皺紋的臉龐高貴可敬。

珍妮望著父親一會兒，低垂眉眼下露出藏著祕密的竊喜神色，接著她很快轉身騎上腳踏車，踩著踏板以驚人速度沿著徑道騎下山丘。

我開車跟在她後面，打到二檔慢慢行駛，車子在碎石路面上搖晃顛簸。我直直盯著前方，心裡百感交集。腦中的思緒不由自主地在我去過的兩棟屋子之間來回擺盪；一邊是河畔的豪華宅邸，另一邊是我剛剛造訪過搖搖欲墜的農舍；一邊的亨利．塔維納衣著考究，雙手看得出養尊處優，屋內是成排藏書、名畫和時鐘，另一邊的提姆．奧頓身上的長褲大到可以拉高到胸口用寬大皮帶繫著，他每天、每月、每年吃苦耐勞，只為了在環境嚴苛殘酷的山丘頂端謀求生存。

但我一直想到這兩家的女兒，想到茱莉亞．塔維納看著她父親的眼神，和珍妮．奧頓眼神中閃現的溫柔光輝。

要想出個所以然來並不如想像中容易，兩人的人生截然不同，其實眞的很難判定何者更爲充實有意義。但當車子開過丘坡徑道的最後幾碼，駛上平滑的柏油路面時，我茅塞頓開。反覆沉吟思量之後，如果我能選擇，我想我會選健力士黑啤酒。

第六十二章

崔斯坦正在拆開UCM藥瓶的外箱，藥瓶裡濃濃的紅色液體是我們對抗動物疾病的最後一道防線。瓶上標籤以黑色粗體大字標出它的全名「牛隻萬用藥」，下方註明治療咳嗽、發冷、腹瀉、乳腺炎、乳熱、肺炎、發炎和鼓脹皆有奇效。說明字樣最末信心滿滿地宣稱「一用見效」，我們太常看這張標籤，幾乎相信它真的百試百靈。

很可惜的是它並沒有什麼實際效果，即使舉起瓶子對著燈光，會看見藥水如紅寶石般紅豔深邃而目眩神迷，湊近瓶口嗅聞時，會有濃烈的樟腦加阿摩尼亞味直衝鼻腔，足以讓農人接觸到時頻頻眨眼搖頭，滿懷敬意地說聲：「我的老天，這東西可厲害了。」但是我們的特效藥太少，犯錯的可能性又太高，所以碰到不確定的情況，能遞出一瓶熟悉的備用藥還是能達到撫慰人心的效果。無論是我或齊格菲在約診簿填寫的看診紀錄，只要出現「出診，母牛，醫囑：開立1UCM」，八成是我們不知道病畜到底生了什麼病。

藥瓶細長而且形狀凹凸有致，裝在優雅的白色紙箱裡，看起來比我們現今使用、裝在樸素無華容器裡的抗生素和類固醇引人注目多了。崔斯坦將藥瓶從運送用的堅固大木箱裡拿出來，把它們排列堆疊在很深的層架上。他一看到我就停下手邊工作，一屁股坐在大木箱上，掏出一包忍冬牌香菸。他點燃一根菸，深深吸了一口，態度不明地盯著我看。

「所以你要帶她去看電影？」

他的眼光盯得我隱約有點不自在，我掏出口袋裡各式各樣的雜物扔進垃圾桶。「對，沒錯。再一個小時要出門。」

「嗯。」他瞇起眼，煙霧自嘴角緩緩逸散。「嗯……原來如此。」

「呃，你那表情是什麼意思？」我防衛性地說。「去看電影有什麼問題嗎？」

「不不，沒事，沒事。完全沒問題，吉米。沒有，沒有問題。眞是有益身心健康的約會活動。」

「但是你覺得我不該帶海倫去那裡。」

「我從來沒這麼說。不是的，我相信你們一起看電影會很愉快，只不過……」他搔了搔頭。「我以爲你的追求攻勢或許會……呃……再積極進取一點。」

我苦笑一聲。「聽著，我試過了，去雷尼斯頓飯店就很積極進取。噢，我不是在怪你，小崔，你也是好心提供建議，但你也知道上次的經驗糟糕透頂。我只是不希望今晚再出什麼岔子，我是打安全牌。」

「好吧，這我就不跟你爭了。」崔斯坦說。「沒有哪個地方能比達洛比廣場戲院更安全。」

稍晚在冷風不停灌入的偌大浴室中，我在浴缸裡渾身發抖，腦海中始終縈繞著崔斯坦說得有理的念頭。帶海倫去當地電影院是懦夫的表現，是在逃避現實，以爲可以躲進一個自以爲安全又幽暗私密的空間。但邊用毛巾擦乾，邊跳來跳去想讓身體暖和一點的時候，我望向窗外垂落的紫藤花串，再看到後方逐漸被夜幕籠罩的庭園，想著即使只是跨出很小的一步，至少是另一個開始，不由得稍感寬慰。

我關上斯凱谷宅邸的門，朝街道另一頭望去，最先亮起的店鋪燈光在暮色中殷殷召喚，我心中驀地一輕。就像是附近山丘吹來的輕風拂面，似有若無的芳香訴說著冬季已然遠去。天氣依然寒冷——在達洛比要到五月以後才會變暖——但陽光、溫暖的草地和舒適宜人的日子已經在望。

如果不仔細看，很容易錯過廣場戲院，因爲它就夾在皮克吉爾家的五金行和霍瓦茲家的藥房之間。戲院建築的設計並未企圖達到富麗堂皇，而戲院入口比一般店面寬不了多少。但我靠近之後卻很迷惑，因爲整間戲院一片漆黑。我算是及早抵達，但電影再過大約十分鐘就要開演，戲院卻還死氣沉沉。

我不敢告訴崔斯坦，我戒愼小心到直接跟海倫約在戲院門口見面。我那台車子總是有點不保險，很難保證可以及時或者能夠順利抵達任何地方，我想爲防萬一，交通方面最好還是排除任何風險。

「那我在電影院門口等妳。」天啊，這麼安排是不是很聰明？讓我想到自己小時候，想到我第一次跟女生約會。那時我才十四歲，在赴約途中爲了要付一便士的車資，我鄭重地拿出手頭唯一的半克朗硬幣，交給一名故意刁難人的格拉斯哥電車車掌。他爲了洩憤，就在他的包包裡東翻西掏，找回給我的零錢全是半便士硬幣。所以之後我們在售票口前排隊買票，輪到我們時，我不得不跟我的小女伴在衆目睽睽之下，掏出大把大把銅板來買一張只要一先令的電影票。這次難堪的經驗讓我心裡留下創傷——整整四年以後，我才敢再跟女生約會。

但是當我看到海倫小心地走在市集廣場的鋪石地面，所有陰霾一掃而空。她露出微笑，開心地朝我揮手，好像到達洛比廣場戲院約會是所有女生夢寐以求的邀約，她直直走到我面前時，臉頰微微泛紅，雙眼明亮有神。

忽然間，一切都對極了。我心中湧起一股強烈的信念，相信晚上會非常順利美好——絕不會有任何事攪局。我們互相打過招呼之後，她告訴我阿丹已經跑來跑去跟小狗一樣活潑，腳一點都不跛，這個消息讓原本歡欣愉快的我更是喜不自勝。

當下唯一令我煩惱的，是空蕩蕩無人看守的電影院入口。

「竟然沒人，眞是奇怪。」我說。「都快到開演時間了。我想這裡應該還有營業吧？」

「肯定還有。」海倫說。「週一到週六晚上都有開。無論如何，我想這些人一定也在等。」

我環顧四周。不能說是有人排隊，但周圍的人三五成群：有幾對男女，大多是中年人，還有一群小

男孩在人行道上打來鬧去。大家看起來都不太擔心。

確實不需要擔心。在電影開演兩分鐘前，一名身穿防水風衣的腳踏車騎士怒氣沖沖地在街角拐彎騎來，他低著頭，兩腳狂蹬踏板，以驚險的角度貼地甩尾過彎。尖銳剎車聲中，他在戲院門口外停住，拿出鑰匙打開門鎖，一把將門推得大開。他再伸手進去打開開關，一道霓虹燈條在我們頭上不規則地陣陣閃爍，復又熄滅。

燈條閃而復滅了好幾次，似乎鐵了心要調皮搗蛋，直到男人踮腳站起來，掄起拳頭訓練有素地揍了好幾下才讓它乖乖聽話。男人將防水風衣一脫，露出身上無懈可擊的晚禮服。戲院經理來了。

同時間，一名臃腫的女士不知從哪裡冒了出來，好不容易擠進售票亭。電影準備開場。我們拖著腳步魚貫步入戲院。那群小男孩各自付了九便士，邊搥來搥去邊鑽過簾幕進入一樓觀眾席，而我們其他人走上階梯，來到票價一先令六便士的二樓觀眾席。戲院經理的白色襯衫前襟和絲質翻領泛著光澤，在我們經過時微笑鞠躬，禮數十分周到。

我們走到階梯最上層，在一排木栓釘前停住，有些人脫下外套掛好。出乎我意料的是，站在那裡驗票的是鐵匠的女兒瑪姬·羅賓遜，她看到我跟海倫一起似乎大爲好奇。她咯咯傻笑，一直偷瞄海倫，小動作頻頻，只差沒有用手肘頂我一下。最後她拉開簾幕，我們走了進去。

我一進去就立刻驚覺，戲院管理階層決心確保顧客感受不到任何一絲寒意，因爲要不是空間內瀰漫老舊沙發椅的味道，我眞的有可能以爲自己置身熱帶叢林。在窒人熱氣中，瑪姬帶我們找到座位，我坐下時注意到，兩個座位之間沒有扶手。

「是約會專用座位哦。」她脫口而出，然後掩著嘴一溜煙跑走。

影廳內燈光還未熄滅，我轉頭打量小小的二樓觀眾席。席位上零零星星只坐了十來個人，在素色水膠漆牆面環繞中靜默耐心地等待。靠銀幕那一側的時鐘指針堅決地停在四點二十分。

但跟海倫坐在一起，什麼都沒關係。我很好，只是有呼吸不到空氣的感覺，想學金魚將嘴巴一張一合。舒適安坐在座位上時，坐在我們前面與妻子同行的矮小男人慢慢轉過頭來。他面容憔悴，神色嚴厲地扁著嘴，他目不轉睛與我對望許久，目光帶著挑釁的意味。我們默然相望老半天，他終於開口。

「她死了。」他說。

一股恐懼竄過全身。「死了？」

「對，是她。她死了。」他拖長音調一個字一個字慢慢說出來，哀傷中帶著一絲滿意，同時依舊直勾勾盯著我的眼睛。

我乾嚥了幾下。「噢，聽你這麼說眞的很遺憾，我很抱歉。」

他肅穆地點點頭，繼續以熾烈的目光盯著我，好像期待我多說些什麼。接著他顯然心有不甘地轉過頭去，在他的位子上坐好。

我無助地望著前方僵硬的背影，望著裹在厚重大衣裡窄小方正的雙肩。天啊，到底是怎麼一回事？他到底在說什麼？我記得在哪裡看過這張臉——一定是客戶。到底什麼死了？母牛？母羊？母豬？我心思飛轉，拚命回想過去一週診治過的案例，但跟這張臉孔似乎都對不上。

海倫看著我露出疑惑的表情，我勉強擠出一絲微笑。但保佑一切順利的神奇魔力已然失效。我正要開口對海倫說些什麼，矮小男人滿懷敵意，故意再次轉過頭來。

他再次以凶惡眼神瞪著我。「我認爲她的胃根本就沒問題。」他宣稱。

「您這麼認爲嗎？」

「沒錯，年輕人，我這麼認爲。」他很不情願地將視線從我臉上移開，再次轉回頭看向銀幕。

男人的第二輪攻勢達到了更佳的干擾效果，因爲影廳燈光忽然熄滅後，難以想像的嘈雜聲響開始衝撞耳膜爲男人助攻。是新聞影片《高蒙快報》。音響設備就如同暖氣設備，顯然是爲了皇家阿爾伯特音樂廳這樣的場地所設計，我被聲響轟擊得驚懼瑟縮了好一會兒。在震耳欲聾的兩週前舊聞播報聲中，我閉上雙眼，再次努力思索前方男人的身分。

我常常煩惱在農場以外的地方會認不出客戶的臉孔，曾經跟齊格菲討論過這個問題。

他一派輕鬆。「有一個很簡單的方法，吉米。只要問他們姓氏怎麼寫，就一點問題也沒有了。」

有一回我試用過這招，對方神色古怪地看著我，回答「歷史的『史』，祕密的『密』」，然後匆忙走開。所以當下我似乎無計可施，只能坐在位子上滿身大汗，雙眼盯著前方不以爲然的背影，在記憶裡拚命搜尋比對。新聞影片播放完畢時，陡然響起一陣刺耳音樂聲，此時我已經回溯了過去三週的記憶，卻一無所獲。

所幸出現了數秒鐘的安靜空檔，但接下來震耳欲聾的配樂再次響起。是雙片連映的第一部正片，外面的廣告形容爲旖旎的愛情故事，這部播完才會接著播映介紹蘇格蘭的電影。我現在已記不得電影片名，只記得有很多擁吻場景，情節本身其實沒問題，但是每次出現親吻畫面，樓下那群小男生都會發出拉得長長的吸吮聲幫忙配音。一點都不浪漫的噗噗怪聲。

而且裡頭愈來愈熱。我將外套拉得很開，鬆開襯衫領子，但我已經開始頭暈腦脹了。前方的男人依舊裹著他的厚重大衣，似乎無動於衷。放映機兩度故障，有好幾分鐘，我們只能盯著空白銀幕，聽著一樓觀眾席傳來震天價響的口哨聲和跺腳聲。

瑪姬．羅賓遜站在簾幕旁的昏暗燈光下，似乎還是爲了看到我跟海倫一起興奮不已。我只要抬起頭，就能看到她目不轉睛盯著我們，臉上掛著一抹意味深長的笑。然而電影大約播映到一半時，原本專注的她受到干擾，只見簾幕另一邊一陣騷動，忽然有人將她推到一旁，一副龐然身軀衝了進來。我認出來人是蓋伯．紐豪斯，眞是不敢置信。我先前就看過他無視限制賣酒時間的法規，看得出來他再次公然違法。他平日下午大多待在當地酒吧後側的房間，現在跑到電影院來，想在酩酊大醉之後放鬆一下。

他東倒西歪步上走道，我驚愕地看著他走進我們這一排，壓過海倫的大腿，踩過我的腳趾，那副巨大的軀體最後癱倒在我左邊的座位上。所幸旁邊是另一個約會專用座位，中間沒有扶手的阻礙，但儘管如此，他還是怎麼換姿勢都嫌不夠舒適。他挪上挪下扭來動去，不停發出唏咻唏咻呼嚕呼嚕哼哼齁齁的聲響，在黑暗中聽起來就像旁邊是一座擠滿肉豬的豬圈。但他終於挪好位置，在打了最後一個深沉的酒嗝之後，安穩陷入熟睡。

旖旎愛情故事一直沒機會發揮功效，而蓋伯．紐豪斯更爲它敲響了喪鐘。如雷鼾聲在我耳邊迴盪，放久變質啤酒的濃重氣味籠罩我身周，我根本無法欣賞銀幕上任何細膩的表現。

最後一個特寫鏡頭結束，影廳燈光亮起，我眞是鬆了一口氣。我有一點擔心海倫。晚間時光一分一秒過去，我注意到她的嘴唇愈來愈常抽動，眉頭也不時揪緊。我在想她是不是不高興了。瑪姬很湊巧地在這時出現，她帶著掛在脖子上的托盤朝我們前面一站，臉上依舊帶著壞笑，我買了兩根巧克力冰棒。

我只咬了一口冰棒，就注意到前方的大衣人影有了動靜。矮小男人再次發動攻勢，嚴厲的面容和怒瞪眼神比先前更令人發毛。

「我知道，」他說，「打從一開始，你就搞錯方向。」

「是這樣嗎？」

「對，我在動物堆裡也打滾五十年了，牠們胃出問題的時候絕不會是那樣。」

「不會嗎？你說得蠻有道理的。」

矮小男人在座位裡扭動著坐高，我一時之間覺得他要爬到我身上。他舉起食指。「首先，胃生病的動物拉出來的一定是硬的。」

「原來如此。」

「你回想一下，她拉出來的很軟，真的很軟。」「是的，是的，沒錯。」我趕緊說，瞥了一眼旁邊的海倫。真是太棒了——我還擔心氣氛不夠浪漫呢。

他大聲吸了吸鼻子，然後轉回頭，此時就彷彿一切都安排好似的，全場再次陷入黑暗，震耳欲聾的聲音再次響起。

我癱在座位上渾身顫抖，忽然反應過來，有什麼不太對勁。這個尖銳刺耳的西部片音樂是怎麼回事？接著銀幕閃現電影片名《亞利桑那神槍手》。

我緊張地轉向海倫。「怎麼回事？應該要播那部蘇格蘭的電影對不對？我們本來要看的那部？」

「應該是這樣沒錯。」海倫停頓了一下，似笑非笑地望著我。「不過可能不會播那部片了。事實上他們常常不先通知，第二部就直接改播其他電影。」似乎沒有人在意。

我疲憊地癱在座位上。好吧，我再次弄巧成拙。上次跑去雷尼斯頓卻沒有舞會，今天跑來看電影又改播別片。某方面來說，我還真是天才。

「很抱歉。」我說。「希望妳不會很介意。」

海倫搖搖頭。「沒關係。無論如何，我們就給這部片一個機會，也許會好看。」

但是看到老套的西部片情節上演，在一連串劈哩啪啦音效中傳達各種陳腔濫調時，我完全放棄希望。又會是一個和先前一樣悲慘的晚上。我冷漠無感地看著同一批人第四次騎馬疾馳經過同一塊岩石前面，完全沒有預料到接下來會爆出足以震破耳膜的連續槍響。我嚇得從座位上跳起來，連旁邊的蓋伯都被吵醒。

「吵啥！吵啥！吵啥呢！」他猛地坐直起來大聲嚷嚷，胡亂甩動手臂。他反手一擊狠狠打在我頭側，害我撞上海倫的肩膀，我正要開口道歉時，卻看到她的臉頰又開始抽動，眉毛也又揪了起來。但她這次似乎完全克制不住，整張臉似乎都失控了。她開始無聲地大笑，笑得無法自已。

我從來沒看過女生這樣大笑，讓人覺得她似乎好久好久以前就想這麼做了。她無所顧忌地大笑，整個人向後躺倒在椅背上，兩腿向前伸得直直的，垂落在身側的雙臂輕晃。她笑了好久好久，等到終於盡情發洩完之後才轉向我。

她伸手按住我的手臂。「我說啊，」她話聲微弱，「下一次，我們要不要散步就好？」

我安心了。蓋伯又睡著了，他的打鼾聲驚天動地，跟銀幕傳來的劈哩啪啦鬼哭神嚎相互較勁。我還是想不出來坐在前面的矮小男人可能是誰，我有預感，他絕不會善罷干休。時鐘依舊指著四點二十分。瑪姬還是盯著我們看，汗水沿著我的背脊不斷向下流淌。

戲院環境差強人意，但是沒關係。因爲還有下一次。

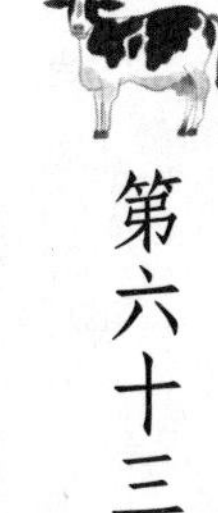

第六十三章

齊格菲有心事的時候，習慣拉著耳垂，眼神放空直視前方。他現在就是這副模樣，另一隻手伸長了揉碎餐盤裡的麵包硬皮。

我通常不會想在老闆沉思時刺探什麼，無論如何，我想出門去看上午的診了，但他凝重的表情讓我忍不住開口。

「怎麼了？你在想事情嗎？」

齊格菲慢慢轉過頭，雙眼有好一會兒似乎空茫卻炯炯發亮，許久才回復明澈有神。他放手不再拉耳垂，站起身走到窗邊，看著窗外空無一人的街道。

「沒錯，吉米，我確實在想事情。今天早上我收到這封信，其實我正打算問你的意見。」他急忙在口袋裡胡亂摸索一陣，掏出一堆手帕、溫度計、皺巴巴的鈔票和出診單，最後摸出一個長形藍色信封。

「這裡，你看一下。」

我打開信封，裡頭只有一張信紙，我很快瀏覽。讀完後我一臉疑惑抬起頭。「抱歉，我沒搞懂。信上只說蘭森少將敬邀您參加本週六的布羅頓賽馬會。沒什麼問題，對吧？你那麼喜歡賽馬。」

「啊，但是沒那麼單純。」齊格菲說，再次拉著他的耳垂。「其實是給我的測驗。蘭森將軍是西北區賽馬場數一數二的大人物，他週六會帶他的好伙伴來好好考較我一番，他們要看看我是不是健全的好馬。」

我肯定面露警戒之色，因為齊格菲咧嘴笑了。「聽著，我最好把話說在前頭，我就長話短說吧。西北區賽馬場的高層要找一名督察所有活動的外科獸醫師。你也知道如果地方上舉辦賽馬會，當地的獸醫也會出席待命，在馬匹受傷時負責診治，但是這個職務不一樣。督察獸醫師要處理疑似使用禁藥的案例跟其他狀況——某方面來說，其實他得是專家才行。唔，我已經接到小道消息，聽說他們認爲我可能是適合人選，而週六的邀約就是爲了這件事。我認識老蘭森，不過沒見過與他共事的人。他們是打算找我去賽馬會待一天，評量我是否適任。」

「如果他們決定僱用你，就表示你要放棄診所？」我問。這個念頭一冒出來，一股寒意竄過我全身。

「不，不會，但我每週會有差不多三天要忙賽馬場的事，我在想這樣會不會有點忙不過來。」

「呃，我不知道。」我將咖啡一飲而盡，把坐著的椅子向後推。「說實在的，還輪不到我給意見。我沒有什麼醫治賽馬的經驗，對賽馬也沒有興趣。你得自己作決定。不過你老是說很想當專門的馬獸醫，而且你熱愛賽馬場的氣氛。」

「這你倒是說對了，吉米，確實如此。而且能夠多賺一些外快，無疑也會很有幫助。每間診所都需要類似的財源——某種簽約形式的業務，可以帶來固定收入，就不用只等著農人付帳。」他從窗邊轉回頭。「無論如何，我週六會跟他們一起去布羅頓賽馬會，我們再看看到時候怎麼樣。你也要一起來。」

「我！爲什麼？」

「唔，信上寫著『攜伴參加』。」

「那是指女伴，顯然他們的太太都會一起參加。」

「管他指什麼，吉米，你要跟我一起去。出門一天，享受一下免費的食物酒水，對你也有好處。只是幾小時的事，崔斯坦可以留守。」

週六我聽到門鈴響起去應門時，已經將近中午。我沿走廊走向前門，看出玻璃門外的來客身分很好辨認。

蘭森將軍身材矮壯，嘴唇上方耀武揚威突伸的小鬍子濃黑得驚人。楚曼上校個子很高但微微駝背，有個鷹勾鼻，他和他的同伴過去長年在軍旅中發號施令，周身散發出幾乎肉眼可見的權威光環。他們後方兩位全身粗花呢的女士站在矮一級的台階上。

我打開門，在他們毫無笑意的嚴厲目光打量之下，感覺自己抬頭挺胸、鞋跟併攏。

「法農先生！」將軍大喝一聲。「我想已經在等候我們。」

我後退一步，將門拉開。「噢是的，當然，請進。」

兩位女士先一陣風似地進門，蘭森夫人與將軍一樣矮壯，看起來比丈夫更爲嚴厲，接著是年紀小很多的楚曼太太，她的美呈現某種硬派風格。他們全都無視我的存在，只有殿後的上校定睛朝我打量片刻，目光中帶著猜疑。

先前已有交代，我要負責倒雪莉酒，一進到起居室，我立刻開始用醒酒壺斟酒。第二杯酒到一半時，齊格菲走了進來。我一個不小心，灑了一點酒出來。爲了出席這次場合，老闆眞的是盛裝打扮。瘦削的他換上剪裁無可挑剔、馬褲專用斜紋厚呢製成的套裝，稜角分明的長臉剛剛刮理乾淨，砂灰色小鬍子修剪齊整。他走進來時以流暢動作脫下全新的圓頂硬氈帽致意，我放下醒酒壺，滿懷欣慰地望著他。或許齊格菲祖上曾出了幾位公爵或一位伯爵也不一定，但不管怎麼說，兩名軍官立刻相形見絀，看起來出身寒微，衣著還有些邋遢不整。

將軍朝齊格菲迎上去的樣子幾乎有點巴結討好。「法農，親愛的小老弟，你好嗎？眞高興再見到你。容我向你介紹一下，這位是內人，這兩位是楚曼太太和楚曼上校。」

上校擠出有點扭曲的笑容，讓我有些訝異，但我最有興趣的，還是兩位女士的反應。蘭森夫人在齊格菲彎身致意時抬頭看著他，已經六神無主。真不敢相信看似固若金湯的要塞竟會如此不堪一擊，但事實明擺在眼前；她面容的剛硬線條消融無蹤，臉上堆滿甜蜜的笑容，就像每個人家裡親愛的老媽媽。

楚曼太太的反應不同，但戲劇化程度有過之而無不及。當那雙沉著的灰眼望向她時，她整個人似乎凋萎了，臉頰好像忽然承受劇烈疼痛一般扭曲。她費盡力氣克制住自己，但是齊格菲一轉頭去看兩位男士，她就以憂傷飢渴的眼神盯著齊格菲。

我粗魯地將雪莉酒倒進杯子裡。可惡，又來了，還是老樣子。而他根本什麼事都沒做，只要望著他們就行了。老天，真是太不公平了。

喝完雪莉酒，我們移師屋外，坐進齊格菲的路華，無懈可擊的車身是在前一年夏天的事故之後特別客製化打造。這樣一輛代步工具真是令人印象深刻。在崔斯坦被迫花了一早上用絲襪和皮革奮力擦拭之後，整台車光可鑑人。齊格菲坐進駕駛座，在發動車子駛離時優雅地朝他弟弟伸長一手致意。我不舒服地蹲坐在小小的折疊椅座上，忍不住覺得自己是唯一多餘的東西，我對面的兩位男士在後座上保持軍人坐姿，他們手裡的圓頂硬氈帽帽頂朝向正前方。坐在男士之間的楚曼太太一臉欽慕地盯著齊格菲的後腦勺。

我們在賽馬場一起吃午餐，齊格菲面對燻鮭魚、雞肉冷盤和香檳一派從容自在。他在午餐時間無疑成功擄獲在場所有人的心，與男士們討論起賽馬頭頭是道，同時一視同仁地向兩位夫人施展魅力。嚴厲的蘭森夫人在齊格菲幫忙她劃投注卡時，樂呵呵地傻笑起來。可以確定的是，如果能否獲得聘任取決於齊格菲當天的表現，那麼這時候投票表決，齊格菲肯定高票獲選。

午餐結束後，我們到了馬匹檢閱場，要看一下第一場賽事前出場遊行的賽馬。賽馬場上觀眾熱鬧推擠，賭客大聲叫囂，美麗的駿馬來回踏步，嬌小耐操的賽馬騎師身上色彩繽紛，正在跟場中央的訓練師閒聊，我看得出來，齊格菲將賽事場景盡收眼底時整個人意氣風發，他剛剛喝下不少香檳，此刻五感特別敏銳，他看起來勝券在握，很清楚當天將會是圓滿成功的一天。

賽馬場獸醫梅威瑟也跟我們一起觀看第一場賽事。齊格菲跟他略有交情，他們正聊著賽事時，場上升起「呼叫獸醫」的訊號。一個男人匆忙走向梅威瑟。「那匹馬在過最後一個彎時滑倒，現在還倒在地上，看起來像是站不起來。」

梅威瑟朝圍欄旁走去，他的車子停在那裡隨時待命。他轉頭問我們：「你們要一起來嗎？」齊格菲面帶徵詢望向同行的一群人，他們親切點頭表示同意。我們加快腳步跟上梅威瑟。

沒過多久，我們已經在車裡火速衝向賽道的最後一個彎。梅威瑟抓緊方向盤，車子全速駛過草地，他半對著自己嘀咕道：「眞要命，希望這傢伙沒摔到骨折——全天下我最痛恨的事，就是射殺一匹馬。」

我們趕到時，情況看起來不太妙。毛皮富有光澤的賽馬側躺在地，除了肋骨部位的吃力起伏，其他部位一動也不動。騎師跪在賽馬頭部旁邊，額頭的傷口血流如注。「您怎麼看，先生？他的腳斷了嗎？」

「我們檢查一下。」梅威瑟開始對伸直的四肢進行觸診，以強壯有力的手指觸摸每一根骨頭，小心地彎曲球節、膝關節、肩關節和飛節。「都沒問題，確定不是骨折。」接著他忽然指著賽馬頭部。「看一下他的眼睛。」

我們檢查了：賽馬雙眼呆滯無神，有輕微但很明確的眼球震顫症狀。

「腦震盪？」齊格菲說。

「沒錯，他剛剛撞到頭了。」原本跪著的梅威瑟站起來，看起來心情好多了。「來吧，我們推他起來讓他胸口著地。我想只要有一點助力，他應該就能站起來。」

周圍人很多，來了許多幫手，大家合力很輕易就推動賽馬的身軀，讓他滾成胸骨著地、前腿向前伸直的姿勢。維持這個姿勢數分鐘後，他掙扎著站了起來，身體還微微搖晃。一名馬僮牽著他走開。

梅威瑟大笑。「哈，還不算太壞，他可眞是匹好馬。我想他休息一下就會沒事。」

齊格菲正要答話，圍欄後方傳來「嘿，這邊！」的呼喊聲。我們抬起頭，看到一個滿臉通紅、身材壯碩的人影朝我們熱切地揮手。「嘿！嘿！」人影呼喊。「來這裡一下。」

我們走了過去。齊格菲似乎覺得對方的臉孔值得玩味。他細看對方胖呼呼、笑呵呵的臉龐和落在額前的幾絡油膩黑髮，然後開心地大叫出聲。

「老天！史都華．布萊南！來，吉米，來見見另一位同行——我們是獸醫學院的同學。」

齊格菲跟我講過很多史都華．布萊南的事。他講過太多對方的事，我覺得自己好像應該跟這位再熟悉不過的老朋友握握手才對。有時候我跟齊格菲心血來潮，會在斯凱谷宅邸的大房間裡從深夜對酌到天將亮時，一起回味往日時光，細數從前結識過所有多采多姿的人物。我記得他告訴過我，他是在學院修業到大約一半時勝過史都華，在史都華奮鬥到第三年時，他就取得獸醫資格。在齊格菲的描述中，史都華毫無企圖心，討厭念書，總是不修邊幅；事實上，是他認爲最不可能事業有成的那種年輕人。但史都華也有一些打動人心的特質，他像孩子一樣純眞坦率，有著寬厚博愛的胸襟，而且無論碰到任何挫折，都能保持樂天開朗。

齊格菲朝梅威瑟大喊。「你回去能幫我跟我的朋友說聲抱歉嗎？我得跟個老朋友聊一聊——我很快就回去。」

梅威瑟揮了揮手，上車沿著賽道開了回去，我們鑽過圍欄。

齊格菲抓住壯碩人影的手臂。「來吧，史都華，我們找個什麼地方喝一杯？」

第六十四章

我們走進看台下方低矮的狹長酒吧，我微微吃了一驚。這一頭是四先令六便士的座席區，提供的飲食和馬匹檢閱場那邊提供的大相逕庭。這裡的觀眾大多站著吃喝，而食物似乎主要是派和香腸捲。

齊格菲好不容易擠進酒吧，端來三杯威士忌。只剩少少幾張桌子還有空位，我們在其中一張旁邊坐下——金屬桌面的桌子不太穩。隔壁桌坐了一個五官鮮明突出的男人，他認眞研讀以粉紅紙張印製的《賽馬報》，同時拿著品脫杯大口灌啤酒，並且大啖豬肉派。

「說吧，老同學。」齊格菲說。「你這六年來都在忙什麼？」

「噢，我想想。」史都華說，他心不在焉地將杯中威士忌一口喝乾。「在你畢業之後沒多久，我就參加資格考，說眞的，我最後的成績也不差。兩科我都第一次就考過，之後術科我就有點頭大，重考了幾次才考過，四年前我就開始幫天眞善良不疑有他的動物們看診啦。之後我去過蠻多地方，北邊，南邊，甚至到愛爾蘭待了六個月。我一直努力想找到可以養家活口的地方，每週只賺三、四英鎊，想養活全家人可不太夠。」

「全家人？你結婚了？」

「正是。你還記得小梅格．漢彌頓嗎——我以前常帶她去參加學院的舞會。我們是在我念最後一年時結婚的，我們生了五個小孩，還有一個快要來報到了。」

齊格菲被口中的威士忌嗆了一下。「五個小孩！我的老天，史都華！」

「啊，其實眞的很美好，齊格菲。你很可能會猜想我們是怎麼過活的。嗯，我沒辦法告訴你，因爲我自己也不知道。我們其實只差一步就過不下去了，但我們還是很幸福，我想我們會沒事的。我幾個月前在亨斯菲爾德找到穩定工作，目前一切都好。終於付清管家的薪水，這一點最重要。」

「亨斯菲爾德是嗎？」齊格菲說。我腦海中浮現這個西來丁的偏僻城鎮，野地的斷垣殘壁中豎立著幾根工廠煙囪，同在約克郡，風貌卻大不相同。「我想病患主要是小動物吧？」

「噢對。我的收入幾乎全是幫當地公貓拿掉睪丸的手術費。還好有我在，亨斯菲爾德的母貓走在街上都不用怕被騷擾了。」

齊格菲放聲大笑，在唯一的酒吧女侍匆匆走過時輕輕抓住她的手臂。她皺著眉頭猛然轉身正想咒罵，一見齊格菲立刻表情一變，帶著微笑詢問。「需要什麼，先生？」

齊格菲嚴肅地望著她好一會兒，一手仍然抓著她的手臂。接著他平靜地吩咐。「我想妳能不能很好心地幫我們端三大杯威士忌過來，接下來只要看到杯子空了，就再幫我們續杯。妳能做到嗎？」

「當然，先生，沒問題。」女侍看起來已經年過四十，但她像少女一樣羞紅著臉。

史都華無聲大笑起來，雙下巴抖個不停。「法農你這老小子，看到你一點都沒變，我眞是開心極了。」

「眞的？唔，那還眞不錯，是吧？」

「有趣的是，我不覺得你認眞嘗試過。」

「嘗試？嘗試什麼？」

「啊，沒事。別想了——我們的威士忌來了。」

酒一杯接一杯送來，他們也聊個沒完。我沒有插嘴，只是坐著聆聽，沉浸在愉悅的氣氛中，我每喝完一杯就不著痕跡地將自己的下一杯推向史都華，他隨意一擺手肘就整杯下肚。

齊格菲大略講述他自己這些年的發展，他的老同學卻毫不嫉妒眼紅，令我大為訝異。他很開心地聽著齊格菲聊到診所生意蒸蒸日上、屋子環境舒適，還有聘用了助理。齊格菲回憶中的史都華有點胖呼呼的，而眼前的史都華本人儘管生活刻苦卻相當肥胖。我也聽齊格菲講過那件大衣：那件「深藍絨毛裝」是史都華在學院念書那幾年唯一的禦寒保暖用品。大衣當年看起來應該就不怎麼稱頭，但如今已經顯得寒傖悲慘，縫線被胖大身軀撐得幾乎迸裂。

「聽我說，史都華。」齊格菲不太自在地把玩他的酒杯。「我相信你在亨斯菲爾德會過得很好，但要是很不巧地沒那麼順利，我希望你不要介意找我幫忙。你也知道我在達洛比，其實跟你離得不遠。」

他停頓一下，嚥了口口水。「你現在情況還好嗎？如果多個幾英鎊不無小補，我手邊有現金。」

史都華很快喝下雙份威士忌，應該是他的第十杯，他溫柔和善地望著老朋友。

「你眞是老好人，齊格菲，不用這樣，不過還是謝謝你。就像我剛剛說的，我們付清管家的薪水了，我們會沒事的。但是我很感激——你一直都這麼好心。古怪的老好人，但是很好心。」

「古怪？」齊格菲一臉興味盎然。

「不，不是古怪，我用錯詞，是特別。沒錯，你眞的太特別了。」

「特別？」齊格菲一臉疑惑，呑下威士忌的樣子好像烈酒早就變得完全沒味道似的。「這一點我想眞是大大的誤會，史都華。」

「別爲了這個想破頭啦。」史都華說，伸手越過桌面搥了一下齊格菲的肩膀。但他的判斷嚴重失準，反而擊飛了齊格菲拿在手上的圓頂硬氈帽。帽子滾到隔壁桌男人的腳下。

聽他們對話時，我注意到隔壁這位男士飛奔出去之後又慢慢走了回來，再次拿起他的《賽馬報》研讀並且又狼呑虎嚥了起來。男人低頭看著帽子。由於飲用啤酒過量，囫圇呑下的豬肉派難以消化，再加上投資失利，他的表情夾雜著悲憤和挫折。他像抽搐般一腳踢向帽子，神情一下子就緩和許多。

帽子朝齊格菲飛來，他一把接住，帽子多了一個很深的凹痕。但他鎮定自若地將帽子戴回頭上，看起來一點都不惱怒，顯然覺得男人的反應完全正常。

我們全都站起來，忽然覺得天旋地轉、頭暈目眩，我有點吃驚。不再暈眩之後，我又吃了一驚：偌大的酒吧已經幾乎空蕩無人。啤酒機已經蓋上白布，酒吧女侍正在收拾空杯。

「史都華，」齊格菲說，「聚會結束啦。你知道我們在這裡東聊西扯一下就過了兩個多小時嗎？」

「也很愉快。比把辛苦賺來的錢送給賭客好多了。」史都華站起來時抓著桌角才站穩，眨了好幾下眼睛。

「不過還有一件事。」齊格菲說。「有幾個朋友，我是跟他們一起來的，他們現在一定在想我到底跑去哪裡了。我說啊，你跟我一起過去，跟他們認識一下。等他們知道我們是好多年沒見的老朋友，就能理解了。」

我們好不容易緩緩走到馬匹檢閱場，沒看到將軍和其他人。最後終於在停車場找到他們，一行人板著臉圍在路華旁邊。停車場裡其他車輛大多已經離去。齊格菲自信滿滿地大步走上前，頭上那頂有點凹陷的圓頂硬氈帽以活潑的角度翹起。

「沒能陪伴諸位實在失禮，但是剛剛在那裡發生一件很棒的事。我想向各位介紹史都華·布萊南先生，他跟我一樣是獸醫，也是我很好的朋友。」

四個人面無表情轉頭看向史都華。他那張大臉脹得火紅，頂著滿頭滿臉的薄汗露出親切的微笑。我注意到他那件深藍絨毛大衣的釦子扣歪了，最上方多出一個扣眼，兩邊下襬一高一低，原本就老舊緊繃的衣著看起來更加怪誕。

將軍短促地點了個頭，上校似乎在磨牙齒，兩位女士很明顯地渾身僵住並別開視線。

「是，是，很好。」將軍咕噥。「但是我們在這裡等了一陣子，想要回去了。」他昂起下巴吹著鬍子道。

齊格菲擺了擺手。「當然，當然，沒問題。我們現在就走。」他轉向史都華。「那麼要暫時跟你告別了，老朋友。我們很快就能再相約見面，我會打電話給你。」

他開始翻遍所有口袋尋找車鑰匙。一開始的動作很緩慢，但他慢慢加快速度。在翻找所有口袋大約五遍之後，他停下來，閉上雙眼，似乎陷入長考。接著，他似乎決定要有條不紊地進行這件事，開始將口袋裡所有物事一個一個掏出來擺在引擎蓋上，隨著雜物堆逐漸增長，我也愈來愈堅信大禍即將臨頭。

我擔心的不只是找不到車鑰匙。齊格菲喝下的威士忌比我多出很多，由於威士忌的酒意上來得比較慢，他這時才慢慢不勝酒力。他身體輕輕搖晃，凹陷的帽子向前滑蓋住一邊眉毛，他從口袋每掏出一樣東西，都像貓頭鷹一樣瞪大眼仔細檢查，卻頻頻將東西掉在地上。

一個男人拿著長柄刷、推著手推車慢慢走過停車場，齊格菲忽然抓住他的手臂。「聽著，我要你幫我做件事，給你五先令。」

「好的，先生。」男人將錢收進口袋。「您要我做什麼？」

「幫我找車鑰匙。」

男人朝著齊格菲腳邊張望。「我盡力幫忙。您的車鑰匙是掉在這邊嗎？」

「不，不是。我也不知道是在哪裡掉的。」齊格菲意味不明地揮了一下手。「掉在賽場上某個地方。」

男人愣了一下，然後望向占地數英畝的賽場，只見遍地都是棄置的下注卡和撕碎的票卷紙屑。他回頭看著齊格菲，忽然咯咯笑了起來，然後笑著走開。

我偷眼瞄了一下同行的一群人。他們站在原地看著齊格菲尋找車鑰匙，全程一語不發，似乎沒有人覺得有趣。將軍首先發難。

「老天啊，法農，見鬼的車鑰匙到底在不在你身上？要是那該死的東西不見了，我們最好另作安排，總不能讓女士們一直站在這裡。」

後方傳來一聲輕咳，史都華還在。他蹣跚走向齊格菲，在他耳邊低聲說話，片刻後，齊格菲熱情地緊握扭絞他的手。

「天啊，史都華，你人眞好！你是我們的救星。」他轉向大家。「各位不用擔心——布萊南先生非常好心地提議要載我們一程，他去另一個停車場把車子開過來。」他意氣風發，揮手指著東倒西歪穿過柵門那抹閃著光輝的深藍色胖大背影。

齊格菲拚命想找話聊，但氣氛冷清難堪。沒有任何人回應他故作輕鬆拋出的話頭，他看到將軍臉上露出憤怒又不敢置信的表情時，將嘴邊的話吞了回去。史都華回來了。他開著一輛奧斯汀七型，車子與駕駛座上的龐大身軀對比之下更顯得迷你。從栗色烤漆的鏽斑和車窗玻璃的裂痕，我判斷這個曾經是「敞篷休旅車」的型號已經頗有年紀，折疊式車篷早已解體，如今是自行將帆布以無數繩結繫在變形撐桿上固定當成替代篷蓋。

史都華掙扎半天下了車，拉開副駕駛座車門，謙遜地微微頷首。他指著光禿車子底板上取代副駕駛座的一堆麻布袋示意可以上車；後座也沒有任何座椅，只放了數個粗劣木箱，箱子上還貼著印了「特選美國蘋果」字樣的彩色標籤。木箱裡亂七八糟地塞滿藥瓶、聽診器、藥粉罐和針筒盒。

「我在想，」史都華說，「要是我們把麻布袋蓋在箱子上……」

將軍直接打斷他的話。「該死，這是在開什麼玩笑嗎？」他的臉脹成深紅，脖子上青筋可怕地暴凸。「你現在是想侮辱我的朋友和兩位女士嗎？你今天下午的表現是想好好吃一頓鞭子，法農。是你自找的——吃一頓鞭子！」

他忽然頓住，旁邊傳來路華引擎的轟隆聲響。是上校展現了身爲上校應具備的智謀，將點火裝置的電線短接，成功發動車子。所幸車門都沒有鎖。

女士們跟上校坐進後座，我灰頭土臉地默默坐上小折疊椅。將軍再次克制住自己。「上車！我來開！」他朝齊格菲大喝，好像在喝斥犯錯的准下士。

但是齊格菲掙扎著舉起手。「等一等。」他大著舌頭說。「擋風玻璃好髒啊，我幫您擦一下。」在女士們沉默注視下，他轉身繞到車子後側，開始在後車箱裡胡亂翻找。女士們眼中的愛火已然熄滅。我不知道齊格菲爲什麼要大費周章，可能是因爲在迷濛的威士忌酒氣中，他覺得必須恢復自己原先在一行人之中勤奮幹練成員的角色。

但他徹底失敗，努力表現只造成反效果。他拿來擦玻璃的東西，是一隻死掉的母雞。

數週之後，又是早餐時間，齊格菲邊喝他的第三杯咖啡邊讀著早報，忽然大聲對我說話。「啊，我看到了，赫伯特．賈維斯，曾任皇家陸軍獸醫部隊上尉、現任皇家獸醫學院成員，獲西北區賽馬場聘任爲督察外科獸醫師。我認識賈維斯，他人很好，很適合這份工作。」

我望向桌子對面的老闆，想看看他臉上有沒有一絲失望或懊悔。完全沒有。

齊格菲放下杯子，用餐巾擦了擦嘴，滿足地嘆了口氣。「你知道嗎，吉米，凡事都是最好的安排。遇見老史都華是天意，或上天的安排，或隨你怎麼說。我從來就不想爭取那份工作，要是我眞的接了，日子肯定會變得很悲慘。來吧，小伙子，我們出發——上山看診去。」

第六十五章

自從那天晚上跟海倫一起看電影之後，我似乎自然而然養成偶爾晚上去探望她的習慣。連我自己都沒有察覺，就已經發展出一套模式：晚上大約八點鐘，我的雙腳就會不由自主地朝赫斯頓農場移動。我當然會抗拒這股衝動，沒有每晚都去：我從早到晚都要忙著工作，還必須注意行爲合宜得體，此外還要顧慮歐德森先生。

海倫的父親身材矮小，感覺難以捉摸，他自從妻子數年前過世後就變得孤僻內向。他對畜養牲口很有一套，將農場經營得有聲有色，但似乎常常心不在焉。他還養成一些奇特的小癖好：碰到事情不順時，他會自言自語很長一段時間，而爲了某件事心情特別愉快時，他常會忽然大聲哼起不成調的旋律。他的哼唱聲穿透力驚人，在我以獸醫身分前去拜訪時，時常靠著聆聽那種獨特哼聲，就能在農場建築物群中聽聲辨位找到他。

我一開始去找海倫時，我確信他完全沒有注意到我的存在——我只是他女兒衆多年輕追求者中的一個，但慢慢地，隨著我的造訪逐漸頻繁，他忽然意識到有我這麼一個人，起初只是起了一點興趣，但很快就提高警覺懷著戒心。說眞的，不能怪歐德森先生。海倫是他的寶貝女兒，他自然希望女兒能找到很好的對象。而在他視線可及的範圍裡，就有至少一個理想對象——年輕的理查．艾蒙生，他的父親跟歐德森家是老朋友，家裡的農場占地將近一千英畝。艾蒙生家有錢有勢，而理查也確實對海倫很認眞。和理查相比，沒沒無聞、阮囊羞澀的年輕獸醫實在不是理想的女婿人選。

我去找海倫時，只要歐德森先生也在場，我就渾身不自在。我們似乎一直用眼角餘光打量彼此，每次我朝他瞥去，他必定轉開視線，而我也必須承認，要是他忽然朝我看來，我也會忍不住別開目光。

眞的很可惜，因爲我本能地覺得歐德森先生相當討人喜歡。他的個性很迷人，親切和善，從不與人交惡，如果是在不同的處境，我們一定會相處得很融洽。但是事實無可迴避：他憎恨我。不是因爲他捨不得女兒——他不是自私的人，無論如何，他已經找到優秀的管家，他的妹妹新寡，搬來與歐德森家同住。露西姑姑令人敬畏有加，無論主持家務或教養海倫的年幼弟妹，都完全能夠勝任。只是歐德森先生已經習慣了那個令人安心的想法，預設有一天女兒會嫁給老朋友的兒子，從此過著豐衣足食的優渥生活；性格中頑固執著的特質使然，他會極力反抗任何改變的可能。

所以只要跟海倫一起到了屋外，我就覺得如釋重負。那時候一切感覺都對了；我們會去在村鎮活動中心舉辦的小型舞會，在山丘間已長草的老舊礦區徑道散步，一走就好幾英里，或者她會在我晚間出診時陪我一起去。在達洛比沒有什麼精采刺激的活動，但在這裡完全沒有壓力，讓人有一種自給自足、溫馨自在的感覺，覺得一切都充實值得、富有意義。

如果沒有齊格菲與我的那番對話，這樣的日子或許會持續到不知道什麼時候。那天我們如常於就寢前坐在斯凱谷宅邸的大房間裡，聊著當天發生的事，他忽然大笑著拍了一下膝蓋。

「老哈瑞．佛斯特今晚過來付了錢。他眞的很好笑——坐在那裡環顧四周說什麼『你這個小窩可眞不錯，法農先生』，然後很狡猾地加了一句：『窩裡也該有鳥了，你知道的，窩裡應該有一隻小鳥。』」

我也大笑。「噢，你現在應該已經習慣了吧。你是達洛比的黃金單身漢，大家總是喜歡調侃你——他們非得等你找到人結婚才會滿意。」

「等一下，話可別說太快。」齊格菲若有所思地打量我。「我完全不覺得哈瑞在講我，他要講的是你。」

「什麼意思？」

「唔，你想想看。你之前不是說，有一天晚上你跟海倫散步走過哈瑞的土地時，碰到這老小子嗎？碰到這種事，他可是一下子就反應過來。他覺得你該定下來了，就是這樣。」

我向後靠在椅子上，開懷大笑。「我！結婚！講得跟眞的一樣。你能想像嗎？可憐的老哈瑞。」

齊格菲傾身向前。「你笑什麼，吉米？他說得很有道理——你差不多該結婚了。」

「搞什麼？」我不敢置信地看著他。「你現在到底在說什麼？」

「很簡單。」他說。「我在說你該結婚了，而且要盡快。」

「哦，別鬧了，齊格菲，你在跟我開玩笑吧！」

「我何必開這種玩笑？」

「見鬼了，我的事業才剛起步，我沒錢，什麼都沒有。這件事我根本連想都沒想過。」

「連想都沒想過……唔，那你回答我，你是不是在追海倫．歐德森？」

「呃，我……我是在……噢，我想你可以這麼說。」

齊格菲愜意地靠回椅子上，十指指尖相對，擺出公正客觀的表情。「很好，很好。你承認你在追那女孩了，現在讓我們再進一步。據我個人的觀察，她非常有魅力——事實上每逢市集日她走過廣場時，都幾乎引發連環車禍了。大家也都知道，她聰慧，性情平和，而且廚藝絕佳。以上你或許都同意？」

「我當然都同意。」我說，齊格菲高高在上的態度讓我有些惱怒。「但講這個到底要做什麼？你爲什麼講起話來活像高等法院的法官？」

「我只是試著表達我的論點，吉米，也就是說，你似乎有了理想的妻子人選卻毫無作爲。事實上，我就直話直說吧，希望你別再瞎混，展現一點行動力讓我們看看。」

「事情沒你說的這麼簡單。」我抬高音量。「我已經告訴過你，我的經濟情況要再好一點，而且無論如何，別這麼快就下定論，我也不過就這幾週比較常去她家找她——我想絕對沒有人會這麼快開始考慮結婚。還有一件事，她老爸不喜歡我。」

齊格菲將頭歪到一邊，我看到他臉上開始浮現苦口婆心的慈祥神情，忍不住咬牙切齒。「聽我說，老小子，別生氣，但爲了你好，有些話我非告訴你不可。謹愼小心往往是美德，但就你的案例而言，你小心過頭了。這是你性格中的小小瑕疵，而且展現在許多方面。例如你在工作上碰到的問題，你總是小心翼翼地應對——你每次都擔心過頭，明明應該大膽地向前衝，你卻戒愼恐懼地一步一步前進。安全無虞的時候，你老是覺得可能有危險——你應該學著冒險，試著放手一搏。現況就是你因爲猶疑不定，做起事來反而綁手綁腳。」

「其實就是陷入泥淖、故步自封，對吧？」

「別這樣，吉米，我可沒這麼說。但既然把話講開了，我還想提到一件小事。我知道你不會介意我這麼說。如果你不結婚，恐怕我就不會看到你在診所業務上全心貫注、全力以赴，因爲坦白說，你最近愈來愈常心神不寧、魂不守舍，我敢說你有一半的時間都不知道自己在做什麼。」

「你到底在說什麼？我從來沒有聽過這麼……」

「好好聽我說，吉米。我說的千眞萬確——你走路像在夢遊，而且最近養成一個擾人的習慣，在聽我講話時會眼神放空。解決方法只有一個，孩子。」

「還眞是輕鬆簡單的解決方法，是吧！」我大叫。「沒錢，沒房子，高高興興大喊一聲就踏入婚姻。沒有任何事需要擔心！」

「啊哈，你看，你又來了，拚命往難處想。」他輕笑了一下，慈愛憐憫地望著我。「你說你沒錢。唔，再過不久，你就會成爲這間診所的合夥人。你的名牌會掛在屋子前的欄杆上，你以後絕對不用擔心無法維持生計。至於房子——看看屋裡這麼多空房間，輕輕鬆鬆就可以在樓上整理出一間你們的專用套房。所以只是一點微不足道的小細節。」

我心煩意亂地用手指梳著頭髮，只覺得暈眩昏沉。「聽你講的，好像一點都不難。」

「但確實不難！」齊格菲忽然挺直背脊。「別再拖拖拉拉，立刻出門問她，月底之前就要她跟你進教堂！」他伸出一根指頭對我搖了搖。「要學著擁抱人生的酸甜苦辣，吉米。不要再優柔寡斷、舉棋不定，而且別忘了，」——他握緊拳頭擺出堅決姿態——「人生世事如潮起潮落，若把握潮起時機……」㉑

「好了，好了。」我說，疲憊地從椅子上起身。「別再說了，我懂你的意思。我要去睡了。」

我想我不會是第一個因爲齊格菲偶然大發議論以致人生從此大爲不同的人。聽到他那番話當下，我覺得簡直荒謬可笑，但他在我心裡種下的種子幾乎是在一夜之間萌芽開花。我之所以年紀輕輕就結婚成家當了父親，這一點無疑要歸功於齊格菲。當我向海倫提起結婚的事時，她答應了，她說願意嫁給我，我們立刻選好不久之後的日子。她一開始似乎有點驚訝——也許她對我的看法就跟齊格菲一樣，以爲我要等好幾年才會開口。

無論如何，我還來不及多想什麼，種種事務很快就安排妥當，我發現自己從覺得結婚的想法可笑至極，一下子變成構思規畫未來在斯凱谷宅邸的臥室兼起居室要如何布置，態度轉變之大簡直不可思議。籌備婚事的時光幸福滿溢，只不過光明的前途上方出現一朵雲，很大的一朵烏雲。我和海倫手牽手走著，我的思緒天馬行空，她頻頻露出懇求的表情將我拉回現實。

「你明白的，吉米，你眞的得跟我爸爸聊一聊。早該讓他知道了。」

㉑「人生世事如潮起潮落……」一句語出莎士比亞劇作《凱撒大帝》第四幕第三場。

第六十六章

在我取得獸醫資格之前許久，就有人警告過我當鄉下獸醫是又髒又臭的差事。我接受了這個事實，也調整心態去適應，但總有些時候，工作中髒臭的這一面強勢入侵日常生活，讓人幾乎難以承受。例如此刻，在洗了個很長的熱水澡之後，我還是臭不可聞。

我將自己從冒著熱氣的洗澡水裡撐起來，聞了一下手臂，味道還在：在湯米・狄拉夫家施行灌腸留下的可怕惡臭，過了許久仍幾乎跟下午四點鐘時一樣濃烈刺鼻，使出任何肥皂或消毒劑想蓋過都潰不成軍。只有時間能讓這股臭味消散。

但我心裡總有疙瘩，很抗拒在這種狀態下爬上床鋪就寢，於是抱著幾乎絕望的心情掃視浴室層架上整排瓶瓶罐罐。我的目光落在霍爾太太的浴鹽上，大玻璃罐裡醒目的粉紅色浴鹽顆粒閃閃發亮。這個玩意兒我以前從來沒用過，我倒了一小把在兩腳周圍的水裡。片刻之間，冉冉上升的水氣中瀰漫著強烈甜香，我只覺得頭暈腦脹，一股衝動之下將大半罐浴鹽全部倒入浴缸，然後再次下沉泡在熱水裡。

我在浴缸裡躺了好久，全身浸在油油的泡澡水裡，我對自己露出勝利的微笑。使出這一招，就連在湯米・狄拉夫家灌腸留下的氣味也得敗下陣來。

我泡完澡就昏昏沉沉的，躺倒在枕頭上時已經半醒半睡。有那麼一會兒，我只覺得渾身暈陶陶、輕飄飄的，很快就酣然入睡。耳邊忽然鈴聲大作，是床頭的電話響了，那種人生不公不義、自己受屈蒙辱的感覺比平常更為強烈。我睡眼惺忪地看了一下，鬧鐘顯示凌晨一點十五分，我拿起話筒喃喃應答，但一聽出是歐德森先生的聲音，我猛然清醒過來。糖糖要生了，但碰到一點問題。能不能立刻過去？

每次三更半夜接到電話，總是有一種「這時就該由我上場」的感覺。當車頭燈掃過冷清無人的市集廣場鋪石地面，我再次感受到了，一股腳踏實地、眞正活出自我的感覺。靜默的屋宅，拉緊的窗簾，空寂的長長街道，接上鄉間道路後兩旁的連綿石牆，皆在兩側車窗中無盡飛掠。在這樣的時候，我通常會讓大腦處在半休眠狀態，只要能半醒著開車駛往正確方向就夠了，但今晚的我清醒警覺，焦慮地大腦飛轉。

因爲糖糖很特別。這頭漂亮嬌小的娟珊牛是歐德森家的寵兒，特別受歐德森先生疼愛。農場牛群裡只有她是娟珊牛，當短角牛產的牛乳都送進攪乳器準備賣給大酪農場，糖糖產的濃郁黃色牛乳則會出現在一家大小每天早餐喝的粥裡，大方地淋在乳脂鬆糕和水果派上，或是製成讓人好夢連連的金黃色綿密奶油。

不過除此之外，歐德森先生就是很喜歡糖糖。他走進牛棚裡時，通常會停在糖糖對面開始自哼自唱，或在經過時搔抓一下她很高的頭。也不能怪他，因爲我自己有時候也希望所有乳牛都是娟珊牛：她們嬌小、溫柔，有一雙小鹿般的眼睛，你輕輕鬆鬆就能推動她們，她們的身軀沒有硬突稜角抵得人發疼，四肢也很柔弱。就算被她們踢中一腳，感覺也像是愛憐地輕拍，不像粗獷的荷蘭牛那樣是重重一擊。

我只希望糖糖的問題不會太複雜，因爲歐德森先生對我已經沒什麼好感，而緊張的我深信，如果幫他的寶貝母牛接生卻搞砸了，他的反應大概不會太好。我聳了聳肩頭甩掉心中的憂懼；娟珊牛的產科問題通常不難。

海倫的父親在農務方面很有效率。我開進院子停車時，可以看到畜舍隔間的燈亮著，裡頭已經擺好冒著熱氣的兩桶水供我使用。半截門上掛著一條毛巾，農場的資深牧牛工人史丹和伯特跟他們的老闆站在一起。糖糖舒服地臥在厚厚的乾草堆裡。母牛沒有在用力，陰戶裡看起來什麼都沒有，但她露出專注憂慮的神情，好像覺得自己渾身不對勁。

我走進去之後將門關上。「您伸進去裡頭摸過了嗎，歐德森先生？」

「摸過，我伸手進去摸了，但啥都沒有。」

「什麼都沒有？」

「什麼都沒摸到。她好幾個小時前就準備要生了，但胎牛都沒有露出來，我就伸手進去摸摸看，但是沒摸到頭，沒摸到腿，啥都沒有。而且摸起來沒有什麼空間，我才打電話給你。」

聽起來非常奇怪。我將外套掛在一根釘子上，邊思索著邊解開襯衫鈕扣。我正要脫掉襯衫時，注意到歐德森先生的鼻子不停抽動。農場的工人也開始東嗅西聞，面面相覷。霍爾太太的浴鹽香味原本陷困在我的衣服裡，這下子束縛解開，立刻以洶湧窒人的氣勢襲捲整個不通風的空間。我趕快開始清洗雙臂，希望能夠讓這股怪異氣味散掉，但情況似乎更不妙，洗過變得溫熱的皮膚散發的香氣更加濃烈，與室內純樸的乳牛、乾草和草料味相互較勁，更顯得格格不入。全場靜默無語。兩個工人不是會講粗俗玩笑話的人，我沒辦法藉機打哈哈帶過。散發出的香氣毫無疑問是性感的女人香，伯特和史丹瞠目結舌望著我。歐德森先生嘴角下垂，鼻孔仍然抽動著，目不轉睛盯著遠處的牆壁。

我內心瑟縮了一下，但一跪到母牛後方，我瞬間就忘了剛剛的困窘。產道空空如也，平滑的通道再往內很快收束成一個有脊狀隆起的小開口，寬度只容得下我將一手伸入。再往裡伸，我摸到胎牛的雙腳和頭了。我心裡一沉，子宮扭轉。我接下來要面對的可是場硬仗。

我跪坐在腳後跟上，轉向農人。「她的子宮扭轉。裡頭的胎牛還活著沒事，但是沒有出路——我連將手伸進去都非常吃力。」「那就對了，我就覺得不太正常。」歐德森先生摩挲著下巴，困惑地看著我。「那我們能怎麼辦？」

「我們得試看看能不能反轉矯正回來，由我來抓穩胎牛，你們推動母牛讓她翻身。幸好我們這裡有很多人手。」

「這麼做就能解決問題，是嗎？」

我乾噍了一下。我不喜歡這類差事。翻身有時候有用，有時候沒用，而在那個年代還沒有什麼人會幫母牛施行剖腹產。如果我沒能成功，我有預感自己得請歐德森先生將糖糖送去屠夫那裡。我立刻揮開這個念頭。

「這麼做就能解決問題了。」我說。非解決不可。我指派伯特負責前腳，史丹負責後腳，請歐德森先生穩住母牛靠在地板上的頭部。接著我跪趴在堅硬的混凝土地面上，盡可能伸長手臂，將一隻手伸進去抓住胎牛的腳。

「現在推著她翻身。」我喘著氣喊道，其他人抓著母牛的腳朝順時鐘方向翻轉。在母牛翻滾到另一側的同時，我緊緊抓住胎牛的小腳。裡頭似乎沒有任何動靜。

「推她起來讓她前趴。」我氣喘吁吁地說。

史丹和伯特很專業地將母牛的腳塞到她身下，然後推著她轉成前胸著地，當母牛趴好時，我痛苦地大喊。

「快點把她推回來！弄錯方向了！」將我手腕套住的一圈平滑組織以駭人的力道收縮緊壓，我的手一陣發麻。剎那間我一陣恐慌，以爲自己會卡在裡面，永遠無法脫身。

但幾個男人的動作迅捷如閃電。糖糖數秒鐘內就翻回原本那側，躺臥著伸長四肢，我的手臂承受的壓力立刻減輕，我們又回到原點。

我咬牙切齒，再次抓緊胎牛的腳。「好，試試看另一邊。」

這次是逆時鐘翻轉，我們轉了一百八十度，但還是沒有動靜。我只能勉強維持抓緊胎牛的腳不放手——這次的阻力無比巨大。我臉朝下趴著喘了幾口氣，背上大汗淋漓，連帶將浴鹽的奇異香味再次散發出來。

「好。再試一次！」我大喊。其他人推著母牛以更大的角度翻滾。

噢，實在太美妙了，一切忽然神奇地鬆解開來，子宮內的空間豁然變得寬廣，我的手臂在裡頭可以自由活動，而胎牛也開始朝我滑過來。

糖糖立刻就心領神會，她第一次意志堅決地大力推擠。感覺到勝利在望，她再次用力時持續使勁推擠，胎牛忽地冒了出來，渾身溼漉落在我懷裡不停扭動。

「老天，最後還眞快。」歐德森先生不可思議地喃喃自語。他抓了一把乾草，開始幫小牛擦乾身體。

我滿懷感激地在其中一桶水裡用肥皀清洗手臂。每次接生完畢都會有一種放鬆釋然的感覺，但這一次特別令人如釋重負。我已經不介意畜舍隔間裡聞起來就像女士髮廊了，只覺得身心舒暢。我向伯特和史丹道了聲晚安，他們要回去睡覺，從我身旁走過時滿臉不敢置信地嗅聞了最後一下。歐德森先生還悠閒地在忙他的，一會兒跟糖糖講幾句話，一會兒又去擦一下剛剛已經擦過好幾次的小牛。他似乎對小牛十分著迷。我不怪他，因爲小牛就像從迪士尼動畫裡跳出來的：渾身淺金色的幼獸小得不可思議，一臉天眞純潔，深色的大眼無比澄澈。是一頭小女牛。

農人像抱起惠比特犬一樣抱起小牛，將牠放在牛媽媽的頭旁邊。糖糖在小傢伙全身上下嗅聞一遍，快樂地從喉嚨發出低沉哞叫，然後開始舔舐牛犢全身。我看著歐德森先生，站定的他將雙手背在身後互握，擺動雙腳前後點著地面，顯然陶醉於眼前的景象。隨時會開始，我心想。我猜對了；他開始大聲哼著不成調的旋律，比我之前聽到的還響亮，像是一首充滿喜樂的讚頌歌。

踩著防水靴的我渾身一僵，再也找不到比當下更好的時機了。我緊張地咳嗽一聲，然後堅定地開口。

「歐德森先生，」我說，「我想和您的女兒結婚。」

哼歌聲戛然而止，他慢慢轉身直到和我面對面相望。他沒有開口，不悅的目光在我臉上逡巡。接著他動作僵硬地彎下腰，一手提起一個水桶，把水倒掉之後朝門口走去。

「你最好到屋裡來。」他說。

家裡的成員都睡了，空無一人的農場主屋廚房彷彿荒寂廢棄。我坐在空爐灶旁一張高背木椅上，歐德森先生有條不紊地收起水桶、掛好毛巾並到水槽前洗淨雙手，接著他不急不徐走到客廳，我聽到他在餐具櫃乒乒乓乓地翻找什麼東西。他再次現身時端了一個托盤，托盤上放著一瓶威士忌，還有兩個相碰時鏗鏘輕響的玻璃杯。托盤讓簡單的步驟變得很正式，而手感沉重的雕花水晶玻璃杯和從未開封的整瓶烈酒，更讓場面顯得隆重。

歐德森先生把托盤放在廚房餐桌上，將桌子朝我們兩個人拉近一些，然後在壁爐另一側的椅子上坐下。我們都沉默不語。我在愈來愈長的靜默中等待，而他先是像生平第一次見到般盯著酒瓶瓶蓋，接著緩慢戒慎地轉開瓶蓋，好像害怕瓶蓋在他面前爆炸。

他不時埋頭比較兩個杯子中的酒液高度，終於極爲嚴肅精準地倒好兩杯威士忌，最後鄭重其事地用托盤盛著送到我面前。

我拿了一杯，滿心期盼地等著。

歐德森先生望著毫無生氣的壁爐片刻，然後將視線投向掛在壁爐上方那幅涉水的水牛群油畫。他嘛起嘴作勢要吹口哨，但似乎又改變主意，沒有敬酒就徑自端起杯子喝了一大口，接著忽然一陣嗆咳，好一會兒之後才平復。他等呼吸恢復正常以後便坐直身體盯著我看，雙眼眼角還有嗆咳出的淚水。他清了清喉嚨，我感覺渾身一陣緊繃。

「啊，天氣不錯，」他說，「很適合曬乾草。」

我表示贊同，他環顧廚房，饒富興致的神情像是從沒來過的陌生人。探查完畢，他再次端起酒杯吞下一大口，皺著臉作了個怪表情，閉上雙眼，大力搖晃幾下腦袋，然後傾身向前。

「話又說回來，」他說，「下一晚雨會很有幫助。」

我表達下雨無疑會有幫助的看法，場面再次靜默。這次沉默無話的時間更長，農場主人一口接一口地喝，好像開始習慣威士忌的滋味。我看得出來這麼做具有紓緩的效果；他臉上的緊繃線條開始變得柔和，眼中也不再出現彷彿遭到獵捕的焦慮神色。

他在空杯裡再次倒酒，也再次嚴謹地確認兩杯裡的酒液高度相同，過程中持續靜默。他端起第二杯啜了一小口，低頭看著小地毯，終於開口低聲說話。

「吉米，」他說，「我有個千中選一的好太太。」

這句話大出我的意料，我一下子幾乎不知該如何答話。「是的，我知道。」我喃喃道。「我聽說了很多她的事。」

歐德森先生接著說了下去，他還是低著頭，溫柔的語氣滿溢思念之情。

「是啊，她是地方上最棒的女孩，也是最美的。」他忽然抬頭看我，臉上帶著一絲若有似無的笑意。「你知道嗎，沒人想到她會選中一個像我這樣的傢伙。但她選了我。」他頓了一下，轉開視線。「沒錯，她選了我。」

他開始告訴我已故妻子的事。他的語氣很平靜，並不哀嘆自憐，而是惆悵地感念曾經享有的幸福快樂。我發現歐德森先生跟他同個世代的很多農人有一點很不一樣，他從來不說他的妻子「工作很勤奮」。在那個年代，有太多婦女在其他人眼中的價值主要取決於她們的工作能力，我剛到達洛比時曾向一位不久前喪妻的老人表示哀悼，那次經驗令我大爲震撼。他擦掉眼角的一滴淚水之後說：「是啊，她很賣力工作。」

但是歐德森先生講到自己的妻子時，只說她很美麗、心地很善良，還有他有多麼愛她。他也講到海倫，講到她小時候說過的話和做過的事，講到她有好多地方都像極了媽媽。他始終沒有講到我，但我一直有種感覺，他講這些話是希望我心有所感；他確實很自在放鬆地閒聊，似乎表示對我不再那麼心存芥蒂。

事實上他似乎有點太放鬆了。他的第三大杯威士忌喝到一半，而就我的經驗，約克郡人根本承受不住這種烈酒的威力。在當地酒吧，我看過能喝十品脫啤酒的魁梧壯漢，只不過聞一下琥珀色酒液就頭暈目眩，而個子矮小的歐德森先生更是平常幾乎滴酒不沾的人。我開始擔心。

但我也無可奈何，只能讓他興高采烈地講個沒完。他這下子已經癱倒在椅子上，全身放鬆，不知想起了哪一段回憶，雙眼炯炯有神看著我上方某處。事實上我相信他已經忘記我的存在，因爲在他講完很長的一段話之後垂下雙眼，見到我時盯著看了好一會兒，好像認不出我來。當他終於記起我是誰，似乎也想起自己身爲主人的責任。他伸手要再拿起酒瓶時，瞄見牆上的時鐘。

「噢見鬼，四點鐘，我們在這裡也坐夠久了。快要不用上床睡覺了，但我想瞇一、兩個小時也好。」

他將最後一點威士忌一飲而盡，輕巧地一躍而起，煞有其事地環顧四周，然後一頭栽進壁爐用具堆裡，發出嚇人的哐鎯聲。

我驚嚇得手足無措，一個箭步上前想扶起在壁爐裡摸索亂抓的矮小人影時，才發現不用我擔心，他一下子就跳起來站穩，並與我四眼相望，好像什麼都沒發生過。

「嗯，我該回去了。」我說。「謝謝您請我喝酒。」久待無益，我已經明白歐德森先生說出「祝福你，孩子」或其他類似話語的機會十分渺茫。不過我有種安心的感覺，一切都會順利的。

我朝門口走去時，農人殷勤地作勢要送我出門，但他搞錯方向，暈頭轉向朝著廚房另一邊移動，撞在一座很高的餐具櫃上。好幾個柳條圖案大餐盤掉在他身上，他只是一臉茫然地看著我。

我猶豫了一下，然後轉身。「我陪你上樓，歐德森先生。」我平淡地說。他沒有拒絕，於是我抓住他的手臂，扶他走向遠處角落的那扇門。

我們踩上樓梯沿途吱呀作響，他腳步踉蹌，要不是我圈扶著他的腰，可能又會跌倒。我扶穩他時，他抬頭看我，咕噥道：「謝了，小伙子。」我們相對咧嘴一笑，又繼續爬樓梯。

我扶著他走過樓梯平台到了他的臥室門前，他有些躊躇地站在門口，欲言又止。但最後他只是朝我點了好幾下頭，然後一頭鑽進臥室。

我有點擔心地等在門外，聽著室內砰咚作響，等到護壁板另一側終於傳來響亮的哼歌聲，我才鬆了口氣。相信一切應該會很順利。

第六十七章

我們度蜜月都在做結核菌素試驗，我想應該算是成功的蜜月。無論如何，與我所知的很多人相比已經算蠻不錯的了，他們以在海上環遊一個月曬太陽來紀念人生中的里程碑，最後卻覺得只是一場空。對我跟海倫來說，蜜月該有的都有了，有笑聲、有成就感，也有同甘共苦的情誼，而且只花了一週。而且如我前面所述，我們度蜜月都在做結核菌素試驗。

整件事的緣起是某天的早餐時間，齊格菲在跟一匹腹部絞痛的母馬搏鬥整晚之後，睜著布滿血絲的雙眼打開早上收到的信件。公家機關寄來的信封袋裡掉出厚厚一捲表格時，他倒抽了一口氣。

「我的老天！看看這一大串試驗名單！」他將整捲表格攤在桌布上撫平，激動地瀏覽長長的農牧場所清單。「他們還要我們下週立刻開始檢驗艾索普一帶的農場——非常緊急。」他瞪著我看了一會兒。

「你那個時候要結婚，沒錯吧？」

我在椅子上不自在地挪了挪身體。「恐怕是這樣沒錯。」

齊格菲從架子上抓了一片吐司，開始在上面大力塗抹奶油，活像一個氣急敗壞的砌磚匠。「唔，眞是太棒了，對吧？診所裡忙翻了，還要去谷地區偏遠得要命的山頂做一週的檢驗，而你的婚禮偏偏選在這個節骨眼。你會逍遙快活地出門去度你的蜜月，將所有的事拋諸腦後，而我只能在這裡忙得不可開交！」他咬下一口吐司，粗蠻地咀嚼發出清脆喀喀聲。

「我很抱歉，齊格菲。」我說。「我不是故意要給你添麻煩。我怎麼可能知道診所這陣子會變這麼忙，也沒有想到他們會在這時候把所有檢驗的事丟過來給我們。」

齊格菲停止咀嚼，伸出一根手指指著我。「夠了，吉米，這就是你的問題——你不懂得未雨綢繆，你連想都不想就埋頭猛衝。就算是見鬼的結婚大事，你也一點都不擔心——噢不，我們婚照結就對了，管他會有什麼後果。」他頓了一下，咳出激動之下吸進去的幾塊麵包屑。「老實說，我不懂到底有什麼好急的——你還那麼年輕，明明就有大把時間可以慢慢考慮結婚的事。還有一點——你和那女孩根本不熟，你們也不過這幾週才開始固定約會。」

「可是等一下，是你說……」

「停，讓我說完，吉米。踏入婚姻是很嚴肅的一步，怎麼能不經深思熟慮就貿然決定。老天啊，婚禮到底爲什麼非選在下週不可？明年結婚也算是很快了，你們大可以先訂婚，慢慢享受訂婚以後的樂趣。可是不是，你非得十萬火急地辦婚禮，你知道嗎，婚要結很容易，要離就沒那麼容易了。」

「噢，天啊，齊格菲，這樣太糟了！你清楚得很，要不是因爲你……」

「再等一下。你這麼倉促地籌辦婚事，眞的讓我一個頭兩個大，但是相信我，我是誠心祝你幸福。儘管你完全缺乏先見之明，我還是希望一切都會順利圓滿，但同時我也得提醒你，俗話說的好，『快快結婚，慢慢悔恨』。」

我實在忍無可忍。我從椅子上跳起來，一拳捶在餐桌上，衝著他大吼。

「眞是見鬼，明明是你的主意！我原本不想這麼急，但是你……」

齊格菲聽若罔聞。他已經慢慢冷靜下來，這時臉上露出大天使般聖潔慈愛的微笑。「好了，沒事，沒事，吉米，你又太激動了。坐下來，冷靜一點。你不該介意我跟你說這些話——畢竟你還很年輕，我有義務提醒你。你完全沒有做錯，我想任何跟你同樣年紀的人衝動莽撞，自己一頭熱就栽進去，瞻前不顧後的，都是再自然不過的事。畢竟你還年輕，不懂三思而後行。」齊格菲只比我大差不多六歲，但他毫不費力就擺出睿智全知的長輩架勢。

我用力掐著自己的膝蓋，決定不要隨之起舞。無論如何我都沒有勝算，而且我也開始有點擔心自己休假一走了之，他就得獨力扛下所有工作。我站起來，走到窗邊，看著老威爾．瓦利不知是第幾次在街道上推著腳踏車上坡，腳踏車把手上照樣架著一袋馬鈴薯。接著我轉向我的僱主。雖然不常發生，但此時我靈機一動。

「聽我說，齊格菲，我不介意到艾索普附近度蜜月。那一帶在這個季節風景很漂亮，我們可以住在麥東酒吧的客房，以那裡為根據地出去做檢驗。」

他驚愕地看著我。「去艾索普度蜜月？還去做檢驗？怎麼可能——海倫會怎麼說？」

「她不會介意的，其實她在的話還可以幫我記錄。我們只是要開車出去到處轉轉，所以還沒有任何計畫，無論如何，也蠻好玩的，而且我跟海倫常常講到有機會想去麥東酒吧住住看——那間小酒吧還蠻有意思的。」

齊格菲堅決地搖頭。「不行，吉米，我不答應。說實在的，你讓我開始有罪惡感了。工作的事我會想辦法搞定，所以別再提了，你就放心出門度蜜月吧。」

「不，我已經決定了。我是真的開始覺得這個主意很不錯。」我很快瀏覽名單。「週二我可以從艾倫家開始，然後去那一帶其他比較小的農場，週三去結婚，週四跟週五再回去打第二針跟判定結果。下週結束時，應該就能把名單上的農家解決得差不多了。」

齊格菲看著我，好像第一次見到我一樣。他提出反對，但終於有一次是我說了算。我從辦公桌抽屜撈出農業部的通知卡，開始規畫我的蜜月行程。

週二中午十二點，我檢驗完艾倫家遍布谷地區陡峭丘頂的大批牛群，拗不過好客農家的熱情邀請，坐下來跟他們一起「吃一點」。艾倫先生坐在刷洗乾淨的桌面旁主位，坐在我對面的是他的兩個兒子，約莫二十歲的傑克和約莫十七歲的羅比。兩名年輕人都體格強壯，整個早上我看著他們追趕和徒手捕捉滿山遍野蠻性十足的牛群，跟牛群搏鬥好幾個小時毫無疲態，只覺得滿心敬畏。看到傑克在開闊沼地上追捕一頭疾馳的女牛，抓住牛角讓她慢慢壓低身體讓我打針，簡直不可思議；我不只一次覺得，可惜奧運選手的選拔委員不太可能無意中閒逛到約克郡偏遠的山丘高地——不然他就能發掘傲視全世界的優秀人才。

艾倫太太開朗健談，我總是得忍受她的小玩笑；之前造訪時，她毫不留情地取笑我追女生像個慢郎中，只能讓管家照顧我，感覺很沒面子。我知道她這天肯定又要調侃我一番，但我只是耐心等候時機，這次我可是準備好了必殺絕招。她剛剛打開烤箱的門，室內充滿令人垂涎三尺的食物香氣，她將一塊巨大的烤火腿放到餐桌上時，含著笑低頭看我。

「我說啊，哈利先生，我們哪時候可以聽到你的好消息啊？你也差不多該找個好女孩啦，你知道我總愛逗你一下，但你每次都當成耳邊風。」她咯咯輕笑著，匆匆走回爐灶旁要端一大碗馬鈴薯泥。

一等到她走回來，我就開口說出驚天動地的大消息。「嗅，其實啊，艾倫太太，」我愉快地說，「我已經決定接受您的建議。我明天就要結婚了。」

這位好心的太太正將大堆馬鈴薯泥舀到我的盤子裡，她手裡的湯匙停在半空中。「明天要結婚？」她一臉錯愕茫然，足以作爲表情研究的經典案例。

「沒錯。我以爲您聽了會很高興。」

「可是……可是……你週四跟週五還要過來。」

「嗅，那當然，我得做完檢驗，不是嗎？我會帶我太太一起來——我很期待能介紹您們認識。」

一片靜默。兩個兒子目瞪口呆，艾倫先生鋸切火腿切到一半停下，面無表情看著我，接著他的太太猶疑地笑了一下。

「噢，少來了，我不信，你是在跟我們開玩笑。要是你明天就要結婚，應該要準備去度蜜月才對。」

「艾倫太太，」我鄭重地說，「這麼嚴肅的事，我不會亂開玩笑。讓我重覆一遍——我明天要結婚，週四就會帶著內人一起拜訪府上。」

艾倫太太好像洩了氣，她幫每個人舀了一大堆馬鈴薯泥，全桌陷入沉默。但我知道她憋得很難受，她三不五時瞄我一眼，顯然恨不得好好盤問我一番。她的兩個兒子也似乎很好奇，只有艾倫先生鎮定自若地用餐，我相信這位沉默寡言的高個子先生即使聽到我明天要去搶銀行，也不會皺一下眉頭。

席間沒有人再說半句話，直到我準備告辭時，艾倫太太伸手按住我的手臂。

「你該不會是來眞的吧，不會吧？」她心神不寧，神色緊張。

我上了車，朝車窗外大喊。「再見，謝謝您們的招待。週四一大早我就會跟哈利太太一起過來。」

婚禮當天發生的事，我大多記不清楚了。場面很安靜低調，我大致的印象是心裡盼望愈快結束愈好。只有一件事讓我記憶猶新：是齊格菲，他在教堂裡就站在我身後，整場儀式每隔一段時間就大喊一聲「阿們」——我生平第一次看到有伴郎這麼做。

我跟海倫終於準備好駕車離開時，那種如釋重負的感覺簡直不可思議，當我們從斯凱谷宅邸門前開過，海倫忽然抓住我的手。

「你看！」她興奮地大喊。「你看那裡！」

在刻著齊格菲姓名、掛在鐵欄杆上總是有點歪斜的黃銅名牌下方，有一個全新的名牌。名牌是新式的電木材質，黑底上面以粗體白色字母拼著：「吉米．哈利，皇家獸醫學院成員，外科獸醫師。」而且牌子是用螺絲四平八穩地鎖在欄杆上。

我回頭望向街道上想看齊格菲還在不在，但我們剛剛已經互相道別，我得等回來再向他表達謝意。於是我滿心榮耀自豪地駕車駛出達洛比，因為我知道名牌代表的意義——我是診所的合夥人了，我終於在這個世界有了一席之地。這個念頭一浮現，我忽然有點喘不過氣。其實我跟海倫都有一點頭暈腦脹，我們在鄉間兜風兜了好幾個小時，想停車時就停車，在山丘間散步蹓躂，完全不用在意時間。大概快到晚上九點鐘，夜色很快籠罩大地，我們才意識到已經大幅偏離原本規畫的路徑。

我們得在丘頂荒涼的泥炭沼地上再開十英里的路，等我們沿著一條陡峭窄路駛進艾索普時，周圍已經一片漆黑。麥束酒吧位在村莊裡唯一一條長街上，低矮灰色石砌建築的外觀樸實無華，門口沒有燈光，我們走進微帶霉味的門廊時，聽見左手邊的酒吧傳來輕輕的玻璃杯碰撞聲。伯恩太太從後頭的房間走出來，面無表情地審視我們，年長孀居的她是這家酒吧的店主。

「我們之前見過面，伯恩太太。」我說，她點點頭。我為耽擱了入住時間向她致歉，正想著自己有沒有那個膽子這麼晚還要求供應幾個三明治，老太太波瀾不驚地開口了。

「不要緊，」她說，「沒關係的。我們在等候兩位，您們的晚餐已經準備好了。」她帶我們走進餐廳，她的姪女貝莉立刻端出熱騰騰的料理。先是濃稠的扁豆湯，然後是一鍋現在很可能會叫做「古拉什」、但其實單純是廚子發揮巧思挑選蘑菇和蔬菜燉煮出的美味料理。我們飽到不得不婉拒佐鮮奶油的醋栗派。

每次來到麥束酒吧，一切全是老樣子。牆面亟需重新粉刷，室內塞滿駭人的維多利亞時代家具，整個地方似乎咄咄逼人地聲明絕不追隨流行時尚，但很容易就能看出這裡爲何聲名遠播。這裡沒有打扮時髦入時的客人，只有週末從工業重鎮西來丁帶著妻子來度假的男客，這些身材發福、出手闊綽的客人頂多釣釣魚，或趁餐與餐之間的空檔呼吸一下新鮮空氣，用餐則是一天當中的重頭戲。我們入住期間只碰到一位客人，他是長住客人——來自達靈頓的退休布商，總是早早就坐在餐桌旁，在下巴底下圍好大塊白色餐巾，一看到貝莉送菜上桌就雙眼發亮。

不過這家酒吧兼旅館之所以讓我跟海倫著迷，不只是自家豬隻製成的火腿、文斯勒德乳酪、可口的牛肉腰子派、山桑子塔，或堆得跟山一樣高的約克郡布丁。這間老酒吧有一種恬靜的氣氛，一種令人昏倦欲眠的魅力，總是讓我們感到幸福安詳。直到現今，我還是時常經過麥束酒吧，看著古老石砌建築的正面歷經三十年的光陰流轉依然一如往昔，當年蜜月的溫馨回憶也歷歷在目：我們最後一次半夜出來散步，腳步聲在空無一人的街道上迴盪，客房小到只放了一張黃銅老床架就快要沒辦法走動，望向房間窗外看到夜空下一座座山丘巍然聳立的深暗輪廓，樓下酒吧隱約傳來農人們爆出的陣陣笑聲。

新婚第一天早上，我就帶海倫一起去艾倫家做檢驗，那天早上也特別令我回味無窮。我們下車之後，我看見艾倫太太從廚房窗戶的窗簾縫隙窺看。她很快就跑到院子裡，在我帶著新娘子走到她跟前時，雙眼瞪得斗大。海倫是谷地區其中一位開風氣之先、穿著寬鬆長褲的女性，她那天早上穿的亮紫色長褲，套句現代用語，包準讓人嚇到眼珠子掉出來。艾倫太太半是震驚、半是著迷，但她很快就發現海倫跟她背景相同，沒過多久，兩個女人就嘰嘰喳喳聊個沒完。看著艾倫太太點頭如搗蒜，還笑得合不攏嘴，我判斷海倫向她解釋了來龍去脈，讓艾倫太太不用滿肚子疑問憋到內傷。她們聊了非常久，艾倫先生不得不出聲打岔。

「要出發的話，現在就出發吧。」他口氣生硬地說，於是我們展開第二天的檢驗行程。

我們走上陽光普照的丘坡，一批年幼的牛群已經被圈圍住。傑克和羅比衝進牛群，而艾倫先生摘下帽子，禮貌地撢了撢圍牆牆頂的塵土。

「您的太太可以坐這裡。」他說。

我正要開始測量，聽到後楞了一下。我的太太！這是第一次有人對我這麼說。我望向海倫，她在粗糙石牆上盤腿而坐，筆記本擱在膝頭，手裡拿著鉛筆，她將落在額前的深色柔亮秀髮向後撥時，剛好與我四目相對，她微微一笑；我也朝她微笑時，忽然意識到我們周圍的谷地區如此廣闊無垠、豐美壯麗，周圍瀰漫著專屬谷地區的溫暖青草香和三葉草香，比任何美酒更令人醺然欲醉。我在達洛比的頭兩年似乎就是在這一刻集大成：海倫就在這裡朝著我微笑，而看見斯凱谷宅邸門口掛上刻有我姓名的全新名牌的記憶猶新，我的人生在此順利邁出重大的第一步。

我可能會站在原地恍惚出神不知道多久，不過一聽到艾倫先生刻意地清了清喉嚨，我又將心神拉回手邊的工作。

「好，」我說，將測徑尺靠在牛隻頸部。「編號三十八，七公釐，侷限性反應、無腫脹。」㉒我對海倫大喊：「編號三十八，七，C。」

「編號三十八，七，C。」我的妻子重複一遍，埋首於筆記本開始記錄。

㉒「侷限性反應、無腫脹」（circumscribed）為進行牛隻牛結核病檢驗時其中一種描述牛隻反應的方式，填表記錄時以C表示，相對於「有腫脹」（SO：Some Oedema）。

眾生系列　JP0211

大地之歌——全世界最受歡迎的獸醫，充滿歡笑與淚水的行醫故事

All Creatures Great and Small：The Warm and Joyful Memoirs of the World's Most Beloved Animal Doctor

作　　者／吉米·哈利（James Herriot）
譯　　者／王翎
責任編輯／劉昱伶
業　　務／顏宏紋

總 編 輯／張嘉芳
出　　版／橡樹林文化
城邦文化事業股份有限公司
104 台北市民生東路二段 141 號 5 樓
電話：(02)2500-7696 ext2736　傳眞：(02)2500-1951
發　　行／英屬蓋曼群島商家庭傳媒股份有限公司城邦分公司
104 台北市中山區民生東路二段 141 號 5 樓
客服服務專線：(02)25007718；25001991
24 小時傳眞專線：(02)25001990；25001991
服務時間：週一至週五上午 09:30 ～ 12:00；下午 13:30 ～ 17:00
劃撥帳號：19863813　戶名：書虫股份有限公司
讀者服務信箱：service@readingclub.com.tw
香港發行所／城邦（香港）出版集團有限公司
香港灣仔駱克道 193 號東超商業中心 1 樓
電話：(852)25086231　傳眞：(852)25789337
Email：hkcite@biznetvigator.com
馬新發行所／城邦（馬新）出版集團【Cité (M) Sdn.Bhd. (458372 U)】
41, Jalan Radin Anum, Bandar Baru Sri Petaling,
57000 Kuala Lumpur, Malaysia.
電話：(603)90563833　傳眞：(603)90576622
Email:services@cite.my

內　文／歐陽碧智
封　面／兩棵酸梅
印　刷／韋懋實業有限公司

初版一刷／ 2023 年 5 月
ISBN ／ 978-626-7219-30-0
定價／ 680 元

城邦讀書花園
www.cite.com.tw

國家圖書館出版品預行編目（CIP）資料

大地之歌：全世界最受歡迎的獸醫，充滿歡笑與淚水的行醫故事 / 吉米·哈利（James Herriot）著；王翎譯. -- 初版. -- 臺北市：橡樹林文化，城邦文化事業股份有限公司出版：英屬蓋曼群島商家庭傳媒股份有限公司城邦分公司發行，2023.05
面；　公分. --（衆生；JP0211）
譯自：All creatures great and small : the warm and joyful memoirs of the world's most beloved animal doctor.
ISBN 978-626-7219-30-0（平裝）

1.CST: 哈利 (Herriot, James)　2.CST: 獸醫師
3.CST: 回憶錄　4.CST: 英國

784.18　　112004404